普通高等教育"十四五"规划教材

国学管理思想

主　编　吴现立　杨松柏

副主编　张卫丽　郑林林　马世博

中国水利水电出版社
www.waterpub.com.cn
·北京·

内 容 提 要

本书以"国学管理思想"为名,其内容既非简单的国学知识诠释,也非单纯的管理理论综述,而是以新的视角审视传统国学,从中寻找管理思想的光辉。本书前五章选取《晏子春秋》《韩非子》《荀子》《墨子》《六韬》等先秦名家名篇,各章内容包括了名家介绍,名篇原文、注释、译文,以及"管理启示"描述的管理思想解读,最后或结合原文或结合管理学或结合现实提出了一些思考题。第六章是对成语中包含的管理思想的解读,各节以现代管理职能的内容为框架体系,每节的内容结构与前五章类似。

本书适合作为本专科高等院校经济类、管理类、人文类等专业特色课程教学用书。

图书在版编目(CIP)数据

国学管理思想 / 吴现立,杨松柏主编. -- 北京：中国水利水电出版社, 2023.2
普通高等教育"十四五"规划教材
ISBN 978-7-5226-1421-2

Ⅰ.①国… Ⅱ.①吴… ②杨… Ⅲ.①国学－应用－企业管理－高等学校－教材 Ⅳ.①F272

中国国家版本馆CIP数据核字(2023)第035099号

策划编辑：陈红华 责任编辑：王玉梅 加工编辑：赵佳琦 封面设计：梁 燕

书　　名	普通高等教育"十四五"规划教材 国学管理思想 GUOXUE GUANLI SIXIANG
作　　者	主　编　吴现立　杨松柏 副主编　张卫丽　郑林林　马世博
出版发行	中国水利水电出版社 (北京市海淀区玉渊潭南路1号D座　100038) 网址：www.waterpub.com.cn E-mail: mchannel@263.net (答疑) 　　　　sales@mwr.gov.cn 电话：(010) 68545888 (营销中心)、82562819 (组稿)
经　　售	北京科水图书销售有限公司 电话：(010) 68545874、63202643 全国各地新华书店和相关出版物销售网点
排　　版	北京万水电子信息有限公司
印　　刷	三河市鑫金马印装有限公司
规　　格	184mm×260mm　16开本　21.5印张　496千字
版　　次	2023年2月第1版　2023年2月第1次印刷
印　　数	0001—3000册
定　　价	58.00元

凡购买我社图书,如有缺页、倒页、脱页的,本社营销中心负责调换

版权所有·侵权必究

前言

21世纪是一个文化多元化、经济全球化、政治多极化的新世纪，中国在这个新世纪中既面临着种种严峻挑战，又将迎来越来越多的创新发展机遇，能否抓住创新发展的机遇，实现中华民族伟大复兴，一个关键因素是看我们能否在借鉴外来、面向未来的同时，做到不忘本来。从管理学角度来说，其创新发展，可以大力借鉴中华优秀传统文化，从国学管理思想中汲取丰富的精神滋养，既实现中国传统管理思想的创造性转化和创新性发展，又实现当代中国管理思想的历史性延续和现代化飞跃。柳诒徵先生在《中国文化史》中曾举三事以为问："中国幅员广袤，世罕其匹，试问前人所以开拓此抟结此者，果由何道？""中国种族复杂，至可惊异。即以汉族言之，吸收同化无虑百数，至今泯然相忘，试问其容纳沟通，果由何道？""中国开化甚早，其所以年祀久远，相承勿替，迄今犹存者，又果由何道？"中华传统文化富含独具特色的东方管理智慧，这些优秀的管理智慧与西方的现代管理理论有异有同，都是人类共同的精神财富。它的价值不仅体现在为古代中国赢得幅员辽阔、民族团结、文明历经五千年未曾中断的旷世奇迹，也体现在21世纪为中华民族构建中国特色、中国气派、中国风格的管理思想体系从而实现中华民族伟大复兴，提供深沉的文化自信和创新源泉。一个故步自封的民族固然不会日益强盛，而一个只知借鉴外来、漠视传统的民族也不会持续繁荣，只有不忘本来、借鉴外来、面向未来的民族才能生机勃勃。同样，一个缺乏文化底蕴的经营管理者，可能成为亿万身家的富豪，但永远不会成为真正的企业家或管理大师。

于是，一道难题摆在了我们面前，如何构建一座桥梁，把传统文化中优秀的管理思想自然地嫁接并服务于现实的管理实践，在现代管理理论的基础上让其发扬光大？编者的设想是，从编写教材入手，通过课堂教学把它呈现给青年学子，并通过学子的就业与成长将之应用于广袤的管理世界。

但是，如何构思，如何动笔，编者苦思冥想很久。就当前的管理学教材而言，其框架基本上是以西方管理学理论为基础的。在论述管理学的产生与发展时，有的版本也会谈及中国古代管理思想，但是受篇幅所限，述及的内容较少。这一现状成为了我们写作的逻辑起点，于是编者曲径通幽、斗胆尝试，从博大精深的中国传统文化的局部入手，深挖细读，淘得了一点粗浅的认识，并冠以"国学管理思想"之名。这只是非常浅薄的见解，目的是让优秀传统文化绽放更多异彩。作者水平有限、时间有限，至于冠名是否合适，结论是否恰当，都期待读者批评指正。

本教材的编写分工是：吴现立编写绪论、第六章第三节、第四节；张卫丽编写第一章、第二章第一节；王雪然编写第二章第二节至第七节；杨松柏编写第二章第十节、第三章、第六章第五节；郑林林编写第二章第八节、第四章；马世博编写第五章、第二章第九节、第六章第六节；蔡洁编写第六章第一节和第二节。

编　者

2022年10月

前言

绪论 ⇨1

第一章　晏子的思想与管理启示 ⇨3

第一节　内篇谏上第一……………… 3
一、庄公矜勇力不顾行义晏子谏……… 3
二、景公饮酒醒三日而后发晏子谏…… 5
三、景公饮酒七日不纳弦章之言
　　晏子谏…………………………… 6
四、景公燕赏无功而罪有司晏子谏…… 7
五、景公爱嬖妾随其所欲晏子谏……… 8
六、景公久病欲诛祝史以谢晏子谏…… 10
七、景公怒封人之祝不逊晏子谏……… 12
八、景公欲使楚巫致五帝
　　以明德晏子谏…………………… 13
九、景公欲祠灵山河伯以祷雨
　　晏子谏…………………………… 15
十、景公贪长有国之乐晏子谏………… 17
十一、景公游寒途不恤死胔晏子谏…… 19
十二、景公衣狐白裘不知天寒
　　　晏子谏………………………… 20
十三、景公欲诛骇鸟野人晏子谏……… 21

第二节　内篇谏下第二……………… 22
一、景公藉重而狱多欲托晏子
　　晏子谏…………………………… 22
二、景公欲杀犯所爱之槐者晏子谏…… 24
三、景公冬起大台之役晏子谏………… 27
四、景公猎逢蛇虎以为不祥晏子谏…… 28
五、景公登射思得勇力士与之图国
　　晏子谏…………………………… 29

第三节　内篇问上第三……………… 30
一、庄公问威当世服天下时耶晏子
　　对以行也………………………… 30
二、景公问圣王其行若何晏子
　　对以衰世而讽…………………… 31
三、景公问欲如桓公用管仲以成霸业
　　晏子对以不能…………………… 33
四、景公问治国何患晏子
　　对以社鼠猛狗…………………… 35
五、景公问欲令祝史求福晏子
　　对以当辞罪而无求……………… 36
六、景公问古之盛君其行如何晏子
　　对以问道者更正………………… 38
七、景公问善为国家者如何晏子
　　对以举贤官能…………………… 39
八、景公问君臣身尊而荣难乎晏子
　　对以易…………………………… 41
九、景公问贤君治国如何晏子
　　对以任贤爱民…………………… 42
十、景公问臣之事君何若晏子
　　对以不与君陷于难……………… 43
十一、景公问忠臣之行何如晏子
　　　对以不与君行邪……………… 44
十二、景公问古之莅国者任人如何
　　　晏子对以人不同能…………… 45
十三、景公问古者离散其民如何
　　　晏子对以今闻公令如寇仇…… 46
十四、景公问欲和臣亲下晏子
　　　对以信顺俭节………………… 47
十五、景公问得贤之道晏子
　　　对以举之以语考之以事……… 48
十六、景公问臣之报君何以晏子
　　　对报以德……………………… 49
十七、景公问为政何患晏子
　　　对以善恶不分………………… 50

第四节　内篇问下第四……………… 51
一、景公问何修则夫先王之游晏子
　　对以省耕实……………………… 51

二、景公问欲逮桓公之后晏子
  对以任非其人 …………………… 52
三、景公问贤不肖可学乎晏子
  对以勉强为上 …………………… 53
四、景公问国如何则谓安晏子
  对以内安政外归义 ……………… 54
五、叔向问人何若则荣晏子
  对以事君亲忠孝 ………………… 55

第二章 韩非子的法家思想与管理启示⇨56

第一节 初见秦 …………………… 56
  一、初见秦第一篇 ………………… 56
  二、初见秦第二篇 ………………… 58
第二节 主道 ……………………… 60
第三节 孤愤 ……………………… 62
  一、孤愤第一篇 …………………… 62
  二、孤愤第二篇 …………………… 63
  三、孤愤第三篇 …………………… 63
  四、孤愤第四篇 …………………… 65
  五、孤愤第五篇 …………………… 65
  六、孤愤第六篇 …………………… 66
第四节 说难 ……………………… 68
  一、说难第一篇 …………………… 68
  二、说难第二篇 …………………… 69
  三、说难第三篇 …………………… 70
  四、说难第四篇 …………………… 72
  五、说难第五篇 …………………… 73
第五节 饰邪 ……………………… 74
  一、饰邪第一篇 …………………… 74
  二、饰邪第二篇 …………………… 77
  三、饰邪第三篇 …………………… 78
  四、饰邪第四篇 …………………… 79
  五、饰邪第五篇 …………………… 81
  六、饰邪第六篇 …………………… 84
第六节 说林上 …………………… 86
  一、说林上第一篇 ………………… 86
  二、说林上第二篇 ………………… 86
  三、说林上第三篇 ………………… 87
  四、说林上第四篇 ………………… 88
  五、说林上第五篇 ………………… 88
  六、说林上第六篇 ………………… 89
  七、说林上第七篇 ………………… 89
八、说林上第八篇 ………………… 90
九、说林上第九篇 ………………… 91
十、说林上第十篇 ………………… 91
十一、说林上第十一篇 …………… 92
十二、说林上第十二篇 …………… 93
十三、说林上第十三篇 …………… 94
十四、说林上第十四篇 …………… 94
十五、说林上第十五篇 …………… 95
十六、说林上第十六篇 …………… 96
十七、说林上第十七篇 …………… 96
十八、说林上第十八篇 …………… 97
十九、说林上第十九篇 …………… 98
二十、说林上第二十篇 …………… 99
二十一、说林上第二十一篇 ……… 100
二十二、说林上第二十二篇 ……… 100
二十三、说林上第二十三篇 ……… 101
二十四、说林上第二十四篇 ……… 101
二十五、说林上第二十五篇 ……… 102
二十六、说林上第二十六篇 ……… 102
二十七、说林上第二十七篇 ……… 103
二十八、说林上第二十八篇 ……… 104
二十九、说林上第二十九篇 ……… 105
三十、说林上第三十篇 …………… 105
第七节 说林下 …………………… 106
  一、说林下第一篇 ………………… 106
  二、说林下第二篇 ………………… 107
  三、说林下第三篇 ………………… 108
  四、说林下第四篇 ………………… 109
  五、说林下第五篇 ………………… 109
  六、说林下第六篇 ………………… 110
  七、说林下第七篇 ………………… 110
  八、说林下第八篇 ………………… 111

九、说林下第九篇…………………112
十、说林下第十篇…………………112
十一、说林下第十一篇……………113
十二、说林下第十二篇……………114
十三、说林下第十三篇……………114
十四、说林下第十四篇……………115
十五、说林下第十五篇……………115
十六、说林下第十六篇……………116
十七、说林下第十七篇……………117
十八、说林下第十八篇……………117
十九、说林下第十九篇……………119
二十、说林下第二十篇……………120
二十一、说林下第二十一篇………120
二十二、说林下第二十二篇………121
二十三、说林下第二十三篇………122
二十四、说林下第二十四篇………123

第八节　诡使…………………………123
一、诡使第一篇……………………123
二、诡使第二篇……………………124
三、诡使第三篇……………………125
四、诡使第四篇……………………126

第九节　蠹……………………………129
一、蠹第一篇………………………129
二、蠹第二篇………………………130
三、蠹第三篇………………………130

第十节　制分…………………………132

第三章　荀子的思想与管理启示⇨134

第一节　劝学…………………………134
一、劝学第一篇……………………134
二、劝学第二篇……………………135
三、劝学第三篇……………………136
四、劝学第四篇……………………137
五、劝学第五篇……………………138
六、劝学第六篇……………………139
七、劝学第七篇……………………141
八、劝学第八篇……………………141

第二节　修身…………………………142
一、修身第一篇……………………142
二、修身第二篇……………………143
三、修身第三篇……………………144
四、修身第四篇……………………145
五、修身第五篇……………………146
六、修身第六篇……………………147
七、修身第七篇……………………148
八、修身第八篇……………………149

第三节　非相…………………………151
一、非相第一篇……………………151
二、非相第二篇……………………152
三、非相第三篇……………………153
四、非相第四篇……………………154
五、非相第五篇……………………156
六、非相第六篇……………………157
七、非相第七篇……………………158

第四节　天论…………………………160
一、天论第一篇……………………160
二、天论第二篇……………………163
三、天论第三篇……………………164
四、天论第四篇……………………165
五、天论第五篇……………………166
六、天论第六篇……………………166
七、天论第七篇……………………168

第五节　正论…………………………170
一、正论第一篇……………………170
二、正论第二篇……………………171
三、正论第三篇……………………174

第六节　礼论…………………………176
一、礼论第一篇……………………176
二、礼论第二篇……………………177
三、礼论第三篇……………………178

第七节　乐论…………………………180
一、乐论第一篇……………………180
二、乐论第二篇……………………182
三、乐论第三篇……………………182

第四章　墨子的思想与管理启示 ᴄ184

第一节　亲士 …………… 184
- 一、亲士第一篇 …………… 184
- 二、亲士第二篇 …………… 185
- 三、亲士第三篇 …………… 185
- 四、亲士第四篇 …………… 186
- 五、亲士第五篇 …………… 187

第二节　修身 …………… 188
- 一、修身第一篇 …………… 188
- 二、修身第二篇 …………… 189
- 三、修身第三篇 …………… 189
- 四、修身第四篇 …………… 190

第三节　所染 …………… 191
- 一、所染第一篇 …………… 191
- 二、所染第二篇 …………… 191
- 三、所染第三篇 …………… 192
- 四、所染第四篇 …………… 193

第四节　法仪 …………… 195
- 一、法仪第一篇 …………… 195
- 二、法仪第二篇 …………… 195
- 三、法仪第三篇 …………… 196
- 四、法仪第四篇 …………… 197

第五节　七患 …………… 198
- 一、七患第一篇 …………… 198
- 二、七患第二篇 …………… 199
- 三、七患第三篇 …………… 199
- 四、七患第四篇 …………… 200
- 五、七患第五篇 …………… 201

第六节　辞过 …………… 202
- 一、辞过第一篇 …………… 202
- 二、辞过第二篇 …………… 203
- 三、辞过第三篇 …………… 204
- 四、辞过第四篇 …………… 204
- 五、辞过第五篇 …………… 205
- 六、辞过第六篇 …………… 206

第七节　尚贤 …………… 206
- 一、尚贤第一篇 …………… 206
- 二、尚贤第二篇 …………… 207
- 三、尚贤第三篇 …………… 208
- 四、尚贤第四篇 …………… 208

第八节　尚同 …………… 210
- 一、尚同第一篇 …………… 210
- 二、尚同第二篇 …………… 210
- 三、尚同第三篇 …………… 211
- 四、尚同第四篇 …………… 212

第九节　兼爱 …………… 213
- 一、兼爱第一篇 …………… 213
- 二、兼爱第二篇 …………… 214
- 三、兼爱第三篇 …………… 215
- 四、兼爱第四篇 …………… 216

第十节　节用 …………… 218
- 一、节用第一篇 …………… 218
- 二、节用第二篇 …………… 218
- 三、节用第三篇 …………… 219
- 四、节用第四篇 …………… 220

第十一节　耕柱 …………… 221
- 一、耕柱第一篇 …………… 221
- 二、耕柱第二篇 …………… 222
- 三、耕柱第三篇 …………… 223
- 四、耕柱第四篇 …………… 223
- 五、耕柱第五篇 …………… 224
- 六、耕柱第六篇 …………… 224
- 七、耕柱第七篇 …………… 225
- 八、耕柱第八篇 …………… 226
- 九、耕柱第九篇 …………… 226
- 十、耕柱第十篇 …………… 227
- 十一、耕柱第十一篇 …………… 227
- 十二、耕柱第十二篇 …………… 228
- 十三、耕柱第十三篇 …………… 228
- 十四、耕柱第十四篇 …………… 229
- 十五、耕柱第十五篇 …………… 230
- 十六、耕柱第十六篇 …………… 230
- 十七、耕柱第十七篇 …………… 231

十八、耕柱第十八篇……………… 232　　　十九、耕柱第十九篇……………… 233

第五章　《六韬》的军事思想与管理启示⇨234

第一节　文韬……………………… 234
　　一、文韬第一篇………………… 234
　　二、文韬第二篇………………… 241
第二节　武韬……………………… 243
　　一、武韬第一篇………………… 243
　　二、武韬第二篇………………… 250
第三节　龙韬……………………… 256
　　一、龙韬第一篇………………… 256
　　二、龙韬第二篇………………… 262
　　三、龙韬第三篇………………… 267
　　四、龙韬第四篇………………… 271

　　五、龙韬第五篇………………… 275
　　六、龙韬第六篇………………… 277
　　七、龙韬第七篇………………… 279
　　八、龙韬第八篇………………… 282
　　九、龙韬第九篇………………… 290
　　十、龙韬第十篇………………… 297
　　十一、龙韬第十一篇…………… 300
　　十二、龙韬第十二篇…………… 303
第四节　虎韬……………………… 307
第五节　豹韬……………………… 313
第六节　犬韬……………………… 315

第六章　成语中的管理思想⇨318

第一节　成语中的决策思想……… 318
　　一、运筹帷幄…………………… 318
　　二、高瞻远瞩…………………… 319
　　三、深谋远虑…………………… 319
　　四、当机立断…………………… 320
　　五、政出多门…………………… 321
第二节　成语中的组织思想……… 321
　　一、精兵简政…………………… 322
　　二、强干弱枝…………………… 323
　　三、盘根错节…………………… 323
　　四、尾大不掉…………………… 324
第三节　成语中的领导思想……… 325
　　一、指挥若定…………………… 325
　　二、无为而治…………………… 325

　　三、按图索骥…………………… 326
第四节　成语中的控制思想……… 327
　　一、防患于未然………………… 327
　　二、无规矩不成方圆…………… 328
　　三、开源节流…………………… 328
　　四、明察秋毫与一丝不苟……… 329
　　五、亡羊补牢…………………… 330
第五节　成语中的创新思想……… 333
　　一、推陈出新…………………… 333
　　二、独树一帜…………………… 333
第六节　成语中的重贤思想……… 334
　　一、千金市骨…………………… 334
　　二、三顾茅庐…………………… 335

参考文献⇨336

绪 论

人类对其群体活动的管理和对管理活动的思考与人类活动的历史一样久远。文字产生以后，人们用文字把对管理的思考记录下来，便形成了早期的管理思想。中华文明所累积的一系列成果，包括治国理政思想、军事致胜谋略、为人道德标准、中华成语典故等，凡是具有积极社会价值并对达成管理目标具有指导意义的，本书统称为国学管理思想。我国国学早期的管理思想与西方以工厂制为客观基础的现代管理理论之间，因为时代不同、地域不同、文化不同而有较大差别，但认真研究就会发现，二者的背后也有相似的逻辑。

国学管理思想与现代管理理论所描述的都是对人的活动（包括群体活动和个体活动）的管理。两者之间的区别和联系，可以从以下三个方面进行讨论。

第一，管理主体。国学管理思想所描述的管理活动的主体是政府，包括以君王或朝廷为代表的中央政府和各级地方政府；现代管理理论所描述的管理活动的主体，是以工厂和企业为代表的微观经济组织及其内部专职的管理人员。两种主体的管理活动都是由个人完成的，所以对管理者个人的认知能力、知识水平和道德水平有共同的要求。

第二，管理手段。政府管理活动采用的手段包括行政管理、法律法规、道德教育、文化建设等，企业管理采用的手段包括决策、组织、控制、领导、创新等。两类手段的名称虽然不同，但贯穿于企业各管理环节中的制度建设及其执行，与政府从事治国理政的法治手段却是类似的；而道德教育和文化建设则是两类管理都必不可少的，而且有相同的指向和目的；两种管理的道德教育和文化建设也是相互促进的。

第三，管理目的。政府管理的目的在于，通过治国理政来维持王权或皇权的政权稳定性和社会的长治久安，企业管理的目的在于提高资源利用效率，最终是为了企业能获取更多收益。两类管理的最终结果都能提高社会福利水平，造福百姓。

基于两类管理活动内在逻辑的相似性、关联性，把传统国学中的管理思想挖掘出来，结合西方现代管理理论并应用于我国社会主义市场经济条件下中国特色的现代企业管理，正是本书出版的初衷。

从国学中挖掘管理思想用于启发或指导以企业为代表的现代工商企业微观管理，有两种思路：一种思路是按照传统文化的历史脉络，把行为主体作为逻辑起点，根据历史事件和主体言行进行挖掘总结，其好处是成果按照传统文化的体系进行设计，相对容易，也符合文化欣赏者的阅读习惯；另一种思路是按照现代企业管理理论框架体系，从传统文化经典中去寻找对应的案例，这样做的优点是逻辑思路清晰，结构框架能体系化。本书内容体系前五章按照第一种思路进行构思设计，第六章成语部分按照第二种思路进行编排。

传统国学中的管理思想偏向于治国理政、军事谋略、人生哲理、哲学认知等，可以采用的挖掘方法包括移植的方法、类比的方法、引申的方法、反证的方法、辩证的方法等。

（1）移植的方法。例如君王治理国家要招贤纳士，对于企业管理亦是如此。古代君王重视人才的事例比比皆是，如燕昭王受"千金市骨"启发，重金求贤，达成燕国图强的目标；现在很多单位高薪聘请也是为了诚招人才。燕昭王重金用人的理念和做法，值得企业借鉴。

（2）类比的方法。例如景公久病不愈欲诛祝史，晏子用类推的方法指出，如果祈祷能带来好处，那么诅咒也能给人带来坏处；民怨沸腾，诅咒的人很多，两个人的祈祷抵不过全国人的诅咒，病自然好不了。类似地，企业管理中出现的某些譬如人心涣散、凝聚力不强的问题，如果是高层的原因，就不要一味责怪下属不忠。管理层中的当权者尤其是企业一把手应反躬自省，以身作则，身体力行，说正话、办正事、走正道，最终赢得下属和员工的信任，夯实群众基础，才是解决问题的出路。

（3）引申的方法。例如，荀子在《乐论篇》中指出，音乐源自人心，能极情感之变化，乃"人情之所必不可免"之物，具有"入人也深，化人也速""移风易俗"的功效，对引导人民、治国理政具有重要作用。由此可以引申认为，音乐是一种教育手段，企业可以运用包括音乐在内的多种形式的教育方法，引导员工转变观念、热爱集体、热爱企业，以达成增强凝聚力、提高工作效率的目的。

（4）反证的方法。例如，韩非子在《说难篇》中记载，郑武公想要讨伐胡国，故意将女儿嫁给胡国君主使他高兴。随即问群臣："我想要用兵，哪一国可以讨伐？"大夫关其思回答道："胡国可以讨伐。"武公发怒说："胡国是兄弟般友好的国家，你说讨伐他，这是什么话！"于是将他杀了。胡国君主听说了，以为郑国和自己很亲近，于是就不防备。郑国人偷袭胡国，夺取了它。商场如战场，这个故事启发企业管理者要防止合同诈骗或者合同陷阱。

（5）辩证的方法。例如，景公问贤君治国若何？晏子对以"任贤爱民"。"贤"是指有德行、有才能，合称德才兼备。对一个人来说有才是永恒（江郎才尽是个例）的，道德是特殊物质环境和制度环境下的外在表现，会随着环境的变化而变化。对于鱼大池小的单位，有才能之人可以另谋高就，但是，不排除有些被埋没的人才产生不平衡心理，在没有新的出路的情况下，在关键岗位上做出有损企业利益的事。如果他的才能与岗位职责很匹配，心里知足，反而会踏实工作。所以对企业的某些关键岗位而言，用人除了重视才能，其亲和忠（德）更为重要。因此，家族企业的财务关键岗位往往任人唯亲。

中国国学博大精深，书中有关人物和著作的管理思想成果只是沧海一粟，仅仅涉及《晏子春秋》《韩非子》《荀子》《墨子》和《六韬》等，而且各专著中与管理思想无关的内容都未加收录；书中各章节及节以下的三级标题的序号并非原著本身的篇幅顺序标注，而是为了编辑的需要由编者自行确定的；另外本教材对部分成语中的管理思想进行了单列解读。

第一章　晏子的思想与管理启示

晏子是春秋末期的思想家，齐国名相，其主要思想集中在《晏子春秋》一书之中。《晏子春秋》有多个版本，作者及成书年代有多种说法。书中内容以对话和短篇叙事为主，在自然观上表现了朴素的唯物论和辩证法的观点，在治国理政方面体现了晏子"重民""爱民"的民本思想，以及"薄赋敛、省徭役、减轻民负；举贤任能、不信谗佞；廉洁节俭、身体力行；以礼治国、以礼待民"等一系列经世致用的政治主张。

第一节　内篇谏上第一

一、庄公矜勇力不顾行义晏子谏

【原文】

庄公奋乎勇力[1]，不顾于行义。勇力之士，无忌于国，贵戚不荐善[2]，逼迩不引过[3]，故晏子见公。

公曰："古者亦有徒以勇力立于世者乎[4]？"

晏子对曰："婴闻之，轻死以行礼谓之勇，诛暴不避强谓之力。故勇力之立也，以行其礼义也。汤、武用兵而不为逆[5]，并国而不为贪，仁义之理也；诛暴不避强，替罪不避众[6]，勇力之行也。古之为勇力者，行礼义也。今上无仁义之理，下无替罪诛暴之行，而徒以勇力立于世，则诸侯行之以国危，匹夫行之以家残。昔夏之衰也，有推侈、大戏[7]；殷之衰也，有费仲、恶来[8]。足走千里，手裂兕虎[9]，任之以力，凌轹天下[10]，威戮无罪，崇尚勇力，不顾义理，是以桀、纣以灭，殷、夏以衰。今公自奋乎勇力，不顾乎行义，勇力之士，无忌于国，身立威强，行本淫暴，贵戚不荐善，逼迩不引过，反圣王之德，而循灭君之行[11]。用此存者，婴未闻有也。"

【注释】

[1] 庄公：齐庄公，名光，齐灵公之子，公元前553—前548年在位，为崔杼所杀，谥"庄"。奋：矜夸，夸耀。
[2] 贵戚：指同姓的显贵大臣。不荐善：不进善言。
[3] 逼迩：指近臣。不引过：指见过错不劝谏。引，称引。

[4] 徒：仅仅，只。

[5] 逆：叛逆。

[6] 替：灭，废。

[7] 推侈、大戏：都是夏桀时的勇力之士。

[8] 费仲、恶来：都是商纣的谗臣，有勇力。

[9] 兕（sì）虎：泛指猛兽。兕，犀牛。

[10] 凌轹（lì）：欺压。

[11] 循：沿着，顺着。

【译文】

齐庄公矜夸勇力，不实行道义。有勇力的人在国内肆行无忌，同姓的显贵不进善言，宠幸的近臣不劝谏过错，所以晏子去见庄公。

庄公说："古代也有只凭借勇力就能在世上立身的人吗？"

晏子回答说："我听说过，奋不顾身实行礼叫作勇，诛伐凶暴不避豪强叫作力。所以勇力的树立，是为了实行礼义。商汤、周武王起兵不能算作叛逆，兼并诸侯不能算作贪婪，因为这是符合仁义的准则的：诛伐凶暴不避豪强，消灭罪恶不怕人多势众，这是树立勇力的行为。古代实践勇力的人，是在实行礼义。如今在上位的没有仁义的准则，在下位的没有消灭罪恶诛伐凶暴的行为，却只是凭借勇力在世上立身，那么，诸侯这样行事国家就有危险，平民这样行事家庭就受损害。从前夏朝衰微的时候，有推侈、大戏那样的勇力之人；殷商衰微的时候，有费仲、恶来那样的勇力之人。他们足行千里，徒手打死猛兽，凭着力气被任用，欺凌天下诸侯，杀戮无罪之人，崇尚勇力，不顾礼义，因此桀、纣被灭掉，夏、商也衰亡了。现在您矜夸勇力，不实行道义，有勇力的人在国内肆行无忌，靠威武强横立身，行为凶狠残暴，同姓的显贵不进善言，宠幸的近臣不劝谏过错，违反圣贤君王的道德，却步亡国之君的后尘。这样做而能保全自身的，我没听说有过。"

管理启示：

本文针对庄公矜夸勇力、不顾行义的行为提出批评。晏子认为，勇力必须受礼义的约束，必须为实行礼义服务，作为国君，如果一味崇尚勇力，不顾及道义，必将落个国危身亡的下场。文中体现了晏子以礼义治国的主张。

以礼义为核心要义的道义，在国家管理和企业管理中所起的作用是有差别的。在一个行王道的国度里，道义是王道的先锋，是圣贤君王所常常遵守的。在企业管理中，行道义对内是指爱护自己的员工，保障员工权益；对外是指要勇于承担社会责任。但是，无论是君王还是企业主要领导（是指一把手），他们道义的来源是一样的，即他们的个人品质。

讨论君王或者企业主要领导的个人品质，齐庄公是个反例。据史料记载，齐庄公（？—公元前548年），姜姓，吕氏，名光，为春秋时期齐国国君，公元前553年—公元前548年在位。他本为齐灵公太子，但齐灵公欲立宠姬所生的公子牙为太子，还为了废除他而攻打鲁国。后来齐灵公病重，大夫崔杼、庆封等人从即墨将他迎回来，并杀死了公子牙母子，齐灵公闻变吐血而亡，太子光即位，是为齐庄公。即位后，齐庄公不但不感谢崔杼等人的拥戴之恩，反而经常调戏崔杼漂亮的妻子，轻佻淫荡，公元前548年被崔杼家丁们杀死。齐庄公个人的品质决定了他的治国理政之道不可能施行道义，晏子的劝诫没有起到相应的作用，齐庄公的死也带来了朝政和国家的混乱。

比照齐庄公的所作所为，现实生活中，有些民营企业家在艰难创业成功之后，由于个人品质问题影响企业发展，造成企业破败的事例层出不穷。不具品质，哪来道义；没有道义，哪能创造百年老店。

思考题：
1. 企业管理中行道义是指什么？
2. 管理者个人的品质是否会影响一家企业整体的管理？

二、景公饮酒醒三日而后发晏子谏

【原文】

景公饮酒醒[1]，三日而后发[2]。

晏子见曰："君病酒乎？"

公曰："然。"

晏子曰："古之饮酒也，足以通气合好而已矣。故男不群乐以妨事，女不群乐以妨功[3]。男女群乐者，周觞五献[4]，过之者诛[5]。君身服之[6]，故外无怨治[7]，内无乱行。今一日饮酒而三日寝之，国治怨乎外，左右乱乎内[8]。以刑罚自防者，劝乎为非[9]；以赏誉自劝者，惰乎为善。上离德行，民轻赏罚，失所以为国矣。愿君节之也。"

【注释】

[1] 景公：齐景公，名杵臼，庄公之子。公元前547年—公元前490年在位。醒（chéng）：即下文所说的"病酒"，因喝醉了酒而神志不清。

[2] 发：起，起身。

[3] 功：事，指女工。

[4] 周觞（shāng）五献：轮番往酒器里酌酒五次。觞，古代饮酒器皿，酒杯。献，向人敬酒。

[5] 诛：责备。

[6] 服：行，做。

[7] 怨治：积压下来的政事。怨，通"蕴"，积聚。

[8] 左右：指近侍、近臣。

[9] 劝：努力。下句"自劝"之"劝"义为鼓励、勉励。

【译文】

景公喝酒喝得大醉，躺了三天以后才起来。

晏子谒见景公，说："您喝醉酒了吗？"

景公说："是的。"

晏子说："古时候喝酒，只是用来使气脉疏通、让客人快乐罢了。所以男子不聚会饮酒作乐以致妨害本业，妇女不聚会饮酒作乐以致妨害女工。男子妇女聚会饮酒作乐的，只轮番敬五杯酒，超过五杯的要受责备。君主身体力行，所以朝外没有积压下来的政事，宫内没有混乱的行为。现在您一天喝了酒，三天睡大觉，国家的政事在朝外积压下来，您身边的人在宫内胡作非为。用刑罚防止自己去干坏事的，因为刑罚不公正，都纷纷去干坏事；用赏誉勉励自己去做好事的，因为奖赏不公正，都懒于去做好事。君主违背道德，百姓看轻赏罚，这就丧失了治理国家的办法。希望您喝酒加以节制！"

管理启示：

晏子对齐景公喝醉酒三天不理朝政加以规劝，指出喝酒的目的应该是疏通气脉、娱乐宾客，而不该酗酒以妨害本职工作。因此，喝酒应该节制。

管理者不同于一般员工的品质之一是要具有更强的自我约束能力。醉酒误事，包括上班迟到、耽误工作、财物丢失、伤害身体等，如果是管理团队的骨干成员，还会影响团队的整体工作。所以饮酒要掌握分寸。

思考题：

管理人员常常醉酒对企业管理工作会产生哪些影响？

三、景公饮酒七日不纳弦章之言晏子谏

【原文】

景公饮酒，七日七夜不止。

弦章谏曰[1]："君饮酒七日七夜，章愿君废酒也。不然，章赐死。"

晏子入见，公曰："章谏吾曰：'愿君之废酒也。不然，章赐死。'如是而听之，则臣为制也[2]；不听，又爱其死[3]。"

晏子曰："幸矣，章遇君也！今章遇桀、纣，章死久矣。"于是公遂废酒。

【注释】

[1] 弦章：又作"弦商"，齐景公臣。

[2] 臣为制：臣子成为制约君主的人，即君主为臣子所制约。

[3] 爱：舍不得。

【译文】

景公喝酒，喝了七天七夜都不停止。

弦章劝谏说："您喝酒喝了七天七夜，我希望您停止喝酒。不然的话，我请求您赐我一死。"

晏子进宫谒见景公，景公说："弦章劝谏我说：'希望您停止喝酒。不然的话，我请求您赐我一死。'就这样听从了他的劝谏，那就是被臣子制约了；如果不听从他的劝谏，又不舍得他死。"

晏子说："弦章遇上您真是太幸运了！假如让弦章遇上桀、纣那样的君主，弦章早就死了。"于是景公就停止了喝酒。

管理启示：

本篇写晏子以似褒扬实贬抑的话语谏止景公酗酒，表现了晏子高超的劝谏艺术。

管理是一门艺术。对于管理工作中尴尬或者分歧比较严重的问题，高超的沟通艺术和语言表达能力往往能收到意想不到的效果。既达到工作目的，又不伤及对方的面子和彼此之间的和气，是大多数语气生硬的管理者所不具备的，晏子的说法值得学习。

思考题：

讨论管理者高超的语言艺术对管理工作的正面作用。

四、景公燕赏无功而罪有司晏子谏

【原文】

景公燕赏于国内[1]，万钟者三[2]，千钟者五，令三出而职计莫之从[3]。公怒，令免职计，令三出而士师莫之从[4]。公不说[5]。

晏子见，公谓晏子曰："寡人闻君国者[6]，爱人则能利之，恶人则能疏之[7]。今寡人爱人不能利，恶人不能疏，失君道矣。"

晏子曰："婴闻之，君正臣从谓之顺，君僻臣从谓之逆。今君赏谗谀之民，而令吏必从，则是使君失其道，臣失其守也[8]。先王之立爱，以劝善也；其立恶，以禁暴也。昔者三代之兴也[9]，利于国者爱之，害于国者恶之。故明所爱而贤良众，明所恶而邪僻灭，是以天下治平，百姓和集。及其衰也，行安简易，身安逸乐，顺于己者爱之，逆于己者恶之。故明所爱而邪僻繁，明所恶而贤良灭，离散百姓，危覆社稷。君上不度圣王之兴[10]，而下不观惛君之衰，臣惧君之逆政之行，有司不敢争[11]，以覆社稷，危宗庙。"

公曰："寡人不知也。请从士师之策。"

国内之禄，所收者三也。

【注释】

[1] 燕：通"宴"，用酒饭招待人。
[2] 万钟者：享有万钟俸禄的人。钟，古代量器，六斛（十斗为一斛）四斗为一钟，此处作量词。
[3] 职计：官职名，掌财物。
[4] 士师：官职名，掌刑罚。
[5] 说：同"悦"。
[6] 君国：当国家君主。
[7] 恶（wù）：厌恶。
[8] 守：职守。
[9] 三代：指夏、商、周。
[10] 度（duó）：思忖，考虑。
[11] 有司：有关官吏。古代官府分曹理事，职有专司，所以把专管某项工作的官吏叫"有司"。争：通"诤"，直言规劝。

【译文】

景公宴请并赏赐国内臣子，赏给三个人万钟俸禄、五个人千钟俸禄，赏赐的命令下达多次，可是掌财物的职计却不听从。景公大怒，命令罢免职计的官职，命令下达多次，可是掌刑罚的士师却不听从。景公很不高兴。

晏子去见景公，景公对晏子说："我听说当国家君主的，喜爱谁就能让他有利，厌恶谁就能疏远他。现在我喜爱谁却不能让他有利，厌恶谁却不能疏远他，这是失去当君主的准则了。"

晏子说："我听说过，君主公正、臣子服从叫作顺从，君主邪僻、臣子服从叫作背逆。现在您赏赐谗佞谄谀之人，却让官吏一定服从，那么，这就是让君主失去当君主的准则，让臣子失去当臣子的职守了。先王之所以确立要喜爱人，是为了鼓励行善；之所以确立要厌恶人，是为了禁止凶暴。从前夏、商、周三代兴盛的时候，对国家有利的人，君主就喜爱他；对国家有害的人，君主就厌恶他。所以，明确了所喜爱的，因而天下贤良的人就多了；明确了所厌恶的，因而邪僻的人就灭绝了，因此天下清明安定，百姓和乐团聚。等到夏、商、周三代衰落的时候，君主的行为安于简慢轻忽，自身安于放纵享乐。顺从自己的人，君主就喜爱他；违背自己的人，君主就厌恶他。所以，明确了所喜爱的，邪僻的人就多了；明确了所厌恶的，贤良的人就灭绝了，百姓弄得流离失散，国家遭到倾覆危险。您上不思考圣贤的君主兴盛的原因，下不审察荒怠的君主衰亡的教训，我担心您实行暴政的时候，主管官吏们不敢谏诤，因而使国家倾覆，使宗庙危险。"

景公说："我不知道这些道理啊，请按士师掌握的原则办。"

国内邪僻之人的俸禄，分三次予以收回。

管理启示：

景公凭一己的喜爱行赏，并认为喜爱谁便让他得利、厌恶谁就疏远他是为君之道。晏子首先指出，君主公正而臣子服从叫作顺从，君主邪僻而臣子服从叫作背逆。也就是说，臣对君不可盲从，应以正、邪为断。然后论述喜爱、厌恶的目的是劝善、禁暴，而判定的标准是"利于国"或"害于国"。只有这样，社会才能清平安定，百姓才能和乐团聚。

奖惩在企业管理中本来是奖励先进、惩罚错误和落后的一种措施，目的是以效他人，提高效率。但是，如果有人像齐景公那样反着用，会是什么样的结果？奖了不该奖的，表扬了不该表扬的，不但起不了激励作用，反而会降低奖惩制度在企业员工心目中的敬重感，甚至使奖授者的威信和声望受损。所以，奖励和荣誉制度的设计要合理并落到实处，公正合理，赏罚分明，才能真正调动人的积极性。

思考题：

结合现实谈谈奖惩的得当与失当会对工作产生哪些影响。

五、景公爱嬖妾随其所欲晏子谏

【原文】

翟王子羡臣于景公以重驾[1]，公观之而不说也。嬖人婴子欲观之[2]，公曰："及晏子之寝病也[3]，居圉中台上以观之[4]。"婴子说之，因为之请曰："厚禄之。"公许诺。

晏子起病而见公，公曰："翟王子羡之驾，寡人甚说之，请使之示乎[5]？"

晏子曰："驾御之事，臣无职焉。"

公曰："寡人一乐之，是欲禄之以万钟，其足乎？"

对曰："昔卫士东野之驾也，公说之，婴子不说，公曰不说，遂不观。今翟王子羡之驾也，公不说，婴子说，公因说之。为请，公许之。则是妇人为制也。且不乐治人而乐治马，不厚禄贤人而厚禄御夫。昔者先君桓公之地狭于今，修法治，广政教，以霸诸侯。今君一诸侯无能亲也，岁凶年饥[6]，道途死者相望也。君不此忧耻[7]，而惟图耳目之乐；不修先君之功烈，而惟饰驾御之伎。则公不顾民而忘国甚矣。且《诗》曰：'载骖载驷，君子所诫[8]。'夫驾八固非制也[9]，今又重此，其为非制也，不滋甚乎[10]？且君苟美乐之，国必众为之。田猎则不便[11]，道行致远则不可，然而用马数倍，此非御下之道也[12]。淫于耳目[13]，不当民务[14]，此圣王之所禁也。君苟美乐之，诸侯必或效我，君无厚德善政以被诸侯[15]，而易之以僻，此非所以子民、彰名、致远、亲邻国之道也[16]。且贤良废灭，孤寡不振[17]，而听嬖妾以禄御夫，以蓄怨，与民为雠之道也[18]。《诗》曰：'哲夫成城，哲妇倾城[19]。'今君不思成城之求，而惟倾城之务[20]，国之亡日至矣。君其图之！"

公曰："善。"遂不复观，乃罢归翟王子羡，而疏嬖人婴子。

【注释】

[1] 翟王子羡：翟王的儿子名叫羡。重（chóng）驾：指用十六匹马驾车。
[2] 嬖（bì）人：受宠爱的人。婴子：景公妾。
[3] 寝病：有病卧床不起。
[4] 囿（yòu）：养动物的园子。
[5] 示：让……看。
[6] 凶：年成不好。饥：庄稼歉收。
[7] 不此忧耻：不以此为忧、为耻。
[8] "载骖"二句：所引诗句见《诗·小雅·采菽》。载，则。骖，三匹马驾一辆车。驷，四匹马驾一辆车。诚，今本作"届"，至，到。
[9] 驾八固非制：古制，天子驾六马（夏）或四马（商、周），所以这里说"驾八固非制"。
[10] 滋：益，更加。
[11] 田猎：打猎。田，同"畋"。
[12] 御下：指管理人民。
[13] 淫：过度。
[14] 当：任，担任。
[15] 被：施加，加在……上。
[16] 子民：以民为子，把百姓当成自己的孩子。致远：让远方之人来归附。
[17] 振：救济。
[18] 雠（chóu）：仇敌。
[19] "哲夫"二句：所引诗句见《诗·大雅·瞻卬》。哲，明智。倾，倾覆。
[20] 务：致力，从事。

【译文】

翟王的儿子翟羡靠能用十六匹马驾车当了景公的臣子，景公看他驾车，很不喜欢。景公的宠妾婴子想要观看，景公说："等晏子有病卧床不起的时候，婴子站在园子里的高台上观看。"看了以后很喜欢，于是就替翟羡请求说："给他优厚的俸禄。"景公答应了。

晏子病愈后谒见景公，景公说："翟王的儿子翟羡驾车，我很喜欢，让他驾给你看看吗？"

晏子说："驾驭车马的事，不在我的职权范围之内。"

景公说："我对他驾车感到很高兴，想要给他万钟俸禄，大概够了吧？"

晏子回答说："过去卫国人姓东野的驾车，您很喜欢，可是婴子不喜欢，您也说不喜欢，于是就不再看他驾车。现在翟王的儿子翟羡驾车，您不喜欢，可是婴子喜欢，您于是也就喜欢了。婴子替他请求俸禄，您就答应了。那么，这就是被妇人制约了。况且不乐于治理人民，却喜欢调理马匹；不给贤德的人优厚的俸禄，却给赶车的人优厚的俸禄。从前我们的先君桓公的领土比现在狭小，他整顿法纪，推广政教，因而称霸诸侯。现在您不能让一个诸侯亲附，年成不好，道路上饿死的人随处可见。您不以此为忧，不以此为耻，却只顾贪图享乐；不继承先君的功业，却只讲求驾驭车马的技巧。那么，您不关心百姓疾苦、忘掉国家盛衰也太过分了。况且《诗》上说：'三匹马驾车四匹马驾车，是诸侯到来了。用八匹马驾车，本来就不符合制度了，现在又用十六匹马驾车，这样不符合制度不是更严重了吗？况且您如果以此为美、以此为乐，国内一定有很多人这样做。驾这么多马去打猎就很不方便，到远方去就更不可以，可是使用的马匹却多了几倍，这不是驾驭臣下的办法。过分追求享乐，不妥善处理百姓的事务，这是圣贤的君主所禁止的。您如果以此为美、以此为乐，诸侯一定有人效法我们，您没有淳厚的道德、美好的政治施加于诸侯，却用邪僻的行为来影响他们，这不是爱民如子、使名声显赫、使远人归附、使邻国亲近的办法。况且贤良的人被废弃，孤儿寡妇不得救济，却听信宠妾的话增加赶车人的俸禄，从而加深人民的怨恨，这是与人民为敌的行为。《诗》上说：'聪明的男子可以使国家稳固，聪明的女子却会使国家倾覆。'现在您不考虑如何让国家稳固，却只干些使国家倾覆的事。国家灭亡的日子就要到了。希望您好好虑考虑！"

景公说："您说得好。"于是不再观看驾车，罢免黜退了翟王的儿子翟羡，而且疏远了婴子。

管理启示：

景公听信宠妾请托，要给能用十六匹马驾车的驭手以丰厚的俸禄。对此，晏子提出了尖锐的批评，指出国君不顾百姓死活，只图耳目之乐，不厚禄贤人而厚禄御夫，是与民为仇的行为，有亡国的危险。

齐景公厚禄翟羡重驾是不明是非、违反规矩、滥用职权的典型，这是当今领导干部的大忌。在国有企业中，管理者尤其是领导干部被赋予的权力都是公权，公权就应该为公谋事，有些管理者尤其是领导干部凭着手中的权力擅权谋私谋色，不循规蹈矩，打破了正常的管理秩序，必将对企业造成伤害。可喜的是齐景公听从了晏子的建议，"遂不复观，乃罢归翟王子羡，而疏嬖人婴子"。也希望那些国企领导干部通过日常的政治学习，能警钟长鸣，不断提升自身政治修养，用好手中的权力，为企业发展壮大尽职尽责。

思考题：

结合现实案例谈谈企业领导干部如果擅权谋私、破坏规矩会对企业造成哪些危害。

六、景公久病欲诛祝史以谢晏子谏

【原文】

景公疥且疟，期年不已[1]。召会谴、梁丘据、晏子而问焉曰[2]："寡人之病病矣[3]，使史固与祝佗巡山川宗庙[4]，牺牲珪璧莫不备具[5]，数其常多先君桓公，桓公一则寡人再[6]。病不已，滋甚。予欲杀二子者以说于上帝[7]，其可乎？"会谴、梁丘据曰："可。"晏子不对。公曰："晏子何如？"晏子曰："君以为祝有益乎？"公曰："然。"

晏子免冠曰[8]："若以为有益，则诅亦有损也。君疏辅而远拂[9]，忠臣拥塞[10]，谏言不出。臣闻之，近臣默，远臣喑[11]，众口铄金[12]。今自聊、摄以东[13]，姑、尤以西，此其人民众矣。百姓之咎怨诽谤[14]，诅君于上帝者多矣。一国诅，两人祝，虽善祝者，不能胜也。且夫祝直言情则谤吾君也,隐匿过则欺上帝也。上帝神[15],则不可欺;上帝不神,祝亦无益。愿君察之也。不然,刑无罪,夏、商所以灭也。"

公曰:"善解予惑。加冠!"

命会谴毋治齐国之政,梁丘据毋治宾客之事[16],兼属之乎晏子。晏子辞,不得命[17],受。相退,把政[18]。改月[19],而君病悛[20]。

公曰:"昔吾先君桓公以管子为有功,邑狐与谷[21],以共宗庙之鲜[22]。赐其忠臣,则是多忠臣者。子今忠臣也,寡人请赐子州款[23]。"

辞曰:"管子有一美,婴不如也;有一恶,婴不忍为也,其宗庙之养鲜也。"终辞而不受。

【注释】

[1] 期年:一整年。

[2] 会谴、梁丘据:都是齐景公臣。

[3] 病病:前"病"义为疾病,后"病"义为病重。

[4] 史固:史是官职,固是人名。祝佗:祝是官职,佗是人名。山川:指山川之神。

[5] 牺牲:祭祀用的牛羊猪之类。珪璧:都是玉器,供祭祀用。

[6] 再:二。

[7] 说:同"悦",取悦。

[8] 免冠:摘掉帽子,是尊敬的表示。

[9] 拂:通"弼",辅佐。此指辅佐之人。

[10] 拥塞:阻塞,指被隔绝。

[11] 喑(yīn):哑。

[12] 铄(shuò):销熔。

[13] 聊、摄:都是地名,齐的西部边界。下句的"姑""尤"都是齐水名,绕流齐东界。

[14] 诽谤:批评指责。

[15] 神:灵验。

[16] 宾客之事:指接待诸侯使臣之事。

[17] 不得命:没有得到允许。

[18] 把政:执掌国政。

[19] 改月:转过月来,指过了一个月。

[20] 悛:止,指病愈。

[21] 狐、谷:狐邑、谷邑,两邑名。

[22] 鲜:新宰杀的鸟兽的肉。

[23] 州款:邑名。

【译文】

景公生了疥疮,接着又患了疟疾,病了一年也不好。就召见会谴、梁丘据、晏子,问他们:"我的病严重了,派史官固和祝官佗去祭祀山川之神和祖宗神灵,牛羊猪和珪璧等祭品全都准备了,数量比先君桓公多,桓公用一份祭品,我用两份祭品。病不见好,而且更严重了。我想杀掉这两个人来取悦天帝,大概可以吧?"会谴、梁丘据说:可以。"

晏子不应答。景公说："晏子的意见怎么样？"晏子说："您认为祈祷有好处吗？"景公说："是的。"

晏子摘掉帽子以示恭敬，说："如果认为祈祷有好处，那么诅咒也会对人有损害了。您疏远辅佐的人，忠臣被阻隔，劝谏的话没人说。我听说过，身边的臣子默不作声，外边的臣子哑口无言，众人的话能熔化黄金。现在从齐西界聊、摄以东，齐东界姑水、尤水以西，整个齐国人多极了。百姓当中怨恨您、批评您、向天帝诅咒您的人多极了。全国人诅咒，两个人祈祷，即使善于祈祷的人，也不能胜过诅咒的人。再说祝官如果直率地讲实情，那就是批评我们君主；如果隐瞒您的过错，那就是欺骗天帝。天帝如果灵验，就不可欺骗；天帝如果不灵验，那么祈祷也没有好处。希望您明察这些。否则，杀戮无罪的人，这是夏、商所以灭亡的原因啊。"

景公说："您善于解除我的疑惑，请戴上帽子！"

景公下令会谴不要再治理齐国的政事，梁丘据不要再处理接待诸侯宾客的事务，把这些事全都交给晏子处理。晏子推辞，没有得到允许，这才接受了。会谴、梁丘据都让出了职务，晏子执掌国政。转过月来，君主的病就痊愈了。

景公说："从前我们先君桓公认为管仲有功劳，给了他狐邑和谷邑做食邑及狩猎之地，依例供给祭祀宗庙用的野兽。赏赐忠臣，那就是赞美忠臣。现在您是忠臣，请让我赏赐给您州款做食邑。"

晏子谢绝说："管子有一个优点，我不如他；有一个缺点，我不忍心那样做，他竟为宗庙饲养供宰杀的禽兽。"终于谢绝了，没有接受。

管理启示：

景公患病经年不愈，要杀死为之祈祷的两个官吏。晏子用推导的方法指出，如果认为祈祷能给人带来好处，那诅咒也会给人带来害处。君主疏远贤臣，不行仁政，民怨沸腾，诅咒者众多，两个人祈祷，如何敌得过全国人诅咒？关键还是要重人事，亲贤臣，远谗人。

这个案例告诉我们，面对企业产生的问题，要实事求是去认真查找问题的根源，有针对性地提出解决问题的方案，而不是找替罪羊去推卸责任，这才是解决问题的正确态度。可以设想，即使齐景公杀死了为之祈祷的两个官吏，他的病仍然好不了。所以，当权者要走正道、说正话、办正事，注重树立个人良好的形象，重用踏实肯干的人，赢得下属、员工及周围人的信任。群众的眼睛是雪亮的，错上加错只会招致更多人背后更多的唾骂议论，失去群众基础。

思考题：

当企业管理产生问题的时候，应当采用什么样的态度去处理？

七、景公怒封人之祝不逊晏子谏

【原文】

景公游于麦丘[1]，问其封人曰[2]："年几何矣？"对曰："鄙人之年八十五矣[3]。"公曰："寿哉！子其祝我！"封人曰："使君之年长于胡[4]，宜国家[5]。"公余曰："善哉！子其复之！"曰："使君之嗣寿皆若鄙臣之年。"公曰："善哉！子其复之！"封人曰："使君无得罪于民！"公曰："诚有鄙民得罪于君则可[6]，安有君得罪于民者乎？"

晏子谏曰："君过矣。彼疏者有罪，戚者治之[7]；贱者有罪，贵者治之；君得罪于民，谁将治之？敢问：桀、纣，君诛乎，民诛乎？"

公曰："寡人固也[8]。"于是赐封人麦丘以为邑。

【注释】

[1] 麦丘：齐城邑名。

[2] 封人：管理疆界的官。这里指邑人。

[3] 鄙人：谦称自己。

[4] 胡：指齐之先君胡公静。因其享国久，所以用为祝辞。

[5] 宜国家：对国家有利。宜，合适。

[6] 诚：确实。

[7] 戚者：亲近的人。

[8] 固：固陋，不通达。

【译文】

景公出游到了麦丘，问邑人说："你年纪多大了？"邑人回答说："鄙人八十五岁了。"景公说，"真长寿啊！你祝愿祝愿我吧！"邑人说："让您寿命比齐国先君胡公静还长，以利于国家。"景公说："好啊！你再祝愿祝愿吧！"邑人说："让您的后嗣都像我这么大年纪。"景公说："好啊！你再祝愿祝愿吧！"邑人说："让您不要得罪百姓！"景公说："确实有百姓得罪君主的，哪里有君主得罪百姓的呢？"

晏子听后劝谏说："您错了。那些疏远的人有罪，亲近的人去处治他们；低贱的人有罪，尊贵的人去处治他们；君主得罪了百姓，谁将处治他们呢？我冒昧地问一问：夏桀和商纣，是被君主杀的呢，还是被百姓杀的呢？"

景公说："我太固陋了。"于是把麦丘赏赐给邑人做食邑。

管理启示：

景公对邑人祝愿自己"无得罪于民"颇不以为然，晏子由夏桀、商纣被诛杀的史实，总结出"民诛"的观点，即君主如果暴虐无道获罪于百姓，百姓便得以起而诛之。"民诛"观点的提出，不但是对国君，即便对整个统治阶级，都是严正的警告。这比荀子"载舟覆舟"比喻的提出，时间上要早得多。

企业及管理层良好的形象，对企业经营甚至生存发展都至关重要。如何树立良好的形象呢？尊重员工，及时回应顾客质疑，正确处理客户关系，遵守法律，遵守社会公德，承担社会责任，就像古代贤君爱国爱百姓一样。企业具有良好的形象，员工会尊重它，社会会追捧它，如同邑人对景公的祝愿。如果违背公德，侵害员工和社会公众利益，破坏了自己的形象，对企业的生产经营甚至生存发展，都将产生不可预测的影响，现代版"民诛"在舆情滔天的今天不是不可能发生的。

思考题：

1．邑人祝愿景公仅仅因为他高寿吗？

2．现代企业管理者应该如何像古代贤君一样树立良好的形象？

八、景公欲使楚巫致五帝以明德晏子谏

【原文】

楚巫微导裔款以见景公[1]，侍坐三日[2]，景公说之。楚巫曰："公，明神之主帝王之

君也。公即位有七年矣，事未大济者[3]，明神未至也。请致五帝以明君德。"景公再拜稽首[4]。楚巫曰："请巡国郊以观帝位。"至于牛山而不敢登[5]，曰："五帝之位在于国南，请斋而后登之。"公命百官供斋具于楚巫之所，裔款视事[6]。

晏子闻而见于公曰："公令楚巫斋牛山乎？"

公曰："然。致五帝以明寡人之德，神将降福于寡人，其有所济乎！"

晏子曰："君之言过矣。古之王者，德厚足以安世，行广足以容众。诸侯戴之，以为君长；百姓归之，以为父母。是故天地四时，和而不失；星辰日月，顺而不乱。德厚行广，配天象时[7]，然后为帝王之君，明神之主。古者不慢行而繁祭[8]，不轻身而恃巫[9]。今政乱而行僻，而求五帝之明德也；弃贤而用巫，而求帝王之在身也。夫民不苟德[10]，福不苟降。君之帝王，不亦难乎？惜夫！君位之高，所论之卑也。"

公曰："裔款以楚巫命寡人曰：'试尝见而观焉。'寡人见而说之，信其道，行其言。今夫子讥之[11]，请逐楚巫而拘裔款。"

晏子曰："楚巫不可出。"公曰："何故？"对曰："楚巫出，诸侯必或受之。今信之以过于内，不知[12]；出以易诸侯于外[13]，不仁。请东楚巫而拘裔款。"公曰："诺[14]。"

故曰：送楚巫于东，而拘裔款于国也。

【注释】

[1] 楚巫微：楚国的巫者名叫微。巫，古代以舞降神代人祈祷的人。裔款：齐景公臣。

[2] 侍坐：在尊者旁边陪伴侍奉。

[3] 济：成，成功。

[4] 稽首：古代一种最隆重的跪拜礼，叩头至地。

[5] 牛山：山名，在临淄南。

[6] 视事：治事。指处理斋戒之事。

[7] 配天象时：指与天地合德，与四时相符。

[8] 慢行：行为怠惰。

[9] 轻身：轻视自身的努力。

[10] 苟德：随便感恩戴德。苟，随便，不严肃。

[11] 讥：批评。

[12] 知：同"智"，聪明。

[13] 易诸侯：使诸侯轻信。

[14] 诺：应答声。

【译文】

楚国的巫者微由裔款引导去见景公，陪伴了三天，景公很喜欢他。楚国巫者说："您是英明神圣的君主，是可以称帝称王的君主。您在位十七年了，可是事业没有取得大成就，这是因为神明没有来帮助您。请让我请来五帝之神，以便使您的圣德彰明。"景公听罢拜了两拜，叩头至地。楚国巫者说："请让我到都城郊外去巡行，以便观察五帝之神的方位。"到了牛山，可是不敢登上去，说："五帝之神的方位在城南，请斋戒以后再登上去。"景公命令群臣百官供给斋戒用的东西，送到楚国巫者的住所去，让裔款处理斋戒事务。

晏子听到这事以后，就去见景公，说："您让楚国巫者在牛山那里斋戒吗？"

景公说："是的。想请五帝之神来帮助我，以便让我的道德彰明，神灵将降福给我，大概会对我有所补益吧！"

晏子说："您的话错了。古代称王的，道德淳厚，足以使社会安定；品行广博，足以包容众人。诸侯们爱戴他，把他当成君长；百姓们归附他，把他当成父母。因此，天地四时，和谐而不失次序；日月星辰，依次运行而不混乱。道德淳厚，品行广博，与上天同德，与四时相符，然后才能成为称帝称王的国君，成为英明神圣的君主。古时候不行事简慢而祭祀频繁，不轻视自身的努力而依仗巫者的求福。现在政治混乱，行为邪僻，却祈求五帝之神使自己道德彰明；抛弃贤人，任用巫者，却祈求古代帝王帮助自己。百姓不会随便对君主感恩戴德，福不会随便降到君主身上。您想称帝称王，不是很难吗？可惜啊！您的地位很高贵，可是言论却很卑下。"

景公说："裔款把楚国巫者推荐给我，说：'您姑且见见他，观察观察他。'我见了他，很喜欢他，相信了他的道术，按照他的话做了。现在先生您批评我，请让我驱逐楚国巫者，拘捕裔款。"

晏子说："楚国巫者不能驱逐出去。"景公说："为什么？"晏子回答说："如果楚国巫者被驱逐出去，其他诸侯必定有人收留他。您相信了他，因而在国内铸成过错，这是不明智的；驱逐他出境，让其他诸侯轻信他的话，这是不仁德的。请您把楚国巫者迁移到东方海滨去，拘捕裔款。"景公说："好吧。"当即把楚国巫者送到东方海滨去，同时把裔款拘捕在都城里。

管理启示：

景公听信楚国巫者之言，想让五帝之神帮助自己彰明道德，降福给自己，以成就帝王之业，并为此举行斋戒活动。晏子对此给予批评，指出：古代成就帝王之业的人，道德淳厚，品行广博，不慢行而繁祭，不轻身而恃巫，因此能得到人民的拥戴。如今齐国政治混乱，行为邪僻，抛弃贤人，信用巫者，绝难成就帝王之业。晏子这种重人事、轻鬼神的思想是难能可贵的。

晏子劝诫齐景公的话启示我们，管理者应该具有"道德淳厚、品行广博"的内在品质，并踏实工作，才能赢得尊重。在企业管理团队中，相对于被管理者和员工，管理者居于上位，管理工作除了应按照制度等有关规定有序推进之外，自身的品德修养也能赢得下属和员工的信任，营造和谐的工作氛围，从而减少内耗，提高管理效率和工作效率。否则，不但会对工作产生影响，最终也会影响自己的职位。

思考题：

1. 按照晏子的认识，古代能成就帝业的君主需要具备什么样的品质，以怎样的方式行事？

2. 结合文中所述，试论企业管理者不注重自身道德修养会给企业带来怎样的危害。

九、景公欲祠灵山河伯以祷雨晏子谏

【原文】

齐大旱逾时[1]，景公召群臣问曰："天不雨久矣，民且有饥色。吾使人卜，云祟在高山广水[2]。寡人欲少赋敛以祠灵山[3]，可乎？"

群臣莫对。晏子进曰："不可！祠此无益也。夫灵山固以石为身[4]，以草木为发，天久不雨，发将焦，身将热，彼独不欲雨乎？祠之无益。"

公曰："不然[5]，吾欲祠河伯[6]，可乎？"

晏子曰："不可。河伯以水为国，以鱼鳖为民，天久不雨，泉将下，百川竭，国将亡，民将灭矣，彼独不欲雨乎？祠之何益？"

景公曰："今为之奈何？"

晏子曰："君诚避宫殿暴露[7]，与灵山河伯共忧，其幸而雨乎！"

于是景公出，野居暴露。三日，天果大雨，民尽得种时[8]。景公曰："善哉！晏子之言，可无用乎？其维有德。"

【注释】

[1] 逾时：超过了季节。

[2] 祟：作祟，指降下灾祸。

[3] 灵山：指有灵应的山。

[4] 固：本来。

[5] 不然：不这样。

[6] 河伯：河神名。河，黄河。

[7] 避宫殿：离开宫殿。暴（pù）露：指住在露天下。

[8] 种时：播种。时，通"莳"，种植。

【译文】

齐国遇到大旱，过了下雨的季节仍不下雨，景公召集群臣问道："天不下雨已经很长时间了，百姓将有饥饿之色。我让人占卜，说是高山大河之神降下的灾祸。我想稍微征收点赋税，用这些钱财祭祀灵山，可以吗？"

群臣没有人回答。晏子上前回答说："不可以。祭祀灵山没有好处。灵山本来以石头为身躯，以草木为毛发。天很长时间不下雨，它的毛发将被晒焦，身躯将被晒热，它难道就不希望下雨吗？所以祭祀它没有好处。"

景公说："如果不祭祀灵山，我想去祭祀河神，可以吗？"

晏子说："不可以。河神以水为国家，以鱼鳖为百姓。天很长时间不下雨，泉水将下降，川流将干枯，它的国家将灭亡，它的百姓将灭绝，它难道就不希望下雨吗？祭祀它有什么好处？"

景公说："那么现在应该怎么办？"

晏子说："您如果离开宫室，到露天居住，跟灵山河神共同为干旱忧虑，或许侥幸能下雨吧！"

于是景公出宫，到野外住在露天下。过了三天，天果然下了大雨，百姓全都得以播种了。景公说："晏子的话真好啊！怎么可以不听他的呢？他是有功德的。"

管理启示：

久旱不雨本是自然现象，景公却听信卜者之言，想去祭祀灵山、河伯以除灾。晏子以天久不雨因而对灵山、河伯同样有害为据，说明祭祀灵山、河伯无益，从而制止了祭祀活动。

把天不下雨归因于山神河神降下的灾祸，显然是把错了脉；向神灵求雨更是开错了药方；通过向老百姓收取税赋、积点钱财来祈求神灵则是错上加错。一错再错的根源是当权者的认知错了。同样地，针对现代企业经营管理中出现的问题，要科学分析，找准问题根源，对症下药才是科学的态度和方法。例如企业效益下滑，是内部原因还是市场环境原因？产品质量出现问题是技术水平不过关还是某个生产环节出错造成的？切莫开错药方把错脉。这需要企业有健全的机构、完善的制度以及高层主管聪明的智慧。

思考题：
开错药方把错脉会给君主治国理政和企业经营管理造成什么样的后果？

十、景公贪长有国之乐晏子谏

【原文】

景公观于淄上[1]，与晏子闲立。公喟然叹曰[2]："呜呼！使国可长保而传于子孙，岂不乐哉？"

晏子对曰："婴闻明王不徒立，百姓不虚至。今君以政乱国，以行弃民久矣，而声欲保之，不亦难乎！婴闻之，能长保国者，能终善者也[3]。诸侯并立，能终善者为长；列士并学[4]，能终善者为师。昔先君桓公，其方任贤而赞德之时，亡国恃以存，危国仰以安，是以民乐其政，而世高其德。行远征暴，劳者不疾[5]；驱海内使朝天子[6]，而诸侯不怨。当是时，盛君之行不能进焉[7]。及其卒而衰，怠于德而并于乐，身溺于妇侍，而谋因竖刁[8]，是以民苦其政，而世非其行。故身死乎胡宫而不举[9]，虫出而不收[10]。当是时也，桀、纣之卒不能恶焉。《诗》曰：'靡不有初，鲜克有终[11]。'不能终善者，不遂其君[12]。今君临民若寇雠[13]，见善若避热，乱政而危贤，必逆于众。肆欲于民，而诛虐于下，恐及于身。婴之年老，不能待于君使矣，行不能革[14]，则持节以没世耳[15]。"

【注释】

[1] 淄上：淄水岸边。上，边，畔。

[2] 喟（kuì）然：叹气的样子。

[3] 终善：始终为善。

[4] 列士：众多读书人。列，众。

[5] 劳者：受劳苦的人。疾：痛恨。

[6] 海内：四海之内。此指全国诸侯。

[7] 进：超过。

[8] 竖刁：内竖名叫刁，齐桓公时的宦官。桓公死后，与易牙等作乱。

[9] 胡宫：一名寿宫，齐宫室名。不举：指不能发丧。

[10] 虫出：尸虫出户。《史记·齐世家》载，因竖刁等人为乱，桓公尸体停在床上六十日，尸虫从门口爬了出来。

[11] "靡不"二句：所引诗句见《诗·大雅·荡》。大意是，没有谁做善事没有一个开始，但很少有能坚持到底的。靡：没有谁。初：开始。鲜：少。克：能够。

[12] 不遂其君：不能终其君位。遂，终，完了。

[13] 寇雠：仇敌。

[14] 革：更改。

[15] 持节：加以节制。没世：等于说"终其一生"。

【译文】

景公到淄水边观赏，跟晏子悠闲地站在岸边。景公叹息着说："哎！假如国家可以长期保持住，并且传给子孙后代，难道不是很高兴吗？"

晏子回答说："我听说英明的君主不是随随便便就能当的，百姓不是平白无故就来归附的。现在您用政令把国家搞乱、用行为把百姓丢失掉已经很长时间了，可是还说想保持住国家，不是很难吗？我听说过，能够长期保持住国家的，是能够始终行善的人。各国诸侯并存，能够始终行善的才能当首领；众多读书人一块学习，能够始终行善的才能当老师。从前我们的先君桓公，当他任用贤人崇尚道德的时候，被灭亡的国家靠了他才得以恢复，处境危险的国家依仗他才得以安定，因此人民喜欢他的政令，世人推崇他的道德。他去远方征讨残暴的人，受苦的人都不痛恨他；驱使天下诸侯让他们去朝拜周天子，诸侯们都不怨恨他。这时，盛德之君的行为也不能超过他。等到他最后衰微的时候，道德荒怠，纵情享乐，自身沉溺于女色，谋划全靠竖刁，因此人民对他的政令感到痛苦，世人都责备他的品行。所以他自己死在胡宫里而不能发丧，尸体生的蛆虫爬出门外而得不到收殓。这时，夏桀、商纣的死亡也不能比这更悲惨了。《诗》上说：'没有谁向善没个开始，很少有人能坚持到底。'不能行善到底的，不能始终做君主。现在您面对人民就像面对仇敌一样，看见善行就像躲避炎热一样，搞乱了政治，危害到贤人，必定违背民心。对人民随心所欲地搜刮财物，对下属残暴地诛杀，恐怕您自身要赶上祸患了。我年老了，不能供您使唤了。您的行为如果不能改变，那就加以节制，以便终生保持住国家。"

管理启示：

景公想长久地保住国家并传给子孙后代。晏子认为，君主只有自始至终做善事才能长久地保住国家。晏子以齐桓公的事例为证，阐明始终为善的重要。当齐桓公任用贤人、崇尚道德时，被灭亡的诸侯国靠了他才得以保存，处境危险的诸侯国靠了他才得以安定，百姓都喜欢他的政令，世人都推崇他的品德。当他晚年道德荒诞、纵情享乐、任用逸佞时，百姓都对他的政令感到痛苦，世人都责备他的品行，最后落个身死不得发丧的下场。晏子批评景公面对百姓如同面对仇敌，躲避善行如同躲避炎热，政治混乱，危及贤人，违背民心，祸将及身，告诫景公要加以节制。

在诸侯争锋的春秋时代，能把封国建设得很强大，屹立于诸侯之林，是很不容易的。像齐国这样的封国强大之后，国君想继续保持封国的长治久安，就得崇尚道德、任用贤人，令百姓喜欢，令他国安全。

齐景公如果不听取晏子的劝诫，齐国不但无法像他期盼的那样"使国可长保而传于子孙"，等待他的将是"恐及于身"的后果。在现代激烈的市场竞争中，一个企业能逐渐发展壮大是难能可贵的。在这种情况下，企业主要领导应当有忧患意识和战略眼光，提升自身的能力和修养，把握好国家宏观政策，遵守国家法律，任人唯贤，采用正确的战略和恰当的管理方式。只要企业内部条件和外部环境没有变化，正确决策就应当善始善终、一贯之地执行下去。像齐桓公那样晚节不保，道德荒怠，无故改变国策，身死不得发丧的国君，最后造成政治混乱、国家式微，现代一些类似的企业领导也是有的，需要警钟长鸣。

思考题：

1. 查阅历史资料，了解齐桓公是一位怎样的君主。

2. 使企业在激烈的市场竞争中发展壮大、行稳致远，企业一把手应当注意哪些方面？

十一、景公游寒途不恤死胔晏子谏

【原文】

景公出游于寒涂[1]，睹死胔[2]，默然不问。

晏子谏曰："昔吾先君桓公出游，睹饥者与之食，睹疾者与之财；使令不劳力[3]，籍敛不费民[4]。先君将游，百姓皆说曰：'君当幸游吾乡乎！'今君游于寒涂，据四十里之氓[5]，殚财不足以奉敛[6]，尽力不能周役[7]。民氓饥寒冻馁，死胔相望，而君不问，失君道矣。财屈力竭，下无以亲上；骄泰奢侈，上无以亲下。上下交离，此三代之所以衰也。今君行之[8]，婴惧公族之危，以为异姓之福也[9]。"

公曰："然。为上而忘下，厚藉敛而忘民，吾罪大矣。"于是敛死胔，发粟于民，据四十里之氓，不服政期年[10]，公三月不出游。

【注释】

[1] 涂：同"途"，道路。

[2] 死胔（zì）：死尸。胔，有腐肉的尸体，即尚未腐烂的尸体。

[3] 不劳力：不使民力过劳。

[4] 不费民：不多耗费民财。

[5] 氓（méng）：民，百姓。

[6] 殚：尽，用尽。

[7] 周役：应付完徭役。周，遍。

[8] 行之：指蹈三代衰亡的覆辙。

[9] 异姓：别姓，此指田氏。

[10] 期（jī）年：一周年。期，通"期"。

【译文】

景公到严寒的道路上游玩，看到了死尸，默默无言，不予理会。

晏子劝谏说："从前我们的先君桓公出游，看到饥饿的人，给他们食物；看到有病的人，给他们钱财；役使人民，不让他们过于劳苦；收敛赋税，不让人民耗费过多钱财。先君将要出游的时候，百姓都高兴地说：'君主大概会到我们这里游玩吧！'现在您在严寒的道路上游玩，整个四十里之内的百姓，把钱财全部拿出来都不够您收敛，把力气全部使出来也不能应付完您的徭役。百姓挨饿受冻，死尸到处可见，可是您却不予理会，这就丧失了当君主的原则了。财力枯竭，下级就没有办法热爱上级；放纵奢侈，上级就没有办法热爱下级。上下离心离德，君臣无亲无爱，这是夏、商、周三代之所以衰亡的原因。现在您重蹈三代衰亡的覆辙，我担心您的宗族将有危险，这样就是为异姓之人造福了。"

景公说："是的。当君主却忘记了下属，加重赋税却忘记了百姓，我的罪过大了。"于是下令收殓死尸，拿出粮食给百姓，整个四十里之内的百姓，一年不服役，景公自己三个月不出游。

管理启示：

针对景公出游见到死尸后的冷漠态度，晏子列举齐桓公出游时给挨饿者食物、给患病者钱财等爱民行为，批评景公出游把沿途百姓弄得财尽力竭，饥寒挨饿，死尸遍地，丧失了当君主的原则，迫使景公采取一些补救措施。

晏子以夏、商、周三代衰亡为反例来告诫齐景公，君王关心子民，赢得百姓爱戴，则国泰民安。同理，企业关心员工，提供良好的工作环境和相应的福利待遇，员工也就会热爱企业，愿意为企业付出。员工发自内心的自觉性的劳动比被动劳动的效率更高，可以防止磨洋工、出工不出力的现象。

思考题：

结合现实谈谈企业为了降低成本而减少员工工资，降低福利待遇对员工心理和企业发展会产生怎样的影响。

十二、景公衣狐白裘不知天寒晏子谏

【原文】

景公之时，雨雪三日而不霁[1]。公被狐白之裘坐堂侧陛[2]。晏子入见，立有间[3]，公曰："怪哉！雨雪三日而天不寒。"晏子对曰："天不寒乎？"公笑。晏子曰："婴闻古之贤君，饱而知人之饥，温而知人之寒，逸而知人之劳。今君不知也。"公曰："善。寡人闻命矣[4]。"

乃令出裘发粟，与饥寒。今所睹于涂者，无问其乡，所睹于里者[5]，无问其家；循国计数[6]，无言其名。士既事者兼月[7]，疾者兼岁。

孔子闻之曰："晏子能明其所欲，景公能行其所善也。"

【注释】

[1] 雨（yù）雪：下雪。雨，降，落。霁（jì）：雨后或雪后天转晴。

[2] 被：同"披"。狐白之裘：用狐狸腋下的白皮毛制作的皮衣。

[3] 有间（jiān）：一会儿。

[4] 闻命：接受命令或教导。

[5] 里：古代户籍管理的单位，先秦二十五家为里。

[6] 循国：在国内巡视。循，通"巡"。

[7] 兼月：两个月。此指给两个月的粮食。下句"兼岁"指给两年的粮食。

【译文】

景公在位的时候，一连下了三天雪仍不天晴。景公披着用狐狸腋下的白皮毛制作的皮衣，坐在殿堂侧边的台阶上。晏子进去见景公，站了一会儿，景公说："真奇怪呀！下了三天雪可是天气却不寒冷。"晏子回答说："天气真的不寒冷吗？"景公笑了。晏子说："我听说古代的贤明君主，自己吃饱了，却知道有人在挨饿；自己穿暖了，却知道有人在受冻；自己安逸了，却知道有人在受劳苦。现在您不知道这些啊。"景公说："您说得好。我受教了。"

景公于是下令拿出皮衣，发放粮食，给那些挨饿受冻的人。下令在道上看到这些人，不要问他们是哪个乡的；在村里看到这些人，不要问他们家在哪里；在国内巡视，统计这些人的数目，不要他们说出姓名来。士已经担任职务的，给两个月的粮食；有病的，给两年的粮食。

孔子听到这事以后说："晏子能够表明自己所希望的事情，景公能够去做自己认为

美好的事情。"

管理启示：

景公身穿狐裘怪下雪三天而天不寒冷，晏子以古代贤君"饱而知人之饥，温而知人之寒，逸而知人之劳"来批评景公不知百姓饥寒困苦，促使景公实施了一些善政。

管理者换位思考才能体会到对方的感受，对于管理中发生的问题，才能应对得当、顺利协调。换位思考，在实际工作当中很多人很多时候是难以做到的。作为高层管理者，如何才能做到换位思考呢？最直接有效的方法就是经过管理的各个层级的历练，了解各个层级的实际情况。这样，任何管理层级发生了问题，都能心领神会地找到问题的根源和解决问题的有效方法。

思考题：

1．你认为一步到达管理高位和一步一个台阶到达高位，哪个工作起来会更得心应手？

2．设想一个管理中的问题，通过换位思考，看看能得出什么样的结论。

十三、景公欲诛骇鸟野人晏子谏

【原文】

景公射鸟，野人骇之[1]。公怒，令吏诛之。

晏子曰："野人不知也。臣闻赏无功谓之乱，罪不知谓之虐[2]。两者，先王之禁也。以飞鸟犯先王之禁，不可。今君不明先王之制，而无仁义之心，是以从同纵欲而轻诛[3]。夫鸟兽，固人之养也[4]，野人骇之，不亦宜乎？"

公曰："善！自今已同以后，弛鸟兽之禁[5]，无以苛民也[6]。"

【注释】

[1] 野人：郊野之人。此指百姓。

[2] 罪：治罪，处罚。

[3] 从欲：纵欲。从，同"纵"。

[4] 人之养：供养人民。

[5] 弛：放松，放宽。

[6] 苛民：苛酷地对待百姓。

【译文】

景公正要射鸟，一个普通百姓把鸟吓跑了。景公大怒，命令官吏杀死他。

晏子说："这个百姓不知道您在射鸟啊。我听说赏赐没有功劳的人，叫作混乱；惩罚不了解实情的人，叫作暴虐。这两样，是先王的禁忌。因为一只飞鸟就违犯先王的禁忌，是不可以的。现在您不明白先王的制度，而且没有仁义之心，所以才随心所欲，轻易杀人。鸟兽，本来就是供养人民的，百姓吓跑它，不是应该的吗？"

景公说："您说得好。从今以后，放宽有关鸟兽的禁令，不要因此而苛酷地对待百姓。"

管理启示：

一个平民无意间吓跑了齐景公要射的鸟，景公就命令官吏杀死他。如此草菅人命，晏子批评说："赏赐无功者叫混乱，惩罚无辜者叫暴虐；君主放纵私欲，轻易杀人，毫无仁慈之心；鸟兽本是供养人民的，不应因此而苛刻对待人民。"

人非圣贤,孰能无过。对于员工的过错,不但要处罚有据,更要处罚有度。因为处罚是手段,不是目的。像齐景公那样,有人仅仅因为吓跑了他要射杀的鸟就被杀戮。企业如果对犯错的员工超过了必要的处罚尺度,不但违背公正公平的原则,还有可能引起官司纠纷,造成不必要的负面舆情。另外,奖励了不该奖励的,表扬了不该表扬的,也容易造成员工内心的不平。

思考题:
1. 你认为企业对员工的过度处罚会对员工造成什么样的心理后果。
2. 你认为企业错误地奖励了某员工,对企业有哪些不利的影响。

第二节 内篇谏下第二

一、景公藉重而狱多欲托晏子晏子谏

【原文】

景公藉重而狱多[1],拘者满圄[2],怨者满朝。晏子谏,公不听。公谓晏子曰:"夫狱,国之重官也,愿托之夫子。"

晏子对曰:"君将使婴敕其功乎[3]?则婴有一妾能书足以治之矣。君将使婴敕其意乎?夫民无欲残其家室之生以奉暴上之僻者,则君使吏比而焚之而已矣[4]。"

景公不说,曰:"敕其功,则使一妾;敕其意,则比焚。如是,夫子无所谓能治国乎?"

晏子曰:"婴闻与君异。今夫胡貉戎狄之畜狗也[5],多者十有余,寡者五六,然不相害。今束鸡豚妄投之[6],其折骨决皮[7],可立得也。且夫上正其治,下审其论[8],则贵贱不相逾越。今君举千钟爵禄而妄投之于左右,左右争之,甚于胡狗,而公不知也。寸之管,无当[9],天下不能足之以粟。今齐国丈夫耕,女子织,夜以接日,不足以奉上,而君侧皆雕文刻镂之观,此无当之管也,而君终不知。五尺童子[10],操寸之烟[11],天下不能足以薪[12]。今君之左右,皆操烟之徒,而君终不知。钟鼓成肆[13],干戚成舞[14],虽禹不能禁民之观。且夫饰民之欲[15],而严其听,禁其心,圣人所难也;而况夺其财而饥之,劳其力而疲之,常致其苦而严听其狱,痛诛其罪,非婴所知也。"

【注释】

[1] 藉:赋税。狱:诉讼。
[2] 圄(yǔ):牢狱。
[3] 敕:治理,整顿。功:事。
[4] 比而焚之:指逐户烧掉债券。这样做是为了使民心归附。
[5] 胡貉戎狄:都是我国境内少数民族。
[6] 豚(tún):小猪。
[7] 决:通"抉",挖出,挖掉。
[8] 论:通"伦",伦理。
[9] 当:底,器物的底部。
[10] 五尺童子:古代尺小,一尺约当现在七寸,所以把儿童叫"五尺童子"。

[11] 烟：指火，火把。

[12] 薪：柴。

[13] 钟鼓：都是古代乐器。肆：列。

[14] 干戚成舞：指手持兵器跳舞。按古代手持兵器跳武，表示"偃武修文"之意，这里是指尽情作乐。干戚，泛指兵器。干，盾牌。戚，大斧。

[15] 饰：显示。这里指放纵。

【译文】

景公赋税沉重，狱讼繁多，被拘捕的人塞满了监狱，怨恨的人充满了外朝。晏子劝谏，景公不听。景公对晏子说："监狱，是国家重要的官署，我希望把它托付给先生您。"

晏子回答说："您想让我整顿诉讼的事情吗？那么，我有一个能书写的妾，她有妇人的仁慈之心，就足以把狱讼治理好了。您想让我整顿民心吗？人民没有谁想弄得自己家破人亡以便供奉贪暴君主享乐的，那么，您让官吏挨门逐户把债券都烧掉就可以了。"

景公听了很不高兴，说："说到整顿诉讼之事，就说让一个妾去做；说到整顿民心，就说让挨门逐户把债券烧掉。如此说来，先生您就不是所说的能治理国家的人了？"

晏子说："我听到的跟您说的不一样。比如胡貊戎狄等部族的人养狗，多的养十多条，少的养五六条，可是这些狗并不互相伤害。如果捆好了鸡和小猪随便扔给他们，那么它们争抢得咬断骨骼、撕裂皮肤的情景，立刻就可以看到。再说居上位的人处事公正，居下位的人按伦理行事，那么就会贵贱分明，不会发生等级混乱之事。现在您拿着千钟的俸禄，随便地扔给您身边的人，这些人争夺俸禄，比胡人的狗还厉害，可是您却不了解这些。一寸长的竹管，如果没有底，普天下的人都不能用粮食把它装满。现在齐国的男子耕田，女子织帛，他们夜以继日地工作，也不够供奉上边的征敛，而您的身旁到处都是雕刻着花纹的供观赏的东西，这就是无底的竹管啊，可是您始终不了解这些。几尺高的儿童，手里拿着一寸长的火种，普天下的人拿来柴草都不够他烧的。现在您身边的人，都是拿着火种的人，可是您始终不了解这些。排列好钟鼓等乐器奏乐，拿着盾牌大斧等兵器舞蹈，即使是禹那样的君主也不能禁止人们观看。再说放纵人民的欲望，却严厉禁止人去听，禁止人去想，这是圣人也难以做到的；更何况掠夺人民的钱财，让他们饥饿，使用人民的力气，让他们疲劳，经常给人民带来痛苦，却严厉地处理他们的诉讼，狠狠地惩罚他们的罪过，这不是我所能理解的。"

管理启示：

景公赋敛沉重，狱讼繁多，被拘捕的人塞满监狱，怨恨的人充满外朝。晏子指出，治理国家，应该让居上位者处事公正，居下位者以礼而行；限制近臣的贪欲，节制其奢靡，以防止私欲泛滥。如果放纵民欲，却严厉治理他们的诉讼，狠狠处罚他们的过错，是难以治理好国家的。

晏子说，居上位者处事公正，居下位者以理而行。这句话不但适用于国家治理，同样适用于企业管理。齐景公把难管的监狱托付给晏子去管理，并不是仅仅因为晏子比别的人聪明，比别的人办法多，而是晏子认为，只要心怀仁爱，处事公平，一个妾也能把监狱管理好；一个很普通的官员也能保一方平安。常言道："患均不患寡。"企业管理中只要同样胸怀仁爱之心，公平公正，矛盾纠纷自然轻松化解。反之，管理工作中居下位的人出错，居上位的人不主动防范，不去公正处理，睁一只眼闭一只眼，甚至放任自流，就如同国君治理不好国家，企业管理也必将陷入混乱。

思考题：

文中"寸之管，无当，天下不能足之以粟"表达的是什么意思？

二、景公欲杀犯所爱之槐者晏子谏

【原文】

景公有所爱槐，令吏谨守之，植木县之[1]，下令曰："犯槐者刑，伤之者死。"有不闻令，醉而犯之者，公闻之曰："是先犯我令。"使吏拘之，且加罪焉。

其子往辞晏子之家[2]，托曰："负廓之民贱妾[3]，请有道于相国[4]，不胜其欲[5]，愿得充数乎下陈[6]。"

晏子闻之，笑曰："婴其淫于色乎！何为老而见奔[7]？虽然，是必有故。"令内之[8]。女子入门，晏子望见之，曰："怪哉！有深忧。"进而问焉曰："所忧何也？"

对曰："君树槐县令，犯之者刑，伤之者死。妾父不仁[9]，不闻令，醉而犯之，吏将加罪焉。妾闻之，明君莅国立政[10]，不损禄，不益刑，又不以私恚害公法[11]，不为禽兽伤人民，不为草木伤禽兽，不为野草伤禾苗。吾君欲以树木之故杀妾父，孤妾身[12]，此令行于民而法于国矣。虽然，妾闻之，勇士不以众强凌孤独，明惠之君不拂是以行其所欲[13]。此譬之犹自治鱼鳖者也，去其腥臊而已[14]。昧墨与人比居庚肆，而教人危坐[15]。今君出令于民，苟可法于国而善益于后世，则父死亦当矣，妾为之收亦宜矣[16]。甚乎！今之令不然。以树木之故，罪法妾父，妾恐其伤察吏之法[17]，而害明君之义也。邻国闻之，皆谓吾君爱树而贱人，其可乎？愿相国察妾言，以裁犯禁者[18]。"

晏子曰："甚矣！吾将为子言之于君。"使人送之归。

明日，早朝，而复于公曰："婴闻之，穷民财力以供嗜欲谓之暴[19]；崇玩好，威严拟乎君谓之逆[20]；刑杀不辜谓之贼[21]。此三者，守国之大殃。今君穷民财力以羡饮食之具[22]，繁钟鼓之乐，极宫室之观，行暴之大者；崇玩好，县爱槐之令，载过者驰，步过者趋[23]，威严似乎君，逆之明者也；犯槐者刑，伤槐者死，刑杀不称[24]，贼民之深者。君享国，德行未见于众[25]，而三辟著于国[26]。婴恐其不可以莅国子民也[27]。"

公曰："微大夫教寡人[28]，几有大罪，以累社稷。今子大夫教之，社稷之福，寡人受命矣。"

晏子出，公令趣罢守槐之役[29]，拔置县之木[30]，废伤槐之法，出犯槐之囚。

【注释】

[1] 植：竖立，插。县：同"悬"，悬挂。

[2] 子：此处指女儿。古代男孩子、女孩子都可称"子"。辞：致辞，告诉。

[3] 负廓：指在外城居住。廓，通"郭"，外城。妾：女子的谦称。

[4] 道：陈说。

[5] 不胜其欲：禁止不住自己的欲望，即无限向往之意。胜，禁得住。

[6] 充数乎下陈：指在内宅充数当侍妾。乎，于。下陈，等于说"后列"。

[7] 奔：私奔。

[8] 内：同"纳"。

[9] 不仁：不才，不聪明。

[10] 莅国：治理国家。莅，临。

[11] 恚：恼怒。

[12] 孤：使成为孤儿。

[13] 拂：违背。是：正确。

[14] "此譬"二句：比喻治国者应去掉对国家有害的东西。

[15] "昧墨"二句：全句是比喻说法，黑暗之中却让人端端正正地坐在闹市中，喻国家政令苛酷，人民将手足无措。昧墨：指黑暗之中。比居：并居，一块儿坐着。庚肆：指闹市。危坐：端正地坐着。

[16] 收：指收尸。

[17] 察吏：能明察是非的官吏。

[18] 裁：指量刑判处。

[19] 穷：用尽。

[20] 拟乎君：和君主相似。

[21] 贼：残忍。

[22] 羡：多余。

[23] 趋：小步快走，表示恭敬。

[24] 称（chèn）：相符合。

[25] 见（xiàn）：显示。

[26] 辟：邪僻。

[27] 子民：以民为子，即爱民如子之意。

[28] 微：如果没有。

[29] 趣（cù）：同"促"，速，赶快。

[30] 拔置：拔下并收起。

【译文】

景公有一棵喜爱的槐树，命令官吏小心地看守它，立了一个木桩，上面挂着牌子，写着命令："碰了槐树的受刑，伤了槐树的处死。"有一个没有听到命令、喝醉酒碰了槐树的人，景公听到这事以后说："这个人先触犯了我的命令。"让官吏拘捕了他，将要治他的罪。

他的女儿到晏子家去，托人传话说："我是住在外城百姓的女子，有话要对相国说，我无限向往，愿意在相国的后宅充数当个侍妾。"

晏子听到这话以后，笑着说："我难道是个好色之徒吗？为什么我老了还有女子私奔我？虽说如此，这里面一定有原因。"命令让她进来。女子进了门，晏子远远地望见她，说："奇怪呀！这个人脸上带着深深的忧伤。"等她进到屋里，晏子问她说："你忧伤的是什么事情？"

女子回答说："君主种了槐树，悬挂上命令，碰了槐树的受刑，伤了槐树的处死。我的父亲缺少才智，没有听到命令，喝醉酒后碰了槐树，官吏将要治他的罪。我听说，英明的君主管理国家制定政令，不轻易减少俸禄，不随便增加刑罚，又不因为私怨损害公法，不因为禽兽伤害人民，不因为草木伤害禽兽，不因为野草伤害禾苗。我们国君因为树木的缘故要杀死我父亲，让我成为孤儿，这命令已经对人民实行并且成为国家的法令了。虽说如此，可我听说过，勇士不凭着人多势众欺侮弱小孤单的人，明智的君主不背离正确的原则随心所欲地行事。这就好比亲自烹饪鱼鳖的人一样，只是去掉鱼鳖的腥味罢了。又好比黑暗中跟人一块待在闹市，却让人端端正正地坐着，人们都会手足无措。现在君主向人民发出命令，如果可以成为国家的法令并且对后世有好处，那么我父亲就是死了也是值得的，我为他收尸也是应该的。太厉害了！现在的命令却不是这样。由于树木的缘故，就治我父亲的罪，我担心这会破坏了能明察是非的官吏执掌的法令，伤害了英明君主的道义。邻国听到了这事，都会认为我们君主喜爱树却轻视人，这怎么可以呢？希望相国考虑我的话，根据法律裁决触犯君主禁令的人。"

晏子说："这太过分了！我将替你向君主去说。"说完派人把她送了回去。

第二天早朝的时候，晏子向景公禀告说："我听说过，耗尽人民的财力来满足自己的嗜好私欲，叫作暴虐；崇尚自己喜好的玩物，让它们的威严和君主相似，叫作乖戾；处罚杀死没有罪的人，叫作残忍。这三种行为，是保持住国家的大祸害。现在您耗尽人民的财力，把饮食用具置办得很丰盛，把钟鼓等乐器制造得很繁多，把宫室修建得很漂亮，这是最大的暴虐；崇尚自己喜好的玩物，对所喜爱的槐树悬挂上命令，驾车经过的要快赶，步行经过的要快走，它的威严和君主相似，这是最明显的乖戾行为；碰到槐树的受刑，伤害槐树的处死，处罚不该处罚的人，杀死不该杀死的人，这是最严酷的残害人民的行为。您享有国家，好的德行没有在百姓面前显示出来，可是三种邪僻的行为在国内却很显著。我担心这样是不可以治理国家、爱民如子的。"

景公说："假如没有大夫您教诲我，我几乎要犯大罪，从而连累到国家。现在大夫您教诲我，这是国家的福气，我受教了。"

晏子出朝以后，景公命令赶快撤走看守槐树的差役，拔掉木桩，扔掉挂着的牌子，废除伤害槐树治罪的命令，释放因碰到槐树被拘捕的囚犯。

管理启示：

景公为所喜爱的槐树下令："犯槐者刑，伤之者死。"有醉而犯槐者，将被景公治罪，其女借故求见晏子申诉，认为明君治理国家不应随便立法增刑，不应爱树而轻人。于是晏子朝见景公指出，耗尽百姓财力以满足嗜好私欲，叫作暴虐；崇尚玩物、使其威严与君主相似，叫作乖戾；处罚杀死无罪之人叫作残忍。这三种行为是国家的大祸害。而君主的所作所为正是最大的暴虐，是明显的乖戾，最严重的害民。最终景公废除了伤槐治罪的命令，释放了犯槐之囚。

按照晏子的说法，齐景公的行为可以概括为"消费无度、玩物丧志、滥杀无辜"。依据制度，法令治国是正确的，但如果制度法令是为了满足私欲，则无法达到治国的目的。企业也有一系列规章制度，每一项规章制度都应符合企业管理目标。如果不确定人事分配、干部提拔、职称评审等涉及个人切身利益的制度，最容易使决策者因个人好恶的因素来执行事务，结果就会带来很多矛盾，这是不利于企业管理和长远发展的。

思考题：

无论国家还是企业，赏罚制度都应当赏罚有据、赏罚有度。你是怎样看待齐景公"犯槐者刑，伤之者死"的君令的？

三、景公冬起大台之役晏子谏

【原文】

晏子使于鲁，比其返也[1]，景公使国人起大台之役。岁寒不已，冻馁之者乡有焉，国人望晏子。

晏子至，已复事，公延坐[2]，饮酒，乐。晏子曰："君若赐臣，臣请歌之。"歌曰："庶民之言曰：'冻水洗我，若之何？太上靡散我[3]，若之何？'"歌终，喟然叹而流涕。公就止之[4]，曰："夫子曷为至此[5]？殆为大台之役夫[6]！寡人将速罢之。"

晏子再拜[7]，出而不言，遂如大台[8]，执朴鞭其不务者[9]，曰："吾细人也[10]，皆有盍庐以避燥湿[11]；君为一台而不速成，何为？"国人皆曰："晏子助天为虐。"

晏子归，未至，而君出令趣罢役。车驰而人趋。

仲尼闻之，喟然叹曰："古之善为人臣者，声名归之君，祸灾归之身。入则切磋其君之不善[12]，出则高誉其君之德义。是以虽事惰君，能使垂衣裳[13]，朝诸侯[14]，不敢伐其功[15]。当此道者，其晏子是耶[16]！"

【注释】

[1] 比：等到。
[2] 延坐：请他坐下。
[3] 太上：对君主的尊称。靡（mí）散：摧残，离散。
[4] 就：靠近，走近。
[5] 曷为：为什么。曷，何。
[6] 殆：大概，恐怕。
[7] 再拜：拜两拜。再，二。
[8] 如：到……去。
[9] 朴（pū）：打人用的棍棒。
[10] 细人：小人，地位低下的人。
[11] 盍庐：房屋。盍，通"阖"。
[12] 切磋：比喻商讨、研究。
[13] 垂衣裳：比喻君王无为而治。
[14] 朝：使朝拜。
[15] 伐：自夸。
[16] 是：此，这样。

【译文】

晏子出使鲁国，等到他返回的时候，景公正让齐国人服役修建大台。天气一直很寒冷，挨饿受冻的人每乡都有，齐国人都盼望晏子快回来。

晏子回到齐国，汇报完事情以后，景公请他入座，喝酒喝得很高兴。晏子说："如果蒙您恩赐，请允许我唱支歌。"于是唱道："平民百姓都这样唱：'我们在冰水中受冻，怎么活？我们被君主弄得妻离子散，怎么过？'"唱完了歌，晏子叹息着流下了眼泪。景公上前制止住他，说："先生您为什么悲伤到这地步？大概是为修建大台的事吧！我将很快停止建大台。"

晏子拜了两拜，一句话也不说就出了朝廷，接着就到了大台，拿着棍棒打那些不努力工作的人，说："我们是些小民，都有房屋来躲避炎热潮湿；君主要建造一个大台，却不能很快建成。这是为什么？"国人都说："晏子在帮助君主做坏事。"

晏子回去，还没到家，君主就下达了命令，让赶快停止服役。服役的人和车都飞快地离开了。

孔子听到这件事，慨叹着说："古代善于当臣子的人，好名声都让给君主，灾祸都留给自己。入朝就研讨君主的缺点，出朝就赞美君主的道义。因此，即使是侍奉怠惰的君主，也能让君主无为而治，让诸侯来朝拜，而自己却不敢夸耀自己的功劳。现在能够符合这个原则的，大概只有晏子吧！"

管理启示：

景公严冬征发徭役修建大台，服役者挨饿受冻。晏子以歌声诉说百姓之苦，从而使景公决定停止修建。晏子主动为景公承担过错的行为，则表现了他的愚忠。孔子正是从忠君的角度对晏子大加赞扬的。

晏子的行为以及孔子对晏子的赞美，体现了晏子的忠君思想和荣辱观、功劳观，即功是君的、劳是己的，荣是君的、辱是己的。同样地，在管理工作中下级不与上级争荣誉，在干部队伍中副职不与正职争功劳，这样的隐性秩序能造就默契的合作关系。当然，付出总会有收获，下级员工和干部副职也会因为自己的默默奉献而在未来获得回报。

思考题：

有人认为晏子的"忠君思想"是"愚忠"，你是怎么认为的？

四、景公猎逢蛇虎以为不祥晏子谏

【原文】

景公出猎，上山见虎，下泽见蛇。归，召晏子而问之曰："今日寡人出猎，上山则见虎，下泽则见蛇，殆所谓不祥也？"

晏子对曰："国有三不祥，是不与焉[1]。夫有贤而不知，一不祥；知而不用，二不祥；用而不任，三不祥也。所谓不祥，乃若此者。今上山见虎，虎之室也[2]；下泽见蛇，蛇之穴也。如虎之室[3]，如蛇之穴而见之，曷为不祥也？"

【注释】

[1] 是：此。与（yù）：在其中，相干。
[2] 室：指住处。
[3] 如：往，到……去。

【译文】

景公外出打猎，上山看见了老虎，下沼泽看见了蛇。回来以后，召见晏子问他说："今天我外出打猎，上山看见了老虎，下沼泽看见了蛇，这大概就是所谓不吉祥吧？"

晏子回答说："国家有三件不吉祥的事，这些都不在其中。有贤德的人却不知道，这是第一件不吉祥的事；知道了却不使用，这是第二件不吉祥的事；使用了却不委以重任，这是第三件不吉祥的事。所谓不吉祥的事，就是像上边说的这些。现在您上山看见了老虎，那里本来有老虎的住处；下沼泽看见了蛇，那里本来有蛇的洞穴。到老虎的住处去，到蛇的洞穴去，看见了它们，怎么能算不吉祥呢？"

管理启示：

针对景公上山见虎、下泽见蛇以为不祥的迷信看法，晏子指出，有贤人却不知道、知道了却不使用、使用了却不委以重任，才是国家三件不吉祥之事。至于上山见虎，下泽见蛇，乃是情理中的事。

晏子是个不迷信鬼神的唯物主义者，他的辅佐乃齐景公及齐国的福音。齐景公作为一国之君，不识贤、不用贤、不重贤，却对现实中的虎蛇产生不祥的恐惧，实属不该。试想，一个企业高管如果不重视研究市场、不重视科技、不重视管理，企业能发展壮大吗？晏子的唯物主义思想在企业微观管理工作中同样重要。

思考题：

有些饭店的门厅内摆放关公像，你如何看待这种情况？

五、景公登射思得勇力士与之图国晏子谏

【原文】

景公登射[1]，晏子修礼而侍。公曰："选射之礼[2]，寡人厌之矣！吾欲得天下勇士，与之图国。"

晏子对曰："君子无礼，是庶人也[3]；庶人无礼，是禽兽也。夫勇多则弑其君，力多则杀其长，然而不敢者，维礼之谓也。礼者，所以御民也；辔者[4]，所以御马也，无礼而能治国家者，婴未之闻也。"

景公曰："善。"乃饰射[5]，更席，以为上客，终日问礼。

【注释】

[1] 登射：指走上射箭的位置。

[2] 选射之礼：古代有通过射箭选拔人才的制度，射箭时有一套礼仪，所以这里说"选射之礼"。

[3] 庶人：众人，一般人。

[4] 辔（pèi）：马缰绳。

[5] 饰射：整备射礼。饰，通"饬"，整治。

【译文】

景公走到射箭的位置射箭，晏子依照射箭的礼仪陪伴景公。景公说："通过大射选拔人才这一套礼仪，我已经厌烦了。我想得到天下的勇士，跟他们一起商量国家大事。"

晏子回答说："君子如果没有礼仪，那就是一般人了；一般人如果没有礼仪，那就是禽兽了。过于勇猛的人就会杀死他们的君主，过于有力的人就会杀死他们的长辈，然而他们不敢这样做，只是因为有礼仪约束啊。礼仪，是用来统治人民的；缰绳，是用来驾驭马匹的。没有礼仪却能治理好国家的，我不曾听说过。"

景公说："你说得好。"于是就整备射礼，更换坐席，把晏子当成上宾，一整天都向晏子询问礼仪。

管理启示：

景公想得到天下的勇士与之治理国家，晏子指出，礼才是社会不可缺少的。礼可以制约勇力之士的非礼行为，礼是用来统治人民的。没有礼，就不能治理国家。

企业管理有两套逻辑，即制度和文化。制度是刚性手段，文化是柔性手段。礼仪是

文化的重要内容，它同样能维持工作秩序，如尊重领导、尊重老员工、尊重人才等。员工之间的相互尊重，有利于构建和谐的团队关系，产生更好的协同效果。景公选拔人才不该因厌倦礼仪而放弃。晏子劝诫他的话表达了君子相比一般人更应尊重礼仪的等级思想，彰显礼仪在维护国家秩序方面的重要性。

思考题：
1. 你认为在企业管理中哪些方面或者哪些环节是要用到礼仪的。
2. 谈谈礼仪在企业管理中的重要性。

第三节　内篇问上第三

一、庄公问威当世服天下时耶晏子对以行也

【原文】

庄公问晏子曰："威当世而服天下[1]，时耶？"

晏子对曰："行也。"

公曰："何行？"

对曰："能爱邦内之民者[2]，能服境外之不善；重士民之死力者，能禁暴国之邪逆；听赁贤者[3]，能威诸侯；安仁义而乐利世者，能服天下。不能爱邦内之民者，不能服境外之不善；轻士民之死力者，不能禁暴国之邪逆；愎谏傲贤者之言[4]，不能威诸侯；倍仁义而贪名实者[5]，不能服天下。威当世而服天下者，此其道也已。"而公不用，晏子退而穷处。

公任勇力之士，而轻臣仆之死[6]，用兵无休，国罢民害[7]，期年，百姓大乱，而身及崔氏祸[8]。

君子曰："尽忠不豫交[9]，不用不怀禄，其晏子可谓廉矣！"

【注释】

[1] 服：使归服。

[2] 邦：国。指诸侯国。

[3] 听赁贤者：听信任用贤德之人的人。赁，任用。

[4] 愎谏：固执己见，不听劝谏。愎，固执，任性。

[5] 倍：通"背"。名实：名利。

[6] 臣仆：奴仆。

[7] 罢：通"疲"。

[8] 身及崔氏祸：自身赶上了崔杼的灾祸，指庄公淫乱为崔杼所杀之事。及，赶上。

[9] 豫交：指预先结交君主。

【译文】

庄公问晏子说："在世上树立威严，让天下人归服，靠的是时机吧？"

晏子回答说："靠的是实际去做。"

庄公说："怎样去做？"

晏子回答说："能爱国内百姓的人，就能让国外的不肖之人归服；看重士和百姓的

生命与力量的人，就能制止那些残暴国家的侵犯；听信、任用贤德之人的人，就能在诸侯中树立威严，安于仁义，以有利社会为乐的人，就能使天下人归服。不能爱国内百姓的人，就不能让国外的不肖之人归服；看轻士和百姓的生命与力量的人，就不能制止那些残暴国家的侵犯；固执己见不听劝谏、轻视贤德之人的人，就不能在诸侯中树立威严；违背仁义、贪图名利的人，就不能使天下人归服。在世上树立威严，让天下人归服，就是实行的这种方法啊。"可是庄公不听晏子的话，于是晏子辞去官职，居住在穷乡僻壤。

庄公任用有勇力的人，看轻奴仆们的生命。用兵作战没有休止，国家疲困，人民受难。过了一年，百姓大乱，庄公自己也遭到了崔杼的杀身之祸。

君子评论说："侍奉君主尽忠，但不预先结交君主，被任用而不贪恋俸禄，晏子真可以说是廉正了。"

管理启示：

晏子认为，要想在世上树立威严，让天下人归服，不靠时机而靠行动。进而指出，只要热爱国内人民，重视民的生命和力气，听信任用贤德之人，安与仁义，乐于立世，就能树立威严，让天下人归服。齐庄公不采纳晏子的主张，任用勇力之事，最终遭到杀身之祸。

如何树立管理者的威望？晏子的回答，启示我们具有一定权力的管理者要怀仁爱之心，胸襟宽广，工作中身体力行，爱才、任贤，赢得团队成员信任。这在企业管理中表现为中层的带团能力。反其道而行之，很容易给自己带来无形的管理障碍。

思考题：

领导交代一项任务，完成一份文案，一个刚入职的大学生他按时高质量完成了。领导能否据此提拔他做某个部门的负责人？从文中的案例看，还需要考察他哪些方面？

二、景公问圣王其行若何晏子对以衰世而讽

【原文】

景公外傲诸侯，内轻百姓，好勇力，崇乐以从嗜欲[1]。诸侯不说，百姓不亲。公患之，问于晏子曰："古之圣王，其行若何？"

晏子对曰："其行公正而无邪，故谗人不得入；不阿党[2]，不私色[3]，故群徒之卒不得容[4]；薄身厚民，故聚敛之人不得行；不侵大国之地，不耗小国之民，故诸侯皆欲其尊；不劫人以兵甲，不威人以众强，故天下皆欲其强；德行教训加于诸侯，慈爱利泽加于百姓，故海内归之若流水。今衰世君人者，辟邪阿党，故谗谄群徒之卒繁；厚身养，薄视民，故聚敛之人行；侵大国之地，耗小国之民，故诸侯不欲其尊；劫人以兵甲，威人以众强，故天下不欲其强；灾害加于诸侯，劳苦施于百姓，故雠敌进伐，天下不救，贵戚离散，百姓不与[5]。"

公曰："然则何若[6]？"

对曰："请卑辞重币以说于诸侯[7]，轻罪省功，以谢于百姓[8]，其可乎？"

公曰："诺。"于是卑辞重币而诸侯附，轻罪省功而百姓亲，故小国入朝[9]，燕、鲁共贡。

墨子闻之，曰："晏子知道[10]，道在为人，而失为己。为人者重，自为者轻。景公自为，而小国不为[11]；为人，而诸侯为役。则道在为人，而行在反己矣，故晏子知道矣。"

【注释】

[1] 从：同"纵"。
[2] 阿党：结党营私。
[3] 私：偏爱。
[4] 群徒之卒：指那些受宠爱的臣妾。
[5] 与：帮助。
[6] 何若：何如，怎么办。
[7] 币：用作馈赠的礼品。
[8] 谢：道歉，谢罪。
[9] 入朝：指到齐国朝拜。
[10] 知道：懂得治国之道。
[11] 不为：指不为齐所用。

【译文】

景公对外傲视诸侯，对内轻视百姓，喜好勇力，崇尚作乐，竭力纵欲。诸侯都不喜欢他，百姓都不亲附他。景公对此很忧虑，就问晏子说："古代的圣贤君王，他们的行为怎么样？"

晏子回答说："他们的行为公正无邪，所以善进谗言的人不能入朝当官；不结党营私，不偏爱女色，所以那些靠谄媚取宠的臣妾不能存身；对自己供养微薄，对人民供养丰厚，所以善于聚敛民财的人不能畅行无阻；不侵占大国的土地，不损耗小国人民的财物，所以诸侯都希望他们地位尊贵；不靠军队胁迫人民，不凭人多势众威逼人民，所以天下人都希望他们势力强大；对诸侯用德行感化，给以教诲，对百姓给予慈爱，施加利益，所以普天下的人就像流水一样归附他们。现在处于衰落社会的君主，他们行为邪僻，结党营私，所以谗佞谄媚之徒众多；对自己供养丰厚，对人民供养微薄，所以善于聚敛民财的人肆行无忌；侵占大国的土地，损耗小国人民的财物，所以诸侯都不希望他们地位尊贵；靠军队胁迫人民，凭人多势众威逼人民，所以天下人都不希望他们势力强大；把灾害加到诸侯头上，把劳苦加在百姓身上，所以敌国来进攻的时候，天下的人都不来救援，同姓的显贵东逃西散，百姓们都不援助。"

景公说："那么应该怎么办？"

晏子回答说："请您用谦卑的言辞、丰厚的聘币来取悦诸侯，用减轻刑罚、减少徭役的办法向百姓道歉，这样大概就可以了吧！"

景公说："好吧。"于是言辞谦卑，聘币丰厚，因而诸侯都归附他；减轻刑罚，减少徭役，因而百姓都亲附他。所以小国都到齐国来朝拜，燕国、鲁国都来进贡。

墨子听到这事以后，说："晏子懂得治国之道。治国之道在于为别人打算，失策在于为自己打算。为别人打算的人地位就尊贵，为自己打算的人地位就轻微。景公为自己打算时，小国都不为其所用；为别人打算时，诸侯都甘心被他役使。那么，治国之道在于为别人打算，君主的行为在于反躬自求了。所以晏子算是懂得治国之道了。"

管理启示：

景公问古代圣贤君王的所作所为如何。晏子回答说：他们的行为公正无邪，不结党营私，不偏爱女色；供养自己微薄，供养人民丰厚；不侵占大国的土地，不损耗小国的财物；不用军队胁迫别人，不靠强大威逼别人；对诸侯施以恩德，给以教诲，对百姓施以慈爱，给予利益。所以四海之内都归附他们。而衰落社会的君主与之相反，所以众叛亲离。景公听从了晏子的主张，因而诸侯都归附他，百姓都亲近他。

晏子对古代圣贤君王的评价启示我们，企业高层管理者应如同古代最高统治者一样，具有"公正无邪、公正无私、厚恩百姓、善待他人、勤俭节约"的品质。

管理者如果包藏私心、轻视他人，处事不公，必然引起相关利益方或其他伙伴成员或明或暗的抵触。这样不利于团结和谐，工作中相互使绊子，或者冷眼旁观或者看笑话，长久下去必然造成内耗。工作中铺张浪费，必然增加物品的消耗，积少成多，会增加经营成本。齐景公如此，诸侯都不喜欢他，百姓都不亲附他。如果管理者亦如此，结局会如同景公一样。

思考题：

参照文中所说的古代圣贤君王的所作所为，你认为作为现代企业的一个管理者，应该具备哪些品质？

三、景公问欲如桓公用管仲以成霸业晏子对以不能

【原文】

景公问晏子曰："昔吾先君桓公，有管仲夷吾保乂齐国[1]，能遂武功而立文德[2]，纠合兄弟[3]，抚存冀州[4]。吴、越受令，荆楚惛忧[5]，莫不宾服[6]，勤于周室[7]。天子加德，先君昭功。管子之力也。今寡人亦欲存齐国之政于夫子[8]，夫子以佐佑寡人[9]，彰先君之功烈，而继管子之业。"

晏子对曰："昔吾先君桓公，能任用贤[10]。国有什伍[11]，治遍细民；贵不凌贱，富不傲贫；功不遗罢[12]，佞不吐愚[13]，举事不私，听狱不阿[14]，内妾无羡食[15]，外臣无羡禄，鳏寡无饥色；不以饮食之辟害民之财，不以宫室之侈劳人之力；节取于民而普施之，府无藏[16]，仓无粟[17]。上无骄行，下无诡德。是以管子能以齐国免于难，而以吾先君参乎天子[18]。今君欲彰先君之功烈，而继管子之业，则无以多辟伤百姓，无以嗜欲玩好怨诸侯，臣孰敢不承善尽力以顺君意？今君疏远贤人，而任谗谀；使民若不胜[19]，藉敛若不得[20]；厚取于民而薄其施，多求于诸侯而轻其礼；府藏朽蠹而礼悖于诸侯，菽粟藏深而怨积于百姓；君臣交恶[21]，而政刑无常。臣恐国之危失，而公不得享也。又恶能彰先君之功烈，而继管子之业乎？"

【注释】

[1] 保乂（yì）：治理使安定。乂，安定。

[2] 遂：成。

[3] 兄弟：指其他诸侯。

[4] 冀州：借指中原地区的国家。

[5] 惛：通"睧"（古文"闻"字），听到。

[6] 宾服：佩服，归服。

[7] 勤：辛劳。

[8] 存：寄，托付。

[9] 佐佑：通"左右"，辅助，帮助。

[10] 能任：能力胜任。

[11] 国有什伍：指管仲在齐国以治军的办法治理政务。什伍，借指军队。

[12] 罢：同"疲"。

[13] 佞：指聪明有才智的人。吐：抛弃。

[14] 阿（ē）：曲从。

[15] 羡：多余。

[16] 府：藏钱财的地方。

[17] 仓：藏粮食的地方。

[18] 参：并列。乎：于。

[19] 使民若不胜：竭力役使人民，还像没有满足似的。

[20] 藉敛若不得：尽量收取赋税，还像没有得到似的。

[21] 交恶：互相憎恨仇视。

【译文】

景公问晏子说："从前我们的先君桓公，有管仲治理齐国，能够成就武功，树立文德，会合其他诸侯，保全中原之国。吴国、越国服从命令，楚国闻而恐惧。天下没有不敬服的，保护了周王室。使周天子的美德增加，使先君桓公的功绩卓著。这些都是管子的力量啊。现在我也想把齐国的政事托付给先生您，先生您辅佐我，使先君桓公的功业发扬光大，继承管子的事业。"

晏子回答说："从前我们的先君桓公，能力胜任，重用贤人。用治军的方法治理政务，管理遍及平民百姓；尊贵的不欺凌卑贱的，富裕的不轻视贫穷的；有功绩的不遗弃疲惫而无功的，聪明的不鄙弃愚笨的；处事不徇私情，断案公正无私；宫内的宠妾没有多余的食物，朝廷的臣子没有多余的俸禄，鳏夫寡妇没有饥饿的颜色；不因为自己饮食的嗜好而耗费人民的钱财，不因为自己宫室的豪华而让人民受劳苦。向人民收敛财物有节制，把国家的财物普遍地施舍给人民。国家钱库里没有积压的钱财，粮库里没有积压的粮食。君主没有骄横的品行，臣子没有谄媚的品德。因此管子能让齐国免于危难，能让我们的先君桓公与周天子比配。现在您想使先君桓公的功业发扬光大，继承管子的事业，那就不要因为自己嗜好多而使百姓受损害，不要因为自己的私欲使诸侯怨恨。这样，臣子谁敢不继承美好的品德，尽心尽力，按照您的意愿去做呢？现在您疏远贤德之人，却任用谗佞谄谀之徒；竭力役使人民，还像不能满足似的；尽量收敛钱财，还像没有得到似的；向人民收取的很多，施舍给人民的却很少；向诸侯索取的很多，却看轻自己对诸侯的礼仪，仓库里收藏的东西都腐烂生了蛀虫，可是对诸侯的礼仪却悖乱了；粮食储藏得很严，可是在百姓那里却积怨甚多；君臣之间互相仇视，政令刑罚反复无常。我担心国家有丧失的危险，而您也就不能享有齐国了。又怎么能够让先君桓公的功业发扬光大，继承管子的事业呢？"

管理启示：

景公想让晏子辅佐自己以便彰显先君桓公的功德，继承管子的功业。晏子在详细回顾了桓公之所以能称霸诸侯的种种善政之后指出：如今君主疏远贤人，任用谗佞；无休无止地奴役百姓，不知满足地敛取赋税；向百姓索取的多而给予的却很少，对诸侯索取的多而礼节却很轻慢；库藏的财物腐烂蛀蚀，对诸侯的礼仪悖乱；粮食严密储藏，深深积怨于百姓；君臣互相憎恨仇视，政令刑法反复无常。国家有丧失的危险，又怎能彰显先君的功德，继承管子的功业？

在齐景公看来，齐桓公能称霸是重用管仲的结果，所以齐景公欲效仿之而重用晏子。但晏子看得更透彻，根源在桓公自己，就是树立正气，构建友好的人际关系，创造良好的内外环境，为霸业创造好的条件。企业参与市场竞争如同诸侯争霸，在激烈的市场竞争中对内要重视人才，采取正确的战略，管理方法得当，构建紧密的合作团队；对外要创造和谐的商业环境，包括政商关系，供应链上下游互利互惠的合作关系，以及与客户的稳定关系等，才能在激烈的市场竞争中占有一席之地。

思考题：

1．查阅资料，了解一下齐桓公是如何成就霸业的。
2．齐桓公成就霸业的种种善政举措对企业面对竞争有哪些启发？

四、景公问治国何患晏子对以社鼠猛狗

【原文】

景公问于晏子曰："治国何患？"

晏子对曰："患夫社鼠[1]。"

公曰："何谓也？"

对曰："夫社，束木而涂之[2]，鼠因往托焉，熏之则恐烧其木，灌之则恐败其涂[3]，此鼠所以不可得杀者，以社故也。夫国亦有焉，人主左右是也。内则蔽善恶于君上，外则卖权重于百姓[4]，不诛之则乱，诛之则为人主所案据[5]，腹而有之[6]，此亦国之社鼠也。人有酤酒者[7]，为器甚洁清，置表甚长[8]，而酒酸不售，问之里人其故，里人云：'公狗之猛，人挈器而入，且酤公酒，狗迎而噬之[9]，此酒所以酸而不售也。'夫国亦有猛狗，用事者是也[10]。有道术之士，欲干万乘之主[11]，而用事者迎而龁之[12]，此亦国之猛狗也。左右为社鼠，用事者为猛狗，主安得无壅，国安得无患乎？"

【注释】

[1] 社鼠：寄居在社坛下的老鼠。社，本指土神。古代迷信，人们筑社坛祭社神以祈祷丰年。所祭土神叫社，祭土神的地方也叫社。这里指后者。社坛周围要种上适当的树，所以下文说"束木"。

[2] 涂之：给它垒上墙。

[3] 败：毁坏。

[4] 权重：权力大。

[5] 案据：掌握，把持。

[6] 腹而有之：指厚养这些人。腹，厚。

[7] 酤：卖。

[8] 表：标记。

[9] 噬（shì）：咬。

[10] 用事者：掌权的人。此指君主的宠臣。

[11] 干：求，求得任用。万乘（shèng）：代指大国。周制，天子出兵车万辆，诸侯出兵车千辆。春秋战国时期，诸侯国穷兵黩武，扩大军备，所以"万乘"又代

指大诸侯国。

[12] 龁（hé）：咬。

【译文】

景公向晏子问道："治理国家忧虑什么？"

晏子回答说："忧虑的是那社鼠。"

景公说："您说的是什么意思？"

晏子回答说："社坛那个地方，周围种上树，垒上墙，老鼠于是就去住在那里。用烟熏它，担心烧了那里的树；用水灌它，担心毁了那里的墙。这老鼠之所以不能被捉住杀死，是因为有社坛的缘故。国家也有社鼠，君主身边的侍从就是。这些人在朝廷内对君主隐瞒善与恶，在朝廷外向百姓显示权威。如果不杀掉他们，他们就要作乱；如果要杀掉他们，就被君主所庇护，而且君主还厚养这些人。这些人就是国家的社鼠啊。有个卖酒的人，准备的酒器非常干净，设置的标记很长大，可是酒却放酸了卖不出去。就向同乡人问是什么原因，同乡人说：'您的狗凶猛，人们拿着酒器要进去买您的酒，狗迎上来咬他们，这就是酒放酸了卖不出去的原因。'国家也有猛狗，掌权的宠臣就是。有掌握治国通术的人，想去拥有万辆兵车的大国君主那里谋求官职，可是掌权的宠臣却迎上去咬他，这些人就是国家的猛狗啊。君主身边的侍从成为社鼠，掌权的宠臣成为猛狗，君主怎么能不被隔绝，国家怎么能没有祸患呢？"

管理启示：

景公问晏子治理国家的祸害是什么？晏子回答是寄居在社坛的老鼠：既不能用水灌，又不能用烟熏。喻指君主身边的侍从就是国家的社鼠：侍从朝内朝外为害，因为有君主庇护而不能被除掉。又以狗猛而酒酸不售的寓言比喻掌权的宠臣就是国家的猛狗。所以，君主的侍从和掌权的宠臣，就像社鼠和猛狗，是国家的祸害。

在一些经济效益比较好、福利待遇比较高的单位，社鼠和猛狗也是有的。这些人占据高位或者关键岗位，拿着很高的工资，却不做具体的事情。或者任务量与待遇不匹配，他们有时还会因为既得利益受损而反对单位改革或者某项工作的推进。这些人是腐肉，如果能切除，将大大减轻企业负担。

思考题：

类似晏子所说的社鼠和猛狗，对企业会造成什么样的伤害？

五、景公问欲令祝史求福晏子对以当辞罪而无求

【原文】

景公问晏子曰："寡人意气衰，身病甚[1]。今吾欲具珪璋牺牲[2]，令祝宗荐之乎上帝宗庙[3]，意者礼可以干福乎[4]？"

晏子对曰："婴闻之，古者先君之干福也，政必合乎民，行必顺乎神；节宫室，不敢大斩伐，以无逼山林；节饮食，无多畋渔，以无逼川泽；祝宗用事，辞罪而不敢有所求也。是以神民俱顺，而山川纳禄[5]。今君政反乎民，而行悖乎神；大官室，多斩伐，以逼山林；羡饮食，多畋渔，以逼川泽。是以民神俱怨，而山川收禄。司过荐罪[6]，而祝宗祈福，意者逆乎！"

公曰："寡人非夫子无所闻此，请革心易行。"

于是废公阜之游，止海食之献，斩伐者以时[7]，畋渔者有数，居处饮食，节之勿羡，祝宗用事，辞罪而不敢有所求也，故邻国忌之[8]，百姓亲之，晏子没而后衰。

【注释】

[1] 病：疲惫。

[2] 珪璋：都是玉名。古人祭祀用珪而不用璋。

[3] 祝宗：都是掌祭祀的官。荐：献，进献祭品。

[4] 意者：心想，考虑。

[5] 纳禄：献福，指献出财富。纳，致。

[6] 司过：官职名。荐：举。

[7] 以时：按照一定季节。指在秋冬时砍伐，其时树木凋零，停止生长，是砍伐的季节。

[8] 忌：惧怕，敬畏。

【译文】

景公向晏子问道："我的精神衰弱，身体疲惫极了。现在我打算准备好珪璋和牛羊猪等祭品，让祝官宗官敬献给天帝和祖宗神灵，我想祭祀可以求福吧？"

晏子回答说："我听说过，古代君主求福的时候，政治必定符合民心，行为必定顺应神意；修建宫室有节制，不敢大量砍伐树大，以便不毁灭山上的森林；饮食有节制，不频繁打猎捕鱼，以便不毁灭河流沼泽的禽兽和鱼类；祝官宗官祭祀神灵时，只是悔过，不敢求福。因此神灵和百都顺从君主的意愿，高山河流都献出自己的财富。现在您的政治违背民心，行为违背神意；宫室修建得高大，大量砍伐树木，因而毁灭了山上的森林；饮食丰盛，频紧地打猎捕鱼，因而毁灭了河流沼泽的禽兽和鱼类。因此神灵和百姓都怨恨，高山河流都收回自己的财富。司过官列举出您的过错来，祝官宗官却为您求福，我想这是互相矛盾的吧！"

景公说："我假如没有先生您，就听不到这些道理，请允许我改变自己的思想和行为。"

于是取消去公阜游玩的打算，停止进献海味，砍伐树木按一定的季节，打猎捕鱼有一定的数量。住处饮食有节制，不过分豪华奢侈。祝官宗官祭祀的时候，向神灵悔过，不敢求福。所以邻国都敬畏景公，百姓都亲附景公。直到晏子死后，齐国才衰落下去。

管理启示：

景公问晏子可否通过祭祀上帝、祖庙而求福。晏子首先介绍了古代君主的做法：政令符合民心，行为顺应神意；宫室、饮食均有节制，以保护山林川泽资源；祭祀只是悔过，而不敢求福。因此神民俱顺，山林川泽献出财富。然后指出，现在君主的做法恰恰与之相反，因此神民俱怨，应当谢罪，却想求福，是不可能的。景公于是采取了一系列改正措施，终于受到邻国的敬畏和百姓的亲附。

现实中确实有企业家，做某项决策之前，先求神问卜，生意做完赚了大钱还要再去还愿。做生意赚钱本是正常买卖，如果求神真的灵验，世界上就没有做生意或做项目赔钱的人了。所以企业管理还是要关注市场行情，做出正确决策。

思考题：

求神拜佛是一个人的价值观，你是否认为企业家个人的价值观和行为会影响企业管理？为什么？

六、景公问古之盛君其行如何晏子对以问道者更正

【原文】

景公问晏子曰:"古之盛君[1],其行何如?"

晏子对曰:"薄于身而厚于民,约于身而广于世[2];其处上也,足以明政行教,不以威天下;其取财也,权有无,均贫富,不以养嗜欲;诛不避贵,赏不遗贱;不淫于乐,不遁于哀[3];尽智导民而不伐焉[4],劳力岁事而不责焉[5];政尚相利,故下不以相害为行;教尚相爱,故民不以相恶为名;刑罚中于法,废罪顺于民。是以贤者处上而不华[6],不肖者处下而不怨[7]。四海之内,社稷之中,粒食之民,一意同欲[8],若夫私家之政。生有厚利,死有遗教,此盛君之行也。"

公不图[9]。晏子曰:"臣闻问道者更正[10],闻道者更容。今君税敛重,故民心离;市买悖,故商旅绝;玩好充,故家货殚。积邪在于上,蓄怨藏于民,嗜欲备于侧,毁非满于国,而公不图。"公曰:"善。"于是令玩好不御[11],公市不豫[12],宫室不饰,业土不成,止役轻税。上下行之,而百姓相亲。

【注释】

[1] 盛君:有大德的君主,圣明君主。

[2] 约:少。

[3] 遁于哀:悲哀不止的意思。

[4] 伐:自夸。

[5] 责:求。

[6] 华:浮华。

[7] 不肖:不贤。

[8] 一意同欲:同心同德的意思。

[9] 图:思考。

[10] 更正:指端正意念。

[11] 御:指进奉。

[12] 豫:诳骗。

【译文】

景公问晏子说:"古代有大德的君主,他们的所作所为怎么样?"

晏子回答说:"他们对自己供养微薄,对人民供养丰厚,对自己节俭,对世人广施钱财;他们居上位,足以使政治清明,推行教化,不以权势威逼天下人;他们敛取钱财,权衡有无,均衡贫富,不用敛取的钱财满足自己的嗜好;诛罚不躲避地位尊贵的人,赏赐不遗漏地位低下的人;不过分享乐,不过度悲哀;用尽才智引导人民向善,但不夸耀自己的功劳,勤劳于民事,但不苛求于人民;政治方面崇尚互相有利,所以人民不把互相损害当成好品行;教育方面崇尚互相爱护,所以人民不把互相厌恶当成好名声;施行刑罚符合法律,官吏升降顺应民心。因此,贤德的人居上位但不浮华,不贤德的人居下位但不怨恨。普天之下,全国之中,所有的人都同心同德,对待国事就像对待家事一样。他们活着有厚利施于人民,死后有遗教垂于后世。这就是大德的君主的所作所为。"

景公不思考这些话。晏子又说:"我听说询问治国之道的人就要端正自己的思想,听到治国之道的人就要端正自己的态度。现在您的赋税沉重,所以民心离散;买卖混乱,所以商人绝迹;供您玩赏的东西充足,所以人民都倾家荡产。上面聚积了很多邪僻的事情,人民那里埋藏了很多的怨恨;您喜好的东西堆积在身边,诅咒责难您的言论充斥在国内。可是您却不考虑这些。"景公说:"您说得好。"于是下令玩赏的东西不再供奉,市场上不许欺诈,宫室不再修饰,已经动土的工程不再完成,停止徭役,减轻赋税。在上位的与在下位的都照此去做,因而百姓们都亲附景公。

管理启示:

景公问古代圣明君主的作为如何。晏子回答说:"他们对自己供养微薄,对人民供养丰厚;昌明政治,推行教化;收取财物权衡有无,均衡贫富;诛罚不躲避权贵,赏赐不遗漏下民;不过度享乐,不过分悲哀;崇尚互利互爱,反对相害相恶,刑罚符合法律,罢免顺应民心;贤者居上位而不奢华,不贤者居下位而不怨恨;全国上下,同心同德。"这就是圣明之君的所作所为。针对景公的不思进取,晏子指出,询问治国之道应端正态度。最终迫使景公改正了过失。

晏子所说的古代圣明君主的所作所为表现在很多方面,其中之一便是不奢华,供养自己要微薄。常言说,富由勤俭败由奢,这常指个人和家庭,对国家治理、企业管理同样适用。现实中企业效益的取得除了开源,节流也非常重要。铺张浪费现象无论在哪个行业,也无论是国有企业或者民营企业,现实中都是存在的。原因是管理高层高高在上,对于中下层的浪费看不到也不了解,具体的管理者又缺乏责任心。所以企业日常要强调节流管理,从高层开始,层层推进。关键是高层一把手要像晏子所说:态度端正,从我做起。

思考题:

1. 你认为企业管理中勤俭节约是"小气"吗?
2. 请列举企业管理中的浪费现象。

七、景公问善为国家者如何晏子对以举贤官能

【原文】

景公问晏子曰:"莅国治民,善为国家者何如?"

晏子对曰:"举贤以临国,官能以敕民[1],则其道也。举贤官能,则民兴善矣。"

公曰:"虽有贤能,吾庸知乎[2]?"

晏子对曰:"贤而隐,庸为贤乎?吾君亦不务乎是[3],故不知也。"

公曰:"请问求贤。"

对曰:"观之与其游[4],说之与其行[5],君无以靡曼辩辞定其行[6],无以毁誉非议定其身。如此,则不为行以扬声,不掩欲以荣君[7],故通则视其所举[8],穷则视其所不为[9],富则视其所分,贫则视其所不取。夫上士难进而易退也,其次易进易退也;其下易进难退也。以此数物者取人[10],其可乎!"

【注释】

[1] 官能:授予有才能的人官职。敕:整饬,治理。
[2] 庸:怎么,哪里。

[3] 务：致力。是：此。

[4] 游：交游，交结的朋友。

[5] 说：评说，评论。

[6] 靡曼：指言辞华丽。

[7] 荣：通"营"，迷惑。

[8] 通：官位显达，得志。

[9] 穷：仕途困窘，不得志。

[10] 物：事。

【译文】

景公问晏子说："治理国家管理人民，能够把国家治理得很好的人，他们的所作所为是怎样的？"

晏子回答说："提拔贤德的人来治理国家，让有才能的人当官来管理人民，这就是他们的方法。提拔贤德的，让有才能的人当官，那么人民就会向善了。"

景公说："即使有贤德的人和有才能的人，我怎么能了解呢？"

晏子回答说："贤德的人如果隐居，怎么能算得上贤呢？您又不致力于求贤，所以不能了解。"

景公说："请问求贤的方法。"

晏子回答说："通过他交往哪些人来观察他，通过他的所作所为来评价他。不要根据他的言辞华丽善辩判定他的行为，不要根据别人对他的非议诋毁或赞誉判定他的为人。这样，人们就不会为博得好品行来宣扬自己，就不会掩盖自己的私欲来迷惑君主。所以，如果官位显赫，就观察他推举些什么人；如果官运不好，就观察他不干哪些事；如果富裕，就观察他是否分钱财给别人；如果贫穷，就观察他是否不苟且拿取钱财。那些上等的士难于出来当官，但容易辞去官职；次一等的士容易出来当官，也容易辞去官职；下等的士容易出来当官，但难于辞去官职。凭着这几种情况来选拔人，大概就可以了吧！"

管理启示：

景公问晏子善于治理国家的君主的所作所为如何。晏子指出，提拔贤德的人，授官给有才能的人，就是他们治理国家的方法。接着指明求贤的方法：通过其交友来观察他，通过其作为来评价他。官运显赫，就观察他推举什么人；仕途困窘，就观察他不干哪些事；富庶了就观察他是否分钱财给别人，贫穷了就观察他是否不苟取钱财。

晏子建议齐景公治理国家要"提拔贤德的人，授官给有才能的人"，并给出了选拔人才的方法。企业招聘员工或者提拔干部的标准也应当是德才兼备。怎样才能获得德才兼备之人？新聘员工设试用期或者新提拔干部设考核期是完全必要的。两千多年前晏子通过"观察、评价"以求贤的方法至今仍在沿用，确实是选拔人才的好方法。现实中企业招聘，试用期考评不合格而不被录用的情况很多。但是国有单位提拔干部考察期满不合格的却鲜有披露，然而上任后在德才方面"翻船"的也不少见。所以企业加强人才队伍建设，一定要重视试用期和考察期，把好入门这一关。

思考题：

1. 晏子所说的治国理政的人才包括哪些方面？晏子的求贤方法包括哪些？

2．你认为单位对所招聘的员工或者人才为什么要设试用期（或者考察期）？

八、景公问君臣身尊而荣难乎晏子对以易

【原文】

景公问晏子曰："为君，身尊民安，为臣事治身荣[1]，难乎，易乎？"

晏子对曰："易。"

公曰："何若[2]？"

对曰："为君节养其余以顾民，则君尊而民安；为臣忠信而无逾职业，则事治而身荣。"

公又问："为君何行则危？为臣何行则废？"

晏子对曰："为君厚藉敛而托之为民，进谗谀而托之用贤，远公正而托之不顺，君行此三者则危；为臣比周以求进[3]，逾职业防下隐利而求多[4]，从君不陈过而求亲，人臣行此三者则废。故明君不以邪观民[5]，守则而不亏，立法仪而不犯。苟有所求于民，而不以身害之，是故刑政安于下，民心固于上。故察士不比周而进[6]，不为苟而求[7]。言无阴阳[8]，行无内外，顺则进，否则退，不与上行邪。是以进不失廉，退不失行也。"

【注释】

[1] 治：治理得好。

[2] 何若：何如，怎样去做。

[3] 比周：结党，为私利勾结在一起。

[4] 隐利：隐匿私利。

[5] 观：示，让……看。

[6] 察士：能明察是非之士。

[7] 苟：不慎重，不严肃。

[8] 言无阴阳：指说话不阳奉阴违。

【译文】

景公问晏子说："当君主，自身尊贵，人民安定；当臣子，政事治理得好，自身荣耀。要做到这些，困难呢，容易呢？"

晏子回答说："容易。"

景公说："应该怎么做？"

晏子回答说："当君主，自身节俭，把余财施与人民，那么自身就尊贵，人民就安定；当臣子，忠诚守信，不做超越职权范围的事，那么政事就治理得好，自身就荣耀。"

景公又问："当君主怎样做就危险？当臣子怎样做就罢免他？"

晏子回答说："当君主，加重赋税却托辞是为了人民，提拔逸佞谄谀之人却托辞是任用贤德之人，疏远公平正直之人却托辞不能顺从自己，君主做这三种事情就危险；当臣子，结成党羽以便求得提拔，做事超越职权范围，遏制人民，谋取私利，贪得无厌，侍奉君主不匡正过失，以便得到宠幸，臣子做这三种事情就罢免他。所以，英明的君主不做出邪僻的事情让人民看，严守准则，不随便损害，确立法度，不随便触犯。如果对人民有所求，也不因为自己的私欲损害人民的利益。因此刑法政令让人民感到安定，民心都归附君主。所以明察是非的人不结党来求得提拔，不为满足不合理的私欲去贪求财利。说话不阳奉阴违，行为表里如一，符合自己的意愿就当官，否则就隐退，不和君主

一起于邪僻的事情。因此，当官时不丧失自己的廉正，隐退时不丧失自己的品行。"

管理启示：

晏子认为：君主生活节俭，余财施与人民，君主就尊贵，人民就平安；臣子忠诚守信，不越权行事，政事就治理得好，自己就荣耀。如果君主加重赋税，进用谗佞，疏远公正之人，自身就危险；如果臣子结党营私，越权行事，谋取私利，一味顺从君主而不匡正过错，就罢免他。

企业管理中，越权和越级是大忌。越权一般有三种情况：向下越权、横向越权和向上越权，三种越权在管理中都要不得，因为无论哪一种越权都会打乱管理秩序。向下越权是就自上而下来说的，越权下达命令或者越权布置任务。在从高到低的ABCD管理层级中，位于管理顶端的A越过B直接去指挥C甚至D，如果C是管理干部中的一级，涉于A的权威C有可能接受指示或任务，其内心会感到不适，但处于最底层的D则有可能不认识A或与A利害关系不相干而拒绝A的指挥管理，结果A的管理目标就难以实现，还有可能对下级产生怨恨。横向越权是对分管之外的部门或者人员指手画脚，基本没有人会听从他的安排，还会影响自己的形象。向上越权者，要么是不懂规矩，令人耻笑；要么是自认为背后有靠山，上边有人，说话办事霸气，盛气凌人，其实质性的管理目的也很难实现。越级是自下而上来说的，如果D越过C级向B甚至A汇报工作，反映问题，A和B不但不会给予回应或者答复，解决不了问题，还会招致C的反对甚至报复，造成人际关系矛盾。而员工之间或上下级之间的矛盾隔阂是肯定会影响工作效率和质量的，所以企业中越权管理或越级汇报工作是要不得的。

思考题：

1. 结合晏子的观点，请你谈谈越权管理的不良后果。
2. 谈谈越级汇报工作对汇报人、对工作有哪些不利影响。

九、景公问贤君治国如何晏子对以任贤爱民

【原文】

景公问晏子曰："贤君之治国若何？"

晏子对曰："其政任贤，其行爱民。其取下节，其自养俭。在上不犯下，在治不傲穷[1]，从邪害民者有罪[2]，进善举过者有赏[3]。其政刻上而饶下[4]，赦过而救穷。不因喜以加赏，不因怒以加罚。不从欲以劳民，不修怒而危国。上无骄行，下无诡德。上无私义，下无窃权[5]。上无朽蠹之藏，下无冻馁之民。不事骄行而尚同，其民安乐而相亲。贤君之治国若此。"

【注释】

[1] 在治：指掌权。
[2] 从：同"纵"，放纵。
[3] 举过：指举君过。
[4] 刻：苛刻，严厉。饶：宽容。
[5] 窃权：指超越本职而专权。

【译文】

景公问晏子说："贤明的君主怎样治理国家？"

晏子回答说："他们的政治是任用贤人，他们的品行是爱护人民。他们向下面敛取财物有节制，他们供养自己很俭朴。在上位的不侵犯在下位的，掌权的不傲视不掌权的。干邪僻事情伤害人民的人有罪，向君主进善言、列举君主过失的人有赏。他们的政令对上严厉，对下宽容，赦免有过错的人，救济贫穷的人。不因为自己高兴就增加赏赐，不因为自己生气就加重惩罚。不放纵私欲而使人民劳苦，不随意发怒而使国家受危害。君主没有骄横的品行，臣子没有谄媚的品德。君主没有自私的道义，臣子没有专权的事情。君主没有收藏生蛀虫的财物，下面没有挨饿受冻的百姓。不做骄横的事情，崇尚上下一致，人民安居乐业，崇尚相亲相爱。贤明的君主就是这样治理国家的。"

管理启示：

晏子认为，贤明的君主应当"任贤、爱民"。如何爱民，晏子列举了很多方面。这里专门谈谈"任贤"问题。"贤"指德才兼备之人，现实中对于"贤"要辩证看待。随着时间的推移，一个人的"才"是往上走的，"江郎才尽"的现象较少；一个人的"德"则有可能随着外界环境的变化而变化，只有永恒的利益，没有永恒的道德。所以现代企业管理中，私有中小企业的某些部门如财务部门的关键岗位，往往是任人唯亲而不是唯贤，尤其是"夫妻店"式的企业，丈夫当老板，妻子管财务是常见现象，因为他们是利益共同体。在国有单位，主要领导任用财务、人事等一些关键岗位往往会任人唯忠。企业其他岗位，尤其是具有挑战性的岗位应该任人唯贤。

思考题：

谈谈你对"贤、德、才、亲、忠"的偏好。

十、景公问臣之事君何若晏子对以不与君陷于难

【原文】

景公问于晏子曰："忠臣之事君也何若[1]？"

晏子对曰："有难不死[2]，出亡不送。"

公不说，曰："君裂地而封之[3]，疏爵而贵之[4]，君有难不死，出亡不送，可谓忠乎？"

对曰："言而见用[5]，终身无难，臣奚死焉？谋而见从，终身不出，臣奚送焉？若言不用，有难而死之，是妄死也[6]。谋而不从，出亡而送之，是诈伪也。故忠臣也者，能纳善于君[7]，不能与君陷于难。"

【注释】

[1] 事：侍奉。

[2] 有难不死：指君有难，臣不死，即臣不殉君难。下句"出亡不送"指君出亡国外，臣不送行。

[3] 裂地：分割土地。

[4] 疏爵：分封爵位。疏，分。

[5] 见：被。

[6] 妄死：无意义的死。

[7] 纳善：献出好计谋。纳，献出。

【译文】

景公向晏子问道："忠臣怎样侍奉君主？"

晏子回答说："君主遇难不为他殉死，君主出亡不为他送行。"

景公不高兴地说："君主分割土地封给臣子，分封爵位让臣子显贵，君主遇难却不殉死，君主出亡却不送行，这可以叫作忠吗？"

晏子回答说："说的话如果被采纳，君主终身都不会有难，臣子怎么会为君主殉死呢？计谋如果被听从，君主终身都不会出亡，臣子怎么会为君主送行呢？如果说的话不被采纳，君主有难，臣子为君主殉死，这是白白地送死；计谋如果不被听从，君主出亡，臣子为他送行，这是虚伪。所以忠臣能给君主献出好的计谋，不能跟君主一起陷于死难的境地。"

管理启示：

晏子关于臣子侍奉君主"有难不死，出亡不送"的回答看似有悖常理，实则隐含真理：臣子的话如果被采纳，君主终身都不会遇难，臣子怎么会为君主殉死？臣子的谋略如果被听从，君主终身都不会出亡，臣子怎么会为君主送行？所以，忠臣能给君主献良策，而不与君主一起陷于死难境地。

晏子所说的君与臣的关系，表面看是臣子如何侍奉君主，实际是君主如何对待臣子的谏言问题，如同单位或者部门一把手与副职之间的关系。很多决策都由单位的一把手拍板定案，但是如何发挥副职在决策中的作用呢？在决策越来越民主化的今天，决策过程民主化越来越受到重视，以讨论的方式由各个决策成员积极建言献策，充分发挥自己的主观能动性已成常态化。作为单位或部门的正职应虚心听取下属的合理化建议，不搞一言堂，这样在工作中遇到重大困难时才能得到副职的积极协助处理。因为参与决策讨论的副职在今后的执行过程中不可能违背包含自己智慧的决策方案。尤其在官僚体制僵化的国有单位，正副职都由上级任命，如果正职过分孤傲自大，独断专行，导致副职反感不配合，甚至唱反调，正职也无可奈何，这样必然影响工作。

思考题：

你认为决策过程民主化有哪些优点？

十一、景公问忠臣之行何如晏子对以不与君行邪

【原文】

景公问晏子曰："忠臣之行何如？"

对曰："不掩君过，谏乎前，不华乎外[1]；选贤进能，不私乎内[2]。称身就位[3]，计能定禄。睹贤不居其上，受禄不过其量。不权居以为行[4]，不称位以为忠。不掩贤以隐长[5]，不刻下以谀上[6]。君在不事太子，国危不交诸侯。顺则进，否则退，不与君行邪也。"

【注释】

[1] 华：通"哗"。此指宣扬。

[2] 私：偏爱。

[3] 称：衡量。位：官职。

[4] 权：衡量。这里是计较的意思。居：位。

[5] 掩：掩盖，遮蔽。

[6] 刻下：对下苛刻。

【译文】

景公问晏子说:"忠臣的所作所为是怎样的?"

晏子回答说:"不掩盖君主的过失,对君主的过失当面劝谏,不到外面去宣扬。选拔贤德的人,推举有才能的人,对自己亲近的人不偏私。衡量自己的品德再担任适当的官职,估计自己的才能再接受合适的俸禄。看到贤德的人,自己的职位不超过他;接受俸禄,不超过自己应得的数量。不把计较自己的职位高低当成好品行,不把衡量自己的地位高低当成忠诚。不压制贤德的人,不隐瞒他们的优点,不苛刻地对待下面的人,不阿谀奉承居上位的人。君主健在就不待奉太子,国家危难就不结交诸侯。能实现自己的抱负就当官,否则就隐退,不跟君主一起干邪僻的事情。"

管理启示:

这里晏子列举了忠臣的所作所为,重点是选拔推举贤能之士,衡量自己的品德、才能,然后担当官职、接受禄,强调的是善于劝谏君主的过失,不跟君主干邪僻之事。

管理工作中居副职领导岗位的人很多,那么如何做一个合格的副职呢?该文给我们的启示是,副职应尽职尽责,推心置腹地与正职沟通,遵守工作纪律,保守工作秘密,推举贤能的人,公平用人,加强个人修为,提升工作能力,胜任工作岗位;不压制贤能的人,光明正大,不阿谀奉承,不做违纪违规的事。

思考题:

晏子认为,怎样才能做一个忠臣?

十二、景公问古之莅国者任人如何晏子对以人不同能

【原文】

景公问晏子曰:"古之莅国治民者,其任人何如?"

晏子对曰:"地不同生[1],而任之以一种,责其俱生[2],不可得;人不同能,而任之以一事,不可责遍成。责焉无已[3],智者有不能给[4];求焉无餍[5],天地有不能赡也。故明王之任人,谄谀不迩乎左右[6],阿党不治乎本朝。任人之长,不强其短;任人之工[7],不强其拙。此任人之大略也。"

【注释】

[1] 生:通"性"。

[2] 责:要求。

[3] 无已:不止。已,停止。

[4] 给:与下文的"赡"都是供应充足的意思。

[5] 餍(yàn):满足。

[6] 迩:近。

[7] 工:擅长。

【译文】

景公问晏子说:"古代统治国家管理人民的人,他们任用人的情况是怎样的?"

晏子回答说:"土地的性质不同,却种植同一种作物,要求这些不同性质的土地都能生长这种作物,是不可能的;人们的才能不相同,却委任一样的事情,不可以要求他们普遍都做好。毫无止境地要求众人做事情,聪明的人也有不能满足要求的时候;贪得无厌地

求取财物，天和地也有不能供应充足的时候。所以英明的君主任用人不让阿谀谄媚的人留在自己身边，不让结党营私的人在朝廷里当官。任用人家的长处，不勉强任用他的短处；任用人家做擅长的事，不勉强他做不擅长的事。这就是他们任用人的大体情况。

管理启示：

晏子在这里提出了因人任事的主张。认为"人不同能"，"不可责遍成"。英明的君主身边不留阿谀谄媚之徒，朝中不用结党营私之辈。任用人的长处，不勉强用其短处；任用人做擅长之事，不勉强他做不擅长之事。

关于用人，晏子做了一个非常恰当的比喻，"土地的性质不同，却种植同一种作物，要求这些不同性质的土地都能生长这种作物，是不可能的"。人才如同土地上的庄稼作物，也不会长得一模一样。那么，如何充分发挥人才的作用？尤其是领导干部或者团队成员之间如何分工？晏子认为，用人要扬长避短，且不用阿谀谄媚之徒，不用结党营私之辈。在企业管理中，领导班子或者团队成员之间不允许搞团伙、小团体，结党营私。这就是晏子的用人之道。

思考题：

1．晏子认为英明的君主不应该用什么样的人？
2．怎样才能发挥人才的作用？

十三、景公问古者离散其民如何晏子对以今闻公令如寇仇

【原文】

景公问晏子曰："古者离散其民而陨失其国者[1]，其常行何如？"

晏子对曰："国贫而好大，智薄而好专[2]；贵贱无亲焉，大臣无礼焉。尚谗谀而贱贤人，乐简慢而玩百姓。国无常法，民无经纪[3]。好辩以为智，刻民以为忠。流湎而忘国[4]，好兵而忘民。肃于罪诛[5]，而慢于庆赏。乐人之哀，利人之难。德不足以怀人，政不足以惠民。赏不足以劝善[6]。刑不足以防非。亡国之行也。今民闻公令如寇雠[7]，此古离散其民陨失其国所常行者也。"

【注释】

[1] 陨失：损失，丧失。
[2] 专：专断，独断专行。
[3] 经纪：纲纪。
[4] 流湎：指流连沉湎于饮酒作乐之中。
[5] 肃：严厉。
[6] 劝：鼓励，勉励。
[7] 寇雠：仇敌。

【译文】

景公问晏子说："古时候弄得人民东离西散，丧失掉自己国家的人，他们素常的所作所为是怎样的？"

晏子回答说："国家贫困却好大喜功，才智贫乏却喜欢独断专行。对地位尊贵的和地位低下的都不去亲近，对大臣们不以礼相待。尊重谗佞谄谀之人，却轻视贤德之人；喜欢懒惰怠慢之人，却轻视老百姓。国家没有固定的法律，人民没有可遵循的纲纪。把

能言善辩当成聪明，把苛刻待民当作忠诚。流连沉湎于饮酒作乐而忘掉了国家的利害，喜好用兵打仗而忘掉了人民的疾苦。在诛罚方面很严厉，在赏赐方面却漫不经心。把别人的悲哀当作自己快乐的事，把别人的危难当成对自己有利的事。道德不足以让人民怀念，政治不足以使人民得到好处。赏赐不足以鼓励人做好事，刑罚不足以防止人干坏事。这是使国家灭亡的行为。现在人民听到君主的命令，就像躲避仇敌一样。这就是古代弄得人东离西散，丧失掉自己国家的人素常的所作所为啊。"

管理启示：

这里晏子列举了古代那些祸国殃民的君主的种种恶劣行径，其实应视为对齐景公等当世国君的告诫：不要重蹈古代亡国之君的覆辙！

常言说，兵熊熊一个，将熊熊一窝。真正能祸国殃民，导致国家灭亡的是国君。而今，能把好端端一个企业搞垮的，是企业的一把手。现实中一些集团企业内部这样的一把手不少，要么不具备一把手的能力，要么不具备一把手的德行，喜欢拉帮结伙，好大喜功，不做正经事。但是，企业内部一些效益好的单位，他总能获得机会去占位，把单位搞衰再另寻高处，既没有给任职单位带来发展，也不会让任职单位的员工有任何留恋。所以说，一把手太重要了。

思考题：

晏子从哪些方面列举古代祸国殃民的国君的恶劣行径？

十四、景公问欲和臣亲下晏子对以信顺俭节

【原文】

景公问晏子曰："吾欲和臣亲下，奈何？"

晏子对曰："君得臣而任使之，与言信[1]。必顺其今，赦其过。任大无多责焉，使迩臣无求壁焉[2]，无以嗜欲贫其家，无信逸人伤其心。家不外求而足，事君不因人而进。则臣和矣。俭于藉敛，节于货财。作工不历时[3]，使民不尽力[4]。百官节适[5]，关市省征[6]。山林陂泽[7]，不专其利。领民治民，勿使烦乱。知其贫富，勿使冻馁，则民亲矣。"

公曰："善。寡人闻命矣。"故令诸子无外亲谒[8]。辟梁丘据[9]，无使受报[10]，百官节适，关市省征，陂泽不禁。冤报者过[11]，留狱者请焉[12]。

【注释】

[1] 信：言语诚实。

[2] 迩臣：近臣，君主身边的侍从。

[3] 历时：超过农时。历，过。

[4] 尽力：用尽民力。

[5] 百官：泛指各级官吏。节适：节制而适度。

[6] 关市：关隘和市场。

[7] 陂（bēi）：池塘。

[8] 无外亲谒：指不要让外人亲近求见。

[9] 辟：指免去。

[10] 报：判决罪人。

[11] 过：指受责备。

[12] 请：指请求释放。

【译文】

景公问晏子说："我想让臣子跟我亲和，让人民亲附我，该怎么办？"

晏子回答说："您得到臣子以后就任用他们，同他们说话要诚实。让他们依法令行事，赦免他们的过错。任用大臣不求全责备，使用近臣不找自己宠爱的人。不要为了满足自己的私欲弄得他们家里贫困，不要听信谗人的话让他们伤心。他们居家时不必外求财物就能供应充足，他们侍奉君主时不凭借别人的力量就能被任用。这样，臣子就会跟您亲和了。征收赋税要节制，使用财物要节俭。兴建土木工程不要超过农时，役使人民不要使尽民力。各种官吏设置得精干恰当，关口和市场上减少税收，山林池泽的利益不专有。引导人民管理人民时，不要让他们感到烦乱。了解人民贫富的情况，不要让他们挨饿受冻。这样，人民就亲附您。"

景公说："您说得好。我受教了。"所以就命令儿子们不要让外人亲近求见。罢免梁丘据，不让他担任判决罪人的官职。各种官吏设置得精干恰当，关口和市场上减少税收，池泽里不禁止众人捕鱼。判决罪人判冤屈的要受责备，长期关押在狱中的人让官吏释放了他们。

管理启示：

景公问如何才能使臣子与自己亲和，让人民亲附自己。晏子指出：君主应放手任用臣子，言而有信；任用大臣不求全责备，使用近臣不找自己宠爱的人；不要让他们家庭贫困去念求外财，不要信用谗佞使他们伤心。这样，臣子就与君主和谐了。节制赋税，节俭财物；徭役不超过农时，不把民力使尽；官吏设置精干得当，关口市场减少税收；山林池泽之利不专有，治理措施不烦乱；了解人民贫富情况，不让他们挨饿受冻。这样，人民就亲附君主了。景公听取了晏子的意见，采取了一些改进措施。

齐景公"欲和臣亲下"包含两个目的，一是构建和谐的领导班子，一是获得民众的信任和支持。对企业管理来说，领导班子团结和谐以及员工的同心协力同样重要。如何才能做到呢？晏子的劝诫很有启发。虽然企业管理无法照搬古代国君治国理政的手段和措施，但是道理是相通的，理念可参考。企业领导班子一把手对班子成员、团队负责人对团队成员也要放手任用，言而有信，不求全责备，不轻信对他们的谗佞之言，从而使他们伤心失望。当员工工作和生活中遇到困难时，也应适当表达关怀，这样才有利于营造和谐的团队关系。

思考题：

1. 按照晏子的主张，君主怎样做才能构建和谐的君臣关系？
2. 按照晏子的主张，君主怎样做人民才会亲和他？

十五、景公问得贤之道晏子对以举之以语考之以事

【原文】

景公问晏子曰："取人得贤之道何如？"

晏子对曰："举之以语，考之以事，能谕则尚而亲之[1]，近而勿辱[2]。以取人，则得贤之道也。是以明君居上，寡其官而多其行[3]，拙于文而工于事[4]，言不中不言，行不法不为也。"

【注释】

[1] 谕：知道，通晓。

[2] 近而勿辱：意思是虽亲近但不狎辱，即不废礼仪。

[3] 寡其官：指设置的官职少。

[4] 文：文采，指华丽的外表。

【译文】

景公问晏子说："选取人能得到贤德之人的办法是怎样的？"

晏子回答说："根据他的言语推举他，根据他的行事考察他。能够通晓治国之道，就尊重并且亲近他，虽然亲近他，但是不废弃上下之间的礼仪。用这种办法选取人，就是得到贤德之人的方法。因此英明的君主居上位，官职设置得少，但事情却做得多；不讲究外表华丽，却很擅长做实事。说话不中肯就不说，做事不合法制就不做。"

管理启示：

这里晏子提出了推举、考察贤德之人的方法：根据他的言语推举他，根据他的行事考察他，把考察言语与行事结合起来，就能得到贤德之人。

晏子"举之以语，考之以事"的选贤任能的办法，至今还在沿用。现实中企业招聘人才做面试，或者提拔干部做竞聘演讲，也是通过考察语言决定是否录用或者提拔加分。不足之处是现场十分钟的面试或演讲，只对能言善谈者有利，录用或提拔后工作能力或者品行如何，还无法考证。所以，仅仅靠面试，对一些能力强、干工作脚踏实地却不善言谈的优秀人才是不公平的。所以单靠面试招聘人才或者演讲竞聘干部也有弊端。一个好的弥补方法是"考之以事"，也就是设置考察期，在考察期内安排具体任务，设置考核目标，并把考察落到实处。考察期结束根据任务完成情况，结合之前的语言考察，决定是否录用或者提拔。

思考题：

按照晏子的观点，选用人才应采用哪些方法？

十六、景公问臣之报君何以晏子对报以德

【原文】

景公问晏子曰："臣之报其君何以[1]？"

晏子对曰："臣虽不知[2]，必务报君以德。士逢有道之君，则顺其令；逢无道之君，则争其不义[3]。故君者择臣而使之，臣虽贱，亦得择君而事之。"

【注释】

[1] 何以：用什么。

[2] 知：同"智"，聪明。

[3] 争：通"诤"，劝谏。

【译文】

景公问晏子说："臣子用什么来报答他的君主？"

晏子回答说："臣子虽然不聪明，也必定努力用恩德报答君主。士遇上有道德的君主，就顺从他的命令；遇上没有道德的君主，就对他的不符合道义的行为进行劝谏。所以君主要选择好的臣子来使用，臣子虽然地位低下，也可以选择好的君主来侍奉。"

管理启示：

晏子认为，臣子对待君主应该根据其有道还是无道采取不同的态度，进而提出了臣子"择君而事"的主张。

如何留住人才？古有"择君而事"的晏子主张，今有"人往高处走，水往低处流"的俗话，说的都是人才的去留问题。反过来讲，如果用人单位急需已经认定的人才，就得采取特别措施留住他们，常说的"待遇留人""事业留人""感情留人"三者缺一不可。如果待遇不符合人才的心理预期，与其能力和贡献不匹配，是万万留不住人才的。一些大企业采用的一人一谈判的年薪制值得效仿。

人才是宝贵的资源，一定要让其真正发挥作用。如果高薪聘请的人才成了装潢门面的摆设，不单是用人单位的浪费，人才自身也不愿意坐冷板凳，由此造成的人才二次流失的情况也不少见，这在国有单位尤其高校较为常见。这是"事业留人"的失败。

还有些单位把高薪聘用人才当作高价买奴隶，情感上没有给予应有的尊重，甚至是一把手以居高临下的姿态用话语重伤人才，人才自然也将另外"择君而事"。现实中很多民营企业的老板以交朋友的方式用人就是感情留人的榜样。

思考题：

1．按照晏子的观点，臣子择君应依据什么？

2．一个单位应从哪些方面采取措施留住人才？

十七、景公问为政何患晏子对以善恶不分

【原文】

景公问于晏子曰："为政何患？"

晏子对曰："患善恶之不分。"

公曰："何以察之？"

对曰："审择左右。左右善，则百僚各得其所宜[1]，而善恶分。"

孔子闻之曰："此言也信矣[2]！善进，则不善无由入矣[3]；不善进，则善无由入矣。"

【注释】

[1] 百僚：百官。

[2] 信：确实。

[3] 无由：没办法。

【译文】

景公向晏子问道："治理国家政事忧虑的是什么？"

晏子回答说："忧虑的是不能分辨好坏。"

景公说："用什么办法考察好坏？"

晏子回答说："审慎地挑选身边的人。身边的人好，那么百官就能各得其所，因而好坏就能分辨了。"

孔子听到这话以后说："这话真对呀！好人当道，那么不好的人就没有办法入朝当官了；不好的人当道，那么好人就没有办法入朝当官了。"

管理启示：

晏子认为，治理国家政事最担心善恶不分，进而提出考察善恶的办法：审慎地选择

身边的侍从。

景公问晏子"为政何患？"，表明了位居高位的国君常有的忧患意识。处于塔尖的君王并非只有享乐，其常常忧国忧民的煎熬造成的烦恼甚至不亚于为君带来的幸福。苦乐并存，这就是人生辩证法。对应地，作为企业高管也应常怀忧患之心，必须关注两点：一是每天的企业业绩，二是企业长远的风险。企业经营如水上行舟，应时刻关注风险，这就是风险意识。企业高管对风险的疏忽造成的企业隐患就如同古代君王善恶不分对国家的危害。

思考题：

晏子是从哪些方面考察善恶的？

第四节 内篇问下第四

一、景公问何修则夫先王之游晏子对以省耕实

【原文】

景公出游，问于晏子曰："吾欲观于转附、朝舞[1]，遵海而南[2]，至于琅琊[3]。寡人何修则夫先王之游[4]？"

晏子再拜曰："善哉！君之问也。闻天子之诸侯为巡狩[5]，诸侯之天子为述职[6]。故春省耕而补不足者谓之游[7]，秋省实而助不给者谓之豫[8]。夏谚曰：'吾君不游，我曷以休？吾君不豫，我曷以助？一游一豫，为诸侯度[9]。'今君之游不然，师行而粮食[10]，贫苦不补，劳者不息。夫从高历时而不反谓之流，从下而不反谓之连[11]，从兽而不归谓之荒[12]，从乐而不归谓之亡。古者圣王无流连之游，荒亡之行。"

公曰："善。"命吏计公禀之粟[13]，藉长幼贫氓之数[14]。吏所委发廪出粟[15]，以予贫民者三百钟[16]。公所身见癃老者七十人，振赡之，然后归也[17]。

【注释】

[1] 转附、朝舞：不详，疑为山名。
[2] 遵：循，顺着……走。
[3] 琅琊：山名，在今山东诸城东南。
[4] 何修：做什么事情。则：效法。
[5] 之：到……去。巡狩：如同说"视察"。
[6] 述职：报告其职责内的工作。述，陈述。
[7] 省：考察。
[8] 豫：指帝王秋天出巡。
[9] 度：法度，准则。
[10] 粮食：即"粮食于民"，从百姓那里筹集粮食吃。《管子·戒》作"夫师行而粮食其民者谓之亡"。
[11] 从：同"纵"，纵情，尽情。反：同"返"。
[12] 荒：与下句的"亡"都是迷乱、逸乐过度的意思。"荒亡"指沉迷于田猎、过度逸乐。

[13] 禀：同"廪"，粮仓。

[14] 藉：通"籍"，登计，统计。氓：民。

[15] 委：送给。

[16] 钟：古代量器，六斛四斗为一钟。这里用作量词。

[17] 癃：疲病。

【译文】

景公外出游玩，向晏子问道："我想到转附、朝舞两座山上去看看，再沿着海岸往南走，一直到达琅邪山。我应该怎样做才能效法先王的出游呢？"

晏子拜了两拜，说："您问得真好啊！我听说天子到诸侯那里去叫作巡狩，诸侯到天子那里去叫作述职。所以春天检查耕种的情况，对无力耕种的给予帮助，这叫作游；秋天检查收割的情况，对收成不好的给予补助，这叫作豫。夏朝的谚语说：'我们君王不出来游，我们的工作几时休？我们君王不出来走，我们几时得帮助？君王一游一走，足以作为诸侯的法度。'现在您出游却不是这样，人马走到哪里，就让那里的人民供应粮食，贫困的人得不到补助，劳苦的人得不到休息。纵情游山超过了时间不回去叫作流，玩水不按时回去叫作连，纵情打猎不按时回去叫作荒。纵情作乐不按时回去叫作亡。古代的圣贤君王出游时没有这些流连荒亡的行为。"

景公说："您说得好。"于是命令官吏计算国家仓库里的粮食，统计年长年幼的贫民数目，官吏从仓库里一共拿出三百钟粮食分给了贫民。景公遇见的七十名老弱疲病的人，都救济了他们，然后才返回。

管理启示：

晏子指出，古代君王春天出游是为了考察耕种情况从而对无力耕种者给予帮助，秋天出游是为了考察收获情况从而对歉收者给予补助，批评景公出游是为了纵情山水，田猎享乐，促使景公采取了一些救助贫困百姓的措施。

古人晏子对国君纵情山水、田猎享乐的不良影响尚能深刻认识，今人更应保持清醒头脑。

就企业管理而言，管理干部一定要严格遵守中央"八项规定"和"三公经费"使用的有关规定，克己奉公，廉洁自律。

思考题：

1．查阅资料学习"八项规定"的内容。

2．什么是"三公经费"？

二、景公问欲逮桓公之后晏子对以任非其人

【原文】

景公问晏子曰："昔吾先君桓公，从车三百乘[1]，九合诸侯[2]，一匡天下。今吾从车千乘，可以逮先君桓公之后乎？"

晏子对曰："桓公从车三百乘，九合诸侯，一匡天下者，左有鲍叔[3]，右有仲父[4]。今君左为倡[5]，右为优[6]，谗人在前，谀人在后，又焉可逮桓公之后者乎？"

【注释】

[1] 从车：使兵车跟随自己，即率领着兵车。

[2] 合：会，盟会。
[3] 鲍叔：鲍叔牙，齐大夫，他把管仲推荐给齐桓公。
[4] 仲父：指管仲。齐桓公尊管仲为仲父，谓事之如父。
[5] 倡：表演音乐歌舞的艺人。
[6] 优：扮演杂戏的艺人。

【译文】

景公问晏子说："从前我们的先君桓公，率领着兵车三百辆，多次盟会诸侯，使天下一切得到匡正。现在我率领兵车一千辆，可以跟随在先君桓公之后成就霸业吗？"

晏子回答说："桓公之所以能率领兵车三百辆，多次盟会诸侯，使天下一切得到匡正，是因为左有鲍叔，右有管仲。现在您的左右都是倡优，您的前后都是谗佞阿谀之人，又怎么可以跟随在桓公之后成就霸业呢？"

管理启示：

针对景公能否继承桓公成就霸业的提问，晏子指出：桓公之所以能九合诸侯、一匡天下，靠的是身边有鲍叔牙、管仲那样的贤臣；而今君主身边都是倡优及谗佞谄谀之辈，如何能成就霸业呢？

企业管理中，贤能之人永远是正能量，谗佞之徒往往差强人意。但是近贤能远谗佞说起来容易做起来难，现实中的矛盾对手一般都认为对方是谗佞之徒，自己是好人，搞得鱼目混珠，难以辨清。对二者的辨识首先要求领导层尤其是一把手做到诚其意、正其心、修其身，其次还能慧眼识珠。

思考题：

1. 以齐桓公为例，成就一番事业应选择什么样的人做助手？
2. 查阅文献资料，了解一下鲍叔牙、管仲其人。

三、景公问贤不肖可学乎晏子对以勉强为上

【原文】

景公问晏子曰："人性有贤不肖，可学乎？"

晏子对曰："《诗》云'高山仰止，景行行止'之者[1]，其人也[2]！故诸侯并立，善而不怠者为长；列士并学[3]，终善者为师。"

【注释】

[1] 高山仰止，景行（háng）行止：所引诗句见《诗·小雅·车舝》。大意是：高山可以仰望，大道可以行走。这里引用，意在说明人应向高处看，应顺正道走。止，语气词。景行，大路。行，行走。
[2] 其人也：大概说的是人吧。其，语气词。
[3] 列士：众士，众多的读书人。

【译文】

景公问晏子说："人的本性有好有不好，这些是可以学得的吗？"

晏子回答说："《诗》中说'高山可以举目看，大道可以走向前'，大概说的就是向善之人吧！所以诸侯们一块立身于世，只有向善而且不松懈的人才能当诸侯之长；众多读书人一块学习，只有始终向善的人才能当老师。"

管理启示：

这里晏子引用《诗》，意在说明人应向高处看，顺正道走；举诸侯并立、列士并学的不同结果，强调始终向善的重要性。

向善本来是对个人的品行要求，但是晏子"诸侯并立，善而不怠者为长；列士并学，终善者为师"的观点，对企业管理人员而言具有双重意义。一方面，管理者会因为自己"善而不怠"或者"终善"之举而像古代诸侯或者学士那些实现自己的人生价值；另一方面，企业法人是虚的概念，法人经营目标的实现是靠作为自然人的管理者来实现的，管理者个人的善举也能为管理工作带来道德方面的影响力，从而有利于管理目标的达成，有利于企业经营目标的实现。

思考题：

晏子"善而不怠者为长，终善者为师"的观点对个人成长有什么启发？

四、景公问国如何则谓安晏子对以内安政外归义

【原文】

景公问晏子曰："国如何则可谓安矣？"

晏子对曰："下无讳言，官无怨治[1]。通人不华[2]，穷民不怨。喜乐无羡赏[3]，忿怒无羡刑[4]。上有礼于士，下有惠于民。地博不兼小，兵强不劫弱。百姓内安其政，诸侯外归其义。可谓安矣。"

【注释】

[1] 怨治：积压的政事。怨，通"蕴"，积聚。

[2] 通人：显达的人。下句"穷民"指不显达的人，即困窘的人。

[3] 羡赏：滥施赏赐。羡，多余。

[4] 羡刑：滥施刑罚。

【译文】

景公问晏子说："国家怎么样就可以叫作安定了？"

晏子回答说："下面的人没有忌讳的言语，官吏没有积压的政事。显达的人不奢侈，穷困的人不怨恨，君主高兴时不滥施赏赐，愤怒时不滥施刑罚。对上面的士有礼节，对下面的百姓有恩惠。地域广博不兼并小国，军队强大不掠夺弱国。国内的百姓对君主的政治感到安心，国外的诸侯由于他的道义而归服。这样，国家就可以叫作安定了。"

管理启示：

本篇晏子回答怎样做才能使国家安定。所列举的条件，在当时社会大动荡、诸侯兼并、战争频仍、人民饱受战乱之苦的形势下，这是美好的愿望，是难以实现的。

晏子在此文中的治国安邦思想应用于企业管理，可以概括为"下级能轻松建言献策，管理中不积压问题，勤俭节约，赏罚分明，团队和谐，构建友好的外部环境，顾客满意"。这些高度概括的思想主张无疑是正确的，只是实施起来还有大量工作要做，甚至还会遇到很多困难和障碍。

思考题：

晏子的治国安邦思想应用于企业管理，可能有哪些困难，请举例说明。

五、叔向问人何若则荣晏子对以事君亲忠孝

【原文】

叔向问晏子曰:"何若则可谓荣矣?"

晏子对曰:"事亲孝,无悔往行。事君忠,无悔往辞。和于兄弟,信于朋友。不謟过[1],不责得[2]。言不相坐[3],行不相反。在上治民,足以尊君;在下莅修[4],足以变人。身无所咎[5],行无所创[6],可谓荣矣。"

【注释】

[1] 謟(tāo):通"慆",隐藏,隐瞒。

[2] 责:求。

[3] 坐:抵触。

[4] 莅修:谓主持教化。莅,临。

[5] 咎:责怪。

[6] 创(chuāng):惩戒。

【译文】

叔向问晏子说:"人怎样做就可以叫作荣耀了?"

晏子回答说:"侍奉长辈孝顺,对以往的行为没有可以悔恨的。侍奉君主忠诚,对以往的言辞没有可以悔恨的。对弟兄和睦,对朋友讲信用。不隐瞒过错,不贪求利益。说话不自相矛盾,行为不前后违背。在上位管理人民,足以使君主尊贵;在下位主持教化,足以使人民向善。为人没有可以指责的,行为没有可以惩戒的,这样就可以叫作荣耀了。"

管理启示:

这里晏子提出了荣耀的标准:对长辈孝顺,对君主忠诚,对兄弟和睦,对朋友诚信;不隐瞒过错,不贪求财利,自身无可指责,行为无可惩戒。一个企业管理者如果能按照晏子的荣耀标准要求自己,不但有利于自己的成长,也一定有利于企业的发展。因为,百善孝为先,对长辈孝顺则必有善心,有善心者能广结善缘;忠诚正义者必走正道,不会有法律风险;兄弟和睦则家和万事兴;诚信能赢得合伙人和合作伙伴的信任;不隐瞒过错能使自己少犯错误;不贪求财利意味着"君子爱财,取之有道";自身无可指责,行为无可惩罚,则能广结朋友。如此多的要求,现实中的企业管理者大多也恐难以企及。

思考题:

比照晏子的荣耀标准,查找自己还有哪些不足,如何弥补自身的不足?

第二章　韩非子的法家思想与管理启示

韩非（约公元前 280 年—公元前 233 年），又称韩非子，战国末期韩国新郑（今属河南）人。中国古代思想家、哲学家和散文家，法家学派代表人物。

韩非是法家思想之集大成者，集商鞅的"法"、申不害的"术"和慎到的"势"于一身，将辩证法、朴素唯物主义与法融为一体，为后世留下了大量言论及著作。其学说一直是中国封建社会时期统治阶级治国的思想基础。

后人收集其所著《孤愤》《说林》《说难》《主道》《初见秦》《饰邪》《诡使》《蠹》《制分》等名篇文章，整理编纂成《韩非子》一书。

第一节　初　见　秦

一、初见秦第一篇

【原文】

臣闻："不知而言，不智；知而不言，不忠。"为人臣不忠，当死；言而不当，亦当死。虽然，臣愿悉言所闻，唯大王裁其罪[1]。

臣闻：天下阴燕阳魏[2]，连荆固齐[3]，收韩而成从[4]，将西面以与强秦为难。臣窃笑之。世有三亡[5]，而天下得之，其此之谓乎！臣闻之曰："以乱攻治者亡，以邪攻正者亡，以逆攻顺者亡。"今天下之府库不盈，囷仓空虚[6]，悉其士民[7]，张军数十百万，其顿首戴羽为将军断死于前不至千人[8]，皆以言死。白刃在前，斧锧在后[9]，而却走不能死也。非其士民不能死也，上不能故也。言赏则不与，言罚则不行，赏罚不信，故士民不死也。今秦出号令而行赏罚，有功无功相事也[10]。出其父母怀衽之中[11]，生未尝见寇耳。闻战，顿足徒裼[12]，犯白刃，蹈炉炭[13]，断死于前者皆是也。夫断死与断生者不同，而民为之者，是贵奋死也。夫一人奋死可以对十，十可以对百，百可以对千，千可以对万，万可以克天下矣！今秦地折长补短[14]，方数千里，名师数十百万。秦之号令赏罚，地形利害，天下莫若也。以此与天下[15]，天下不足兼而有也。是故秦战未尝不克，攻未尝不取，所当未尝不破，开地数千里，此其大功也。然而兵甲顿，士民病，蓄积索[16]，田畴荒，囷仓虚，四邻诸侯不服，霸王之名不成。此无异故，其谋臣皆不尽其忠也。

【注释】

[1] 大王：指秦昭王（公元前306年—公元前251年在位）。
[2] 天下：指崤山（位于今河南渑池县西）以东的楚、韩、魏、赵、齐、燕六国。阴燕阳魏：指赵国的位置。阴为北，阳为南，赵在燕国之南、魏国之北。
[3] 荆：楚国的别名。固：指结合得紧。
[4] 收：接纳，纠合。从：通"纵"。
[5] 三亡：三种使国家灭亡的情况。
[6] 囷（qūn）：圆形谷仓。
[7] 悉：所有的，这里用作动词。悉其士民：征发所有的民众。
[8] 顿首：拜头叩地，借以为伏服听令之词。戴羽：古时头戴羽毛作为勇士之标志。断死：决死于敌前。
[9] 顿：铁砧板。斧：古代腰斩时的刑具。
[10] 有功无功相事也：此句意为视有功无功分别处理。
[11] 衽（rén）：衣襟。怀衽：怀抱。
[12] 徒裼：脱下上衣打赤膊。
[13] 蹈：踩。古代有时把炉炭放置地上，阻止敌人进攻。
[14] 折长补短：截取长的地方，补足短的地方，这是计算土地面积的方法。
[15] 与：通"举"，攻取。
[16] 索：尽。

【译文】

我听说："不知道的开口就说是不智，知道的但是不说是不忠。"做人臣的不忠便该死，说而不当也该死。尽管如此，我还是愿意将我所知道的都说出来，听任大王的裁断。

我听说：天下各国以赵国为中心，北连燕国，南结魏国。还有楚国、齐国和韩国，形成合纵之势，准备西来与秦国作对。我只觉得好笑。世上有三种亡国的情形，而天下各国都得到了，大概是这样说的吧！我听说："混乱之国进攻安定之国，是自取灭亡；邪恶之国进攻正义之国，是自取灭亡；倒行逆施之国进攻顺应天理之国，是自取灭亡。"如今天下各国府库财物都不足，谷仓里都空虚，他们却动员所有士民，设置军队数十百万，头戴羽毛头盔发誓要决一死战的将军数以千计，口头上都说不怕死。但当白刃在前，斧锧在后，他们还是会退却逃跑而不能拼死。这并不是说六国的人民不能拼死作战，而是因为六国的君主不能使他们为国拼死。说好的奖赏不给予，说好的惩罚不施行，赏罚不讲信用，所以士民们不愿决一死战。现在秦国颁布法令而实行赏罚，一切都视有无功劳而定，所以秦国的民众尽自离开父母怀抱之后平生从未见过敌人，可只要一听说要打仗，都摩拳擦掌，赤膊上阵，冒着刀刃，踩着炉炭，在前线决一死战的人到处都是。决心拼死和苟且贪生是不同的，而民众情愿与敌人拼死，是因为以战死疆场为荣。如果一个人奋勇死战就可以抵抗十人，十个人就可以抵抗百人，百人就可以抵抗千人，千人就可以抵抗万人，一万人奋勇死战就可以征服天下了。现在秦国的土地截长补短，方圆有几千里，名震天下的部队数十万乃至上百万。秦国的法令赏罚、地形便利没有哪个国家比得上。凭这些去攻取天下，天下各国还不够秦国吞并与占有。因此秦国攻无不克，战无不胜，开拓了数千里的疆土，这是秦国的丰功伟绩啊！但是秦国也因此而兵甲破损，士兵疲惫，蓄积空虚，农田荒芜，粮仓空虚，以致四邻诸国不服，霸王之业不就。这没有别的原因，是你手下的谋臣不能竭尽忠诚啊！

管理启示：

忠于职守，对企业而言属于企业文化范畴，是企业所有员工应共同遵守的价值准则之一，对企业管理者而言是履行岗位职责的需要。韩非子在这篇文章中主要讨论了两个字"不忠"。首先对"不忠"进行定义，"知而不言，不忠"；其次举例，韩、赵、燕、魏、楚、齐六国在府库空虚的情况下合纵对秦，而秦国凭借强大的国力，通过战争拓土千里，收获颇丰，但也给自身造成了不小伤害，都是因为秦国谋臣不忠。本文的落脚点是"不忠害国"。现代企业管理中这样的不忠有没有呢？当然有，其表现形式有：会上不发言，会下乱发言；当（领导）面不发言，背后乱发言；对内不发言，对外乱发言；还美其名曰："不在其位，不谋其政"。对企业管理和发展中产生的问题甚至抱着"隔岸观火""幸灾乐祸""看热闹不嫌事大"的心态。这些都是不忠的表现，最终损害的都是企业的利益。大河无水小河干，其实企业遭殃，最终个人的利益也将受损。奉劝居于官位的管理人员，为了企业和个人的利益，敞开心扉，放平心态，少一点城府，多一点真诚。不管是"居庙堂之高"，还是"处江湖之远"，为了企业的发展，知无不言，言无不尽，对企业忠诚，也是对自己的未来负责。

思考题：

1. 查阅文献资料，了解韩非子其人。
2. 谈谈不忠对企业和个人的危害。

二、初见秦第二篇

【原文】

臣敢言之：往者齐南破荆[1]。东破宋[2]，西服秦[3]，北破燕[4]，中使韩、魏[5]，土地广而兵强，战克攻取，诏合天下。齐之清济浊河[6]，足以为限[7]；长城巨防[8]，足以为塞。齐，五战之国也[9]，一战不克而无齐[10]。由此观之，夫战者，万乘之存亡也。且臣闻之曰："削株无遗根，无与祸邻，祸乃不存。"秦与荆人战，大破荆，袭郢[11]，取洞庭、五渚、江南，荆王君臣亡走，东服于陈。当此时也，随荆以兵，则荆可举：荆可举，则其民足贪也，地足利也，东以弱齐、燕，中以凌三晋[12]。然则是一举而霸王之名可成也，四邻诸侯可朝也。而谋臣不为，引军而退，复与荆人为和。合荆人得收亡国，聚散民，立社稷主，置宗庙，令率天下西面以与秦为难[13]。此固以失霸王之道一矣。天下又比周而军华下[14]，大王以诏破之，兵至梁郭下[15]。围梁数旬，则梁可拔！拔梁，则魏可举：举魏，则荆、赵之意绝；荆、赵之意绝，则赵危；赵危而荆狐疑：东以弱齐、燕，中以凌三晋。然则是一举而霸王之名可成也，四邻诸侯可朝也。而谋臣不为，引军而退，复与魏氏为和[16]。令魏氏反收亡国，聚散民，立社稷主，置宗庙，令率天下西面以与秦为难。此固以失霸王之道二矣。前者穰侯之治秦也[17]，用一国之兵，而欲以成两国之功[18]，是故兵终身暴露于外，士民疲病于内，霸王之名不成。此固以失霸王之道三矣。

【注释】

[1] 齐南破荆：指齐宣王十九年（公元前 301 年），齐国联合秦国在重丘（位于今河南泌阳县东北）打败楚军，虏楚将唐眛之事。

- [2] 东破宋：指齐湣王十五年（公元前286年）齐国攻灭宋王偃的事。
- [3] 服：征服，使服从。西服秦：指齐湣王三年（公元前298年）齐和韩、魏攻打秦国，兵至函谷关，秦割河东三城求和之事。
- [4] 北破燕：指齐宣王六年（公元前314年）齐国攻打燕国，燕王哙和子之被杀之事。
- [5] 中使韩、魏：指公元前298年，齐和韩、魏攻打秦国一事。使，驱使。
- [6] 济：指济水。河：指黄河。
- [7] 限：阻隔，引申为防线。
- [8] 长城：齐国有长城，东起白海，西抵济水。巨防：齐长城西段的一个要塞，在平阴城（位于今山东平阴县东北）南。
- [9] 五战：指南破荆、东破宋、西服秦、北破燕和齐宣王二年（公元前318年）齐、魏、赵、韩、楚、燕联合攻秦之事。
- [10] 一战不克而无齐：指齐湣王十七年（公元前284年）燕、秦等五国联军在济西打败齐军之事。在此战役中，燕将乐毅连下齐国七十余城，攻破齐国都城临淄，齐湣王逃到莒（jǔ），为楚将淖（zhuō）齿所杀。
- [11] 郢（yǐng）：楚国都城，位于今湖北江陵市北。
- [12] 凌：侵犯。三晋：指韩、魏、赵。
- [13] 引军而退，复与荆人为和：指秦昭襄王于公元前278年与楚王会襄陵之事。与秦为难：指襄王二十三年（公元前276年）楚顷襄王聚集十多万军队进攻秦国驻军，夺回被秦攻拔的黔中十五邑之事。
- [14] 比周：互相勾结。华下：华阳（位于今河南新密市东北）城下。
- [15] 梁：大梁，魏国国都（位于今河南开封市）。此句指秦昭襄王三十四年（公元前273年），白起击魏华阳军，赶走魏将芒卯，进围魏都大梁之事。
- [16] 复与魏氏为和：指华阳战役后，魏将段千木请割取南阳之地与秦讲和之事。
- [17] 穰侯：即魏冉，楚国人，秦昭襄王时，他四次任相，受封于穰（位于今河南邓州市），所以称为穰侯。他曾利用职权扩大封地。
- [18] 成两国之功：指穰侯利用秦国军队夺取定陶作为自己的封邑，所以说"两国"。

【译文】

我冒昧地说明一下形势：以前，齐国南攻楚国，东破宋国，西征秦国，北击燕国，又役使韩、魏两国一起侵秦，一时地广兵强，战无不克，攻无不取，对天下发号施令。齐国那清澈的济水和混浊的黄河，足够用来当作防线；齐国的长城和巨防，足以用来作为要塞。齐国，一个五战五胜的国家，却因一次战败而丧失霸主之业。由此看来，战争确实关系到大国的存亡。而且我还听说："砍树不要留根，做事只要不和灾祸接近，灾祸就不会发生。"以前，秦国与楚国作战，大破楚军，袭取郢都，占领洞庭、五渚、江南，迫使楚国君臣落荒而逃，在东边的陈城设守保命。当时，如果继续攻楚，楚国便可攻取；楚国如果被攻取，那么楚国众多的民众和丰饶的物产便可为秦国所用，再在东部削弱齐、燕，在中部侵凌三晋，一举就可成就霸主之名，四邻诸侯来朝。然而，秦国的谋臣不为此举，之后，山东六国纠集军队驻扎于华阳城下，大王下令击破之，军队挺进到大梁城下。只要把大梁包围几十天，大梁便可被攻下；大梁被攻下，魏国就可以攻取；

攻取了魏国，那么楚、赵联合抗秦的意图就破灭了；楚、赵联合抗秦的意图破灭，赵国就危险了；赵国危险了，楚国就犹豫不前了；再在东边削弱齐、燕之势，中部侵凌三晋之国，如此看来，一举即可成就霸主之业，四邻诸侯就可以来朝贺了，但是那些谋臣们不这样作为，引军而退，恢复与魏国的和谈。使得魏国人回过头来收复已经灭亡的国家，聚拢已经四散的民众，树立起社稷坛上的神主，设置起宗庙里的官员。这就是失去称霸天下的道路的第二次机会。从前穰侯魏冉治理秦国的时候，想用秦国一个国家的兵力来完成两个国家的功业，因此士兵终年在外日晒雨淋，士兵们疲惫担忧不堪，这是失去称霸天下的道路的第三次机会。

管理启示：

文章开头韩非子指出，齐国没有充分利用良好的自然条件保住霸主地位，而因为一次战争失去霸业，说明战争关系到国家存亡。后文进一步指出，秦国没有充分利用战争给秦国带来的机遇而一举成就霸业，原因在于谋臣的错误作为。如果谋臣没有私心，或者也没有外界条件的制约，那么谋臣的"错误作为"只有一个原因，那就是能力不足。谋臣能力不足，会误国。同样地，在现代企业管理中，管理人员能力不足，尤其面对企业重大战略决策时，高层管理人员的能力不足，将损害企业利益，甚至影响企业生存发展。因此，常学习、常进步，提升谏言献策能力是对每个管理者最基本的要求。

思考题：

1. 管理者能力不足对企业有何影响？管理者应如何提高自己的建言献策能力？
2. 文中进行"做事只要不和灾祸接近，灾祸就不会发生"这句话对企业管理有何启发？

第二节 主　　道

【原文】

道者，万物之始，是非之纪也[1]。是以明君守始以知万物之源，治纪以知善败之端[2]。故虚静以待[3]，令名自命也[4]，令事自定也。虚则知实之情，静则知动者正。有言者自为名[5]，有事者自为形[6]，形名参同[7]，君乃无事焉，归之其情。故曰：君无见其所欲[8]，君见其所欲，臣自将雕琢；君无见其意，君见其意，臣将自表异[9]。故曰：去好去恶，臣乃见素[10]；去旧去智[11]，臣乃自备。故有智而不以虑，使万物知其处；有贤而不以行，观臣下之所因[12]；有勇而不以怒，使群臣尽其武。是故去智而有明，去贤而有功，去勇而有强。群臣守职，百官有常；因能可使之，是谓习常[13]。故曰：寂乎其无位而处，漻乎莫得其所[14]，明君无为于上[15]，群臣竦惧乎下[16]。明君之道，使智者尽其虑，而君因以断事，故君不穷于智；贤者勅其材[17]，君因而任之故君不穷于能；有功则君有其贤，有过则臣任其罪，故君不穷于名。是故不贤而为贤者师，不智而为智者正[18]。臣有其劳，君有其成功，此之谓贤主之经也[19]。

【注释】

[1] 纪：准则、纲领。

[2] 治：研究。

[3] 虚：虚心，指排除嗜欲、成见。

[4] 名：名称。
[5] 名：言论、主张。
[6] 形：形迹，指办事的成效。
[7] 参：验证。同：合。参同：验证相合。
[8] 见：通"现"。
[9] 表异：伪装。
[10] 素：本色。见素：表现实情。
[11] 旧：成见。
[12] 因：凭借、依据。
[13] 习：沿袭，遵循。
[14] 谬：通"寥"，寥廓，高远。
[15] 无为：韩非所说的无为，与道家所说的无为有所不同，有排除成见、顺应客观法则、一切按法办事的意思。
[16] 竦：通"悚"，害怕、恐惧。
[17] 勑（lài）：一作"效"。材：通"才"，才干。
[18] 正：君长。
[19] 经：指常法。

【译文】

道，是万物的本源，是非的准则，英明的君主把握这个本源以了解万物的由来，研究这个准则以了解成败的原因。因此，以虚静的态度来对待一切。名称要根据自身所反映的内容来确定，事情要根据其自身的性质来确定。虚，就能知道万物的真相；静，就能知道行动的正确与否。臣下进言，就是表达自己的主张；臣下办事，自然表现出一定的效果；拿臣下说的话和做的事互相比照，君主无需做别的事，一任事情自己显露真相。所以说："君主不要暴露欲望，暴露了欲望，臣下便会曲意逢迎；君主不要表现意图，表现了意图，臣下将会求异自高。"所以说："君主不流露自己的爱好，不显示自己的厌恶，臣下才会表现出真情；君主不用自己的心机，不用自己的智慧，臣下就会谨慎防备。"君主有智慧也不用来思虑，使万物处其应处之地；君主有德行也不表现于行动，用以观察臣下言行的根据；君主有勇力也不用来逞强，使臣下能竭尽他们的勇力。所以，君主不用智慧才是明智，不用德行才有功绩，不用勇力才能强大。君臣各尽其职，百官各有常法，君主因才授任，这就叫遵循常规。所以说，（君主）清静得好像不处君位，高远得似乎不知在何处。英明的君主在上面无为，群臣在下面就诚惶诚恐。英明君主的统治之道，是使智者竭尽心智地谋虑，以供君主决策判断，因此君主的智慧不会枯竭；使贤者充分发挥才能，君主按其才能使用他们，因此君主的才能不会穷尽；如果有功劳，君主享贤能的名声，如果有过失，则群臣担失误的罪责，所以君主的名誉将享用不尽。因此无才之君却可做贤人的老师，愚蠢之君可做智者的君长。臣下承担劳苦，君主享受成功，这是英明的君主永远遵循的法则。

管理启示：

为君的法则是什么？韩非子在主道中做出了明确说明，那就是主道及遵守道家无为思想。韩非所谈的无为，并非是完全无为，而是有所为，有所不为。

现代企业管理中有这样的说法："基层做事不做人，中层做事又做人，高层做人不做事。"意思是对基层人员来说，把事做好，守住道德底线即可；中层管理者则要德才兼备，既要把事情做好，还要把人做好；高层管理者必须品行第一，但不做具体事情，只关注企业重大发展战略，处理非程序化的例外问题。泰勒的科学管理理论也有同样的主张。这与韩非子的为君法则异曲同工。企业高层管理者的无为管理必须以完善的制度和良好的执行为前提，否则，无为管理将使企业管理陷入混乱无序状态。而企业的外部环境是不断变化的，企业为了适应这一变化，常常需要做出新的决策，更新管理内容。所以，企业高层的"无为管理"都是相对的而非绝对的。

思考题：

1. 在主道篇中，韩非子说，英明的君主应以虚静的态度来对待一切，关于虚静他是怎样描述的？

2. 企业进行"无为管理"要以什么为前提？"无为"的管理思想适合于企业哪个层次的管理者？你怎样理解企业的无为管理？

第三节 孤 愤

本节共六篇，这六篇虽然侧重点不同，但是内容的关联性极强，共同构成一个完整的整体，所以，这一部分的管理启示在第六篇最后集中描述。

一、孤愤第一篇

【原文】

智术之士[1]，必远见而明察，不明察，不能烛私[2]；能法之士，必强毅而劲直，不劲直，不能矫奸。人臣循令而从事，案法而治官[3]，非谓重人也[4]。重人也者，无令而擅为，亏法以利私耗国以便家，力能得其君，此所为重人也[5]。智术之士明察，听用[6]，且烛重人之阴情；能法之士劲直，听用，且矫重人之奸行。故智术能法之士用，则贵重之臣必在绳之外矣[7]。是智法之士与当涂之人[8]，不可两存之仇也。

【注释】

[1] 智：通"知"，懂得，通晓。智术之士：精通"术"的人。
[2] 烛：照见，洞察。
[3] 案：通"按"。治官：履行职责。
[4] 重人：控制大权的人。
[5] 为：通"谓"。
[6] 听用：主张被采纳，自身被任用。
[7] 绳：木工所用的墨线，比喻法制。
[8] 涂：通"途"。当涂之人：掌权的人。

【译文】

通晓治术的人，一定看得长远看得清楚，不能看得清楚，就不能洞晓私情；擅长法律的人，必定强劲勇毅而刚直，不刚直，就不能矫正奸邪。人臣按照命令而施行政事，按照法律来处理职事，这不是我所说的权臣。所谓权臣，没有命令而擅自行动，破坏法律来谋求私利，破坏国家以便利私家，其力量足以让君主信从，这才是所说的权臣。通晓治术的人明察，如主张被听从、本人被任用，将会洞照权臣的隐情；擅长法律的人劲直，如主张被听从、本人被任用，将会矫正权臣的奸行。所以通晓治术、擅长法律的人被进用，那贵重权臣就一定因为在纲纪之外而被削除。这样看来，通晓治术、擅长法律的人和当道的权臣，是不能并存的啊。

二、孤愤第二篇

【原文】

当涂之人擅事要，则外内为之用矣。是以诸侯不因[1]，则事不应，故敌国为之讼[2]；百官不因，则业不进，故群臣为之用；郎中不因，则不得近主，故左右为之匿；学士不因，则养禄薄礼卑，故学士为之谈也[3]。此四助者[4]，邪臣之所以自饰也。重人不能忠主而进其仇，人主不能越四助而烛察其臣，故人主愈弊而大臣愈重[5]。

【注释】

[1] 因：凭借，依靠。
[2] 敌国：力量和地位相当的国家，泛指其他诸侯国。讼：通"颂"，颂扬。
[3] 谈：说话，这里有吹捧的意思。
[4] 四助：指为当途之人效劳的四种帮凶，即"诸侯""群臣""郎中"和"学士"。
[5] 弊：通"蔽"，蒙蔽。

【译文】

当道的权臣独揽要事，内外都将为他所用。这是因为诸侯不通过他，想办的事就行不通，所以敌国都赞颂他；百官群臣不通过他，那职务就得不到晋升，所以群臣就为他效力；郎中不通过他，就不能接近君主，所以左右侍从都为他隐瞒；学者不通过他，给养俸禄就微薄，待遇礼节就卑下，所以学者就为他揄扬。这四种人，是奸邪之臣粉饰自己的工具。权臣不能忠于自己的君主来推荐他的仇人，君主不能超越这四种人而明察他的大臣，所以君主越来越被蒙蔽而大臣越来越贵重。

三、孤愤第三篇

【原文】

凡当涂者之于人主也，希不信爱也[1]，又且习故[2]。若夫即主心[3]，同乎好恶，固其所自进也[4]。官爵贵重，朋党又众，而一国为之讼。则法术之士欲干上者[5]，非有所信爱之亲习故之泽也，又将以法术之言矫人主阿辟之心[6]，是与人主相反也。处势卑贱，无党孤特[7]。夫以疏远与近爱信争，其数不胜也[8]；以新旅与习故争，其数不胜也；以反主意与同好恶争，其数不胜也；以轻贱与贵重争，其数不胜也；以一口与一国争，其数不胜也。法术之士操五不胜之势[9]，以岁数而又不得见；当涂之人乘五胜之资，而旦暮独说于前。故法术之士奚道得进，而人主奚时得悟乎？故资必不胜而势不两存，法术之士焉得不危？其可以罪过诬者，以公法而诛之；其不可被以罪过者，以私剑而穷之[10]。是明法术而逆主上者，不僇于吏诛[11]，必死于私剑矣。朋党比周以弊主，言曲以便私者，必信于重人矣。故其可以功伐借者[12]，以官爵贵之；其不可借以美名者，以外权重之[13]。是以弊主上而趋于私门者，不显于官爵，必重于外权矣。今人主不合参验而行诛[14]，不待见功而爵禄[15]，故法术之士安能蒙死亡而进其说？奸邪之臣安肯乘利而退其身？故主上愈卑，私门益尊。

【注释】

[1] 希：通"稀"，稀少。

[2] 习故：亲昵熟悉。

[3] 即：就，迎合。

[4] 固：本来。其：指当途之人。自：由。

[5] 干：求。

[6] 辟：通"僻"。阿（ē）辟：邪僻，邪恶。

[7] 孤特：孤独，孤立。

[8] 数：定数，常理。

[9] 操：操持，引申为处在。

[10] 私剑：私门豢养的剑客。穷：穷尽，指结束生命。

[11] 谬：通"戮"，杀害。

[12] 功伐：功劳。

[13] 外权：国外的势力。

[14] 合参验：把言与事、名和实比较检验，看是否符合。

[15] 见：同"现"，表现。

【译文】

大凡当权重臣在君主那儿，很少有不被信任宠爱的，又是熟悉的老关系。至于逢迎君主的心意、投合君主的好恶，本来就是他们用以晋升的手段。官爵尊贵，朋党又多，并且整个国家都为他歌功颂德。法术之士想要求谒君主，并且没有被信用宠爱的亲备也无熟悉习惯的老关系，又将用法术的言谈来矫正君主邪僻的意想，这和君主的喜好是相反的。处在卑贱的地位，没有朋党，孤立无援。用疏远和亲近宠信竞争，照理是不能取胜的；以新来客居的身份和熟悉习惯的老关系竞争，照理是不能取胜的；让违背君主心意者与投合君主喜好者相争，照理是不能取胜的；以轻贱的地位和贵重的地位竞争，照理是不能取胜的；凭一张嘴和一国的嘴竞争，照理是不能取胜的。法术之士具有五种不能取胜的情势，又整年不能进见君主；当权重臣凭借五种取胜的资本，并且朝朝暮暮能够单独进见取悦君主。法术之士靠什么门路才能进用，而君主什么时候才能醒悟呢？所以凭借的条件肯定失败，而客观形势又决定了他们不能与权臣并存，法术之士哪能不危险？可以用罪名来诬陷的，便用国家法律来诛杀；不能用罪名诬陷的，就以私门豢养的剑客来毁灭。这样，提倡法术并违背主上心意的人，不是被官吏诛杀，就必定死于私门之剑。拉帮结派互相勾结来蒙蔽君主，花言巧语歪曲事实使自己得利的人，必定被权臣信用。可以凭功劳作为夸耀的，用官爵来使其显贵；不能凭借美好名声的，就利用外力使他变得显要。因此，蒙蔽君主而投奔私门的，不是获得官爵而显荣，就是凭借外力而显要。现在君主不审核事实就动用诛罚，不看见功劳就给予爵禄，那法术之士怎么能冒着死亡的危险来进献他的学说？奸邪之臣哪里肯处于有利地位时罢手引退呢？所以君主的地位越来越低下，而权臣的地位越来越尊贵。

四、孤愤第四篇

【原文】

夫越虽国富兵强，中国之主皆知无益于己也[1]，曰：非吾所得制也[2]。今有国嗜虽地广人众，然而人主壅蔽[3]，大臣专权，是国为越也。智不类越[4]，而不智不类其国，不察其类者也[5]。人之所以谓齐亡者，非地与城亡也，吕氏弗制而田氏用之；所以谓晋亡者，亦非地与城亡也，姬氏不制而六卿专之也。今大臣执柄独断，而上弗知收，是人主不明也。与死人同病者，不可生也；与亡国同事者，不可存也。今袭迹于齐、晋，欲国安存，不可得也。

【注释】

[1] 中国：指当时中原各诸侯国。
[2] 制：控制。
[3] 壅：闭塞。
[4] 智：通"知"。
[5] 不察其类：不能明察事物的相似之处。

【译文】

越国虽然国家富裕、军队强大，中原的君主都知道它无益于自己，说："这不是我所能控制的。"现在拥有国家的人虽然土地广阔、人口众多，然而君主被壅蔽，大臣专权，这是使自己的国家成了越国。知道自己的国家不像越国那样遥远而无法控制，却不知道自己的国家已经不像是自己所能控制的国家，这是不懂得事物的类似之处啊。君主之所以说齐国灭亡，不是指土地和城池的丧失，而是指吕氏不能控制国家而田氏掌握了它；所以说晋国灭亡，也不是指土地和城池的丧失，而是指姬氏不能控制政权而六卿专制。现在大臣执掌权柄独断专行，而君主不知道将权力收回，这是做君主的不明智啊。和死人有着同样的毛病，不可能再存活；和亡国做同样的事情，不可能再存在。现在沿着齐、晋两国的老路，而希望国家安全，是不可能做到的。

五、孤愤第五篇

【原文】

凡法术之难行也，不独万乘，千乘亦然。人主之左右不必智也，人主于人有所智而听之[1]，因与左右论其言，是与愚人论智也；人主之左右不必贤也，人主于人有所贤而礼之[2]，因与左右论其行，是与不肖论贤也。智者决策于愚人，贤士程行于不肖[3]，则贤智之士羞而人主之论悖矣[4]。人臣之欲得官者，其修士且以精洁固身[5]，其智士且以治辩进业[6]。其修士不能以货赂事人，恃其精洁而更不能以枉法为治，则修智之士不事左右、不听请谒矣。入主之左右，行非伯夷也[7]，求索不得，货赂不至，则精辩之功息[8]，而毁诬之言起矣。治辩之功制于近习，精洁之行决于毁誉，则修智之吏废，则人主之明塞矣。不以功伐决智行，不以参伍审罪过[9]。而听左右近习之言，则无能之士在廷，而愚污之吏处官矣。

【注释】

[1] 有所智：认为某人有智慧。

[2] 有所贤：认为某人有贤行。

[3] 程：衡量，评价。行（xíng）：德行。

[4] 悖：错误，荒谬。

[5] 修士：从品德上严格要求自己的人。固：坚守，约束。

[6] 辩：通"办"。治辩：办事，干才。

[7] 伯夷：商朝末年孤竹君的大儿子，曾把君位让给弟弟。周武王伐纣时，他反对这场战争，后逃到首阳山，不食周粟而死。古代把他说成是清高廉洁的典范。

[8] 精辩：精洁治辩。精辩之功：指修智之士的功业。息：止，引申为扼杀。

[9] 参伍：指参伍之验，用事实多方面地加以验证。

【译文】

大凡法术的难以施行，不单单是万乘之君，千乘之君也是如此。君主的左右亲信不一定有智慧，君主认为某人有智慧而听从了他，还要与左右亲信议论他的言论，这是和愚者议论智者；君主的左右亲信不一定贤能，君主认为某人有贤能而礼遇他，还要与左右亲信议论他的行为，这是和不肖之徒议论贤者。智者要靠愚者来裁决计谋，贤能之士要由不肖之徒衡量自己的德行，那么，贤者智者就会感到羞辱，君主的评判就有谬误。人臣中想当官的，其中的贤者将通过保持纯洁来固守操行，其中的智者将通过为政干练来求取晋升。贤者不能靠以财货事奉人，凭借的是他的纯洁；而智者更不能靠枉曲法律来处理政事，所以有品德有才智的人就不事奉左右亲信、不听从别人的请托。君主的左右亲信，行为不像伯夷那样高洁，索求不能得到满足，财货无法获得，那么纯洁干练的品行功绩就会被抹杀，而诽谤诬陷的流言就兴起了。为政干练的功绩受制于近幸，高洁的行为由毁誉来决定，那么有品德有才智的官吏就被废弃，君主的明智也会受蒙蔽。不依靠功劳来决定品德和才智的高下，不用综合考察的方法来审定罪行过错，而听从左右亲信之言，那么，无能之辈就会在朝廷中掌权，而愚昧污浊的小吏就占据各种官位了。

六、孤愤第六篇

【原文】

万乘之患，大臣太重；千乘之患，左右太信：此人主之所公患也。且人臣有大罪，人主有大失，臣主之利相与异者也[1]。何以明之哉？曰：主利在有能而任官，臣利在无能而得事[2]；主利在有劳而爵禄，臣利在无功而富贵；主利在豪杰使能[3]，臣利在朋党用私[4]。是以国地削而私家富，主上卑而大臣重。故主失势而臣得国，主更称番臣[5]，而相室剖符[6]。此人臣之所以谲主便私也[7]。故当世之重臣，主变势而得固宠者[8]，十无二三。是其故何也？人臣之罪大也。臣有大罪者，其行欺主也，其罪当死亡也。智士者远见而畏于死亡，必不从重人矣；贤士者修廉而羞与奸臣欺其主[9]，必不从重臣矣。是当涂者之徒属，非愚而不知患者，必污而不避奸者也。大臣挟愚污之人，上与之欺主，下与之收利侵渔[10]，朋党比周，相与一口[11]，惑主败法，以乱士民，使国家危削，主上劳辱，此大罪也。臣有大罪而主弗禁，此大失也。使其主有大失于上，臣有大罪于下，索国之不亡者，不可得也。

【注释】

[1] 相与异：互相对立。

- [2] 得事：得到任用。
- [3] 使能：发挥才能。
- [4] 用私：任用私人党羽。
- [5] 蕃臣：领有封地的臣属。
- [6] 剖符：把符分成两半，一半交给官吏，一半留在朝廷，遇事时各出其半，以辨真假。相室剖符：指大臣行使君权。
- [7] 谲：欺诈。
- [8] 变势：改变政治情势，一般指君位转变。固宠：保持宠信。
- [9] 修：美好。廉：方正，正直。
- [10] 收利：搜刮钱财。侵渔：侵害掠夺。
- [11] 相与一口：相互用一个口径讲话。

【译文】

万乘之君的大患，在于大臣的权势太重；千乘之君的大患，在于左右亲信太被信从，这是做君主的共同忧患。况且人臣有重大罪行，君主便有重大过失，人臣和君主的利益是不同的。怎么知道呢？因为，君主的利益在于有能力然后任用为官，人臣的利益在于无能便能得到职位；君主的利益在于有功劳然后得爵禄，人臣的利益在于无功而取得富贵；君主的利益在于豪杰发挥才能，人臣的利益在于拉帮结派任用党羽。因此国家土地被侵割而私室富裕，君主地位降低而大臣变得重要。所以君主失势而臣下掌握国家，君主改称藩臣而相国行使君权。这是人臣欺骗君主以图私利的原因啊。所以当世的重臣，君主更替而依然保持宠幸的，十个当中不到二三个。这里的原因是什么呢？人臣的罪过太重大了。人臣有大罪的，他的行为都是欺骗君主的，他的罪行是应该处死的。智慧之士有远见而畏惧死亡，肯定不跟随重臣；品德好的人修明廉洁，羞于与奸臣共同欺骗君主，肯定不跟随重臣。这样，当权者的徒众部属，不是愚蠢不知道忧患的人，就是污浊不回避奸邪之人。大臣率同这些愚蠢污浊之人，对上和他们一起欺骗君主，对下和他们一起搜刮财利，侵害掠夺百姓，拉帮结派，植党营私，异口同声，迷惑君主，败坏法律，扰乱人民，使国家危险国力削弱，君主忧劳受辱，这是大罪啊。人臣有大罪而君主不禁止，这是重大的过失啊。如果君主在上面有了如此重大的过失，大臣在下面有如此重大的罪行，想要国家不灭亡，那是不可能的。

管理启示：

韩非在孤愤六篇中谈了五类人：智术之士、能法之士、人臣、权臣和君主，并分别介绍了五类人在国家治理中的角色定位、行事方式、对国家的贡献与伤害。智术之士是通晓智术的人，一定看得长远，看得清楚，不能看清楚就不能洞晓私情；能法之士是擅长法律的人，必定强劲勇毅而刚直，不刚直就不能矫正奸邪；人臣按照命令来施行政事，按照法律来处理职事；权臣没有命令而擅自行动，破坏法律来谋求私利，破坏国家以便利私家，其力量足以让君主信从。最后的结论是，凡是君主听从了权臣的意见的，权臣得势，国家离灭亡不远了。在现代企业管理中，也能列举出这五类人：智术之士，有知识，有技术，靠本事吃饭；能法之士，做事严谨，原则性极强；人臣做事，循规蹈矩，严格执行制度；类似于权臣的人，这些人在企业里裙带关系复杂，盘根错节，有权有关系。企业里权臣之类的一批人，工作中往往不像智术之士依靠知识和能力，也不像能法之士做事严谨、辛勤付出，更不像人臣循规蹈矩，他们靠背景、靠关系。这类人尾大不掉，反对改革，只想享受既得利益。企业里如果这类人数量居多，占主导地位，居于"君位"的企业一把手也无可奈何，这类企业缺少市场竞争力，完全靠行政垄断得以生存。作为知识派、实力派的智术之士和能法之士如果想充分发挥自己的能力，应另择木而栖。

思考题：

1．根据韩非子的描述，分别从品行、能力、对国家的影响等方面谈谈你对智术之士、能法之士和权臣的认识。

2．在孤愤的最后一篇，韩非所说的万乘之君、千乘之军的大难是什么？权臣和君主的利益有哪些不同？

第四节 说 难

一、说难第一篇

【原文】

凡说之难[1]，非吾知之有以说之之难也，又非吾辩之能明吾意之难也，又非吾敢横失而能尽之难也[2]。凡说之难：在知所说之心，可以吾说当之[3]。所说出于为名高者也[4]，而说之以厚利，则见下节而遇卑贱[5]，必弃远矣。所说出于厚利者也，而说之以名高，则见无心而远事情[6]，必不收矣[7]。所说阴为厚利而显为名高者也，而说之以名高，则阳收其身而实疏之[8]；说之以厚利，则阴用其言显弃其身矣[9]。此不可不察也。

【注释】

[1] 说（shuì）：游说。

[2] 失：通"佚"。横失：纵横如意，指无所顾忌地畅所欲言。

[3] 当（dàng）：适应。

[4] 为：追求。

[5] 见：被看作。下节：节操低下。

[6] 无心：无心计。远事情：不切实际。

[7] 收：接受，录用。

[8] 阳：表面上。

[9] 阴：私下里。

【译文】

大凡游说的困难，不是难在我们是否有才智能说动君主，也不是难在是否有口才表达自己的意见，也不是难在是否能够毫无顾忌地把意见尽量阐明。大凡游说的困难，在于了解对方的心理，然后用我们的言论去迎合它。对方意在追求高尚的名声，如果用厚利去游说他，那就会被他看成是节操卑下而被轻贱，肯定被抛弃和疏远。对方意在追求重利，而用高名去游说他，那就会被看作没有头脑而不切实际，肯定不会被重用。对方暗中追求重利而表面上追求高尚的名声，如果以高名游说他，那么他会表面接受而实际疏远你；以重利游说他，那么他会私下里用你的言论而表面上抛弃你。这不能不明察。

管理启示：

游说者的目的是为君主治国理政建言献策，但是由于君主大权独揽，游说内容和方式如果不符合君主的内心想法，必然产生"说难"的结果。企业管理中是否存在"说难"现象呢？答案是肯定的。爱荷华大学的库尔特·勒温及其助手们总结了三种领导方式，即独裁型、民主型和放任型，并且认为独裁型领导其团队的情绪是很糟糕的。下属如果没有认清楚自己上级的领导类型属于独裁型，或者认清了领导的独裁风格却不了解其内心的想法，即使自己胸怀大智，且对企业发展有利，也切莫给你的独裁型领导提出合理化建议，因为你的建议不知道是否符合领导的内心需求，而一旦不符，你只会被嫌弃。这些都是那些爱提合理化建议的下属必须了解清楚的。

思考题：

1. 为什么一些场合有领导在场，一般员工都话语较少甚至默不作声？
2. 在管理工作中，如何提合理化建议才有可能被领导采纳？

二、说难第二篇

【原文】

夫事以密成，语以泄败。未必其身泄之也，而语及所匿之事，如此者身危。彼显有所出事[1]，而乃以成他故[2]，说者不徒知所出而已矣，又知其所以为，如此者身危。规异事而当[3]，知者揣之外而得之[4]，事泄于外，必以为己也，如此者身危。周泽未渥也[5]，而语极知[6]，说行而有功，则德忘；说不行而有败，则见疑，如此者身危。贵人有过端，而明者明言礼义以挑其恶，如此者身危。贵人或得计而欲自以为功，说者与知焉[7]，如此者身危。强以其所不能为[8]，止以其所不能已[9]，如此者身危。故与之论大人，则以为间己矣[10]；与之论细人[11]，则以为卖重[12]。论其所爱，则以为借资[13]；论其所憎，则以为尝己也[14]。径省其说[15]，则以为不智而拙之；米盐博辩[16]，则以为多而久之[17]。略事陈意[18]，则曰怯懦而不尽；虑事广肆[19]，则曰草野而倨侮[20]。此说之难，不可不知也。

【注释】

[1] 显：公开。
[2] 他故：其他事情。
[3] 规：规划，筹划。异事：不平常的事。
[4] 知：通"智"。揣：猜测。
[5] 周泽：恩宠。
[6] 极：穷尽，全部。
[7] 与（yù）：同。
[8] 强（qiǎng）：勉强。
[9] 已：停止。
[10] 间：离间。
[11] 细人：小人，指近侍。
[12] 卖重：卖弄权势，这里指炫耀自己的身价。
[13] 借：依靠。资：凭借。

[14] 尝：试探。

[15] 径：直接。径省其说：说话直截了当。

[16] 米盐：形容具体细致。

[17] 多：指话多。久：指时间长。

[18] 陈：陈述。

[19] 肆：不受拘束。

[20] 草野：粗野。

【译文】

做事往往因为保密而成功，话语泄漏就会失败。不一定是游说者本人泄漏了秘密，而是无意中涉及君主想保密之事，这样的话生命就危险了。对方表面做一件事，实际上是用来成就另一件事的，游说者不单知道表面上所要做的事，又知道了他为什么这样做，这样的话生命就危险了。替君主谋划非常之事，很合他的意思，聪明的人在外面揣度此事并将它猜了出来，事情泄漏到了外面，君主必定以为是游说者泄漏的，这样的话，游说者的生命就危险了。恩宠还没有深厚，而说以极其隐秘之事，建议行得通而且有功效，那么游说者的功德会被遗忘；建议行不通而失败，那就会被怀疑，这样的话生命就危险了。君主有过失，而游说者大谈礼义以揭示他的过错，这样的话生命就危险了。君主有时候得到了一种好计谋，而想将它当作自己的功绩，可是游说者参与并得知了此事，这样的话生命就危险了。勉强君主做他不能做的事情，阻止君主做他无法罢手的事情，这样的话生命就危险了。游说者与他谈论高官，君主会以为你在离间君臣关系；和他谈论近侍，君主会以为他在炫耀身价。和他谈论他所喜爱的人，君主会以为你以此作为凭借；和他谈论他所憎恶的人，君主会以为你在试探自己。如果将话说得简明扼要，君主会以为你不聪明而遭轻视；将话说得具体详尽而雄辩，君主会以为你说得繁多而驳杂。概略地陈述大意，君主会说你胆小而不敢把话说尽；多方考虑，广泛而尽情地谈论，君主会说你粗野而傲慢。这就是游说的困难，不可以不知道。

管理启示：

文中描述的是臣子与君主相处，因为过于了解或者不了解君主的内心想法而采用了不恰当的言行，从而使自己处于危险的境地，或者给君主留下不良印象。文意提示我们，与领导共事，既要明白领导的意图，又要采取正确的言行，尤其在企业管理中从事行政管理工作，更应把握好这一点。

思考题：

1. 常言说"言多必失"，文中哪些句子表达的是这层意思？
2. 常言说"看透不说透"，文中哪些句子表达的是这个意思？

三、说难第三篇

【原文】

凡说之务[1]，在知饰所说之所矜而灭其所耻[2]。彼有私急也，必以公义示而强之[3]。其意有下也[4]，然而不能已，说者因为之饰其真而少其不为也[5]。其心有高也，而实不能及，说者为之举其过而见其恶，而多其不行也。有欲矜以智能[6]，则为之举异事之同类者[7]，多为之地[8]，使之资说于我[9]，而佯不知也以资其智。欲内相存之言[10]，则必以美名明之，而微见其合于私利也[11]。欲陈危害之事，则显其毁诽而微见其合于私患也。誉异人与同行者[12]，规异事与同计者[13]。有与同污者，则必以大饰其无伤也；有与同败者，则必以明饰其无失也。彼自多其力，则毋以其难概之也[14]；自勇其断，则无以其谪怒之[15]；自智其计，则毋以其败穷之[16]。大意无所拂悟[17]，辞言无所系縻[18]，然后极骋智辩焉。此道所得，亲近不疑而得尽辞也。伊尹为宰，百里奚为虏，皆所以干其上也[19]。此二人者，皆圣人也，然犹不能无役身以进[20]，如此其污也！今以吾言为宰虏，而可以听用而振世[21]，此非能仕之所耻也[22]。夫旷日离久，而周泽既渥[23]，深计而不疑，引争而不罪，则明割利害以致其功[24]直指是非以饰其身[25]，以此相持[26]，此说之成也。

【注释】

[1] 务：要旨。

[2] 矜：自夸。

[3] 强（qiǎng）：鼓励。

[4] 下：卑下。

[5] 少：嫌，抱怨。

[6] 矜：自夸。

[7] 异事之同类者：同类的其他事情。

[8] 地：指依据、条件。

[9] 资：借取。

[10] 内：通"纳"，进献。相存：相安。

[11] 微见：隐约地表现出来，即暗示。

[12] 异人：另一个人。同行者：与君主行为相同的人。

[13] 同计者：与君主计划相同的人。

[14] 概：古代量米麦时刮平斗斛的器具，引申为压平、压抑。

[15] 谪：过失。

[16] 穷：窘迫，难堪。

[17] 悟（wǔ）：通"忤"。拂悟：违逆。

[18] 系縻：抵触，摩擦。

[19] 干（gān）：求。

[20] 役身：身为贱役。

[21] 振：救。

[22] 仕：通"士"。能仕：智能之士。

[23] 既：已经。

[24] 割：剖析。

[25] 饰：通"饬"，修治，端正。

[26] 相持：相待。

【译文】

大凡游说的要领，在于知道夸赞对方自认为得意的而掩饰对方感到耻辱的。他有急于要办的私事，一定要指出这符合公众利益而劝勉他去做。他心里觉得有些卑鄙，然而又不能不做的事情，游说者就要为他粉饰此事的好处而抱怨他不去做。他心里觉得高尚，可是力所不能及的事情，游说者要为他指出此事的毛病，显示做此事的坏处，而夸赞他不做此事。有的君主想夸耀他的智慧和能力，你就应该为他举出其他类似的事情，多给人提供根据，使他能借用我的说法，还要佯装不知以成全他的智慧之名。想要进献与人相安的言论，就一定要有美好的名目，而暗示他这符合私利。想要陈明某事有危害，就要说明这样做一定会引起诽谤，而暗示这对他个人也有害。称赞和君主行为相同的其他人，谋划和君主计谋相同的其他事。有人和君主有同样的缺点，就一定要尽量掩饰这是没有妨害的；有人和君主遭到同样失败，就一定要尽量掩饰他没有过失。他自以为能力很强，那就不要用他难以办到的事情去挫伤他；他自以为决断很勇敢，那就不要拿他的错误去激怒他；他自以为计谋很聪明，就不要拿他的失败去让他困窘。进说的大方向没有违反君主的意图，语言也没有让他抵触的地方，然后才能尽情发挥智慧辩才。这种方法得到的结果是能使君主对你亲近不疑而畅所欲言。伊尹做厨子，百里奚做奴隶，都是为了求取君主的重用。这两个人，都是圣人，然而还是不能不通过做低贱的工作来获得进用，就是如此的卑污啊。今天把我的语言当作厨子和奴隶讲的，如可以被听从采用以拯救时世，这不是有才能之士感到羞耻的事。耗费了大量的时日，恩泽已经深厚，深远的计谋已经不被怀疑，急切的争辩不致被治罪，那就可以明白地剖析利害以建成功业，直率地指明是非以整饬君主的德行，这样对待君主，才是游说的成功。

管理启示：

从全文通篇看，前半部分似乎在教人如何拍马屁，但从文章后半部分看，讲的是谏言的策略，二者是不同的。拍马屁是为了私利，谏言讲究策略的目的是整饬君主的德行，为了治国理政而贡献自己的智慧。韩非的策略是这样的：先摸透君主的心理，说君主爱听的话，做君主喜欢的事，这样可以博得君主的欢心，拉近与君主的关系，并列举伊尹做厨子、百里奚做奴隶来证明自己的观点。韩非还强调，这样做并不算是很羞耻的事，而且还要有耐心，花费较多的时间坚持做，等到与君主的关系相处到可以无话不说的程度，便可以尽情发挥自己的聪明才智去游说君主，为国家建功立业。从现代组织行为学的角度看，韩非子这段论述讲的是与君主沟通的技巧问题，而且充分运用了心理学知识。如果现代企业管理者在运用科学管理理论和方法的同时，能更多地关注人本因素，巧妙地运用心理学知识，便能在实践中达到管理的科学性和艺术性的高度统一。

思考题：

1. 文中哪些句子强调了人臣要懂得君主的心理？
2. 查阅资料，了解伊尹和百里奚的故事，看看他们是如何走向成功的。

四、说难第四篇

【原文】

昔者郑武公欲伐胡[1]，故先以其女妻胡君以娱其意[2]。因问于群臣，"吾欲用兵，谁可伐者？"大夫关其思对曰[3]："胡可伐。"武公怒而戮之，曰："胡，兄弟之国也。子言伐之，何也？"胡君闻之，以郑为亲己，遂不备郑。郑人袭胡，取之。宋有富人，天雨墙坏，其子曰："不筑，必将有盗。"其邻人之父亦云[4]。暮而果大亡其财。其家甚智其子，而疑邻人之父。此二人说者皆当矣，厚者为戮，薄者见疑，则非知之难也，处知则难也。故绕朝之当矣[5]，其为圣人于晋，而为戮于秦也，此不可不察。

【注释】

[1] 郑武公：名掘突，春秋初期郑国君主。胡：诸侯国名，位于今河南郾（yǎn）城县西南。

[2] 妻（qì）胡君：嫁给胡国的君主为妻。

[3] 关其思：人名，生平不详。

[4] 父（fǔ）：老年人。

[5] 绕朝：春秋时秦国的大夫。晋大夫士会逃到秦国之后，晋国用计谋诱骗他回国，绕朝识破了这种计谋，劝康公不要让士会回去，秦康公不听。士会回到晋国之后，用反间计说绕朝和他同谋，因此秦国就把绕朝给杀了。

【译文】

从前郑武公想要讨伐胡国，故意将女儿嫁给胡国君主使他高兴。随即问群臣："我想要用兵，哪一国可以讨伐？"大夫关其思回答道："胡国可以讨伐。"武公发怒将他杀了，说："胡国，是兄弟般友好的国家。你说讨伐他，这是什么话！"胡国君主听说了，以为郑国和自己很亲近，于是就不防备。郑国人偷袭胡，夺取了它。宋国有个富人，天下雨，墙倒塌了。他的儿子说："要不修好，肯定会有贼。"他邻居家的老人也这么说。傍晚果然被偷掉了很多财物。家人都认为他的儿子很聪明，而怀疑邻居家的老人。这两个故事中的人说的都很正确，可是受祸重的被杀掉，受祸轻的被怀疑，可见不是难在认识事理，而是难在怎样应用这种认识。绕朝的话是非常适当的，他在晋国被当作圣人，在秦国却被杀掉了，这是不能不加以明察的。

管理启示：

在争霸的春秋时代，抛开战争的正义性与非正义性不谈，郑武公显然是个战略高手。从结果上看，它实现了战略目标，夺取了胡国；从手段上看，它是个阴谋家，而且对同一个目标实施了两次阴谋。他的谋略手段如果用于市场竞争，有可能触犯《中华人民共和国反不正当竞争法》，因为他运用了欺诈的手段；如果用于企业内部管理，容易破坏人际关系，玷污企业文化。所以郑武公夺取胡国带给我们的是正反两方面的启示，既要有远大的战略，又要采取光明正大的合法手段。

思考题：

郑武公实施的两次阴谋分别是什么？

五、说难第五篇

【原文】

昔者弥子瑕有宠于卫君[1]。卫国之法：窃驾君车者罪刖。弥子瑕母病，人间往夜告弥子[2]，弥子矫驾君车以出[3]。君闻而贤之，曰："孝哉！为母之故，忘其刖罪。"异日，与君游于果园，食桃而甘，不尽，以其半啖君。君曰："爱我哉！忘其口味以啖寡人[4]。"及弥子色衰爱弛，得罪于君，君曰："是固尝矫驾吾车，又尝啖我以余桃。"故弥子之行未变于初也，而以前之所以见贤而后获罪者，爱憎之变也。故有爱于主，则智当而加亲[5]；有憎于主，则智不当见罪而加疏。故谏说谈论之士，不可不察爱憎之主而后说焉。

【注释】

[1] 弥子瑕：卫灵公宠幸的臣子。卫君：指卫灵公。

[2] 间（jiàn）往：抄近路去。

[3] 矫：假托。

[4] 口味：喜欢吃的东西。

[5] 当：适当。

【译文】

从前弥子瑕受到卫灵公的宠爱。按卫国的法律，私自驾用君主车子的，处刖刑。弥子瑕的母亲生病，有人夜晚抄近路告诉了弥子瑕，弥子瑕假托君主的命令驾驶君主的车子出去了。卫君听说后称赞道："孝顺啊！为了母亲的缘故，忘记自己犯了刖罪。"另一天，弥子瑕和君主在果园游玩，吃桃子觉得很甜，没吃完，将剩下的一半给君主吃。卫灵公说："多爱我啊！留下美味来给我吃。"等到弥子瑕姿色衰迈宠爱减退，得罪了卫君，卫灵公说："此人曾假托我的命令乘用我的车子，又曾经把吃剩的桃子给我吃。"弥子瑕的行为并没有改变，可是以前受称赞而后来获罪，原因在于君主对他的爱憎有了改变。因此，受君主喜爱，智谋便被认为很适当而更加亲近；受君主憎恶，智谋就显得不适当，被认为有罪过而更加疏远。所以进谏游说、发议论的人们，不可以不考察君主的爱憎然后再进言。

管理启示：

弥子瑕两次不恰当的行为给自己招来灾祸。现代企业中，管理人员和基层员工应加强自身修养，洁身自好，切莫因领导一时高兴而忘乎所以，说错话、做错事，给自己留下犯错的"案底"。常言说："伴君如伴虎。"卫灵公反复无常，游说者应酌情把握恰当的时机，不应当盲目谏言。虽然性质不同，但道理是一样的。在企业里，年轻人刚入职，还不了解企业情况，不可盲目对企业提出不切实际的建议。

思考题：

弥子瑕哪些不恰当的行为给自己招来了灾祸？

第五节 饰　　邪

一、饰邪第一篇

【原文】

凿龟数策[1]，兆曰："大吉[2]"，而以攻燕者，赵也。凿龟数策，兆曰："大吉"，而以攻赵者，燕也。剧幸之事燕[3]，无功而社稷危[4]；邹衍之事燕[5]，无功而国道绝[6]。赵代先得意于燕[7]，后得意于齐[8]，国乱节高[9]，自以为与秦提衡[10]，非赵龟神而燕龟欺也[11]。赵又尝凿龟数策而北伐燕，将劫燕以逆秦[12]，兆曰："大吉"。始攻大梁而秦出上党矣[13]，兵至釐而六城拔矣[14]；至阳城[15]，秦拔邺矣[16]；庞援揄兵而南[17]，则鄗尽矣[18]。臣故曰：赵龟虽无远见于燕，且宜近见于秦。秦以其"大吉"，辟地有实[19]，救燕有有名[20]。赵以其"大吉"，地削兵辱，主不得意而死[21]。又非秦龟神而赵龟欺也。初时者，魏数年东乡攻尽陶、卫[22]，数年西乡以失其国[23]，此非丰隆、五行、太一、王相、摄提、六神、五括、天河、殷抢、岁星数年在西也[24]，又非天缺、弧逆、刑星、荧惑、奎台数年在东也[25]。故曰：龟策鬼神不足举胜[26]，左右背乡不足以专战[27]。然而恃之，愚莫大焉。

【注释】

[1] 凿龟：即占卜，钻烧龟甲，从裂纹中推断吉凶。数策：即筮，用蓍草占卜的数术。

[2] 兆：征兆。

[3] 剧辛：战国时期赵国人，后到燕国，燕避王时任为将。事：侍奉，效力。

[4] 无功而社稷危：公元前242年，燕王命剧辛带兵攻赵，剧辛轻敌，结果被赵将庞援所擒，损失士卒两万、使国家处于险境。

[5] 邹树：战国时期齐国人，阴阳家的代表人物"五德终始说"的创立者。后到燕国，为燕昭王师。

[6] 国道绝：治国的法术断绝。

[7] 代：地名，位于今河北蔚县一带和山西东北部。公元前301年前后，赵武灵王设置代郡，成为北方的重镇。这里赵代连用，实即赵国的别称。得意于燕：即指庞援擒获剧辛之事。

[8] 得意于齐：指公元前241年，赵悼襄王发兵攻齐，取齐饶安之事。

[9] 节：气节，这里引申为气势。

[10] 提衡：把秤提平，比喻力量相当。

[11] 非赵龟神而燕龟欺也：这并不是赵国的龟卜灵验、燕国的龟卜骗人。

[12] 劫：威逼，挟持。逆：抗拒。

[13] 大梁：燕国地名，位于今河北晋州市。上党，原韩国郡名，位于今山西东南部，当时属秦。

[14] 麓：一作"狸"，燕国地名，位于今河北任丘市东北。

[15] 阳城：燕国地名，位于今河北顺平县东南。

[16] 邺：原魏国县名，位于今河北临漳县西南，当时属赵公元前236年，赵攻燕，夺取狸、阳城，兵未止，秦攻克了邺地。

[17] 庞援：即庞媛（xuān），赵将。揄：引，这里指从燕国退兵。

[18] 郭：赵国地名，位于今山东东平县东。

[19] 辟地：开辟疆土。实：实惠。

[20] 有：通"又"。有有名：又有名。

[21] 主：指赵悼襄王。他攻燕不得志，当年死去。

[22] 乡：通"向"。陶：陶邑，原宋国地名，位于今山东定陶县北，当时属秦。卫：诸侯国名，当时属魏，到魏安釐王时，卫国只剩濮阳一块地方。攻尽陶、卫：指公元前252年魏安釐王囚杀卫怀君，驻兵陶、卫一带的事。

[23] 西乡：秦在魏的西边，西乡即攻秦。魏安釐王三十年（公元前247年），公子无忌（信陵君）率五国兵攻秦，败秦军于河外。魏景湣（mǐn）王元年（公元前242年）起，秦出兵反击，在不到六年内，攻拔魏二十五城。

[24] 丰隆、五行、太一、王相、摄提、六神、五括、天河、殷抢岁星：古代星名，

这些星在当时都被认为是吉星。古代星相家通过观察天上星体的位置和亮度来预测国事吉凶，认为吉星处于某个方位，与之相应的国家就会"大吉"。

[25] 天缺、弧逆、刑星、荧惑、奎台：古代星名，在当时被认为是凶星。

[26] 举：提出，这里引申为推断。

[27] 背：相反。左右背乡，指星在天空的方位和运行方向或左、或右、或背、或向。

专：决断。

【译文】

用龟甲和蓍草卜筮，得到"大吉"的征兆，以此为根据去攻打燕国的是赵国。用龟甲和蓍草卜筮，得到"大吉"的征兆，以此为根据去攻打赵国的是燕国。剧辛为燕国效力，不但没有战功反而使国家危殆；邹衍在燕国效力，不但没有功劳反而使治国的法术断绝。赵国开始战胜燕国而称心如意，后来又战胜齐国称心如意，国内虽然混乱却趾高气扬，自以为可以与秦国相抗衡了，这并不是因为赵国的龟卜灵验、燕国的龟卜骗人。赵国又曾经用龟甲和蓍草占卜而北伐燕国，并胁迫燕国抗拒秦国，得到"大吉"的征兆。刚开始攻打大梁而秦国已经从上党出兵了，军队开进到狸地而自己的六个城市已被秦国攻拔了；开进到燕国的阳城，秦国已经攻克赵国的邺地了；庞援引兵南撤救援时，赵国的鄗地已全部被秦军占领了。所以我说，赵国的龟卜即使不能预见攻打远方燕国的结果，也应预见到邻近的秦国会攻打赵国。秦国由于"大吉"的征兆，既有开辟疆土的实惠，又有救燕的美名。赵因为征兆的"大吉"，土地被占领，军队受困辱，赵悼襄王因为攻燕不得志郁郁而死。这依然不是秦国的龟卜灵验而赵国的龟卜骗人。当初，魏国数年之间朝东进军，攻占了陶邑和卫国，数年之间朝西进攻秦国却丧失国土，这不是因为丰隆、五行、太一、王相、摄提、六神、五括、天河、殷抢、岁星等吉星数年在西方，也不是因为天缺、弧逆、刑星、荧惑、奎台等凶星数年在东方的缘故。所以说，卜筮、鬼神不足以用来推断战争的胜负，星体的方位变化也不足以用来决定战争的结果。如还要依仗它们，真是再愚蠢不过的了。

管理启示：

古代用兵打仗，出征前一般都要占卜吉凶，根据结果决定是否用兵，这是迷信，结果显然不可靠。如果占卜真的灵验，打破了"胜败乃兵家常事"的战争规律，世界上将不会有败仗，这是不可能的。现代人也迷信，同样也不灵验，否则那些贪污腐败分子怎能预测不了自己的恶果。以占卜来预知吉凶，从而决定行动选择，这本质上是个决策问题。对于决策问题人们用迷信的方式来选择方案的原因，首先是遇到了不确定性事件（如果遇到的是确定性事件，结果是很明了的，人们就不用去占卜），其次是决策者自己能力不足和对自己不自信。解决了这两方面的问题，人们便无需相信占卜了。首先，对于面对的不确定性事件，可以用管理科学中的决策树、机会评价方法来进行方案选择；其次，决策者应提高自己的理论水平、实践能力，建立起自己的自信。古代思想家韩非子在两千多年前就说过："然而恃之，愚莫大焉。"在科学技术高度发达的今天，决策更应该依靠科学，而不是迷信。

思考题：

对于是否应该出兵这个决策问题，古代人们为什么会相信占卜这样不可靠的方法？

二、饰邪第二篇

【原文】

古者先王尽力于亲民[1]，加事于明法[2]。彼法明，则忠臣劝[3]；罚必，则邪臣止。忠劝邪止而地广主尊者，秦是也；群臣朋党比周以隐正道、行私曲而地削主卑者[4]，山东是也[5]。乱弱者亡，人之性也；治强者王，古之道也。越王勾践恃大朋之龟与吴战而不胜[6]，身臣人宦于吴[7]；反国弃龟，明法亲民以报吴[8]，则夫差为擒[9]。故恃鬼神者慢于法[10]，恃诸侯者危其国。曹恃齐而不听宋，齐攻荆而宋灭曹[11]。邢恃吴而不听齐，越伐吴而齐灭邢[12]。许恃荆而不听魏，荆攻宋而魏灭许[13]。郑恃魏而不听韩，魏攻荆而韩灭郑[14]。今者韩国小而恃大国，主慢而听秦、魏，恃齐、荆为用，而小国愈亡[15]。故恃人不足以广壤[16]，而韩不见也。荆为攻魏而加兵许、鄢[17]。齐攻任、扈而削魏[18]，不足以存郑[19]，而韩弗知也。此皆不明其法禁以治其国，恃外以灭其社稷者也。

【注释】

[1] 亲民：亲近民众。

[2] 加事：从事。

[3] 劝：鼓励。

[4] 隐：蒙蔽，掩盖。

[5] 山东：指崤山以东地区，这里指齐、楚、燕、韩、魏、赵六国。

[6] 朋：古代以贝壳为货币，五贝为一串，两串为"朋"。大朋之龟：即贵重的龟甲。

[7] 身：自身。臣：囚俘。宦：做贵族的奴仆。公元前494年，越国被吴国打败，越王勾践被迫求和，到吴国去服贱役，做吴王夫差的马前卒。

[8] 报：报复。

[9] 夫差为擒：公元前473年，越王勾践攻灭吴国，吴王夫差求和不成，被擒后自杀。

[10] 慢：轻慢。

[11] 齐攻荆而宋灭曹：齐攻荆事，史实不详。据《左传》记载，鲁哀公八年（公元前487年）宋灭曹。

[12] 越伐吴而灭邢：据《左传》记载，鲁僖公二十五年（公元前635年）卫灭邢。

[13] 荆攻宋而魏灭许：据《左传》记载，鲁定公六年（公元前504年）郑灭许。

[14] 魏攻荆而韩灭郑：韩哀侯二年（公元前375年）韩灭郑，并迁都新郑。

[15] 从"今者"至"而小国愈亡"，句读与解释有不同看法，今从众。

[16] 广壤：开拓疆土。

[17] 鄢：魏国地名，位于今河南鄢陵县西北。

[18] 任：魏国地名，位于今山东济宁市北。扈：原郑国地名，位于今河南原阳县西，当时属魏。

[19] 郑：指新郑，位于今河南新郑市。公元前376年韩灭郑后，迁都于此。这里用作韩国的代称。

【译文】

古代先王竭尽全力亲近百姓，致力于彰明法度。法度彰明，忠臣就能奋勉努力；处罚坚决，奸臣就停止作恶。忠臣奋勉努力，奸臣停止作恶，因而国土扩展、君主尊贵的，是秦国；群臣互相勾结破坏法治，谋私营利，因而国土削弱、君主卑下的，是山东六国。社会混乱国力弱小的国家必然衰亡，这是人事的常规；社会安定国力强盛的国家能够称王天下，这是自古以来的道理。越王勾践依仗大龟占卜得到吉兆，同吴国作战而没有战胜，自己当了俘虏，做了吴国的奴仆；回国以后，抛弃龟卜，彰明法度，亲近民众，以求报复吴国，结果吴王夫差被擒获。所以依仗鬼神的保佑就会轻慢法度，依仗别国的援助就会危害自己的国家。曹国依仗齐国而不听从宋国，齐国攻打楚国时，宋国灭掉了曹国。邢国依仗吴国不听从齐国，越国讨伐吴国时齐国灭掉了邢国。许国依仗楚国而不听从魏国，楚国攻打宋国时魏国灭掉了许国。郑国依仗魏国而不听从韩国，魏国攻打楚国时韩国灭掉了郑国。现在韩国小而依仗大国，君主不重视治国而听从秦、魏，依靠齐、楚可以利用，因而使国家愈来愈衰亡。所以依靠别人不可能开拓疆土，这点韩国却看不见。楚国为了攻打魏国而用兵许、鄢，齐攻任、扈而侵夺魏地，这都不足以保存韩国，而韩国还不清楚。这些都是不彰明法禁来治理自己的国家、依仗国外的支持而使国家灭亡的例子。

管理启示：

韩非子是古代法家的代表，他在文章中用正反两方面的例子说明，治国图强要靠彰明的法度而不能依靠神明，更不能依靠他国。把法抽象到行为规范和行为底线的层面看，在企业里对生产工人而言就是操作规程，对全体员工来说就是企业规章制度，依法治理企业就是依据规章制度来进行管理。韩非子在文中列举大量例子来阐明，不彰明法度而去相信鬼神，依靠他人，必然造成国家的灭亡。这启示我们，企业如果没有完善的制度或者不去严格执行各项制度要求，将很难在激烈的市场竞争中生存下来。

思考题：

治国图强要靠法度而不是靠神明，也不能靠他国，韩非子列举了哪些正面例子，又列举了哪些反面例子？

三、饰邪第三篇

【原文】

臣故曰：明于治之数[1]，则国虽小，富；赏罚敬信[2]，民虽寡，强。赏罚无度，国虽大，兵弱者，地非其地[3]，民非其民也。无地无民，尧、舜不能以王，三代不能以强。人主又以过予[4]，人臣又以徒取[5]。舍法律而言先王明君之功者，上任之以国。臣故曰：是愿古之功[6]，以古之赏赏今之人也。主以是过予，而臣以此徒取矣。主过予，则臣偷幸[7]；臣徒取，则功不尊。无功者受赏，则财匮而民望[8]；财匮而民望，则民不尽力矣。故用赏过者失民，用刑过者民不畏。有赏不足以劝，有刑不足以禁，则国虽大，必危。

【注释】

[1] 数：术，办法。
[2] 敬：谨慎。信：守信。
[3] 地非其地：土地不是自己的土地。
[4] 过予：错误地予以奖励。
[5] 徒取：白白地取得赏赐。
[6] 愿：希望，指望。

[7] 偷幸：苟且，侥幸。

[8] 望：怨望，埋怨。

【译文】

所以我说，明白了治国的方法，那么国家虽小，也可以富裕；赏罚谨慎而守信，人民虽少，也可以强大。赏罚没有一定的尺度，国家虽然大，军队弱小，土地就不是自己的土地，人民不是自己的人民。没有土地没有人民，尧、舜也不能称王于天下，夏、商、周三个王朝也不能强盛。君主错误地给予奖励，大臣白白地取得赏赐。那些置法律于不顾而谈论先王贤君功绩的人，君主却把国事委托给他。所以我说，这是指望有古代君主那样的业绩，却拿古代君主给有功者的赏赐去奖赏现在那些空谈的人。君主就这样错误地给予奖励，臣下就这样白白地取得赏赐。君主错误地给予奖励，臣下就会苟且侥幸；大臣白白地取得赏赐，那么功劳就不尊贵。没有功劳的人受到奖赏，国家财力就会匮乏而民众就会埋怨；财力匮乏、民众埋怨，民众就不会为君主尽力了。所以奖赏有错误的国家将失去民众，刑罚有失误的国家人民就不害怕。有赏赐却不足以鼓励，有刑罚却不足以禁止，那么国家虽大，也一定是危险的。

管理启示：

韩非子在此文中专门强调，在明白了治国方法（依法治国）的前提下，如何正确使用赏罚手段的问题。赏罚的目的是奖优罚劣，通过奖励激发大家工作的积极性，通过惩罚防止错误的继续发生。所以主要是把握好两点，第一是赏罚有度，第二是赏罚正确。赏罚有度包含着中庸思想，这个度在管理实践中把握得好，能彰显管理的艺术性；这个度把握不好，就会产生文中所说的"国家大、军队弱，土地和人民均不是自己的"这样的后果。赏罚正确同样很重要，赏罚如果不正确，不该奖赏的君主给予了奖赏，不该惩罚的君主给予了惩罚，产生了相反的结果，给国家带来危险，还不如不赏不罚。企业管理中也有奖惩制度，受此启发也应做到正确使用赏罚手段，赏罚有度，赏罚正确，否则这些奖惩手段的使用将招致员工埋怨，失去民意。例如：有些单位不是先定奖励制度再行奖励之事，而是根据年度事项结果来拟定奖惩文件，召开奖惩大会，而且奖励的对象主要是领导者本人和自己的私人关系，这样的做法对单位发展有百害而无一利。

思考题：

结合实际谈谈你对企业赏罚制度作用的理解。

四、饰邪第四篇

【原文】

故曰：小知不可使谋事，小忠不可使主法。荆恭王与晋厉公战于鄢陵[1]，荆师败，恭王伤。酣战，而司马子反渴而求饮[2]，其友竖谷阳奉卮酒而进之[3]。子反曰："去之，此酒也。"竖谷阳曰："非也。"子反受而饮之。子反为人嗜酒，甘之，不能绝之于口，醉而卧。恭王欲复战而谋事，使人召子反，子反辞以心疾。恭王驾而往视之，入幄中，闻酒臭而还[4]，曰："今日之战，寡人目亲伤[5]。所恃者司马，司马又如此，是亡荆国之社稷而不恤吾众也[6]。寡人无与复战矣。""罢师而去之，斩子反以为大戮[7]。故曰：竖谷阳之进酒也，非以端恶子反也[8]，实心以忠爱之，而适足以杀之而已矣。此行小忠而贼大忠者也。故曰：小忠，大忠之贼也。若使小忠主法，则必将赦罪以相爱，是与下安矣，然而妨害于治民者也。"

【注释】

[1] 荆恭王：即楚共王，名审，春秋时楚国君主，公元前590年—公元前560年在位。晋厉公：名州蒲，又名寿曼，春秋时晋国君主，公元前580年—公元前573年在位。鄢陵：郑国地名，位于今河南鄢陵县西北。公元前575年，晋国攻打郑国，楚国帮助郑国，晋、楚在鄢陵大战，晋国取得胜利。

[2] 司马：古代官名，掌管军政。子反：楚公子侧的字。

[3] 竖：年轻侍仆。谷阳：人名。

[4] 臭（xiù）：气味。

[5] 亲伤：自身受伤，楚共王在这次战斗中被射伤了左眼。

[6] 亡：通"忘"。恤：关怀。

[7] 大戮：斩首陈尸，古时死刑的一种。

[8] 以：因为。端：本来，故意。

【译文】

所以说，玩弄小聪明的人不可让他谋划国事，只对私人效忠的人不可使他掌管法制，楚共王和晋厉公在鄢陵作战，楚国的军队打败了，而楚共王伤了眼睛。作战正激烈的时候，司马子反口渴而要求喝水，图谷阳拿起一大杯酒进献给他。子反说："拿下去！这是酒啊。"竖谷阳说："这不是酒。"子反接过来喝了下去。子反生性嗜酒，假如觉得味道好，就不能停口，所以这次又喝醉了。战斗结束后，楚共王想要再战，命令手下召见司马子反，司马子反称自己有心病而推托。楚共王驾起车亲自前往，走进他的帐幕，闻到一股酒臭便出来了，说："今天的战斗，我自己眼睛受了伤，所依靠的，只有司马了。而司马又醉成这样，这是忘记了楚国的社稷而不体恤我的人民。我没法再打了。"于是退兵离开了，斩了司马子反并陈尸示众。所以竖谷阳的献酒，并不是因为本来就憎恨子反，他内心对子反是很忠诚热爱的，恰恰因此而杀了子反。所以说奉行小忠是大忠的敌人。如果叫行小忠的人掌管法制，那必将赦免与他亲近的人的罪过来表示相爱，这样他与下面的人确会相安无事，但却妨害了治理民众。

管理启示：

忠，意为忠诚，古今但凡对国家忠诚者皆为大忠。韩非在文中讲的小忠实际上是参与谋划国事的人之间的私人关系，带有当今人们所说的哥们儿义气的意思。大忠利国，小忠可能利国，也可能害国，要看具体情况。韩非在文中以"楚共王和晋厉公战于鄢陵"为例，讲述的是小忠的故事，而且对国家不利，司马子反个人也遭楚共王斩首示众。大忠与小忠对国家的利害关系对应到企业是指企业主文化与企业亚文化之间的关系。企业主文化是企业在长期实践活动中形成的，具有本企业特征的文明形式，是企业中的全体员工共同接受和共同遵守的价值观念和行为准则。遵守企业主文化就是对企业的大忠。企业主文化虽然为大多数成员所接受和认可，但它不可能包含企业中的所有文化。存在于企业中的各种小群体，无论是正式的有严格划分的子系统还是非正式群体，都有其独特的亚文化。企业亚文化是企业的小圈子文化，是在一定范围内个人关系的无形纽带。遵守亚文化可谓个人之间的小忠，存在着对企业有利和不利两种可能。企业文化建设，首先要承认亚文化的存在，其次企业管理者要了解这些亚文化的内容和形式，最后要正确引导这些亚文化自觉服从于企业主文化。这样就能使亚文化服务于主文化，对企业产生有利的效果。否则，如果任由亚文化自由蔓延，当与企业主文化产生冲突时，就会阻碍企业发展，其结果如同小忠害国。

思考题：

1．从文中韩非的举例来看，你怎样看待小忠？案例中小忠对国家造成了怎样的伤害？

2．企业亚文化如同小忠，对企业利弊兼有。企业该如何引导亚文化服务于企业管理？

五、饰邪第五篇

【原文】

当魏之方明《立辟》从宪令之时[1]，有功者必赏，有罪者必诛，强匡天下[2]，威行四邻[3]；及法慢[4]，妄予[5]，而国日削矣。当赵之方明《国律》从大军之时[6]，人众兵强，辟地齐、燕；及《国律》慢，用者弱[7]，而国日削矣。当燕之方明《奉法》审官断之时[8]，东县齐国[9]，南尽中山之地[10]；及《奉法》已亡，官断不用，左右交争，论从其下[11]，则兵弱而地削，国制于邻敌矣。故曰：明法者强，慢法者弱。强弱如是其明矣，而世主弗为，国亡宜矣。语曰："家有常业，虽饥不饿；国有常法，虽危不亡。"夫舍常法而从私意，则臣下饰于智能；臣下饰于智能，则法禁不立矣。是妄意之道行，治国之道废也。治国之道，去害法者，则不惑于智能，不矫于名誉矣。昔者舜使吏决鸿水[12]，先令有功而舜杀之[13]；禹朝诸侯之君会稽之上[14]，防风之君后至而禹斩之。以此观之，先令者杀，后令者斩，则古者先贵如今矣[15]。故镜执清而无事[16]，美恶从而比焉；衡执正而无事，轻重从而载焉。夫摇镜则不得为明，摇衡则不得为正，法之谓也。故先王以道为常以法为本。本治者名尊，本乱者名绝。凡智能明通，有以则行[17]，无以则止。故智能单道[18]，不可传于人。而道法万全，智能多失。夫悬衡而知平，设规而知圆，万全之道也。明主使民饰于道之故[19]，故佚而有功[20]。释规而任巧，释法而任智，惑乱之道也。乱主使民饰于智，不知道之故，故劳而无功。释法禁而听请谒，群臣卖官于上，取赏于下[21]，是以利在私家而威在群臣。故民无尽力事主之心，而务为交于上。民好上交，则货财上流而巧说者用。若是，则有功者愈少。奸臣愈进而材臣退[22]，则主惑而不知所行，民聚而不知所道。此废法禁、后功劳、举名誉、听请谒之失也。凡败法之人，必设诈托物以来亲[23]，又好言天下之所希有，此暴君乱主之所以惑也，人臣贤佐之所以侵也。故人臣称伊尹、管仲之功，则背法饰智有资；称比干、子胥之忠而见杀，则疾强谏有辞。夫上称贤明，下称暴乱，不可以取类[24]，若是者禁。君之立法，以为是也，今人臣多立其私智以法为非者，是邪以智，过法立智[25]。如是者禁，主之道也。

【注释】

[1] 方：始，正在。辟：法度。《立辟》：当是魏国刑书的名字。从：从事。

[2] 匡：正。

[3] 行：施行，达到。

[4] 慢：懈怠。

[5] 妄予：胡乱地给予。

[6] 《国律》：赵国刑书的名字。
[7] 用者：用事者，执政者。
[8] 《奉法》：当时燕国刑书的名字。审：审慎，重视。官断：官府的决断。
[9] 东县齐国：向东把齐国的土地作为自己的郡县。公元前284年，燕将乐毅攻破齐都，连夺七十二城，并为燕国的郡县。
[10] 南尽中山之地：公元前296年，燕国出兵协同赵国、齐国一起灭掉了中山。
[11] 论从其下：听从臣下作出论断。
[12] 鸿：通"洪"。
[13] 先令有功：命令下达之前就立了功，有擅自行动的意思。
[14] 朝：接受朝见。
[15] 先贵如令：首先重视遵照法令办事。
[16] 执：保持。无事：不受干扰的意思。
[17] 以：依据。
[18] 单：微细，一偏。此句的断句与解释，王先谦、梁启雄、陈奇猷、陶鸿庆各有不同的说法，此处从周勋初先生的解释。整句意为：智能是一偏的小道，不能传给别人。道和法才是万全的，凭智能往往容易失败。
[19] 饰于道：用道来使自己端正。
[20] 佚：通"逸"，不费力。
[21] 赏：通"偿"，酬报。
[22] 材：通"才"。
[23] 托物：假托事故。
[24] 不可以取类：不可以拿来类比。
[25] 过：责怪。

【译文】

当魏国开始彰明《立辟》、从事法令建设的时候，有功绩的人一定受奖赏，有罪过的人必定遭惩罚，强盛到可以使天下归正，威势施行于它的邻国；等到法令懈怠，滥用赏赐，国家就日益削弱了。当赵国开始彰明《国律》、从事军队建设的时候，人民众多，军队强大，侵夺齐国和燕国的土地；等到《国律》被轻慢，掌权者懦弱，国家就日益削弱了。当燕国开始彰明《奉法》、重视官府的决断的时候，向东把齐国的土地作为自己的郡县，向南占尽了中山的土地；等到《奉法》亡失，官府的决断不被重视，左右近臣相互争斗不休，论断由臣下做出之时，就军队弱小而土地被侵，国家受制于邻近的敌国了。所以说：法制严明的国家就强大，法制松弛的国家就弱小。强大和弱小的道理如此的明确，可是当今的君主却不肯实行。国家灭亡也是理所当然的。俗话说："家庭有固定的产业，即使遇到荒年也不会挨饿；国家有固定的法制，即使遇到危难也不会亡国。"如果丢弃了固定的法制而凭个人的好恶来办事，臣下就用智巧来粉饰自己，法律禁令就起不了作用。这样，随心所欲的做法会通行起来，以法治国的原则就废弃了。治理国家的原则，是去除妨害法律的人，就能不被个人的智能所迷惑，不被虚假的名誉所欺骗。从前舜派遣官吏排泄洪水，官吏在命令下达之前便擅自行动，舜将他杀了；大禹在会稽朝见诸侯，防风国的首领迟到，夏禹将他斩了。由此可以看出，先于命令实行的杀，不马上执行命令的斩，古代重视遵照法令办事。镜子保持清亮不受干扰，美丑就自行显示；衡器保持平正而不受干扰，轻重就得以衡量。摇动的镜子不能称之为明，摇动的衡器不能称之为正；法律也同样是这个道理。所以先王把道作为治事的常规，把法作为立国的根本。法制严明，君主的名位就尊贵；法制混乱，君主的名位就丧失。凡是智能高强的人，能够做到法制严明，那就行得通，否则就行不通。所以智能是一偏的小道，不能传给别人。道和法才是万全的，凭借智能往往容易失败。挂起了衡器就知道什么叫作平；设立了圆规才知道什么叫作圆，这是万全的方法。英明的君主使人民用道来使自己端正，所以安逸而有功绩。放弃了圆规而单凭技巧，丢掉了法制而单凭智慧，是使人迷惑混乱的办法。昏乱的君主使民众用智巧粉饰自己，这是不懂得道的缘故，所以劳而无功。放弃法制而听从私人请托，群臣在上面出卖官爵，从下面取得酬报，所以利益归于私门而威权落到群臣手中。所以民众没有尽力侍奉君主的心意，而尽力结交上面的大臣。民众喜欢结交上面的大臣，财货就上流到大臣手里，善于花言巧语的人就被录用。像这样，有功劳的人就越来越少，奸臣愈来愈多地得到进用而有才干的臣子被斥退，那君主就迷惑不知如何行事，民众聚集在一起不知去向何处。这是废除法禁、不重视功劳、根据虚名任用人、听从请托的过失。凡是败坏法制的人一定要设下骗局、假托某种事故来亲近君主，又总喜欢谈论天下少见的东西，这就是暴君乱主之所以受迷惑，贤能的臣子之所以受侵害的原因。所以臣子称颂伊尹、管仲的功劳，他们违背法制、玩弄智巧就有了根据；称颂比干、伍子胥的忠直而被杀，他们激烈地向君主进谏就有借口。所以臣下上称商汤、桓公任用伊尹、管仲的贤明，下说纣杀比干、夫差杀子胥的暴乱，这些行为不可以拿来类比，像这样的做法应该禁止。君主立法，认为它是绝对正确的，现在臣子中有很多人标榜个人的智巧而否定国法，他们用智巧来肯定邪恶的东西，诋毁法制、标榜智巧。这样的做法一定要禁止，这是做君主的原则。

管理启示：

韩非在此文中讲了三种不同的治国理政手段：法、道和智巧。其中法治的手段在饰邪第二篇中已经述及。在饰邪第二篇中我们已经指出，依法治国思想应用于企业管理，指的是按规章制度办事。此文则强调，治国依法的同时还要行"道"，即以道德感化人，使人们自觉而不仅仅是慑于法的威严来维护稳定的社会秩序。道德建设包含在企业文化建设中，是企业形成共同价值观和行为准则的基本前提。所以国家治理层面的法与道，在企业管理中指的是制度建设和企业文化建设，可谓刚柔并济。韩非在文中还谈到了依靠人臣的技巧来处理国家政务问题。所谓智巧是指个人的智慧和能力，但智巧手段的使用要以法治为前提，没有法的约束，臣下会用智巧来粉饰自己，放弃了圆规而单凭技巧，丢弃了法治而单凭智慧，人们就会迷惑混乱。所以无论在治国理政还是企业管理中，虽然智巧都是必不可少的、无法逾越的手段，但是必须正确引导人们使用智巧来服务国家、管理企业，必须以法治约束为基础，否则智巧会演变成个人的小聪明，沦为侵占公共利益的魔法，对国家和社会都是百害而无一利的。

思考题：

1. 关于依法治国，韩非在文中举了哪些例子，做了哪些比喻？
2. 治国理政层面的法和道应用于企业管理指的是什么？

六、饰邪第六篇

【原文】

明主之道，必明于公私之分，明法制，去私恩。夫令必行，禁必止，人主之公义也；必行其私，信于朋友，不可为赏劝，不可为罚沮[1]，人臣之私义也。私义行则乱，公义行则治，故公私有分。人臣有私心，有公义。修身洁白而行公行正[2]，居官无私，人臣之公义也；污行从欲，安身利家，人臣之私心也。明主在上，则人臣去私心行公义；乱主在上，则人臣去公义行私心。故君臣异心，君以计蓄臣[3]，臣以计事君，君臣之交，计也。害身而利国，臣弗为也；害国而利臣，君不行也。臣之情[4]，害身无利；君之情，害国无亲。君臣也者，以计合者也。至夫临难必死，尽智竭力，为法为之。故先王明赏以劝之，严刑以威之。赏刑明，则民尽死；民尽死，则兵强主尊。刑赏不察，则民无功而求得，有罪而幸免，则兵弱主卑。故先王贤佐尽力竭智。故曰：公私不可不明，法禁不可不审，先王知之矣。

【注释】

[1] 沮：阻止。

[2] 行公行正：做符合公义的正直的事情。

[3] 计：算计。

[4] 情：实情，真心。

【译文】

英明君主的治国原则，一定要公私分明，彰明法制，去除私人恩惠。有令必行，有禁必止，这是做君主的公义；所做的都为自己的私利，对朋友讲信用，赏赐鼓励不了，刑罚阻止不了，是臣子的私义。私义通行，国家就混乱；公义通行，国家就治平，所以公私是有界限的。做人臣的有私心，也有公义。砥砺自身，廉洁清白，并做符合公义的正直的事情，做官无私，这是人臣的公义；玷污自己的操行，放纵自己的欲望，只顾自身安逸、家庭得利，这是人臣的私心。英明君主在上统治，人臣就去除私心而行公义；昏乱君主在上统治，那人臣就去公义而行私心。所以君臣有着不同的想法，君主依靠算计蓄养大臣，大臣依靠算计事奉君主，君主和大臣的关系，就是互相算计。有害于自身而有利于国家的事情，大臣不肯做；有害国家而有利于大臣的事情，君主不肯做。臣子的本心，有害于自身就谈不上利益；君主的本心，有害于国家就谈不上亲近。君主与臣子的关系是用算计之心结合在一起的。至于臣下遇到危难一定拼死效忠，竭尽自己的智慧和力量，是法度使他们这样做的。所以先王用明确的赏赐来鼓励他们，用严厉的刑罚来威慑他们。赏赐和刑罚明确，那民众就会拼命；人民拼命，军队就强大，君主就尊贵。刑赏不分明，那么民众没有功劳便追求赏赐，有罪者希图侥幸逃脱，那就会军队弱小，君主卑微。所以先王贤明的辅佐都竭尽力量和智慧。所以说：公私界限不可不清楚，法律禁令不可不分明，先王是懂得这个道理的。

管理启示：

韩非在该文中专门论述了治国理政中公私分明的重要性，同样在企业管理中公私分明也很重要。如果企业管理中公私不分，老板将企业资金转到个人账户，存在着触犯法律的风险，包括触犯公司法、税法和刑法。

在企业的日常运营中，很多股东不能将个人的财产和公司财产区分开来。将个人的账户作为公司资金当中的中转账户，随意从公司账户支取资金，或者以个人的名义对外借款用于公司经营，造成了财产混同，给自己和公司都带来了很大的风险。

那么什么是财产混同呢？简单来说就是公司的财产和股东的个人财产无法进行区分，股东的个人账户和公司的账户混用就是一种典型的情形。《中华人民共和国公司法》第三条规定：公司是企业法人，有独立的法人财产，享有法人财产权。公司以其全部财产对公司的债务承担责任。有限责任公司的股东以其认缴的出资额为限对公司承担责任；股份有限公司的股东以其认购的股份为限对公司承担责任。这一条规定，确立了法人人格独立和股东有限责任制度。也就是说，公司财产和股东的个人财产是相互独立的，股东的个人账户和公司的法人账户不能进行混用，如果混用了，公司就会丧失独立性，责任的承担就难以划清界限。公司以及自身财产对外承担责任，股东在其出资范围内承担责任。公司就像一个壳，保护着我们股东，但是这种保护不是绝对的。《中华人民共和国公司法》第二十条规定：公司股东应当遵守法律、行政法规和公司章程，依法行使股东权利，不得滥用股东权利损害公司或者其他股东的利益；不得滥用公司法人独立地位和股东有限责任损害公司债权人的利益。公司股东滥用股东权利给公司或者其他股东造成损失的，应当依法承担赔偿责任。公司股东滥用公司法人独立地位和股东有限责任，逃避债务，严重损害公司债权人利益的，应当对公司债务承担连带责任。《中华人民共和国公司法》第六十三条规定：一人有限责任公司的股东不能证明公司财产独立于股东自己的财产的，应当对公司债务承担连带责任。

公私账户不分，股东可能面临的法律风险包括以下三个方面。

第一，公司法上的责任。公司虽在法律上具有独立的人格，但只有象征的意义。实际上是被股东控制，当公司和股东之间发生财产混同时就无法区别公司的责任和股东个人的责任。尤其是公司账簿和股东账簿不分或合一。公司的资本和股东财产之间经常出现非法的转移侵吞，影响公司对外承担责任的能力。这就属于滥用公司法人独立地位和股东有限责任逃避债务严重损害公司债权人利益。这种情况下股东应当对公司债务承担连带责任。

第二，税法上的责任。股东将公司账户上的资金转入个人账户。按照税法的规定，是属于公司对股东个人的分红，应当缴纳个人所得税。如果没有缴纳，税务部门除了追缴税款还将依法予以处罚。

第三，刑法上的责任。如果将公司的钱挪为己用不予归还，还可能涉嫌职务侵占罪或挪用资金罪。

思考题：

1. 乙公司承建了甲公司的厂房并且实际交付使用了。甲公司的股东张某用个人账户向乙公司支付了一半的工程款，后来再也没有支付另一半的工程款了。乙公司沟通了多次，都没有结果。于是将甲公司和股东张某都起诉到法院，认为甲公司和股东张某之间存在着财产混同，要求甲公司和股东张某共同承担赔偿责任。甲公司则认为股东个人账户代收代付是正常现象，不能因此认定公司财产存在着混同而要求股东承担赔偿责任。法院会怎样依法判决？

2. 创业小公司，老板能不能将私人钱与公司钱混在一起用？曾经一位企业小老板说：他的钱和公司的钱是混到一起的。因为公司比较困难，他经常拿个人的钱来给公司垫支。这一点是很多创业老板的一种惯常做法。这种做法有哪些弊端？

第六节 说 林 上

一、说林上第一篇

【原文】

汤以伐桀[1]，而恐天下言己为贪也，因乃让天下于务光[2]。而恐务光之受之也，乃使人说务光曰："汤杀君而欲传恶声于子，故让天下于子。"务光因自投于河。

【注释】

[1] 以：通"已"。
[2] 务光：人名，传说是夏朝末期的一个隐士。

【译文】

商汤灭了夏桀，而怕天下人说自己贪心，于是把天下让给务光。但又怕务光真的接受，于是派人对务光说："商汤杀了君主而想把这不好的名声转嫁于你，所以才把天下让给你。"务光因此投河自杀了。

管理启示：

商汤想追求名利双收的结果，他成功了。但是，这种政治手段如果用于企业管理，是有风险的，也可能会反噬自己。因为，实施者一旦意图暴露，很容易给人形成一种"险恶"的固化印象，不利于建立信任，不利于和谐团结，不利于工作协调。如果侥幸成功，可能会助长变本加厉的邪念。但是，长过河总会湿脚的，当一个人处于被其他人时时提防的环境之中时，自己的路也就难以走远了。所以，企业文化建设应旗帜鲜明地反对这种对企业和个人两面伤害的阴谋诡计，倡导光明磊落。

思考题：

从心理学角度分析一下，在企业里，当一个人被类似商汤的政治手段针对时，他会做出哪些可能的反应。

二、说林上第二篇

【原文】

秦武王令甘茂择所欲为于仆与行事[1]。孟卯曰[2]："公不如为仆。公所长者，使也。公虽为仆，王犹使之于公也。公佩仆玺而为行事，是兼官也。"

【注释】

[1] 秦武王：名荡，战国时秦国君主，公元前310年—公元前307年在位。甘茂：楚国下蔡人，后人秦为客卿，武王时任左相。仆：管君主车马的官。行事：官名，一种下层官吏。
[2] 孟卯：一作芒卯、昭卯，战国时齐国人，能说善辩，后为魏安釐王的将。

【译文】

秦武王让甘茂在仆和行事两种官职中选择自己想做的一种。孟卯说："您不如做仆。

您的特长,是做使臣。您虽然做了仆这种官,君主还是要把使臣的职事交给您。您佩带了仆的官印而又做使臣的事,这是兼官啊。"

管理启示:

孟卯给甘茂出的主意,用现代企业管理的专业术语描述叫"一肩双挑",简称"一肩挑"。对"一肩挑"者个人而言,会带来名利等多方面的好处,因为他们掌握了更多权力,占有了更多资源;对企业而言,能做到人尽其才。但凡事都应辩证看待,"一肩挑"对企业和个人而言也可能产生不利的影响。例如,"一肩挑"者如果为企业一把手,在企业规模较大的情况下,过多地将权力和资源集中于一身,他可能被日常的琐碎事务缠身,而没有更多的精力去处理公司的重大问题。如果"一肩挑"者为企业高管中的副职或中层领导,他过多的占有权力和资源,挤占了其他同行的机会,会造成妒忌,既不利于团结协作也不利于工作推进,这是企业工作分工和权力分配时必须要考虑到的。

思考题:

分别结合文中孟卯的主意和现代企业管理,谈谈"一肩挑"的利与弊。

三、说林上第三篇

【原文】

子圉见孔子于商太宰[1]。孔子出,子圉人,请问客。太宰曰:"吾已见孔子,则视子犹蚤虱之细者也。吾今见之于君。"子圉恐孔子贵于君也,因谓太宰曰:"君已见孔子,亦将视子犹蚤虱也。"太宰因弗复见也。

【注释】

[1] 子圉:人名,生平不详。见:引见。商:宋国的别名。太宰:宋国官名,地位相当于别国的相。

【译文】

子圉将孔子引见给宋国的太宰。孔子出来之后,子圉进去,问宋太宰对孔子的看法。太宰说:"我已见过孔子,再看您就像跳蚤虱子一样微小了。我现在就要引他去见君主。"子圉怕孔子被君主看重,就对太宰说:"君主见到孔子后,也将把您看作跳蚤虱子一样了。"太宰因此不再引孔子见君主了。

管理启示:

嫉妒心理是人们的一种普遍情绪,但不同的人在不同的时间表现深浅不同。嫉妒指向的内容包括能力、荣誉、地位、钱财、爱情等方面;嫉妒指向的人包括同班级的同学,同部门、同单位、同级别、同年龄段的同事,或者比自己年轻、比自己职级低、超越自己的同事等。嫉妒心理常常与不满、怨恨、烦恼、恐惧等消极情绪联系在一起,具有攻击性、指向性、发泄性、伪装性等特征。孔子在宋国求职碰壁,与子圉和太宰对孔子的能力和未来地位、钱财、荣誉等的指向性、伪装性发泄有关,这种现象不利于人才作用的发挥。现代企业管理中一些人才得不到重用,不能否定这方面的因素。虽然很多企业通过制度建设和平台建设已经为人才晋升设立了很多通道,但这些只是显性措施,埋藏在人才竞争对手心底的嫉妒心理,这种隐性因素也常常会成为人才任用的障碍。所以,企业还应该通过文化建设,对员工进行心理教育,消除嫉妒心理,在企业管理中形成一种相互学习、相互促进、相互帮助的良好氛围,以最大限度地发挥人才的能力。

思考题：

怀才不遇是现代社会的常见现象，但过渡"露才"又易遭他人嫉妒挖坑。如何在人生实践中拿捏好平衡呢？

四、说林上第四篇

【原文】

魏惠王为臼里之盟[1]，将复立于天子。彭喜谓郑君曰[2]："君勿听。大国恶有天子，小国利之，苦君与大不听，魏焉能与小立之？"

【注释】

[1] 魏惠王：也称梁惠王，战国时魏国君主名罃，公元前369年—公元前319年在位。臼里：位于今河南洛阳市。盟：盟会。

[2] 彭喜：人名，生平不详。郑君：即韩王。公元前375年，韩灭郑，迁都到郑，所以韩王也称郑君。

【译文】

魏惠王在臼里会集诸侯举行盟会，打算恢复周天子的天下共主地位。彭喜对郑君说："君主不要听他的。大国讨厌有天子，天子只对小国有好处。如果君主和那些力量强大的国家不听他的，魏国怎能与力量弱小的国家恢复天子的地位呢？"

管理启示：

战国初期，周王室势微进一步加深，魏惠王作为当时最强大的诸侯国君主之一，召集诸侯举行盟会以恢复周天子天下共主的地位，是为周王朝着想，出于公心。但是只要伤害到私人利益，公心也难以赢得人心。现代企业尤其是国企的改革也一样，触及到个人利益，改革必遇阻力，这种阻力甚至会导致企业改革失败。为了使企业改革能顺利推进，企业改革方案中必须考虑一些既得利益者利益受损可能带来的障碍。一个较好的方法是增量改革，即准备一笔改革资金，对利益受损而极力反对改革的人进行利益补偿，扫除人为障碍，从而为企业改革铺平道路。

思考题：

改革总会触及到某些人的利益而遇到阻力，致使改革停滞，但改革又必须推行，怎么办？

五、说林上第五篇

【原文】

晋人伐邢[1]，齐桓公将救之。鲍叔曰："太蚤[2]。邢不亡，晋不敝[3]；晋不敝，齐不重。且夫持危之功[4]，不如存亡之德大。君不如晚救之以敝晋，齐实利。待邢亡而复存之，其名实美。"桓公乃弗救。

【注释】

[1] 晋人伐邢：史实无考。

[2] 蚤：通"早"。

[3] 敝：疲惫。

[4] 持：支持。

【译文】

晋国讨伐邢国，齐桓公将去援救邢国。鲍叔说："太早。邢国不灭亡，晋国就不会疲惫；晋国不疲惫，齐国在诸侯中的地位就不重要。况且支持处于危险境地之中的国家的功德，不如恢复已灭亡的国家的功德大。您不如晚一点去救邢国，以便使晋国疲惫，对齐国才真正有利。等到邢国灭亡之后再帮助它复国，那名声和实利都有收获。"桓公于是没有马上去救。

管理启示：

鲍叔对齐桓公的建议，强调了抢抓机遇要把握好出手的时机，才能使利益最大化。现代企业管理无论出台新政进行内部改革，还是推出新产品抢占市场，也要注意把握好最佳时机，方能产生最大效果。

思考题：

抢抓机遇和把握出手时机意思相同吗？谈谈你的看法。

六、说林上第六篇

【原文】

子胥出走[1]，边候得之[2]。子胥曰："上索我者，以我有美珠也。今我已亡之矣。我且曰：子取吞之。"候因释之。

【注释】

[1] 子胥：即伍子胥，因父兄被楚平王杀害，被迫出逃。

[2] 边候：防守边界关卡的官吏。

【译文】

伍子胥出逃，被防守边界的官吏抓到了。子胥说："君主搜捕我，是因为我有一颗美珠。现在我已经丢失了。我会说：是你把美珠抢去吞到肚子里去了。"官吏因此放了他。

管理启示：

一句话能改变人生命运。伍子胥急中生智，不是因为他能说会道，而是他的智慧在关键时刻创造的智谋。所以，智谋太重要了。有些企业为了长远发展而设立了战略规划部或发展规划处，就是为企业发展出谋划策的，非常正确。可惜的是很多企业还没有设置，甚至认为那是一个纯粹花钱的成本中心，还有一些企业虽然设置了战略规划部，但是那些部门的人员因为经验和知识不足而缺智少谋，成为摆设。

思考题：

1. 查阅文献资料，了解伍子胥其人。
2. 企业战略规划部应该具有哪些职能？查阅资料予以说明。

七、说林上第七篇

【原文】

庆封为乱于齐而欲走越[1]。其族人曰："晋近，奚不之晋？"庆封曰："越远，利以避难。"族人曰："变是心也，居晋而可；不变是心也，虽远越，其可以安乎？"

【注释】

[1] 庆封：春秋时齐国执政的卿，后因荒淫乱政被逐，先奔鲁，后又奔吴。走：出逃。

【译文】

庆封在齐国作乱而想要逃到越国去。他的族人说："晋国近，为什么不到晋国去？"庆封说："越国远，有利于避难。"族人说："改变作乱的念头，居住在晋国就可以了；不改变作乱的念头，即使远逃越国，就可以安宁了吗？"

管理启示：

淫必乱，必遭唾，自古如此。古代淫乱是乱政，现代企业如果也出现了淫乱，乱的是公司的秩序、市场规则，乃至企业风气，损害的是公共利益。这种现象无论国有企业还是私营企业现实中都有发生。像庆封之人，犯错的根源在于心，却采取逃跑逃避的方式，只要心不改，无论逃到哪里，淫乱都不会停止。所以，治乱先治心，企业文化建设应包含道德情操教育的内容，以净化企业风气，树立良好的风尚。

思考题：

庆封逃避的目的是什么？逃避能使自己安宁吗？

八、说林上第八篇

【原文】

智伯索地于魏宣子[1]，魏宣子弗予。任章曰[2]："何故不予？"宣子曰："无故请地，故弗予。"任章曰："无故索地，邻国必恐；彼重欲无厌，天下必惧。君予之地，智伯必骄而轻敌，邻邦必惧而相亲。以相亲之兵待轻敌之国，则智伯之命不长矣。《周书》曰：将欲败之，必姑辅之；将欲取之，必姑予之。君不如予之以骄智伯。且君何释以天下图智氏，而独以吾国为智氏质乎[3]？"君曰："善。"乃与之万户之邑。智伯大悦，因索地于赵．弗与，因围晋阳。韩、魏反之外，赵氏应之内，智氏以亡。

【注释】

[1] 魏宣子：《战国策·魏策一》和《史记·魏世家》都作"恒子"，与此记载不同。

[2] 任章：人名，生平不详。

[3] 质：的，攻击的目标。

【译文】

智伯向魏宣子索取土地，魏宣子不给。任章说："为什么不给？"宣子说："无缘无故索取土地，所以不给。"任章说："无缘无故索取土地，相邻国家一定恐惧；他贪得无厌，天下一定恐惧；您给他土地，智伯必定骄傲而轻敌，邻邦国家必定因恐惧而互相团结。以互相团结的军队对付轻敌的国家，那么智伯的命就活不长了。《周书》上说过：'将要打败他，必须暂时辅助他；将要夺取它，必须暂时给予它。'您不如给他用来使智伯骄傲。况且您为什么不拿天下的力量来对付智氏，而单独把我们魏国作为智氏进攻的目标呢？"魏宣子说："好！"于是给他一个万户的县邑。智伯十分高兴，于是向赵国索取上地，赵国不给，因此围攻赵国的晋阳。韩国和魏国在外面反戈，赵国在里面接应，智氏因此而灭亡。

管理启示：

常言说："天要让其亡，必先让其狂。"智伯唯利是图、贪得无厌，从来不考虑非法获利的恶果，最终导致家族灭亡。现代社会是法制社会，现代市场经济条是法制经济，企业要谨守法律底线，循规蹈矩，公平竞争，合法经营。即使如此，也常有风险伴随，例如原材料断供、原材料和劳动力涨价、新产品冲击、竞争对手进入等市场风险，以疫情、自然灾害等不可抗力风险。在面临风险的同时，企业在竞争过程中如果还像智伯那样巧取豪夺，扮演恶势力角色，必遭灭顶之灾。道理是相通的，教训是深刻的，必须谨记！

思考题：

查阅资料，了解春秋时期晋国的智、魏、赵、韩"四大家族"中，智氏家族是如何灭亡的，给企业管理带来哪些启示？

九、说林上第九篇

【原文】

秦康公筑台三年[1]。荆人起兵，将欲以兵攻齐。任妄曰[2]："饥召兵，疾召兵，劳召兵，乱召兵。君筑台三年，今荆人起兵将攻齐，臣恐其攻齐为声，而以袭秦为实也，不如备之。"戍东边，荆人辍行。

【注释】

[1] 秦康公：春秋时秦国君主，公元前620年—公元前609年在位。台：古代一种用土堆成的供玩赏游乐用的高建筑物。

[2] 任妄：人名，生平不详。

【译文】

秦康公建造高台花了三年。荆国人发兵，将进攻齐国。任妄说："饥荒会招来敌兵，病害会招来敌兵，百姓劳苦会招来敌兵，政权混乱会招来敌兵。你筑台三年，现在荆人发兵将攻打齐国，我恐怕他们攻齐是虚张声势，实际意图在于偷袭秦国，不如防备他们。"于是防守东部边界，荆国人停止了行动。

管理启示：

秦国提早加强东部边界防守，迫使荆人停止采取行动，表面看是任妄洞若观火、明察秋毫，实际上是事件背后暗含着一个基本的逻辑规律：内乱弱国，国弱则易遭强国入侵。如同一个人的身体，气虚体弱就易遭外邪入侵而得病。荆人入侵与秦康公筑台有何关系呢？筑台三年必将消耗大量劳役，导致百姓劳苦，引起民怨和内部矛盾，削弱国家实力，给敌对国家以可乘之机。所以任妄的总结与判断不仅仅凭智慧，更是凭经验和阅历。这说明，阅历和经验对一个人来说非常重要。管理是一门实践性非常强的科学，只有理论是不行的，课堂上只能学习理论知识，培养不出管理专家。要想成为一名优秀的企业管理人员，在掌握管理学理论知识的基础上，还必须多加历练，积累丰富的实践经验，才能应对自如。

思考题：

结合文中的内容和管理启示谈谈，怎样才能成为一名优秀的企业管理专业人才？

十、说林上第十篇

【原文】

齐攻宋，宋使臧孙子南求救于荆[1]。荆大说，许救之，甚劝。臧孙子忧而反。其御曰[2]："索救而得，今子有忧色，何也？"臧孙子曰："宋小而齐大。夫救小宋而恶于大齐，此人之所以忧也，而荆王说，必以坚我也。我坚而齐敝，荆之所利也。"臧孙子乃归。齐人拔五城于宋而荆救不至。

【注释】

[1] 臧孙子：一作臧子，人名，生平不详。

[2] 御：驾车的人。

【译文】

齐国攻打宋国，宋国派臧孙子往南向楚国求救。楚国很高兴，答应出兵救援，非常起劲。臧孙子担忧地回来了。他的驾车人说："请求救援已经得到了，现在您有忧虑之色，为什么？"臧孙子说："宋国小而齐国大。救了弱小的宋国而得罪了强大的齐国，这是使人感到忧虑的事情，而楚王却高兴，一定是用来坚定我们抗齐决心的。我们坚持抗齐，齐国的兵力就会疲惫，这是楚国的利益所在。"臧孙子回到宋国。齐国人攻取宋国五城，而楚国的救兵不到。

管理启示：

商场如战场，讯息看似琳琅满目，充满商机，实则真真假假，难以辨识。臧孙子之所以能清晰地进行逻辑分析，并得出准确的结论，是因为他找到了恰当的切入点——利益。这给企业管理带来的启示是，企业决策也要有恰当的切入点，当然了，这个切入点不一定是利益。企业面对不同的经营环境，在不同的时间，决策分析的切入点是不同的。大多数情况下以利益为主，但有时则是其他的，如占领市场、维护客户关系、获得现金流、前沿技术研发等。总之，准确分析是正确决策的前提，臧孙子显然是合格的决策助手。

思考题：

1．臧孙子准确地判断楚国不会出兵援助宋国，谈谈其逻辑思路。

2．一家公司拟研发一项新技术，投入巨大，但是公司财力能负担起研发支出。十年后如果成功将使公司在世界市场竞争中居于主导地位，但也有可能失败，应怎样决策？

十一、说林上第十一篇

【原文】

魏文侯借道于赵而攻中山，赵肃侯将不许[1]。赵刻曰[2]："君过矣。魏攻中山而弗能取，则魏必罢[3]。罢则魏轻，魏轻则赵重。魏拔中山，必不能越赵而有中山也。是用兵者魏也，而得地者赵也。君必许之。许之而大欢，彼将知君利之也，必将辍行。君不如借之道，示以不得已也。"

【注释】

[1] 赵肃侯，名语，战国时赵国君主，公元前349年—公元前326年在位。赵肃侯与魏文侯的年代相差将近五十年，此处记载有误。据《战国策·赵策一》，赵肃侯当作赵烈侯。

[2] 赵刻：一作赵利，生平不详。

[3] 罢：通"疲"，疲惫。

【译文】

魏文侯向赵国借路攻打中山，赵肃侯不准备答应。赵刻说："您错了。魏国攻打中山而不能攻取，那么魏国必定疲惫。疲惫则魏国的地位就会降低，魏国地位降低那么赵国地位就提高了。魏国攻取了中山，肯定不能越过赵国而占有中山。这样用兵的国家是魏国，而得地的国家则是赵国。您一定要答应他。可答应他时表现得很高兴，对方将会知道您是想得到好处，必将停止行动。您不如借路给他们，而表示出于不得已。"

管理启示：

魏国假赵国之道伐中山之国有几大不利：一是无论什么理由，发起战争总会消耗国力，尤其是不能完全取胜的战争；二是道义上受到其他国家的谴责；三是借道赵国，欠赵国人情，如果用战利品补偿过路费，也是经济损失；四是即使打了胜仗，也无法隔着他国去占领控制，打的是一场徒劳的战争。赵刻的分析入木三分。类似地，现代企业管理的重大决策，尤其是战略性决策都应当进行全面系统的得失分析，多方案比较选择，慎之又慎，优中选优。

思考题：

赵刻对"魏国假道伐中山"的利害分析对现代企业管理有何启示？

十二、说林上第十二篇

【原文】

韩宣王谓樛留曰[1]："吾欲两用公仲、公叔[2]，其可乎？"对曰："不可。晋用六卿而国分[3]，简公两用田成阚止而简公杀[4]，魏两用犀首、张仪而西河之外亡[5]。今王两用之，其多力者树其党，寡力者借外权。群臣有内树党以骄主，有外为交以削地，则王之国危矣。"

【注释】

[1] 韩宣王：即韩宣惠王，战国时韩国君主，公元前332年—公元前312年在位。
樛（jiū）留：人名，生平不详。
[2] 两用：同时重用。公仲：名朋。公叔：名伯婴。都是韩国贵族。
[3] 六卿：指春秋时晋国的赵氏、魏氏、韩氏、中行氏、知氏、范氏。
[4] 简公：齐简公，名任，春秋时齐国君主，公元前484年—公元前481年在位。
田成：即田常。阚（kàn）止：字子我，齐简公的宠臣，与田成子分任左右相。
[5] 犀首：魏国官名，武职。这里指魏国人公孙衍，他做过犀首的官。他主张合纵。
张仪：魏国人，主张连横，曾任魏惠文王的相。

【译文】

韩宣王对留说："我想同时重用公仲朋和公叔婴，这样可以吗？"回答说："不可以。晋国重用六卿，国家便分裂了，齐简公同时重用田成和阚止，结果简公被杀，魏国同时重用犀首、张仪，结果西河以外的土地就丧失了。现在大王要同时重用公仲和公叔，他们势力大的会树立私党，势力小的会借用其他诸侯国的力量。臣子中有的在国内树立私党对君主骄慢，有的交接外敌来分割土地，那么大王的国家就危险了。"

管理启示：

留反对韩宣王同时重用"二公"，其理由在举例中作了说明。反过来，从韩宣王角度看为什么会有如此想法呢？无非是，一是此二人有才能，二是国家有需要。该怎么办呢？用韩非的话说，"主有术，两用不为患；无术，两用则争事而外市，一则专制而劫弑"。也就是说，君主有手腕的话，重用两人也能很好驾驭；君主无术，同时重用两个人就会导致内部争权而外通敌国，重用一个人就会导致大臣专权而劫杀君主。类似这样的用人，在现代企业管理中叫安排副职或助手，进行合理分权分工，虽然不会产生留所说的"分裂国家，里通敌国，专权弑君"那样的恶果，但"以权谋私、形成小圈子、结党营私"等导致的腐败现象在所难免，入狱的贪污腐化分子很多是副职就说明了这一点。怎么办呢？两个办法：既要大胆重用有才能的人作为副职，又要通过干部教育和制度建设防止负面结果的产生，尤其要紧盯"关键少数、重点领域、要害部分"的管理干部。

思考题：
1. 谈谈留回答韩宣王所述建议的思想认识的局限性。
2. 现代企业管理中，如何既要大胆重用有才能的管理干部，又要防止其走入邪道？

十三、说林上第十三篇

【原文】

绍绩昧醉而亡其裘[1]。宋君曰："醉足以亡裘乎？"对曰："桀以醉亡天下，而《康诰》曰：'毋彝酒者'[2]；彝酒，常酒也。常酒者，天子失天下，匹夫失其身。"

【注释】

[1] 绍绩昧：人名，生平不详。裘：皮衣。
[2] 《康诰》：《尚书》篇名。彝：常。毋彝酒：不要常常喝酒。

【译文】

绍绩昧醉后睡觉而丢失了他的皮衣。宋君说："醉得足以将皮衣丢掉吗？"回答说："桀因为醉将天下丢掉了，而《康诰》说：'不要彝酒'。彝酒，就是常常喝酒的意思。常常喝酒的人，如果是君主就会丢失天下，如果是一般民众就会丧失性命。"

管理启示：

饮酒是人类生活的一部分，适量饮酒不至于伤身，而且还是朋友间交流感情、活跃气氛的重要手段。但饮酒，尤其是酗酒、醉酒误事是不可否认的事实，古已有之，今亦如此。所以禁止公职人员工作日饮酒的规定十分正确。现代企业管理中，公务接待禁止饮酒要令行禁止，企业高管更要率先垂范，打造清正文明的酒文化。

思考题：
1. 请列举酗酒、醉酒的危害性。
2. 受此文启发，你是否会保证自己一生不酗酒，或者说保证酒后不开车呢？

十四、说林上第十四篇

【原文】

管仲、隰朋从于桓公而伐孤竹[1]，春往冬反，迷惑失道。管仲曰："老马之智可用也。"乃放老马而随之，遂得道。行山中无水，隰朋曰："蚁冬居山之阳，夏居山之阴。蚁壤一寸而仞有水[2]。"乃掘地，遂得水。以管仲之圣而隰朋之智，至其所不知，不难师于老马与蚁。今人不知以其愚心而师圣人之智，不亦过乎？

【注释】

[1] 孤竹：古代国名，位于今河北卢龙县到辽宁朝阳市一带。
[2] 仞：八尺为一仞。

【译文】

管仲和隰朋跟随齐桓公讨伐孤竹,春天去的,冬天才返回,迷了路。管仲说:"老马的智慧可以借用。"便放了马并跟随着它,于是找到了道路。在山中行走没有水,隰朋说:"蚂蚁冬天住在山的南坡,夏天住在山的北坡。蚂蚁窝口的土堆高一寸,地下八尺就有水。"便掘地,结果得到了水。以管仲的圣明和隰朋的智慧,到了有所不懂的时候,都不惜向老马和蚂蚁请救。现在的人不知道用自己愚蠢的心去学习圣人的智慧,不也是错误的吗?

管理启示:

学无止境,无论是专业理论知识还是人生实践经验,莫不如此。管仲尚且要借助老马识途,隰朋尚且借助蚂蚁找水,何况一般人呢?在管理理论丛林的今天,大多数管理者的理论知识都是沧海一粟;在管理世界的实践中,大多数管理者迈出的都是寥寥跬步。所以,为了企业的发展,为了个人的进步,企业各层管理人员在繁忙的工作之余,还应当不断学习新知识,养成终身学习的好习惯。

思考题:

1. 查阅资料,了解管仲、隰朋其人。
2. 养成终身学习的习惯应如何做起?

十五、说林上第十五篇

【原文】

有献不死之药于荆王者,谒者操之以人[1]。中射之士问曰[2]:"可食乎?"曰:"可。"因夺而食之。王大怒,使人杀中射之士。中射之士使人说王曰:"臣问谒者,曰:'可食',臣故食之,是臣无罪而罪在谒者也。且客献不死之药,臣食之而王杀臣,是死药也,是客欺王也。夫杀无罪之臣而明人之欺王也,不如释臣。"王乃不杀。

【注释】

[1] 谒者:主管通报传达的官。
[2] 中射之士:君主的武职侍从。

【译文】

有人向楚王进献不死之药,主管通报传达的官吏拿着药进来。君主的武侍问道:"可以吃吗?"回答说:"可以。"于是武侍便夺过来吃了。楚王大怒,派人杀武侍。武侍让人对楚王说:"我问谒者,他说'可以吃',我才吃了它,所以我没有罪,罪在谒者。再说那个人献的是不死之药,我吃了药,大王却把我杀死,说明这是死药,那就是献药的人欺骗大王了。杀掉无罪的臣子而表明别人欺骗了您,那还不如把我放了。"楚王于是不杀他。

管理启示:

无论武侍出于什么动机抢吃了"不死药",但当楚王要杀他的时候,其辩驳语却包含着清晰的逻辑思路,那就是:如果他自己被杀,证明药是假的,该被杀掉的应是犯欺君之罪的送药人,所以自己不该被杀。这个故事说明武侍其人,一思路清晰,非常聪明;二临危不惧,心理素质好。具有这两种特质的管理人员,对现代企业管理而言,是难得的人才。武侍的特质,除了先天的基因外,后天的善观察、爱思考也非常重要。

思考题：

你从武侍的机智应变中能受到什么启发？

十六、说林上第十六篇

【原文】

鲁穆公使众公子或宦于晋[1]，或宦于荆。犁锄曰[2]："假人于越而救溺子，越人虽善游，子必不生矣。失火而取水于海，海水虽多，火必不灭矣，远水不救近火也。今晋与荆虽强，而齐近鲁患其不救乎！"

【注释】

[1] 鲁穆公：名显，战国时鲁国君主。公子：国君的儿子，除太子之外，都称公子。宦：做官。

[2] 犁锄：一作黎且，人名，曾在齐国做官。

【译文】

鲁穆公派出他的众公子，有的到晋国去做官，有的到楚国去做官。犁锄说："从越国请人来救掉在水里的孩子，越国人虽然善于游泳，但孩子肯定死了。失了火而到海中取水救火，海水虽然多，但火肯定扑不灭，因为远水救不了近火。现在晋国与楚国虽然强大。但齐国离鲁国近，鲁国的患难恐怕救不了吧！"

管理启示：

鲁穆公派众公子到晋、楚等国做官，按照黎锄的说法，他是想远交大国保护鲁国，但是强大的敌国齐国就在身边，一旦发生战斗，远水救不了近火。进一步分析，即使晋、楚等劳师远来帮了鲁国，鲁国用什么补偿晋、楚呢？这不是欠了一份总有一天需要偿还的人情吗？那么，鲁穆公应该怎么办呢？唯一的办法首先自立自强，必要时适当借助他国帮助，少欠一点人情，也能偿还得起，不至于逃出狼窝又掉入虎口，使国家遭灭亡的厄运。现代企业经营也是如此，可以适度负债经营，但不要过度负债。所谓适度负债是指一旦遭到银行抽贷或断贷，公司缩小生产规模还能正常小规模生产经营，不至于生产停止甚至破产倒闭。而过度负债，一旦融资环境发生变故，企业偿还不了的时候，必定陷入绝境，就如同小国负大国，过度依赖，只能用国运偿还，国将不国。

思考题：

从管理启示看，你认为企业负债经营，负债规模应如何把控？

十七、说林上第十七篇

【原文】

张谴相韩[1]，病将死。公乘无正怀三十金而问其疾[2]。居一日，君问张谴曰："若子死，将谁使代子？"答曰："无正重法而畏上，虽然，不如公子食我之得民也[3]。"张谴死，因相公乘无正。

【注释】

[1] 张谴：人名，生平不详。

[2] 公乘无正：人名，生平不详。

[3] 公子食我：韩国的贵族宗室。

【译文】

张谴在韩国当官，病重将要死去。公乘无正怀揣着三十块金币来探病。过了一天，韩君问张谴说："如果您死了，让谁来代替您呢？"回答说："公乘无正重视法律而敬畏君主，虽然如此，但不如公子食我得民心。"张谴死后，便让公乘无正当了相。

管理启示：

文中显示，公乘无正借探病的机会行贿张谴，通过张谴推荐当了韩国相邦。公乘无正生平不详，假如他是德才兼备之人，他出任相邦的资格是有的，我们可以相信他能帮助韩君治理好国家，张谴的推荐也合乎人情世故；唯一的瑕疵就是他行贿了，因此张谴的推荐是违法的，公乘无正的德才贤能也抵偿不了违法的刚性禁止。现代企业管理也是如此，通过推荐让组织了解贤能之人，再通过正常的干部选拔程序获得组织认可，这都是合理合法的。作为受任者的个人应特别注意，不能有政治污点、违法污点和道德污点，否则一切归零。

思考题：

结合现实谈谈人的污点可能对人生产生哪些影响？

十八、说林上第十八篇

【原文】

乐羊为魏将可攻中山[1]，其子在中山。中山之君烹其子而遗之羹，乐羊坐于幕下而啜之，尽一杯。文侯谓堵师赞曰[2]："乐羊以我故而食其子之肉。"答曰："其子而食之，且谁不食？"乐羊罢中山，文侯赏其功而疑其心。孟孙猎得麑[3]，使秦西巴持之归[4]，其母随之而啼。秦西巴弗忍而与之。孟孙归，至而求麑。答曰："余弗忍而与其母。"孟孙大怒，逐之。居三月，复召以为其子傅[5]。其御曰："曩将罪之，今召以为子傅，何也？"孟孙曰："夫不忍麑，又且忍吾子乎？"故曰："巧诈不如拙诚。"乐羊以有功见疑，秦西巴以有罪益信。

【注释】

[1] 乐羊：人名，战国时魏文侯的将。

[2] 堵师赞：人名，生平不详。

[3] 孟孙：指鲁国的卿孟孙氏。麑：小鹿。

[4] 秦西巴：姓秦西，名巴，生平不详。

[5] 傅：师傅。

【译文】

乐羊作为魏国将领攻打中山，他的儿子在中山。中山国的君主烹煮了他的儿子并送给他一杯肉汤，乐羊坐在帐幕之下啜饮，喝完一杯。魏文侯对堵师赞说："乐羊因为我的缘故吃他儿子的肉。"堵师赞回答说："儿子他都能吃掉，还有谁不能吃呢？"乐羊从中山国回来，魏文侯奖赏他的功劳却疑虑他心地冷酷。孟孙氏打猎猎获一头小鹿，让秦西巴带回。小鹿的母亲跟随着他啼叫，秦西巴不忍心而还给了小鹿的母亲。孟孙氏回来之后索要小鹿。回答说："我不忍心，还给了它母亲。"孟孙氏大怒，把他赶了出去。过了三个月，重新召他回来当儿子的师傅。孟孙氏的驾车人说："从前要治他的罪，现在又召他当师傅，为什么？"孟孙氏说："对小鹿都不狠心，何况对我的儿子呢？"所以说："智巧和诈伪不如笨拙和诚实。"乐羊因为有功被怀疑，秦西巴因为有罪而更受信任。

管理启示：

文中列举乐羊和秦西巴两人为例来说明一个人的能力与品行的重要性及其次第，并得出结论："智巧和诈伪不如笨拙和诚实。"人们首先看重的是德，德永远是放在首位的。有人总结说，有才有德是精品，有德无才是成品，无德无才是废品，有才无德是毒品。现实中精品是稀缺的，成品是常见的，废品要丢掉，毒品要防范。企业招聘人才、组建团队、提拔干部等，无论对历史经验还是现实总结都值得去认真参考借鉴。

思考题：

1. 查阅文献资料，了解乐羊其人。
2. 谈谈你对德才兼备的认识。

十九、说林上第十九篇

【原文】

曾从子[1]，善相剑者也[2]。卫君怨吴王。曾从子曰："吴王好剑，臣相剑者也。臣请为吴王相剑[3]，拔而示之，因为君刺之。"卫君曰：子之为是也，非缘义也[4]，为利也。吴强而富，卫弱而贫。子必往，吾恐子为吴王用之于我也。乃逐之。

【注释】

[1] 曾从子：人名，生平不详。
[2] 相：鉴别，识别。
[3] 吴王：当指吴王夫差。
[4] 缘：因为，遵循。

【译文】

曾从子是一位善于鉴别剑的专家。卫国君主怨恨吴王。曾从子说："吴王喜欢剑，我是一个鉴别剑的人。我请求去为吴王鉴别剑，在拔出剑给他看时，为您刺杀他。"卫君说："你做这个事，不是为了义，而是为了利。吴国强大而富有，卫国弱小而贫困。你一定要去，我怕你会被吴王利用来对付我。"于是驱逐了他。

管理启示：

卫君驱逐曾从子恐怕不是仅仅因为说的"刺杀吴王"的那一句话，而是卫君从曾从子平时的言行中已经了解了这个人的人品。如果仅仅因为一句话而驱逐他，作为堂堂的一国之君，显得肚量太小、眼界太低。这对我们有何启示呢？首先从曾从子的角度看，日常工作、生活中就应当注意自己的言行，不能因为"为小恶之事"或言语不当给人以差品的印象或口实甚至证据，日积月累，别人会固化对你的认知。有志于从事管理工作的人，更应该注意自己的修为，因为管理是与人打交道的工作。其次从卫君的角度看，驱逐曾从子的做法也未必是正确的。现实生活中见利忘义甚至唯利是图的大有人在，可是企业并不会弃之不用，做到用人之长、避人之短即可。在某种程度上来看，对于有鉴别宝剑特长，却以一己之私为重的曾从子，将其驱逐，对国家而言是人才的一种缺失。正确的做法是用其长处，防其短处。现代企业招聘人才，看简历也只是了解学历背景、专业背景、年龄、性别等基本信息，面试也仅仅是了解谈吐水平和简单地考察专业技能。至于应聘者的品德，假设大学已经育化过，是合格的。如果录用后实际工作表现过于"缺德"，还有试用期和纪律、制度可以把关。所以，卫君的做法不可取。

思考题：

假如曾从子是一个真正的人才，但德行不够，你认同卫君驱逐曾从子的做法吗？为什么？

二十、说林上第二十篇

【原文】

纣为象箸而箕子怖[1]，以为象箸必不盛羹于土铏[2]，则必犀玉之杯[3]；玉杯象箸必不盛菽藿[4]，则必旄、象、豹胎[5]；旄、象、豹胎必不衣短褐而舍茅茨之下[6]，则必锦衣九重[7]，高台广室也[8]。称此以求，则天下不足矣。圣人见微以知萌，见端以知末，故见象箸而怖，知天下不足也。

【注释】

[1] 为：制作。象箸：象牙筷子。箕子：纣王的叔父，官为太师。怖：害怕，担忧。

[2] 土铏：盛汤的陶制器皿。

[3] 犀玉之杯：用犀牛角和玉做的杯子。

[4] 菽：豆类植物。藿：豆叶。

[5] 旄：牦牛。旄、象、豹胎：旄、象、豹未出生的幼体，指难得的精美食物。

[6] 衣：穿。短褐：粗毛布做的短衣。

[7] 锦衣：用华美的丝织品做的衣服。九重：九层，形容穿的锦衣套数多，表示阔气。

[8] 广室：大屋。

【译文】

从前纣制作象牙筷子，箕子便为此忧惧，认为象牙筷子一定不用在陶制器皿上，一定要用在犀牛角和玉做成的杯子上；象牙筷子和犀玉杯子必定不用它吃豆类叶子熬的浓汤，必定要吃旄、象、豹胎等难得的精美食物；吃旄、象、豹胎的人必定不肯穿粗毛布做的短衣，在茅屋下面进食，而得穿着多层的锦衣，造大屋和高台。按这个标准追求下去，那么普天下的事物也不足以供他享受。圣人能从微小的现象看到事物的苗头，能从事物的开端看到事情的结果，所以箕子见到纣用象牙筷子而恐惧，知道普天下的事物都不能满足纣的贪欲。

管理启示：

对于箕子的推理式联想，可以用很多词来描述，一叶知秋、见微知著、因小见大、原始见终、睹始知终、可见一斑等，不是证明这么多近义词是多余的，而是证明在人类语言的演变和发展中对"纣为象箸"现象的关注度极高、敏感性极强。这是什么性质的现象呢？奢靡之风，追求享乐。联想到当今社会，就是要坚决反对的"四风问题"。上梁不正下梁歪，如果公司高管在"四风"方面存在瑕疵，树立不起良好的形象，员工在工作上就会跟着"打太极"，必然影响工作成效，给公司造成无形损失。所以，反"四风"的对象包括一切公司管理人员，这是对公司管理者的政治要求，必须遵守。

思考题：

1. 纣为象箸，箕子为何忧惧？
2. 查阅资料，学习"反四风"是哪四风？

二十一、说林上第二十一篇

【原文】

周公旦已胜殷[1]，将攻商盖[2]。辛公甲曰[3]："大难攻，小易服。不如服众小以劫大[4]。"乃攻九夷而商盖服矣[5]。

【注释】

[1] 周公旦：即姬旦，周武王姬发的弟弟。

[2] 商盖：即商奄，商族在东方的重要根据地，位于今山东曲阜市附近。

[3] 辛公甲：即辛甲，商的大臣，因屡次规劝纣王不从，出奔到周，做了文王的公卿，武王的太史。

[4] 劫：以武力威逼。

[5] 九夷：即淮夷。

【译文】

周公旦已经战胜了殷商，将要攻打商盖。辛公甲说："大国难以攻取，小国容易征服。不如用先征服许多小国的办法来威胁大国。"于是攻打九夷而商盖臣服了。

管理启示：

辛公甲的建议体现了解决问题的一种思路，即先小后大、先易后难。其背后的逻辑是，解决小、易问题的投入要求相对少，成本相对低，解决起来相对容易，且小、易问题的解决可以为解决大、难问题进一步积累财和物，积蓄力量。现代公司正是按照"先小后大、先易后难"的原则去解决问题，克服困难，从而一步步发展壮大。这也是创业者必须遵循的铁律。

思考题：

辛公甲的建议体现了怎样的逻辑思路？对创业者有何启示？

二十二、说林上第二十二篇

【原文】

纣为长夜之饮[1]，欢以失日，问其左右，尽不知也。乃使人问箕子。箕子谓其徒曰[2]："为天下主而一国皆失日，天下其危矣。一国皆不知而我独知之，吾其危矣。"辞以醉而不知。

【注释】

[1] 长夜之饮：不分昼夜地饮酒，白天也闭窗点烛，以日为夜。

[2] 徒：随从的人。

【译文】

纣王日夜饮酒，快乐得连日期都忘记了，问他身边的人，都不知道。于是派人问箕子。箕子对他的随从说："做天下的主子，而自己和左右的人都忘记了日期，国家就危险了。所有的人都不知道而只有我知道，我也就危险了。"便推辞说喝醉了而不知道日期。

管理启示：

民间有句俗语："跟着好人学好人，跟着巫婆下假神。"在管理职场上也有无以言明的现象，跟对了人，进步就快，前途光明；跟错了人，不但不能进步，也有可能毁掉自己的前程。纣王日夜醉酒的不良行为决定了其灭亡的结局，可悲的是其随从也都一丘之貉，连箕子也"难得糊涂"起来。

思考题：

职场上的进步，有一方面因素是取决于你跟随什么人。你是否认可这一观点？

二十三、说林上第二十三篇

【原文】

鲁人身善织屦[1]，妻善织缟[2]，而欲徙于越。或谓之曰："子必穷矣。"鲁人曰："何也？"曰："屦为履之也，而越人跣行[3]；缟为冠之也，而越人被发。以子之所长，游于不用之国，欲使无穷，其可得乎？"

【注释】

[1] 身：自己。屦：用草或麻之类编织的鞋子。
[2] 缟：生绢，可做帽子。
[3] 跣行：光着脚走路。

【译文】

有个鲁国人自己善于编鞋，妻子善于织绢，而想移徙到越国去。有人对他说："您必定要困窘了。"鲁国人说："为什么？"那人说："屦是穿在脚上的，而越人是光着脚走路的；生绢做的帽子是戴在头上的，而越人的头发是披下来的。带着您的特长到用不着它的国家中去活动，要想不困窘，怎么可能呢？"

管理启示：

鲁国人该不该到越国去，仁者见仁，智者见智。按照劝话人的理解，越国人没有穿鞋戴帽的习惯，所以鲁人的鞋帽根本没有市场。但是反向思考也可以认为，越国人没有鞋帽可供穿戴，因而市场广阔。所以，无论是改变人们的消费习惯和生活习惯，还是主动创造新供给，都是商机，企业应学会去发现，去利用。

思考题：

鲁国人该不该去越国，谈谈你的看法。

二十四、说林上第二十四篇

【原文】

陈轸贵于魏王[1]。惠子曰："必善事左右。夫杨，横树之即生，倒树之即生，折而树之又生。然使十人树之而一人拔之，则毋生杨。至以十人之众，树易生之物而不胜一人者，何也？树之难而去之易也。子虽工自树于王[2]，而欲去子者众，子必危矣。"

【注释】

[1] 陈轸：战国时人，纵横家。魏王：指魏惠王。
[2] 工：善于，长于。

【译文】

陈轸被魏惠王所尊重。惠子说："一定要好好事奉君主身边的侍从。杨树，横着栽能活，倒着栽能活，折断了再栽也能活。然而使十个人栽而一个人拔，就没有活的杨树了。用十人之多来种如此容易生长的东西却不能胜过一个人来拔，为什么呢？种起来难，拔起来容易啊。你虽然善于在君主面前树立自己，但企图赶走你的人很多，你一定危险了。"

管理启示：

惠子可谓是心理大师，把官场看得很透。陈轸如果做得好，是会受到魏惠王的赞扬和器重，相比较而言，其他人会失宠，心里失衡。于是陈轸忙于公务时，他人要么袖手旁观不予配合，要么故意拖后腿，甚至挖坑陷害。所以，陈轸既要处理好政务，又不能触犯他人利益，还得处理好与他人的关系，低调做人。现代职场也常常有类似现象出现，值得职场管理者深思。

思考题：

该文对你有何启发？

二十五、说林上第二十五篇

【原文】

鲁季孙新弑其君，吴起仕焉。或谓起曰："夫死者，始死而血，已血而衄[1]，已衄而灰[2]，已灰而土。及其土也，无可为者矣[3]。今季孙乃始血，其毋乃未可知也。"吴起因去之晋[4]。

【注释】

[1] 衄：枯缩，这里指血流尽后皮肉枯缩。

[2] 灰：指残骸。

[3] 为：作为，这里指作怪。

[4] 晋：魏的别名。

【译文】

鲁国的季孙刚刚杀了他的君主，吴起在鲁国当官。有人对吴起说："已经死了的人，刚死的时候出血，出血停止了就皮肉枯缩，皮肉枯缩完了之后就成了残骸，往后残骸就化成了土。到了化成了土，就不能作怪了。现在季孙刚刚把鲁君杀掉，往后的变化还不可知呢。"吴起因此离开鲁国来到魏国。

管理启示：

吴起是很有雄心的军事家、政治家、改革家，他想展示自己的才能，成就一番大业，于是出走他国。但是，成就大业需要一个稳定的政治环境，季孙新弑君，未来的政治、社会环境不明朗，所以，鲁国不具备这样的条件。对当今的职场人士而言，通过跳槽来实现自己的愿望是很正常的，但是跳槽前一定得先了解目标单位内部环境，包括内部文化氛围，再酌情做出抉择。

思考题：

跳槽前要先了解目标单位的内部环境的哪些方面？依据此文及管理启示谈谈你的认识。

二十六、说林上第二十六篇

【原文】

隰斯弥见田成子[1]，田成子与登台四望。三面皆畅[2]，南望，隰子家之树蔽之。田成子亦不言。隰子归，使人伐之。斧离数创[3]，隰子止之。其相室曰[4]："何变之数也[5]？"

隰子曰："古者有谚曰：知渊中之鱼者不祥。夫田子将有大事，而我示之知微[6]，我必危矣。不伐树，未有罪也；知人之所不言，其罪大矣。"乃不伐也。

【注释】

[1] 隰斯弥：人名，春秋时齐国大夫。

[2] 畅：没有遮蔽。

[3] 离：割，砍。

[4] 相室：家臣。

[5] 数：通"速"。

[6] 微：隐微，秘密。

【译文】

隰斯弥见田成子，田成子和他登上高台四望。三面都没有遮蔽，朝南望，隰斯弥家的树遮蔽了视野。田成子也不说。隰子回去之后，让人将树砍掉。斧子刚砍了几个伤口，隰子制止了。他的家臣说："怎么改主意这样快啊？"隰子说："古人有谚语说：知道深渊中的鱼的人不吉祥。田成子将要干大事，而我却显示知道他的隐微，我必定危险了。不砍树，没有罪；知道别人没有说出来的事，罪就大了。"于是就不砍树。

管理启示：

隰斯弥的心理认知可以分为四个层次来看。第一层，不管田成子是有意还是无意登高四望，隰斯弥都认识不到自家的树木挡住了田成子的视线，不会有任何思考，甚至会认为树木生长是自然现象而已。这是最朴素、最大众化、最低层次的认知水平。第二层，隰斯弥认识到了自家的树木遮挡了田成子的视线，但树木长在自己家，又不是故意遮挡，所以不会产生任何砍树的想法。这种认知水平高于第一层，脑子比第一层级的人聪明，但是人际关系处理方面比较自我，属于境界不高、格局较小的人，不会主动成人之美。第三层，脑子很聪明，处事灵活，善于察言观色，能舍弃小财小利；一旦面临晋升的关键机会，甚至能舍大利。这个层次认知水平的人，在职场上晋升的机会更多，而且能走得走远。第四层认知水平，认识道理却故意假装不知，不论在职场还是政场，只有处于金字塔顶端的极少部分人才具备这种能力，或者说，也只有这些人才需要这样的能力。装糊涂是为了隐藏自己的智慧和实力，故意麻痹对手，管理团队中这样的人是少数。

思考题：

1．如果你是职场上的领导，你希望你的下属是什么层次的认知水平？

2．你希望自己达到什么层次的认知水平？

二十七、说林上第二十七篇

【原文】

杨子过于宋东之逆旅[1]。有妾二人，其恶者贵，美者贱。杨子问其故。逆旅之父答曰[2]："美者自美，吾不知其美也；恶者自恶，吾不知其恶也。杨子谓弟子曰：行贤而去自贤之心焉往而不美？"！

【注释】

[1] 杨子：指杨朱，战国时魏国人，主张"贵生重己"，道家人物。

[2] 父：老年人，这里指客店的主人。

【译文】

杨朱经过宋国东部的客店。客店主人有两个妾，长得丑的地位尊贵，长得漂亮的地位卑贱。杨子问其中的缘故。客店的主人回答说："长得漂亮的自以为漂亮，我不觉得她漂亮；长得丑自以为丑，我不觉得她丑。"杨子对弟子说："做贤德的事而去除自以为贤德的想法，到哪里能不受到赞美呢？"

管理启示：

外在漂亮只是外表，店主人更看重内在美、心灵美。回归到对人生的价值判断上，就是品行优先。金玉其外、败絮其中的人，人人都不喜欢甚至包括自己的丈夫。那么，对于漂亮的小妾为什么外人只见其表不知其内，而其丈夫却恰恰相反呢？因为他们有共同的生活经历。为什么丈夫不休了她，还要留在家里？也许是店主为了家庭和谐而忍让，也许是自认漂亮的小妾的行为没有超越常人的底线，不至于招致店主休妻的惩罚。这个漂亮的小妾在现代职场上就是只会清谈、做表面文章的人。清谈的人虽然工作上不踏实，却有创造表面和谐的本事，一些场面上的事物需要这样的人出面协调。所以，他们虽然得不到公司重用，但是也不至于被辞退。但是，踏实肯干的人走的路更长。进一步地，如果有人凭借着华丽的外在表现欺骗了你、伤害了你，你应该这样反思：他拿自己做反面教材助我成长，避免今后受到更大的伤害，而不像店主一样必须忍耐着相处一辈子，相比较而言，就是值得的！

思考题：

内丑外美和内美外丑，你喜欢哪一种？

二十八、说林上第二十八篇

【原文】

卫人嫁其子而教之曰："必私积聚。为人妇而出[1]，常也其成居[2]，幸也。"其子因私积聚，其姑以为多私而出之[3]。其子所以反者，倍其所以嫁。其父不自罪于教子非也，而自知其益富[4]。今人臣之处官者，皆是类也。

【注释】

[1] 出：休妻，即把妻子赶出门，遣送回娘家。

[2] 成：终。

[3] 姑：婆婆。

[4] 知：通"智"。

【译文】

卫国有个人嫁女儿，教她说："一定要私自积蓄。做妻子的被休弃，是常有的事；共同生活到老，那是幸运。"他的女儿便私自蓄积；婆婆因为她私蓄太多而把她休弃。女儿带回来的财物，比出嫁时的嫁妆要多一倍。父亲不责备自己教导女儿的错误，反而觉得自己非常聪明，因为比以前更富有了。现在一般官吏做事，都是这一类。

管理启示：

养不教，父之过；教之错，谁之过？当父亲的不教育女儿专情于夫，生儿育女，勤俭持家，孝敬公婆，却教育她私藏钱财，留足后路，随时准备分手，把家庭生活商业化，把婚姻当合伙做生意，这是典型的奸商思维，本末倒置。也许这个卫人还暗自庆幸自己预言准确，聪慧多智，其实是害了女儿的人生。现实生活或工作中，这样的人也不少。对于如此"聪明"，世界观迥异的人，最好的办法就是敬而远之。因为与这种人，生活中做不了朋友，职场上办不了大事。

思考题：

1．你如何看待这个卫人教育女儿的方式？
2．职场上遇到如此"精算"的人，你如何应对？

二十九、说林上第二十九篇

【原文】

鲁丹三说中山之君而不受也[1]，因散五十金事其左右。复见，未语，而君与之食。鲁丹出，而不反舍，遂去中山。其御曰："反见[2]，乃始善我[3]，何故去之？"鲁丹曰："夫以人言善我，必以人言罪我。"未出境，而公子恶之曰[4]："为赵来间中山[5]。"君因索而罪之。

【注释】

[1] 鲁丹：人名，生平不详。
[2] 反：复。
[3] 乃始善我：才开始和我们交好。
[4] 恶：中伤。
[5] 间：侦探。

【译文】

鲁丹多次向中山国的君主进说都不被接受，于是便拿五十金分给君主左右亲近的人。再去进见，没有说话，君主就赐予酒食。鲁丹出来后，没回旅舍，便离开中山。他的车夫说："再次进见，君主已开始赏识我们，为什么要离去呢？"鲁丹说："他因为旁人的话赏识我，也一定会因为旁人的话诛罚我。"鲁丹还没有走出国境，中山的公子就谗毁他说："鲁丹是为赵国来做侦探的。"中山国君主就下令搜捕鲁丹治罪。

管理启示：

对于中山国国君是明君还是昏君暂不做评价，对鲁丹的智慧也不做褒奖，但鲁丹情急之下觐见国君的方式却有借鉴之处。现代企业管理中，免不了想让上级领导了解你的想法。一个办法是直面陈述，这种方式很突兀，有可能弄巧成拙。另一个办法是像鲁丹那样，借助领导身边的人为你说话，不妨可以借鉴，但鲁丹行贿的做法在反腐日严、风气日正的当今不可取。

思考题：

你如何看待鲁丹觐见中山君的方式及之后离开的做法？

三十、说林上第三十篇

【原文】

田伯鼎好士而存其君[1]，白公好士而乱荆。其好士则同其所以为则异。公孙友自刖而尊百里[2]，竖刁自宫而谄桓公[3]。其自刑则同，其所以自刑之为则异。慧子曰[4]："狂者东走[5]，逐者亦东走。其东走则同，其所以东走之为则异。"故曰：同事之人，不可不审察也[6]。

【注释】

[1] 田伯鼎：人名，事迹不详。存其君：挽救他的君主。

[2] 公孙友：人名，生平不详。一说即公孙枝，秦穆公的宗室大臣。

[3] 竖刁：齐桓公的年轻侍从。

[4] 慧子：即惠子、惠施。

[5] 狂者：精神失常的人。

[6] 审察：周密考察。

【译文】

田伯鼎喜欢养士而保全了君主，白公胜喜欢养士而扰乱了楚国。他们喜欢养士是相同的，但是养士的用意就不同了。公孙友砍掉自己的脚而推举百里奚，竖刁自我阉割而诌媚齐桓公，残毁自己的身体是相同的，但残害身体的用意就不同了。惠子说："狂人向东跑，追赶的人也向东跑，向东跑是相同的，但是向东跑的用意就不同了。"所以说：对于做同样事的人，也不能不详加考察啊。

管理启示：

文中举例田伯鼎、白公胜养士和公孙友、竖刁自残来说明有一类人，其做事的内在目的与其外在形式是不一样的，当他的不良目的达到以后，人们才发现真相，但为时已晚。这类人就是《皇帝的新装》童话故事中古代中国版的骗子，装模作样在制衣，实际在为行骗而造假。类似这样的人在现代企业管理中有两种现象：第一，这种人每天和大家一样打卡上班，每月一样在领取工资，但上班后无所事事。究其原因，有些是因为岗位职责虚化，这类人也就"乘虚而入"，主动匹配自己，也有些是因为自己有背景、老资格。这第一种现象在国有单位较常见。第二，年终部门工作总结，很多部门把日常工作总结成了亮点，好像部门人员很努力，部门领导很能干，其实他PPT上总结的，嘴上夸夸其谈的与实际做的根本不是一回事，或者说有点言过其实。这两类现象都是实际目的（效果）与外在形式不一致的表现，对单位没有任何好处。对此"同事之人"企业高层"不可不审察也"。

思考题：

对于文中"同事之人"，如果你是公司高管，你将如何考察、如何防范、如何对待？

第七节　说　林　下

一、说林下第一篇

【原文】

伯乐教二人相踶马[1]，相与之简子厩观马[2]。一人举踶马[3]。其一人从后而之[4]，三抚其尻而马不踶[5]。此自以为失相。其一人曰："子非失相也。此其为马也，踒肩而肿膝[6]。夫踶马也者，举后而任前[7]，肿膝不可任也，故后不举。子巧于相踶马而拙于任肿膝。"夫事有所必归[8]，而以有所肿膝而不任，智者之所独知也。惠子曰[9]："置猿于柙中[10]，则与豚同[11]。"故势不便，非所以逞能也。

【注释】

[1] 踶（dì）：踢。提马：一种烈性的马，常用后蹄踢人。

[2] 相与：一起。简子：指赵简子，春秋末期晋国执政的卿。

[3] 举：选。

[4] 循：抚摸。

[5] 尻：屁股。

[6] 蹞（wō）肩：马前腿的筋骨跌伤。肿膝：膝部肿大。

[7] 举：抬起。任：承担，支撑。

[8] 归：归结，指事情发生的根源。

[9] 惠子：即惠施，战国时宋国人，名家代表人物，曾任魏惠相。

[10] 柙（xiá）：关野兽的木笼。

[11] 豚（tún）：小猪。

【译文】

伯乐教两个人识烈马，一起到赵简子的马厩中去看马。一个人选中了一匹常用后蹄踢人的马。另一个人从后面去抚摸它，三次抚摸它的屁股马都没有踢人，选马的人自以为观察错了。另一个人说："你并没有选错，这匹马前腿摔伤而膝部肿起来了。凡是踢人的马，抬起后腿而要靠前腿支撑身体的重量，这匹马由于膝部肿大不能承担全身的重量，所以后腿抬不起来。你善于识别烈马而不懂得马的前膝肿大不能支撑全身的道理。"事情的发生都有一定的原因，因为前膝肿大而不能承担身体重量这样的原因，只有聪明的人才能知道。惠施说："把猿关在木笼中，就和小猪是一样的。"所以，形势不利就没有办法表现才能。

管理启示：

伯乐教两人识烈马的故事给人两点启示。其一，看问题应当动态地、多角度审视，这也是对企业管理者的要求。烈马后蹄踢人靠前腿负重，前腿伤肿已不能负重，情况已发生变化，后蹄也无法踢人，但仍然是烈马，等前腿伤肿清退，后腿还能抬起踢人。能踢—不能踢—能踢，识马人没有注意到这种动态变化，所以得出错误结论。另外，识马人只关注到了后腿能踢人，而不注意前腿也在发挥作用。只从单一视角看问题，很容易造成结论错误。其二，如果把识马人看作人才，人才要能充分发挥潜能，是需要条件的。马的前腿健康这一条件具备了，识马人自然也能慧眼识烈马，否则如果条件不具备，即使像猿一样机灵，没有自由的空间，被关进笼子后也会像猪一样愚钝。

思考题：

如果你将来从事管理工作，从这则"识烈马"的故事中能受到哪些启发？

二、说林下第二篇

【原文】

卫将军文子见曾子[1]，曾子不起而延于坐席[2]，正身于奥[3]。文子谓其御曰[4]："曾子，愚人也哉！以我为君子也，君子安可毋敬也？以我为暴人也，暴人安可侮也？曾子不谬[5]，命也。"

【注释】

[1] 卫将军文子：即公孙弥牟，字子之，卫灵公的孙子，曾任卫国将军，谥文子。曾子，即曾参，孔子的弟子。

[2] 延：请，引导。

[3] 奥：正室的西南角，古时为座席中的尊位。

[4] 御：驾车的人。

[5] 谬：通"戮"，杀，刑戮。

【译文】

公孙弥牟见曾参，曾参不起身请他入座，自己端坐在尊位上。公孙弥牟对自己的驾车人说："曾子，是一个愚蠢的人啊！如认为我是君子，对君子怎么可以不尊敬呢？如认为我是残暴的人，对残暴的人怎么可以侮辱呢？曾参不被杀，算他命好。"

管理启示：

常言说"士可杀不可辱"，古今中外皆如此。有时人们把尊严看得比生命更重要。受到侮辱，有的人抱着"忍一忍，多一事不如少一事"的态度，会用"退一步海阔天空"来安慰自己；但很多人在受辱之后会表现得生气、愤怒，甚至会用语言反击和行为反击，受辱进一步升级之后还有可能酿成案件。所以平等、礼貌待人是做人最起码的原则，公孙弥牟对曾参的评价是正确的，可惜曾参听不到。管理工作中，如果下属做错事，上级领导也应该按制度规定，从工作角度出发诚恳指出来，令其改正即可，千万不能用侮辱性语言指责，否则不但降低了自己的素质和水平，还有可能招来反击，伤害到自己。

思考题：

1．作为上级领导，你的下属做错事你应该怎么对待他？

2．如果因被冤枉而受到侮辱性指责或批评，你如何对待？

三、说林下第三篇

【原文】

鸟有翢翢者[1]，重首而屈尾[2]，将欲饮于河，则必颠[3]，乃御其羽而饮之。人之所有饮不足者，不可不索其羽也[4]。

【注释】

[1] 翢：古代的一种鸟名，羽毛青黑色。

[2] 重首：头部大。屈尾；短尾，秃尾。

[3] 颠：跌倒，栽跟斗。

[4] 羽：羽毛，这里比喻党羽、伙伴。

【译文】

有一种叫翢翢的鸟，头重而尾巴秃，如果到河边饮水，就会栽进河里，于是需要另一只鸟衔着它的羽毛才能够饮水。人们有欲望不能满足的，不能不寻求伙伴来帮助自己。

管理启示：

此文用翢翢饮水表达了一种万物互联的哲学思想。"天生我材必有用"这句话适合人人自勉，说明人人都有社会价值，人与人之间要互相帮助，不要轻视、敌视他人。试想，在大规模的、势不可挡的自然灾害面前，你是愿意与对手甚至敌手携手共同逃过灾难,还是撒手独行,各自面临死亡威胁?所以在管理工作中遇到意见相左或矛盾冲突时,当事者要放宽胸襟,善于沟通,与人为善,团结协作,共同努力,才能把工作做得更好。

思考题:

1. 从翢翢饮水中你能受到什么启发?
2. 回想一下曾经在关键时刻帮助过你的人,怎样感谢他?

四、说林下第四篇

【原文】

鳣似蛇[1],蚕似蠋[2]。人见蛇则惊骇,见蠋则毛起。渔者持鳣,妇人拾蚕,利之所在,皆为贲、诸[3]。

【注释】

[1] 鳣:通"鳝",黄鳝。
[2] 蠋(zhú):毛虫。
[3] 贲、诸:指孟贲、专诸。孟贲是春秋时卫国人,专诸是春秋时吴国人,两人都是著名的勇士。

【译文】

黄鳝像蛇,蚕像毛虫。人们看见蛇就惊骇,看见毛虫就汗毛竖起。可是渔夫抓黄鳝,养蚕的妇女拾蚕,因为有利益,所以都像孟贲、专诸一样勇敢。

管理启示:

趋利避害是人的天性,蛇和毛虫有害于人,所以我们要躲避它;黄鳝和蚕有益于人,所以人们趋向于它。了解了人们的这种普遍性心理,在管理工作中便懂得如何进行制度设计和落实,例如奖优罚劣就是具有很强的针对性的措施,但关键是要落实好,才能真正产生管理成效。单纯讲奉献和忠诚,管理目标就难以实现。

思考题:

管理工作如何利用好人们的趋利避害心理?

五、说林下第五篇

【原文】

伯乐教其所憎者相千里之马,教其所爱者相驽马。千里之马时一[1],其利缓[2];驽马日售,其利急[3]。此《周书》所谓"下言而上用"者,惑也[4]。

【注释】

[1] 时一:多时才有一匹,指很少见。
[2] 利缓:得利慢。
[3] 利急:得利快。
[4] 《周书》:即《逸周书》,今存本已残缺。下言:指适合于一时一地的话。

【译文】

伯乐教他憎恶的人相千里马,教他喜爱的人相一般的马。千里马很长时间才能碰到一匹,不容易得利;普通的马每天都有人买,得利快。这就是《周书》上所说的:"把只适用于一时一地的话当作普遍适用的意见来采用,是一种迷惑。"

管理启示：

识马的技能不具有普遍的适用价值，有些技能适用于识别千里马，有的适用于识别一般马，而两种技能的获利多少有很大的差别。所以，要想通过识马获利，必须要明白需要掌握哪一种识马技能，而不是笼统地认为掌握了识马的技能便能轻松获利。实际工作中常常举办的经验交流会如同教人识马，不同的是，伯乐很清楚不同的马有不同的识别技术，而经验交流会的组织者很多时候会认为，只要把成功的经验介绍出去便能产生新的效果。其实，成功的经验是有前提条件的，只有前提条件具备，这些经验的做法才能异地生花。也就是说，所谓的成功经验与识马技能一样，并非放之四海而皆准，切莫把经验之谈当作普遍适用的法宝，最终迷惑了自己。

思考题：

开一场经验交流会，假如你是主持人，会议的结尾你怎么提示参会人员？

六、说林下第六篇

【原文】

桓赫曰[1]："刻削之道，鼻莫如大，目莫如小。鼻大可小，小不可大也；目小可大，大不可小也。"举事亦然。为其后可复者也[2]，则事寡败矣。

【注释】

[1] 桓赫：人名，生平不详。

[2] 复：重复，引申为补救。

【译文】

桓赫说："雕刻的原则，是鼻子不如先雕得大一些，眼睛不如先雕得小一些。鼻子雕得大可以修小，雕得小就不能修大了；眼睛雕得小可以修大，雕得大就不能修小了。"做事情也是如此。做以后还可以补救的事，事情就很少失败了。

管理启示：

桓赫提出的"雕刻的原则"实际上是一种工作思路。实际工作中凡是行动之前思路清晰的，工作起来就很有章法，见效也快；凡是思路不清者，就无从下手，不知所措，甚至不断返工，造成人力、物力浪费，结果是事半功倍，或者根本就无法取得预期效果。

思考题：

1. 企业召开新年伊始的工作布置会，所有部门都要参加。领导把会议组织的任务交给你，你怎么组织好这次会议？谈谈你的思路。

2. 远方有个多年未见的同窗好友到你的家乡游玩，你的工作却很忙。既不能影响工作，又不能怠慢同学，你怎么接待他？谈谈你的思路。

七、说林下第七篇

【原文】

崇侯、恶来知不适纣之诛也[1]，而不见武王之灭之也。比干、子胥知其君之必亡也，而不知身之死也。故曰："崇侯、恶来知心而不知事，比干、子胥知事而不知心。"圣人其备矣[2]。

【注释】

[1] 崇侯：指崇侯虎，商纣王宠信的大臣。恶来：人名，商纣王的近臣。适：适应，顺从。

[2] 备：全备。

【译文】

崇侯、恶来懂得不顺从纣王会遭到诛杀，却看不到武王会把纣王灭掉。比干、子胥知道自己的君主必然败亡，却不知道自己会被杀害。所以，崇侯、恶来知道君主的心理而不知道国家的兴亡，比干、子胥知道国家的兴亡而不知道君主的心理，圣人就全部都能知道。

管理启示：

像崇侯、恶来、比干、子胥这些君王身边的大臣，智慧远超一般百姓，但崇侯与恶来看不透国家的前途，比干与子胥把握不了自己的命运，那么普通人就更不要自诩聪明，甚至耍小聪明了。因此，日常工作中，企业各级管理人员及员工都应当踏踏实实，谦虚低调，不断学习新的知识，持续提升工作能力。

思考题：

深思一下自己的优点、优势有哪些，未来如何发挥？自己还有哪些不足，如何克服？

八、说林下第八篇

【原文】

宋太宰贵而主断[1]。季子将见宋君[2]，梁子闻之曰[3]："语必可与太宰三坐乎[4]？不然，将不免。"季子因说以贵主而轻国。

【注释】

[1] 宋太宰：疑指戴欢。贵而主断：地位尊贵而处事专断。

[2] 季子：人名，生平不详。

[3] 梁子：人名，生平不详。

[4] 三坐：指君主、太宰、季子三人坐在一起。

【译文】

宋国的太宰地位尊贵而处事专断，季子将要去见宋君，梁子听到后说："你说话一定要如君主、大宰和你三人都在场时说的一样，不然的话，你将免不了要遭殃。"季子因此进说尊重君主和少操劳国家事务的意见。

管理启示：

"宋太宰贵而主断"给人两点启示。启示之一，首先谈谈专断与公司决策制度。太宰位居一人之下万人之上，并非绝对权威，但是君下之臣竟然贵而专断，还有人愿意拜见他，说明他能耐非凡。其实，专断之人，人之专断，古今皆有。专断存在的原因，一方面性格使然，也就是有些人天然性格就爱专断；另一方面是制度设计使然，制度为专断之人提供了平台，且制度原因是第一位的。没有制度平台，专断的权力只能在家里使用，在社会上无法施展。专断一词听起来令人压抑，但专断也有优点，就是决策行动力高，行动迅速，特别是紧急情况，没有时间与他人商量的情况下尤其适用。专断对大多数人的好处是一人决策一人当，其他执行人员无需承担决策责任。专断不足之处是独断专行，听不进意见和建议，可能会决策不周，可能为自己牟私利等。但是专断之人如果能大公无私、智慧超人、能力极强，就很适合专断制度。可惜的是这种人像伯乐一样不常有，古代百年一遇的治世贤君可以算是吧。所以现代企业在决策制度的设计上要两方面兼顾，那就是民主集中制。启示之二，谈谈职场上的交流与沟通。梁子对季子的提醒是基于"宋太宰贵而主断"，但即使现代职场上有些企业、部门、场合、环境不存在"宋太宰"现象，从对个人的品质要求、工作要求角度看，职员之间坦诚相待，相互之间言而有信、言而有实、言行一致，才能营造和谐默契的工作氛围，提高工作效率。

思考题：
1. 存在专断的原因是什么？
2. 专断有哪些缺点？现代企业决策制度设计应如何对专断扬长避短？
3. 你如何理解职场上人与人之间的坦诚相待和言行一致？

九、说林下第九篇

【原文】

杨朱之弟杨布衣素衣而出[1]。天雨，解素衣，衣缁衣而反[2]，其狗不知而吠之。杨布怒，将击之。杨朱曰："子毋击也，子亦犹是。曩者使女狗白而往[3]，黑而来，子岂能毋怪哉？"

【注释】

[1] 杨朱：战国初期魏国人，道家人物。
[2] 缁：黑色。
[3] 女：通"汝"。

【译文】

杨朱的弟弟杨布穿着白衣出门。天下雨了，脱下白衣穿上黑衣回家，他的狗不认识他而狂吠。杨布发怒，将要打狗。杨朱说："你不要打它，你自己也是这样。假如你的狗出去是白色，回来之后变成了黑色，你难道能不奇怪吗？"

管理启示：

杨朱的比喻有点好笑，他与弟弟的关系如何，弟弟是怎样的人，文中没有交代，但是他的比喻却提示人们，对于事物的突变、忽变、快变，"狗之不适，人亦同此"。现代企业管理制度和政策的朝令夕改，如同素衣而出，缁衣而归，狗之不适当面吠之，人之不适背后议之。对犬吠人议之事，决策者不应当怒狗怨人，而应当反思下自己素缁频变之错。

思考题：

请举例说说，企业、单位哪些政策的朝令夕改会引起员工不适，引起哪些方面的不适，员工有可能做出哪些反应？

十、说林下第十篇

【原文】

惠子曰："羿执决持扞[1]，操弓关机[2]，越人争为持[3]。弱子扜弓[4]，慈母入室闭户。故曰：'可必[5]，则越人不疑羿；不可必，则慈母逃弱子。'"

【注释】

[1] 决：古代射箭时戴在右手大拇指上的拉弦用具。扞（hàn）：古代射箭时戴在左手臂上的一种皮质袖套。

[2] 关：牵引。机：弩牙，发射箭的扳机。

[3] 的：箭靶。

[4] 弱子：小孩子。扜（yū）：拉，引。

[5] 可必：一定射中目标的意思。

【译文】

惠子说："羿套上决戴上扞，拿起弓拉开机，关系疏远的越国人争着为他拿靶子。小孩子拉弓射箭时，慈母都要躲进屋里关起门来。所以说：'一定射中目标，那么越人也敢去举箭靶而不怀疑会射到自己；不一定射中目标，就是慈爱的母亲也要躲避拉弓的孩子。'"

管理启示：

文中着重强调射箭的技术水平决定着旁人对射手的信任程度，实际射箭时还有一个道德因素。孩子肯定是不会主动射杀自己的母亲，但射箭水平不敢如此保证，这里只需强调技巧而道德则由亲情代替，不必多虑。羿与越人不但没有亲情血缘，关系还很疏远，越人仍要为他射箭举靶，说明羿这个人的射箭技能和道德都令人放心，既不会因射偏而造成误杀，也不会主动射杀越人。有德无才，亲人可以包容，但对你的能力不会盲目相信；有才无德，人人都会躲避；德才兼备之人，任何时候、任何场合都能令人放心，也会为自己赢得更多机会。

思考题：

谈谈你生活中遇到的有才无德的现象以及德才兼备之人的故事。

十一、说林下第十一篇

【原文】

桓公问管仲[1]："富有涯乎[2]？"答曰："水之以涯[3]，其无水者也；富之以涯，其富已足者也。人不能自止于足，而亡其富之涯乎！"

【注释】

[1] 桓公：指齐桓公。

[2] 涯：边际。

[3] 以：至，及。

【译文】

齐桓公问管仲："富有边际吗？"管仲回答说："水的边际，就是无水的地方；富的边际，就是富到已经满足的地步了。人没有满足于富足的时候，那富就没有边际了吧！"

管理启示：

常言说"人心不足吞蛇象"。管仲用"水之边际即无水"来反喻，人如果没有满足感，那么对财富的欲望将永无止境。对话体现了管仲个人的财富观、人生观。齐桓公能不计前嫌重用管仲成就霸业，除了对管仲能力的信任之外，管仲其他品行包括财富观也必然是重要参考因素。所以，职场上私心太重、利欲熏心的人要多加提防。

思考题：

1. 查阅资料，了解管仲其人及其分金的故事。
2. 谈谈你对管仲财富观的认识以及你自己的财富观。

十二、说林下第十二篇

【原文】

宋之富贾有监止子者[1]，与人争买百金之璞玉，因佯失而毁之[2]，负其百金[3]，而理其毁瑕[4]，得千溢焉[5]。事有举之而有败[6]，而贤其毋举之者，负之时也。

【注释】

[1] 贾：商人。监止子：人名，生平不详。

[2] 佯失：佯装失手。

[3] 负：赔。金：古代金属货币计算单位，一金为一镒。

[4] 理：雕琢。瑕：玉上的斑点。

[5] 溢：同"镒"，一镒为二十两或二十四两。

[6] 举：办，做。

【译文】

宋国有个叫监止子的富商，和别人争买价值百金的璞玉，假装失手把璞玉跌坏，赔了百金，而他修治了损坏的地方，出卖了千金。事情有做失败了的，因而就认为不做更好，这是只看到赔钱的时候，没有看到以后可能得大利。

管理启示：

监止子买璞玉的故事给人两点启示，其一，学会辩证看待问题，坏事未必全坏，也许暗含着机会，也许是帮你止损。现代企业无论内部管理还是对外经营莫不如此。大环境不好，人人受损，但总有人能找到商机。其二，监止子用智慧营商。试想，他对璞玉极其看好，志在必得，如果采取强行霸市、强买强卖的办法，必然产生不良影响甚至是恶性后果，最终到手的宝贝可能是得不偿失。他的做法非常智慧，利己而不损人，值得思考。

思考题：

请列举一些例子，一些人或企业是如何在环境不利的情况下寻找到商机的。

十三、说林下第十三篇

【原文】

有欲以御见荆王者，众驺妒之[1]。因曰："臣能撽鹿[2]。"见王。王为御，不及鹿；自御，及之。王善其御也，乃言众驺妒之。

【注释】

[1] 驺：养马的人。

[2] 撽（qiào）：击，打。

【译文】

有个想凭自己驾车的技能求见楚王的人，好多马夫嫉妒他。他于是说："我能追打奔跑的鹿。"进见了楚王。楚王驾驭车马，赶不上鹿；他自己驾驭车马，就赶上鹿了。

楚王称赞他驾驭的技巧，他才说明那些马夫嫉妒他。

管理启示：

该文给人一点启示和一个反思。常言说"技多不压身"，意思是一个人掌握多门手艺，只能给带来机会而不会成为你的负担。此人凭借驾车追鹿的本领就获得了楚王的赞美，也意味着今后可能被聘用，为自己赚得一个公差，混一口公家饭吃。但"王善于御"之后他"乃言众驺妒之"，显然不会给自己谋取官饭的机会加分，楚王会怎么想呢？可能的想法包括：此人有才，遭嫉妒对他是不公平的，要同情他，重用他；此人心胸不宽，太计较别人对他的嫉妒；此人在故意炫耀自己的车技；此人得势会更加傲视那些嫉妒之人；别人嫉妒你，真的吗；需要继续观察，多方面更加深入了解此人；凡人之言，耳旁风，无需当真，哪一种想法可能性更大呢，哪一种想法对他有利？

思考题：

1．此人最后的话能给他增加印象分吗？
2．如果你是楚王，你怎么看待此人？

十四、说林下第十四篇

【原文】

宫有垩[1]，器有涤[2]，则洁矣。行身亦然，无涤垩之地则寡非矣。

【注释】

[1] 垩：白土，引申为涂抹白色。
[2] 涤：洗。

【译文】

宫墙涂上白色，器具用水冲洗，就洁净了。修身处世也是这样，到不再需要洗涤和涂白的地步时，过错就少了。

管理启示：

人人都有不足和缺点，文中用"宫有垩，器有涤，则洁"来比喻，通过修身可以克服不足和缺点，最终少犯错误。初到职场的年轻人也是这样，思想和言行会有很多不足，外界和上级领导要给予宽容和谅解，同时通过教育、引导"器涤洁之"。作为年轻人自己更要谦虚谨慎，不断地学习和反躬自省，主动地"以器涤之"。经过一段时间的历练，不断改错纠错，他们都能成为企业的栋梁，承担起更大的社会责任。

思考题：

为了自己更快地成长、少犯错，你是如何自我修身的？

十五、说林下第十五篇

【原文】

公子纠[1]将为乱，桓公使使者视之。使者报曰："笑不乐，视不见，必为乱。"乃使鲁人杀之。

【注释】

[1] 公子纠：春秋时齐襄公的弟弟，桓公的哥哥。公子纠与桓公争位失败，在鲁国活动伺机报复。

【译文】

公子纠将要作乱，桓公派使者去察看他。使者报告说："笑而不快乐，视而不见，肯定要作乱。"于是让鲁国人杀了他。

管理启示：

桓公使使者视公子纠，表明桓公警惕性强，做事缜密，对任何危及政权的人和事都要明察秋毫，哪怕是亲兄弟也不放过，说明他有很强的风险意识，而使者根据"笑而不乐，视而不见"这些表象准确地看透本质，说明使者极其聪慧。现代企业管理也应当有风险意识，时常关注宏观环境、行业环境和市场环境变迁可能对企业造成的冲击和风险威胁。一旦发现有风险苗头，就应当未雨绸缪，主动应对。这一职能可以由企业战略规划部门负责，从事这一岗位工作的应当是有专业背景并具有丰富经验的专门人才，如同文中说的使者一样，能透过现象看清本质。

思考题：

1．你认为现代企业是否有必要设置专属部门和人员对企业外部环境进行风险分析？为什么？

2．举例说明外部环境的哪些变化会对企业造成风险冲击。

十六、说林下第十六篇

【原文】

公孙弘断发而为越王骑[1]，公孙喜[2]使人绝之，曰："吾不与子为昆弟矣。"公孙弘曰："我断发，子断颈而为人用兵[3]，我将谓子何？"周南之战[4]，公孙喜死焉。

【注释】

[1] 公孙弘：战国时魏国人。断发：剪短头发。当时中原各国的风俗是留长发，而越国的风俗是剪短发。骑：骑士，骑马的随从。

[2] 公孙喜：战国时魏国将领。

[3] 断颈：比喻卖命。

[4] 周南：东周王朝国都王城的南面，指伊阙山，位于今河南洛阳市南。公元前293 年，韩釐王派魏将公孙喜率领韩、魏、西周三国联军，在王城南伊阙山下与秦将白起交战，结果大败，公孙喜被杀。

【译文】

公孙弘剪断自己的头发做越王的骑士，公孙喜派人宣布与他断绝关系，说："我不与你做兄弟了。"公孙弘说："我剪短头发，而你冒着折断脖颈的危险为人带兵打仗，我将说你什么呢？"在周南之战中，公孙喜战死了。

管理启示：

人各有志，对于公孙弘和公孙喜各自的选择，孰是孰非也不能妄下结论。公孙弘是投敌叛国吗？公孙喜是保家卫国，为义而死吗？需要经过分析再进行判断似乎更客观。公元前 400 年前后，魏文侯主政下的魏国经过李悝和吴起两次变法，成为战国七雄中最早图强的国家。但是经过马陵之战和桂陵之战两次战役，魏国开始由强渐弱，至公元前 300 年前后，在强大的秦国和赵国面前魏国更不能提当年之勇了。魏国与越国并非邻国，因此非敌也非友，所以公孙弘断发赴越为将，只能叫另谋高就，难定投敌叛国的性质。

公孙喜因此与之断交，实属个人义气而已。公孙喜在周南之战中战死，是为合纵抗秦而死，但从国家统一角度看，并非为了周王朝的统一。借用公孙弘的话"我将说你什么呢？"。该文启示我们，同一问题从不同角度判断会得出不同结论，所以管理工作中遇到问题应从多角度全面分析，再做出判断和得出结论。

思考题：

你如何看待公孙弘和公孙喜各自的行为？

十七、说林下第十七篇

【原文】

有与悍者邻，欲卖宅而避之，人曰："是其贯将满矣[1]，子姑待之。"答曰："吾恐其以我满贯也。"遂去之。故曰："物之几者[2]，非所靡也[3]。"

【注释】

[1] 贯：穿钱的绳子。

[2] 几：危险，紧要。

[3] 靡：迟缓，拖拉。

【译文】

有个人与凶暴的人做邻居，想卖掉自己的住宅而避开他。有人说："这个凶暴的人将恶贯满盈了，你暂且等待一下。"那人回答说："我恐怕他害了我才恶贯满盈。"于是离开了此地。所以说："事情到了紧要的关头，不应该拖拉。"

管理启示：

古人云"多行不义必自毙"。"多"是摊到不确定的百姓头上的，恶人的"不义"就是百姓的恶果，任何人也不愿莫名其妙、无怨无悔地承担。常言说"惹不起躲得起"，所以邻居以搬家的方式躲避恶邻是正确的决策。旁人的劝说是指望恶邻恶贯满盈后受到法律的制裁，邻居便可平安无事，没有考虑到"满盈"中可能包括了这个邻居。所以，对风险应及时躲避，企业经营管理亦是如此。关键是这个"及时"，对企业来说是指恰当的时机，并非越早越好。过早躲避风险，可能使企业失去当下的市场利益，而行动迟缓则有可能遭遇风险。所以说，何为"及时"，应由具有丰富经验和专业知识的专门人才来做出准确判断。

思考题：

搬家虽然能躲避风险，但也会造成损失。对于恶邻行恶发生概率不确定的情况，你怎样选择，搬家走人还是听从建议忍耐并等待？

十八、说林下第十八篇

【原文】

孔子谓弟子曰："孰能导子西之钓名也？[1]"子贡曰[2]："赐也能。"乃导之，不复疑也。孔子曰[3]："宽哉，不被于利！洁哉，民性有恒！曲为曲，直为直。"孔子曰："子西不免。"白公之难[4]，子西死焉。故曰："直于行者曲于欲。"

【注释】

[1] 导：开导，劝谏。子西：春秋时楚平王的庶弟，昭王、惠王时任令尹。钓：取。

[2] 子贡：即端木赐，春秋时卫国人，孔子的门徒，以善于言辞著称。

[3] 孔子：王先慎说，"孔子"当是"子西"之误。

[4] 白公：名胜，楚平王的孙子，太子建的儿子。太子建被害死之后，他逃奔到吴国，不久被子西召回，安置在白邑，号为白公。公元前479年，发动政变，杀令尹子西，废楚惠王。

【译文】

孔子对弟子说："谁能劝谏子西的沽名钓誉呢？"子贡说："我能。"于是子贡便去开导子西，不再怀疑。子西说："我胸怀宽广，不会被利益所诱惑！我品德纯洁啊，性情中有持久不变的原则。曲的就是曲的，直的就是直的。"（拒绝子贡的开导）孔子说："子西免不了要受祸。"白公叛乱，子西死于此事。所以说："表面上行为刚直的人会屈从于个人的欲望。"

管理启示：

贪得无厌可用于描述贪官污吏，欲无止境则适用于所有人。欲望的无厌和无止境是人的需求层次划分的基本假设前提。不合理不合法的欲望需要靠内在的道德和外在的法律去约束，合理合法的欲望要靠智慧进行风险判断后做出选择。在面临不良后果时，外界的劝说和教育对遏制这两种欲望都有警示作用，效果如何要看"欲望主体"本身的接受程度。可惜的是内外在手段在子西那里都遭遇"刹车失灵"，他最终死于白公叛乱。企业管理与决策，既要有道德和法律的约束机制，也要广纳善言，方能获得平安，做出正确选择。

思考题：

1. 欲望在个人行为和企业决策中起着内因作用，如何通过"节欲"和"止欲"在"获利"和"风险"之间求得平衡点？

2. 请列举一些"企业因贪得无厌、唯利是图而违德或违法并承担风险后果和损失"的例子，谈谈你的看法。

【原文】

晋中行文子出亡[1]，过于县邑。从者曰："此啬夫[2]，公之故人。公奚不休舍[3]，且待后车？"文子曰："吾尝好音，此人遗我鸣琴；吾好佩[4]，此人遗我玉环，是振我过者也[5]。以求容于我者[6]，吾恐其以我求容于人也。"乃去之。果收文子后车二乘而献之其君矣。

【注释】

[1] 中行文子：即荀寅，晋国执政的六卿之一。中行是以官为姓氏，文子是谥号。公元前490年，中行文子与范吉射攻赵鞅失败，逃往齐国。

[2] 啬夫：约束官吏的官。

[3] 休舍：指在啬夫家休息。

[4] 佩：古代衣带上佩带的玉饰。

[5] 振：助长。

[6] 求容：求得好感。

【译文】

晋国的中行文子出逃，经过县城。他的随从说："这里的啬夫，是您的故人。您为什么不在他家里休息一下，姑且等一下后面的车子？"文子说："我曾经喜欢音乐，这个人就赠送我很好的琴；我喜欢衣带上的佩饰，这个人就赠送我玉环，这是助长我的过失。求得我对他好感的人，我怕他会利用我去求得别人的好感。"于是离开了。啬夫果然把文子后面随从的两辆车子没收下来，献给他的主子。

管理启示：

文中所说啬夫及其行为应引起管理者尤其是手握权力的管理者的警觉。这类人在日常工作中很常见，为了自己的私利，对当权者投其所好，一旦你失势，他马上装作路人一样陌生，甚至把你当作砝码来换取自己的私利。当权者只有洁身自好，修身守法，自觉远离官场或职场上的歪风邪气，才永远不会招致此啬夫之流的摆弄和落井下石。

思考题：

试想你的身边是否有"此啬夫"之人？你如何看待此类人的投机行为？

十九、说林下第十九篇

【原文】

周趮谓宫他曰[1]："为我谓齐王曰：'以齐资我于魏，请以魏事王。'"宫他曰："不可，是示之无魏也[2]。齐王必不资于无魏者，而以怨有魏者。公不如曰：'以王之所欲，臣请以魏听王。'齐王必以公为有魏也，必因公。是公有齐也，因以有齐、魏矣。"

【注释】

[1] 周趮（zào）：人名，生平不详。宫他：人名，生平不详。

[2] 示：表示。

【译文】

周趮对宫他说："替我对齐王讲：用齐国的力量帮助我在魏国取得权位，让我拿魏国侍奉齐王。"宫他说："不可以！这样就向齐王暴露了您在魏国没有权位。齐王必定不帮助在魏国没有权位的人，而和在魏国有权位的人结下怨仇。您不如说：'依大王的要求，我请求拿魏国听命于大王。'齐王必定认为您在魏国是有权位的，肯定依从您。这样你有了齐国的帮助，在齐国和魏国就都有了权位。"

管理启示：

周趮和宫他两人的目的一样，但说法不同，异曲但不同工。为什么宫他的说法更能打动齐王？因为宫他懂得齐王的心理和需求，换一种说法，不但掩盖了周趮的弱势无权，反而虚张声势地给齐王以"大权在握"的假象，同时又切合齐王的要求，自然能轻松获得齐王的信任和支持。这种一语三关的说话方式达到了空手套白狼的目的。人们常说"会说话能当银钱使"，表面上看是在谈论说话方式问题，实际上是在说思维方式问题。说话时适当考虑对方的立场，更容易获得对方的认同。职场上的管理者和商场上的商务谈判人员应多多进行这方面的思维训练。

思考题：

1. 宫他的说法精妙在哪些方面？
2. 设想一些案例，分析一下不同的说话方式会产生哪些不同的效果。

二十、说林下第二十篇

【原文】

白圭谓宋大尹曰[1]："君长自知政[2]，公无事矣。今君少主也而务名，不如令荆贺君之孝也，则君不夺公位，而大敬重公，则公常用宋矣。"

【注释】

[1] 白圭：名丹，战国时人，曾任魏惠王相，善于筑堤防水。大尹：宋国官名，卿的名称。

[2] 知：懂得，主管。

【译文】

白圭对宋大尹说："君主长大以后自己掌握政事，您就没有事干了。现在君主年幼而追求名声，不如叫楚国祝贺您对君主的孝顺，君主就不会夺您的地位，而会大大敬重您，那么您将长期在宋国掌权。"

管理启示：

白圭给宋大尹出的是馊主意。宋幼主长大后是一定要拿回权力亲政的，宋大尹如果长期把持朝政，不但宋君不满，其他朝臣大夫也会不满的。宋大尹又不是宋幼君的亲爹，岂能是一个邻国欺骗性地祝贺他孝顺，他就忘记了君权，忘记了国家，顺杆爬，晕晕乎乎地去专职孝子的角色？其他大夫也会思考认为，同为朝臣，共侍宋君，你宋大尹凭什么长期把持朝政，独揽大权？如此境地，宋大尹将面临危险。在反腐日益严格的今天，那些长期把持一方的恋权者如果心中只有自己的私利，那是把自己放在火炉上熏烤，是非常危险的。奉劝那些贪权者，权力是人民给你的，莫把公权当私产，拿在手里自己用。为官一任，造福一方，管理者尤其是高级管理干部要对得起手中的权力，对得起人民。

思考题：

你如何认识白圭给宋大尹的建议？

二十一、说林下第二十一篇

【原文】

管仲、鲍叔相谓曰："君乱甚矣，必失国。齐国之诸公子其可辅者，非公子纠，则小白也。与子人事一人焉[1]，先达者相收[2]。"管仲乃从公子纠，鲍叔从小白。国人果弑君。小白先入为君，鲁人拘管仲而效之，鲍叔言而相之。故谚曰："巫咸虽善祝[3]，不能自祓也[4]；秦医虽善除[5]，不能自弹也。"以管仲之圣而待鲍叔之助，此鄙谚所谓"虏自卖裘而不售[6]，士自誉辩而不信"者也。

【注释】

[1] 人事一人：各人事奉一个。

[2] 先达：先成功。收：录用，引申为提携。

[3] 巫咸：商朝一个神巫的名字。祝：祷告。

[4] 祓：古代为除灾去邪举行的迷信仪式。

[5] 秦医：指古代名医扁鹊，姓秦，名越人。除：治病。

[6] 虏：奴隶。裘：皮衣。

【译文】

管仲、鲍叔牙互相商议说:"君主昏乱极了,必定要失掉江山。齐国的诸多公子中可以辅佐的人,不是公子纠,就是公子小白。我和你每人事奉一个,谁先得志就提携另一个人。"于是管仲跟随公子纠,鲍叔跟随小白。齐国人果然杀掉了自己的君主。小白先进入齐国继任君主,鲁国人拘留了管仲献给桓公,鲍叔推荐管仲做了宰相。所以谚语说:"巫咸虽然善于祷告,但不能为自己祓除灾祸;扁鹊虽然善于治病,但不能用石针为自己除病。"像管仲这样高的智慧还需要鲍叔的帮助,这就是俗谚所说的"奴隶自己卖皮衣而卖不掉,士人自称善于辩说而无人相信"。

管理启示:

人才要想受到重用从而发挥自己的聪明才智,除了自己具有内在的真本事,还需要一个外在条件,那就是平台。怎样才能拥有这个平台呢?聪明的管仲和鲍叔牙想到分头行动、相互引荐的办法,最终他们获得了成功,辅佐齐桓公成就了春秋霸业,也让二千六百年后今天的人们仍在赞美他们的智慧,传颂他们的故事。当今的人们有人觉得自己怀才不遇,要么你真的没才,有才只是一种自我感觉,要么你没有通过合适的途径获得相应的平台。像管仲、鲍叔牙这样聪明的人还需要动脑筋才能赢得机遇,当今的才子们也不能只顾埋头练内功,还要眼光向外,多去发现机会。外在机遇和平台能否获得,取决于你的性格、言谈以及是否愿意花费相应的时间和经济成本。

思考题:

天生我材必有用,你怎样做才能尽你之才,服务于社会?

二十二、说林下第二十二篇

【原文】

荆王伐吴[1],吴使沮卫、蹷融犒于荆师[2],而将军曰:"缚之,杀以衅鼓[3]。"问之曰:"女来,卜乎?"答曰:"卜。""卜吉乎?"曰:"吉。"荆人曰:"今荆将欲女衅鼓,其何也?"答曰:"是故其所以吉也[4]。吴使臣来也,固视将军怒。将军怒,将深沟高垒;将军不怒,将懈怠。今也将军杀臣,则吴必警守矣。且国之卜,非为一臣卜,夫杀一臣而存一国,其不言吉,何也?且死者无知,则以臣衅鼓无益也;死者有知也,臣将当战之时,臣使鼓不鸣。"荆人因不杀也。

【注释】

[1] 荆王:指楚灵王。

[2] 沮卫:人名,生平不详。蹷(jué)融:即蹷由,吴王余的弟弟。

[3] 衅鼓:把血涂在鼓上祭鼓。

[4] 故:通"固",本来,正是。

【译文】

楚灵王讨伐吴国,吴国派遣沮卫和蹷融以酒食慰劳楚国军队。楚国将军说:"把他们绑起来,杀了祭鼓。"并问他们说:"你们来时,占卜过没有?"回答说:"卜过了。""卜兆吉吗?"回答说:"吉。"楚国人说:"现在楚军将要用你们两人祭鼓,怎么算吉呢?"回答说:"这正是吴国吉利的原因。吴国的使臣来,正是要看到将军的愤怒。将军一愤怒,吴国就会深挖沟,高筑壁垒;将军不怒,就会懈怠。现在将军杀害我们,那么吴国肯定提高警惕，加强防守了。况且国家的占卜，不是为了个人。杀掉一个臣子而保存一国，这不叫吉利，叫什么呢？况且死者无知，那么以我们祭鼓没有益处；如果死者有知，我们将在战斗之时，使鼓敲不响。"楚国人因此没有杀他们。

管理启示：

古代国家打仗，出征之前都是要占卜的。吴国虽然占卜为吉，但显然不是神灵保佑了他们，而是靠沮卫和蘷融二人的能言善辩和聪明才智。凭着两句话让敌对国家停止侵略，这恐怕是古今中外最廉价的战争耗费，最多就是个酒食餐费而已。现代企业管理层像沮卫和蘷融一样能说会道又机智过人者也是凤毛麟角，大多数管理者仅仅是个配菜，起的是配角的作用，壮大一下队伍而已，应安分守己地干好本职工作，千万不可把自己当成招牌菜抬高自己。企业用人只要寻到蘷融之类的稀缺人才，便能为自己赢得竞争优势或者改变竞争劣势。

思考题：

你如何对自己未来从事管理工作进行角色定位？

二十三、说林下第二十三篇

【原文】

知伯将伐仇由而道难不通[1]，乃铸大钟遗仇由之君。仇由之君大说，除道将内之[2]。赤章曼枝曰[3]："不可！此小之所以事大也，而今也大以来，卒必随之，不可内也。"仇由之君不听，遂内之。赤章曼枝因断毂而驱[4]，至于齐，七月而仇由亡矣。

【注释】

[1] 仇由：春秋时狄族建立的国家，位于今山西盂县，和晋国接近。道难：道路艰难。

[2] 除道：修通道路。

[3] 赤章曼枝：人名，仇由的大臣。

[4] 毂：车轮中心的圆木，中间有孔，用以穿轴。断毂而驱：把车毂截短赶路这样可以减少障碍，加快速度。

【译文】

知伯将要讨伐仇由，可是道路艰难不通畅，于是铸了一只大钟送给仇由国的君主。仇由国的君主非常高兴，修通道路将要接受它。赤章曼枝说："不可以。这本是小国侍奉大国的事情，而现在大国拿大钟来赠送我们，它的军队一定会尾随而来，大钟是不能接受的。"仇由的君主不听从，便接受了大钟。赤章曼枝把车毂截短了赶路，到了齐国，七个月后，仇由国灭亡了。

管理启示：

对仇由国君做出四点评价：一是不听建议；二是见利忘危；三是摆不正自己是小国的位置；四是不明白小国侍奉大国的道理，最终给自己修了一条绝路。君主决定着一国的命运，一把手决定着企业的命运。虽然国运和企业的命运还受外部环境（敌对国家和政治经济社会文化环境）的制约，但主动权都在自己手里，不能有效应对，那一定是国君和一把手他们的能力驾驭不了这个局面。所以企业管理中产生问题和矛盾，要从上面找原因。

思考题：

请查找资料搜集案例，看看有哪些企业，在面对恶化的外部环境，通过正确决策化被动为主动？哪些企业因决策失误而陷入困境？

二十四、说林下第二十四篇

【原文】

齐伐鲁，索谗鼎[1]，鲁以其雁往[2]。齐人曰："雁也。"鲁人曰："真也。"齐曰："使乐正子春来[3]，吾将听子。"鲁君请乐正子春，乐正子春曰："胡不以其真往也？"君曰："我爱之。"答曰："臣亦爱臣之信。"

【注释】

[1] 谗鼎：鼎名。
[2] 雁：通"赝"，假的。
[3] 乐正子春：春秋时鲁国人，以官为姓，曾参的门徒。

【译文】

齐国讨伐鲁国，索取谗鼎，鲁国拿假的送去。齐人说："这是假的。"鲁国人说："这是真的。"齐国人说："派乐正子春来，我会听他的。"鲁国君主请来乐正子春，乐正子春说："为什么不拿真的去呢？"鲁君说："我喜欢它。"乐正子春说："我也爱惜我的信誉。"

管理启示：

诚信是金，对国家、企业、个人而言都是如此。鲁国君主以假的谗鼎蒙蔽齐国人，还要让乐正子春为其作证，不但有损自己的信誉，还会坏了乐正子春的名声，幸亏乐正子春爱惜自己的声誉，拒绝了他的请求。现代市场经济是信用经济、法制经济，企业之间、企业与客户之间要重合同、守信用。一旦有些企业像鲁国君主那样以假充真，失去对方的信任，不但会引起法律纠纷，还会在业界留下不守信用的恶名，其他合作伙伴也会为了避险，纷纷敬而远之，损失是无法估量的。

思考题：

企业失信会给自己带来哪些不良后果？

第八节　诡　使

一、诡使第一篇

【原文】

圣人之所以为治道者三[1]：一曰"利"，二曰"威"，三曰"名"。夫利者，所以得民也；威者，所以行令也；名者，上下之所同道也。非此三者，虽有不急矣。今利非无有也，而民不化上[2]；威非不存也，而下不听从；官非无法也，而治不当名；三者非不存也，而世一治一乱者[3]，何也？夫上之所贵与其所以为治相反也。

【注释】

[1] 治道：治理国家的原则。
[2] 化：感化，顺化。

[3] 一治一乱：一时安定，一时混乱。

【译文】

圣人用来治理国家的原则有三条：第一条叫利禄，第二条叫威势，第三条叫名分。利禄是用来取得民众的，威势是用来推行政令的，名分是君臣都要遵行的。除了这三条，虽然还有其他原则，但都不紧要了。现在，利禄并不是没有，可民众并不被君主所感化；威势并不是不存在，可是臣民并不听从；官府并不是没有法律，可是治理时却不符合明文的规定。这三条原则不是不存在，可是社会一会儿太平，一会儿混乱，这是为什么？就是因为君主所推崇的东西和他用来治国的原则相违背。

管理启示：

一个国家，一个企业，不但要有好的政策和制度，还一定要坚决执行，不执行等于一堆废纸。圣人治国三原则非常好，因为没有人执行，所以社会治理效果不好，混乱纷争不断。治国三原则对应于企业的相应制度是"工资薪金制度、企业组织纪律、员工职务及晋升"。首先是君主要带头执行，上行则下效。在现代企业管理中叫领导干部率先垂范，在执行中起模范带头作用。否则，领导干部目中无制度，就无法对基层员工进行严格要求，企业管理一定很混乱。

思考题：

1．圣人治国原则分别对应于现代企业管理中的什么制度或措施？
2．分别谈谈三原则对对应的企业制度或措施会产生的后果。

二、诡使第二篇

【原文】

今下而听其上，上之所急也。而惇悫纯信[1]，用心怯言[2]，则谓之"窭[3]"，守法固[4]，听令审[5]，则谓之"愚"。敬上畏罪，则谓之"怯"。言时节[6]，行中适[7]，则谓之"不肖[8]"。无二心私学[9]，听吏从教者[10]，则谓之"陋"。

【注释】

[1] 惇（dūn）：忠厚。悫（què）：诚恳。纯：纯朴。信：信实。
[2] 用心：做事专心。怯言：说话谨慎。
[3] 窭（jù）：拘谨，气派小。
[4] 守法固：严格遵守法令。
[5] 听令审：认真听从法令。
[6] 言时节：言论适合时宜而有分寸。
[7] 行中适：行为符合法治标准。
[8] 不肖：没出息。
[9] 二心：指和君主两条心。私学：指违背君主教令而私自设学的各派学说。
[10] 听吏从教：听从官吏教化，服从法治教育。

【译文】

现在臣民对君主服从，这是君主急需的。但是忠厚诚实、纯朴守信、做事认真、说话谨慎，却被称为"窭"；严格遵守法令，认真服从命令，却被称为"愚"；尊敬上司、不敢违犯，却被称为"怯"；言论适合时宜而有节制，却被称为"不肖"。对君主赤胆忠心，不搞私下学问，听从官吏教训，接受法治教育，却被称为"陋"。

管理启示：

抛开"窭""愚""怯""不肖""陋"这五个字词的贬义的含义，单就五个字词所描述的一个国家的臣民和五种特质来看，像不像一个具有"良好家教、严谨家风、尊敬长辈、团结和睦、充满亲情"这五个特征的大家庭呢？臣民有五个特质是国君的福音，是国民教育的结果，是文化软实力的表现，家庭有五个特征是家庭的福音，是家庭教育的结果，也是一种家庭文化。如果一个企业的全体干部、员工也有五个方面的特征呢？那一定会构成企业核心竞争力的重要内容，这种竞争力能使企业减少矛盾内耗，政策执行有力，提高工作效率。这就需要进行企业文化建设。现在很多企业已经重视了文化建设，遗憾的是文化建设的效果不明显，这与文化建设走形式、文化建设不真实有关，最大因素恐怕是"高层没文化"，"一把手没文化"。所以企业文化首先是一把手的文化，一把手亲自抓文化建设，才能见成效。

思考题：

1. 企业文化建设能给企业带来什么好处？
2. 谈谈企业文化建设怎样才能有成效？

三、诡使第三篇

【原文】

难致，谓之"正"，难予，谓之"廉"。难禁，谓之"齐"[1]。有令不听从，谓之"勇"。无利于上，谓之"愿"[2]。少欲、宽惠、行德，谓之"仁"。重厚自尊[3]，谓之"长者"。私学成群，谓之"师徒"。闲静安居，谓之"有思"。损仁逐利[4]，谓之"疾"。险躁佻反覆[5]，谓之"智"。先为人而后自为，类名号[6]，言泛爱天下[7]，谓之"圣"。言大本[8]，称而不可用，行而乖于世者，谓之"大人"。贱爵禄，不挠上者[9]，谓之"杰"。下渐行如此[10]，入则乱民，出则不便也。上宜禁其欲，灭其迹[11]，而不止也，又从而尊之，是教下乱上以为治也。

【注释】

[1] 齐：上下同等。
[2] 愿：谨慎，厚道。
[3] 重厚自尊：持重而妄自尊大。
[4] 张觉认为此句意为"损害了仁爱之道去追求利益"，但上文刚对所谓"仁爱"表示过非议，所以"仁"字还是从《韩非子校注》，解为"人"的借字。
[5] 险：尖刻。躁：浮躁。佻：轻薄。反覆：反复无常。
[6] 类名号：对爵位、职位同等看待。
[7] 泛爱天下：爱一切人。
[8] 大本：指治理天下的根本道理。
[9] 挠：屈服。
[10] 渐：习染。
[11] 迹：行迹。

【译文】

不听君主的召唤，被称为"正直"。不接受君主的赏赐，被称为"廉洁"。不服从君主的制约，被称为"平等"。有了命令不听从，被称为"勇敢"。不贪图君主的赏赐，被称为"厚道"。淡泊寡欲、广施恩惠、少用刑罚被称为"仁爱"。宽宏持重而妄自尊大，被称为"长者"。开设私学成群结队，被称为"师徒"。闲居安静隐居在家，被称为"有头脑"。昧着良心求取利益，被称为"机灵"。能说会道、吵吵嚷嚷、说话轻佻、反复无常，被称为"聪明"。先为别人着想再为自己考虑，将区分贵贱的名号一视同仁，主张普遍地爱天下的人，被认为是"圣人"。宣扬治理天下的根本原则，赞许的事不能付诸实施，做的事却违背社会现实，被称为"大人"。鄙视爵禄，不屈服于君主的，被称之为"俊杰"。臣下积渐已久的行为如此，对内就会扰乱民众，对外就会做不利于国家之事。君主即便禁止这种欲求，杜绝这种做法，尚且不能制止，反而听从并尊重这些风尚，这是教臣下犯上作乱而把它们作为治国的原则啊。

管理启示：

文章描述的是时下社会是非不清、黑白不明的现状，批判了当下普遍存在的虚假繁荣的官场文化和社会文化怪像，甚至连君主也被这种潮流裹挟，使国家面临"臣下犯上作乱"的隐患。全文充斥着对法家治国理政思想旁落的冷嘲和对国家安危的担忧。可以想象，一个没有法制，天真地以为完全靠道德和自觉就可以维持秩序的社会，能坚持多久。依法治国便能图强，国强则能抵御外敌入侵，而六国之中韩国是最先被秦国所灭的。韩非是韩国公子，其所描述的应当是当时韩国的社会背景和社会现象，所以韩国这个靠术制而不靠法制的国家被秦首斩也就不奇怪了。

思考题：

畅谈一下法制对国家治理和企业治理的意义。

四、诡使第四篇

【原文】

凡上之所以治者，刑罚也；今有私行义者尊[1]。社稷之所以立者，安静也；而躁险谗谀者任。四封之内所以听从者[2]，信与德也；而陂知倾覆者使[3]。令之所以行，威之所以立者，恭俭听上也；而岩居非世者显[4]。仓廪之所以实者，耕农之本务也；而綦组、锦绣、刻画为末作者富[5]。名之所以成，城池之所以广者，战士也；今死士之孤饥饿乞于道[6]，而优笑酒徒之属乘车衣丝。赏禄，所以尽民力易下死也[7]；今战胜攻取之士劳而赏不沾[8]，而卜筮、视手理、狐盅为顺辞于前者日赐[9]。上握度量，所以擅生杀之柄也；今守度奉量之士欲以忠婴上而不得见[10]，巧言利辞行奸轨以幸偷世者数御[11]。据法直言，名刑相当[12]，循绳墨[13]，诛奸人，所以为上治也，而愈疏远；谄施顺意从欲以危世者近习[14]。悉租税，专民力，所以备难充仓廪也，而士卒之逃事伏匿、附托有威之门以避徭赋而上不得者万数[15]。夫陈善田利宅，所以战士卒也[16]；而断头裂腹、播骨乎平原野者，无宅容身，身死田夺；而女妹有色[17]、大臣左右无功者，择宅而受，择田而食。赏利一从上出，所以善制下也；而战介之士不得职[18]，而闲居之士尊显。上以此为教，名安得无卑？位安得无危？夫卑名危位者，必下之不从法令、有二心务私学、反逆世者也[19]；而不禁其行、不破其群以散其党，又从而尊之，用事者过矣。上之所以立廉耻者，所以厉下也[20]；今士大夫不羞污泥丑辱而宦[21]，女妹私义之门不待次而宦[22]。赏赐，所以为重也；而战斗有功之士贫贱，而便辟优徒超级[23]。名号诚信[24]，所以通威也；而主掩障[25]，近习女谒并行[26]，百官主爵迁人[27]，用事者过矣。大臣官人，与下先谋比周，虽不法行，威利在下，则主卑而大臣重矣。

【注释】

[1] 行义：通"行谊"，道义。私行义：私德。
[2] 封：边界。四封之内：指国境之内。
[3] 陂：不正。
[4] 非世：诽谤现实。
[5] 綦组：带有方格花纹的丝织品。綦组、锦绣：这里全是名词做动词，指制造这些物品。
[6] 死士之孤：阵亡战士留下的孤儿。
[7] 尽民力：充分调动民众的力量。易下死：换取民众为君主卖命。
[8] 不沾：一点得不到。
[9] 视手理：看手的纹理来推断命运好坏。狐蛊：谄媚，迷惑。顺辞：顺意奉承的话。日赐：经常得到赏赐。
[10] 婴：通"撄"，触犯。
[11] 奸轨：通"奸宄"，外奸叫"奸"，内奸叫"宄"。
[12] 刑：通"形"。名刑相当：名实相符。
[13] 循绳墨：按照法令办事。
[14] 施：通"迤"，邪。谄施顺意从欲：逢迎取媚，顺着君主的意愿和欲望说话办事。
[15] 逃事伏匿：指逃避战乱躲藏起来。有威之门：权门势族。
[16] 战士卒：鼓励士兵作战。
[17] 女妹：少女。
[18] 战介之士：披甲的战士。
[19] 反逆世：反世、逆世，即反对现实社会，违背历史潮流。
[20] 厉：通"励"，劝勉，激励。
[21] 污泥丑辱：形容一些肮脏卑鄙的行为。
[22] 女妹私义之门：指有裙带关系和私人交情的人家。不待次：不按照官阶次第。
[23] 便辟：善于逢迎谄媚的人。超级：越级。
[24] 诚信：确实符合的意思。
[25] 掩障：受蒙蔽。
[26] 女谒：为人请托私事的宫中妇女。
[27] 主爵迁人：审定爵位，调升官吏。

【译文】

大凡君主用以治理国家的是刑罚，但是现在一些行私德的人却被尊重。国家赖以生存的是安定和宁静，但那些吵吵嚷嚷、能说会道、造谣中伤、阿谀奉承的人却得到了任用。国境之内的人们服从的是信用和恩惠，然而偏私奸诈、倾轧陷害的人却得到任用。政令之所以通行，威权之所以能树立，是靠了恭敬谦卑听从君主；但那些隐居深山而非议现实的人却赫赫有名。粮仓之所以充实，是靠了耕种百姓的劳动；但那些从事纺织、织锦刺绣、雕刻绘画等旁支行业的人却发了财。君主的威名之所以能够成就，城市都邑之所以能够扩展增加，是靠了战士；但现在阵亡战士的遗孤处于饥饿之中沦为乞丐，而那些供君主取乐的演员、陪君主吃喝的酒徒却乘着车子穿着绸缎。赏赐俸禄，是用来充分调动民众力量，换取臣民为君主卖命的；但现在打胜仗攻占城池的得不到任何赏赐，而那些在君主面前占卜问卦、看手相、用"获取雄狐"之类的卦辞来奉承的人却经常获得赏赐，君主掌握的法度是用来控制生杀大权的；可是现在奉公守法的人想向君主用忠言进谏却得不到接见，而那些花言巧语、内外作恶、以侥幸心理欺世盗名的人却屡次获得进用。根据法度讲真话，名实相符，遵照法律惩治奸人，这是为君主治理国家，但这些人却越来越疏远；而专事奉迎讨好、搞歪门邪道、顺着君主心意说话、按着君主欲望办事以致危害社会的人却被亲近宠爱。征收租税集中民力，是为了预防危难充实仓库；但是民众中那些逃避打仗躲藏起来，依附于权贵之门，逃避徭役赋税，以使君主不能使用他们的人数以万计。设置好的田地住宅，是为了激励士兵，可是那些抛头颅战死疆场的反而没有安顿家人的住房，死后田产也被夺走；只是依靠年轻有姿色而获宠的妃妾的那些外戚，没有尺寸之功的大臣却能选择住宅居住，选择田地而生。奖赏一律由君主颁发，是为了便于控制臣下，可是现在披甲上阵的人得不到相应的官职，而待在家中无所事事的人却尊贵显赫。君主拿这样的事实来诱导，名声哪会不低下？君位哪能不危险？使君主名声低下，君位危险的，肯定是下面那些不服从法令、怀有二心、提倡私学、与现实社会背道而驰的人；不禁止他们的行为，拆散他们的群党，反而去尊重他们，这就是执政者的错误了。古代之所以要树立有关廉洁和羞耻的道德观念，是用来激励臣下的，可是现在的士大夫厚颜无耻地去干那种肮脏下流、丑恶耻辱的勾当却当上了官，依靠裙带关系不必按照官阶的次第来升迁。赏赐，是用来使人贵重的办法，可是现在拼命作战立功的人却贫穷卑贱，而善于谄媚逢迎的小臣和供君主取乐的优伶却得到了越级提拔。君主的名位称号和他的实权确实相符，是用来使君主的威势通行的手段；但是现在君主受蒙蔽，而君主的亲信和为人说情的宫女都能任用群臣百官、掌管对官员的颁爵和晋升，这就是当权者的过错了。大臣任人官职的时候，先和部下谋划结党营私之事，即使不合法度，也照干不误。这样，威势和利禄都掌握在臣下手中，于是就君主卑下而大臣尊贵了。

管理启示：

通过对行为对立的两类人的罗列，描述了"种树人不摘果，摘果人不种树""劣品驱逐良品"的反常社会现象，表面上看是摘果人不劳而获，劣品春风得意，实际上根源在执政者。文章后半部分又列举了大量的"授错了荣誉赏错了人"的事例，用以说明责任仍在当权者身上。这种上梁不正下梁歪的现象也是目无国法的表现，最终会危及国家的安危。类推到企业管理，要求企业不但要有明确的赏优罚劣的制度，还要能有效执行。企业的制度化、规范化管理犹如国家依法治理一样重要，打不得任何折扣。

思考题：

分析一下赏劣罚优这种颠倒是非的举措会造成什么危害。

第九节 蠹

一、蠹第一篇

【原文】

上古之世，人民少而禽兽众，人民不胜禽兽虫蛇。有圣人作，构木为巢以避群害，而民悦之，使王天下，号曰有巢氏。民食果蓏蚌蛤[1]，腥臊恶臭而伤害腹胃，民多疾病。有圣人作，钻燧取火以化腥臊[2]，而民说之，使王天下，号之曰燧人氏。中古之世，天下大水，而鲧、禹决渎[3]。近古之世，桀、纣暴乱，而汤、武征伐。今有构木钻燧于夏后氏之世者，必为鲧、禹笑矣；有决渎于殷、周之世者，必为汤、武笑矣。然则今有美尧、舜、汤、武、禹之道于当今之世者，必为新圣笑矣。是以圣人不期修古，不法常可[4]，论世之事，因为之备。宋人有耕田者，田中有株[5]，兔走触株，折颈而死，因释其耒而守株，冀复得兔。兔不可复得，而身为宋国笑。今欲以先王之政，治当世之民，皆守株之类也。

【注释】

[1] 果蓏（luǒ）：木本植物所结的果实叫果，草本植物所结的果实叫蓏。蛤：蛤蜊。蚌和蛤都是水产动物。
[2] 燧：钻木取火的工具。钻燧：一种原始的取火方法。
[3] 鲧（gǔn）：传说中治水的禹的父亲。决：开，疏浚。渎：水道，古代称长江、淮河、黄河、济水为四渎。
[4] 常可：旧的法则，惯例。
[5] 株：断树根。

【译文】

上古时代，人民少而禽兽多，人民受不了禽兽毒虫的侵扰。有位圣人出现，架起木头做成像鸟巢一样的房子，以避免各种侵害。人民非常高兴，拥戴他统治天下，称他为有巢氏。当时人民吃野生的瓜果和河蚌、蛤蜊等食物，腥臊恶臭并且伤害肠胃，疾病很多。这时出现了一位圣人，钻木取火，把食物放在火里烧熟以去除腥臊之气。人民非常高兴，拥戴他统治天下，称他为燧人氏。中古时代，天下发生水灾，而鲧、禹疏通河流。近古时代，桀、纣残暴昏乱，而成汤、周武起兵讨伐。如果在夏后氏时代而行构木为巢和钻木取火之事，必为鲧、禹所嘲笑；在殷、周时代而整天疏通水道，必为汤、武所嘲笑。如此说来，如果现在还有人赞美尧、夏禹、商汤、周武的政治，必将会被当今的新圣所嘲笑。因此，圣人不指望照搬古法，不效法常规，而是按当代实际制定相应的措施。宋国有一位农夫，田里有个树桩子，一只兔子跑来撞在树桩上，折断了脖子而死。他便放下手中的农具守候在树桩旁，希望再次捡到碰死的兔子。兔子自然不能再次捡到，而他却成为宋国的笑柄。现在还想用古代的政策来统治当代的人民，都和守株待兔的人类似。

管理启示：

文中运用多个事例来说明当权者在思想上、行为上不能因循守旧：有巢氏和燧人氏因构木为巢和钻木取火，既赢得天下又获得尊称；鲧、禹则是通过治水而被后人铭记；

桀、纣却相反，除了暴政，没有造福天下，换得的却是悲剧。这些案例从现代人的视角看，就是不断创新，而且创新的目的体现的是当权者的人本主义思想。否则，当权者将被人民淘汰，被后人当作历史的反面教材。切换到管理角度看，企业是推动社会变革的重要组织，而创新则是企业不断产生推动力的灵魂。企业本身又是资本所有者（股东）通过创新所组织成的，并在创新中不断壮大自身，服务社会，造福人民。创新，无论对当权还是管理者来说，都是永恒的话题。

思考题：
请列举国内、国外企业创新的案例，谈谈对社会产生的重大影响。

二、蠹第二篇

【原文】
古者丈夫不耕，草木之实足食也；妇人不织，禽兽之皮足衣也。不事力而养足，人民少而财有余，故民不争。是以厚赏不行，重罚不用，而民自治。今人有五子不为多，子又有五子，大父未死而有二十五孙[1]。是以人民众而货财寡，事力劳而供养薄，故民争，虽倍赏累罚而不免于乱。

【注释】
[1] 大父：祖父。

【译文】
古代时男人不耕种，草木的果实足以供人食用；妇女不织布，禽兽的皮毛足以供人穿着。无需费力劳动而供养充足，人口稀少而财物有余，故而人民之间没有争夺。因此不用厚赏，无需重罚，人民自然秩序井然。现在一人有五个儿子并不算多，每个儿子又有五个儿子，祖父未死却已有了二十五个孙子，因此人民多而财物少，劳动苦而供养薄，所以人民会争夺，即使加倍奖赏屡次处罚仍不能避免动乱。

管理启示：
文章最后的结论是，人民相互争夺是因为物稀人多。其实这只是表面原因，实质是因为人们最在乎自己的付出。古时人们通过猎采野生动植物来养活自己，和平相处而不争多，因为那是天然的，任何人都有权利获得。当物中包含了劳动价值的时候，便具有了私有的性质，人们开始在乎"那是我劳动创造的"，即使再多，也不愿与人共享。现代社会中富人的钱财再多也不愿意均分给穷人便是很好的证明。了解人的这一共性心理对实际工作有何启发呢？别人的工作成绩你在总结稿里写成自己的，人家背后要骂你；辛辛苦苦帮你写的稿子，被你说得一文不值，人家心理记恨你；部门付出很多，年终考核优秀却是其他部门，这些部门的积极性会受到打击，明年就消失了。聪明、细心的领导和管理人员对于褒奖都会非常谨慎，宁可不表扬也不可表错扬。

思考题：
对于工作中不公正的表扬和奖励，你怎么对待？

三、蠹第三篇

【原文】
尧之王天下也，茅茨不翦[1]，采椽不斫[2]；粝粢之食[3]，藜之羹[4]；冬日麑裘[5]，夏日葛衣，虽监门之服养[6]，不亏于此矣。禹之王天下也，身执耒臿以为民先[7]，股无胈[8]，胫不生毛[9]，虽臣虏之劳，不苦于此矣。以是言之，夫古之让天子者，是去监门之养，而离臣虏之劳也，古传天下而不足多也[10]。今之县令，一日身死，子孙累世絜驾[11]，故人重之。是以人之于让也，轻辞古之天子，难去今之县令者，薄厚之实异也。夫山居而谷汲者，膢腊而相遗以水[12]；泽居苦水者，买庸而决窦[13]。故饥岁之春幼弟不饷[14]；穰岁之秋[15]，疏客必食。非疏骨肉爱过客也，多少之实异也。是以古之易财，非仁也，财多也；今之争夺，非鄙也，财寡也。轻辞天子，非高也，势薄也；争士橐[16]，非下也，权重也。故圣人议多少、论薄厚为之政。故罚薄不为慈，诛严不为戾，称俗而行也。故事因于世，而备适于事。

【注释】

[1] 茅茨：以茅草覆盖的屋顶。
[2] 采：木名，即栎木。椽（chuán）：上承屋瓦的木条。斫：砍削，雕饰。
[3] 粝：糙米。粢（zī）：谷类。
[4] 藜：草名。藿：豆叶。
[5] 麑（jǐ）：小鹿。裘：皮衣。
[6] 监门：看守里门的人。服养：指穿的和吃的。
[7] 耒：农具。臿（chā）：筑墙的工具。
[8] 胈（bá）：股上的肌肉。
[9] 胫（jìng）：小腿。
[10] 多：推重。
[11] 絜（xié）：束，驾，犹言系马于车，即乘车的意思。
[12] 膢（lóu）：楚俗在二月祭神的节日。腊：腊月祭百神的节日。
[13] 买庸：即雇佣工。庸，即佣。窦：水沟。
[14] 饷（xiǎng）：供给食物。
[15] 穰（rǎng）：庄稼丰熟。
[16] 橐：通"托"，指依托于诸侯。

【译文】

尧统治天下之时，茅草屋顶不加修剪，栎木椽子不加雕饰，吃粗米稻饼之类的食物，喝野菜豆叶之类的菜羹；冬天穿麑皮裘衣，夏天穿葛布粗衣，现在即便看门人的衣服给养也不会比他更苦。禹统治天下时，亲手拿了木锹铁铲带领人民劳动，累得大腿没有赘肉，小腿没有汗毛，现在即便是奴隶们的劳役，也不会比他更苦。这样说来，古代让掉天子的职位，不过是抛弃了看门人的给养并摆脱了奴隶似的劳役，把天下传给别人并无可夸赞之处。如今的区区县令，一旦死去，数代的子孙都能享受出门乘车的待遇，故而人们看重官职。因此，人在辞让之事上，可以轻易地辞去古代的天子，却难以舍弃今日的县官，这是因为待遇的厚薄差异太大。在山上居住而在山下打水的人，在祭祀的节日，要把水作为礼物馈赠；在洼地居住而为水涝所苦的人，却要雇佣劳力开沟排水。故而在荒年的春天，幼小的弟弟不能供其食物；丰年的秋天，疏远的客人定要请他吃饭，这并非是薄待自己的亲人而偏爱疏远的过客，而是存粮多少的实际情况有区别。因此古代人轻财，并非是心地仁慈，而是财物充足；现代人争夺，并非是心地可鄙，而是财物缺少。

古代人爽快地辞去天子，并非是品德高尚，而是天子的权势微薄；现代人争夺官位，依托诸侯，并非是志趣低下，而是当官的权势重大。故而圣人通过分析财富的多少，考虑权势的轻重来决定采取的措施。因此刑罚轻并不能算仁慈，诛杀严并不能算残暴，都是根据社会风气而行事。因此，政事相应着时代的变化，措施适应着政事的改变。

管理启示：

文中通过古今人们对财物、权力的态度差异比较来揭示依法治国中刑罚轻重和诛杀宽严变化的道理。古代先人们，无论普通百姓还是天子、官员，都要辛勤付出，亲自劳动，所以财物丰盈不缺；因而辞去天子之位，放弃权利，这不是道德高尚，而是因为财物的取得靠的是自己的劳动，而天子的权利不能带来财物。现代人们追逐权力，哪怕是小小的县令，也舍不得放弃，是为了求得更多的财物而非道德鄙视低下。所以当今社会（文中是指战国末期）刑法轻不能算仁慈，诛杀严也不能算残暴，都是根据社会风气的形势来定的。这个道理与权变管理理论关于"面对不同的环境而采取不同的领导方式"具有相同的逻辑。说明管理的方法和手段不是一成不变的，应随着条件和环境的变化而变化。

思考题：

查阅资料，了解权变管理理论，并结合文中的逻辑分析，思考一下，为什么管理方法和手段要应时而变？

第十节　制　　分

【原文】

是故夫至治之国，善以止奸为务。是何也？其法通乎人情，关乎治理也[1]。然则去微奸之道奈何[2]？其务令之相规其情者也[3]，则使相窥奈何？曰：盖里相坐而已[4]。禁尚有连于己者[5]，理不得不相窥，唯恐不得免。有奸心者不令得忘，窥者多也。如此，则慎己而窥彼，发奸之密。告过者免罪受赏，失奸者必诛连刑。如此，则奸类发矣[6]。奸不容细，私告任坐使然也[7]。

【注释】

[1]　关：关连。
[2]　微奸：不易察觉的奸邪行为。道：方法。
[3]　规：通"窥"。相规：相互监视。
[4]　里：古代民众聚居的单位，一里约五十户。相坐：即连坐。
[5]　尚：通"倘"。
[6]　奸类：各种各样的坏人。
[7]　任坐：担保连坐。

【译文】

因此治理得最好的国家，善于把制止奸邪当作自己的首要任务。这是为什么？因为他的法律和人情相通，关系到治国的道理。那么又如何除去隐微的奸邪之道呢？一定要致力于让人民互相监视彼此的隐微之事。如何使人民互相监视呢？那就是让同村的人民互相担保，株连受罚罢了。禁令假如和自己有所牵涉，按照法律不得不互相监视，唯恐别人犯罪而自己不能免受惩处。不让有奸邪之心的人得逞，这是监视者多的缘故。如此的话，人民就会小心谨慎，而且会监视别人，告发坏人的秘密。告发罪行的人免除罪责并受赏赐，让奸邪漏网的人一定连带受惩罚。这样奸邪之事就都被揭发，最细小的邪恶都不容存在，这是密告和连坐所造成的结果。

管理启示：

春秋战国时期，法家实施的"连坐"制度是统治阶级控制人们的工具，从民权角度看，这是当今的文明社会所不容的。抛开这一价值判断，从结果看会得出另外一种结论，那就是表面上的"国泰民安，天下太平"。如果把这一"盛世"结果比喻为万民享用的大餐，那么奉上大餐的厨师就是法家思想的推动者。"连坐"的核心要义是，按照法律的要求，人人自我约束，并相互监督，目的是保证社会安宁。把"法律"替换为"产品质量标准"，把"人人自我约束"替换为"产品质量的自我检查"，把"相互监督"替换为"质检人员对产品的质量检验"，把"社会安宁"替换为"合格的产品"，"连坐"就成了一种很好的产品质量管理制度，而现实中这种逻辑思维和逻辑过程，早已被广泛应用于工业产品的质量检验过程当中。

以汽车生产为例，生产过程主要分为四个大的环节：冲压（把金属原材料压成车身的样子）、焊（把不同的车身片段焊接在一起）、涂（喷漆，涂料）、总（总装，把一些电子元器件和其他零件装配到车身上，最后形成整车）。每个环节在交付给下一个环节前需要先自我检验，确认无缺陷，符合标准之后再交付下一个环节，同时下一个环节也要对接受的零件状态进行确认，如果不符合质量标准，可以拒收或者退回，不对该缺陷零件进行操作。

就汽车的整车生产而言，质检员和整车质量工程师的角色如同"连坐"监督，极为重要。生产制造由总装操作人员完成，然后由质量检验员在不同的产线节点上对车辆状态进行检查，同时车辆下线后还会有专门的质量抽检员来对成品进行随机抽样检查。整车的质量工程师的角色是在车辆出现问题时第一时间响应，解决问题，让车辆可以快速交付。分析问题的同时，找到原因，明确哪些地方可能出现问题，通过增加临时措施和长期措施来避免类似问题重复发生，确保产品质量的稳定。

思考题：

产品质量检验制度和古代的"连坐"制度有哪些相似和不同的地方？

第三章 荀子的思想与管理启示

荀子本名况，号荀卿（汉代人避汉宣帝刘荀讳，改称孙卿），赵国人，生卒无从考证，大约公元前 298 年—公元前 238 年。荀子是战国末期著名的思想家、文学家，也是先秦儒家思想的集大成者，他与孔子、孟子一起被称为先秦儒家学派最重要的三个人物。荀子的思想主要保存在《荀子》一书中。

《荀子》是先秦学术思想成果的总结性著作，里面涉及荀子的哲学思想、政治主张、治学方法、立身处世之道、学术论述等诸多方面的内容。荀子思想中最有特色的是他关于人性的学说。这一学说构成了他整个思想体系的基础。与孟子主张的"人性善"不同，荀子认为人生来就"有好利之心、嫉妒之情、耳目之欲、饥而欲饱、寒而欲暖、劳而欲休"的本性。而且他认为，人的这种"非善之性"需要靠后天的教化和努力来改变，核心手段就是礼和法。

第一节 劝　　学

一、劝学第一篇

【原文】

君子曰：学不可以已。青[1]，取之于蓝而青于蓝[2]；冰，水为之而寒于水。木直中绳[3]，輮以为轮[4]，其曲中规[5]，虽有槁暴[6]，不复挺者，輮使之然也。故木受绳则直，金就砺则利[7]。君子博学而日参省乎己[8]，则知明而行无过矣[9]。

【注释】

[1] 青：靛青。
[2] 蓝：植物名，其叶可制蓝色染料。
[3] 中（zhòng）：符合。绳：木匠用来测定直线的墨线。
[4] 輮（róu）：扭使屈曲，指用火烤使木材弯曲。轮：圆如车轮。
[5] 规：量圆的工具。
[6] 槁暴（pù）：晒干，枯干。暴，太阳晒。
[7] 金：金属。这里指用金属做成的刀或剑。砺：磨刀石。利：锋利。

[8] 参：通"三"，这里指多。省：反省。

[9] 知：同"智"。

【译文】

君子说：学习是不能停止的。靛青从蓝草中提取，却比蓝草的颜色更青。冰由水凝结而成，却比水更寒冷。笔直的木材，合乎墨线的要求，如果把它煨烤，就可以弯成车轮，弯曲的程度能够合乎圆的标准了，这样即使再曝晒，木材也不会再变直，原因就在于被加工过了。所以，木材经过墨线量过才能取直，刀剑经过磨砺才能变得锋利。君子广泛地学习，每天多多反省自己，就会聪明智慧，行为没有过错了。

管理启示：

荀子所说的学习与今天我们所说的学习的主体是不同的。荀子所说的学习是正人君子和圣人的学习，而今我们所说的学习是普通大众的学习，但就学习的一般意义和要求而言是一样的。荀子认为，"君子博学而日参省乎己，则知明而行无过矣"，而今天人们的学习则是为了丰富自己的知识，提高自己的能力和修养，二者异曲同工。因此荀子认为"学不可以已"，而今天的人们则强调学无止境，活到老学到老。所以自古至今，终身学习成为了每个人适应社会发展和实现个人价值需要的一种行为方式，这一需要将贯穿于一个人的一生。当前，一些企业招聘跨专业的复合型人才，也是为了弥补员工知识不足的缺陷，比如一些咨询企业会招聘工科、工程等专业人才，而非仅仅只聘用懂经济学、金融学、财务管理、管理学知识的单一人才；一些人工智能企业也愿意聘用具有产品创意思维的艺术专业等专业的人才，而非仅仅只招聘电子科技、计算机专业背景的人才。基于此，一些高学历人才为了争取这一机会，也愿意通过自学跨专业的知识不断地充实自己，扩大自己的就业机会。由此看来，无论古今，终身学习的意义完全相同，荀子"学不可以已"的主张在今天无论对个人成长还是对企业招用人才都具有现实意义。

思考题：

谈谈你对"学而不已"的认识。

二、劝学第二篇

【原文】

故不登高山，不知天之高也；不临深谿[1]，不知地之厚也；不闻先王之遗言[2]，不知学问之大也。干、越、夷、貉之子[3]，生而同声，长而异俗，教使之然也。《诗》曰："嗟尔君子，无恒安息。靖共尔位，好是正直。神之听之，介尔景福[4]。"神莫大于化道，福莫长于无祸。

【注释】

[1] 谿（xī）：山涧。

[2] 先王：指上古帝王。

[3] 干、越：春秋时的两个诸侯国，干国小，为吴国所灭。这里通指吴越地区。夷：古代对异族的称呼，多指东方民族。貉（mò）：古代北方民族名。

[4] "嗟尔君子"六句：此处引诗出自《诗经·小雅·小明》。恒，常，总是。靖共尔位，谨守其职位。靖共，即"靖恭"，恭谨地奉守。介尔景福，帮助你获得大的福气。介，佐助，帮助。景，大。

【译文】

所以，不登上高山，就不知道天有多高；不亲临深涧，就不知道地有多厚；不懂得先代帝王的遗教，就不知道学问有多么博大。吴国、越国、东夷、北貉之人，刚生下来啼哭的声音都是一样的，长大后风俗习惯却各不相同，就是教育使他们如此的。《诗经》上说："唉，君子啊，不要老是想着安逸。恭谨地对待你的本职，爱好正直之道。神明听到这一切，就会赐给你巨大的幸福。"精神修养没有比受到的教化更大的，福分没有比无灾无祸更长远的。

管理启示：

登高才能望远，位置不同，眼界不同，无论欣赏大自然还是认识社会，这个道理是相同的。在企业管理工作中，每个管理人员、每个员工看问题的角度不同，难免会从本位主义出发，这符合人的认知问题的本性。因此企业推行某项新的政策、制度，无论谁反对，只要对企业长远利益和整体利益有利，就应该坚持推进。但为了减少基层由于不理解而产生的阻力，就应该做好解释和说明工作，毕竟员工是执行的主体，是受约束的对象，他们位居基层不理解，也仅仅因为站位不同罢了。企业一项好的制度和政策，如果没有做好解释而致使员工误解，增加推行难度，那么责任就在管理而不在员工。

思考题：

1．企业高层推出一项改革政策，该政策对企业长远发展有利但是却招致基层员工的反对，企业高层该怎么办？

2．下级向上级提出合理化建议，一定是合理的吗？为什么？

三、劝学第三篇

【原文】

吾尝终日而思矣，不如须臾之所学也；吾尝跂而望矣[1]，不如登高之博见也。登高而招，臂非加长也，而见者远；顺风而呼，声非加疾也[2]，而闻者彰[3]。假舆马者[4]，非利足也，而致千里；假舟楫者，非能水也，而绝江河[5]。君子生非异也，善假于物也。

【注释】

[1] 跂（qí）：踮起脚。

[2] 疾：这里指声音洪大。

[3] 彰：清楚。

[4] 假：凭借，借用。舆马：车马。

[5] 绝：渡过。

【译文】

我曾经整天思索，却不如片刻学到的知识多；我曾经踮起脚远望，却不如登到高处看得广阔。登到高处招手，手臂并没有加长，远处的人却看得到；顺着风呼叫，声音并没有加大，闻者却听得很清楚。借助车马的人，并不是脚走得快，却可以到达千里之外；借助舟船的人，并不是水性特别好，却可以横渡江河。君子的天性跟一般人没什么不同，只是善于借助外物罢了。

管理启示：

荀子关于"君子善假于物"的论述，对于企业如何发展壮大，包括对一个大学生如何创业都有一定的启发意义。荀子认为登高而视野阔，顺风而闻者彰，借车马能致千里，假舟楫而渡江河。不是君子的天性与一般人不同，而在于善于借助外物罢了。企业要发展，有时条件并不完全具备，也要善于借助外部条件。例如：资金不足要善于融资；技术水平不够，可以购买知识产权；物资设备、场地不够可以租赁；想扩大规模而实力不够，可以通过横向联盟的方式；想上市又不符合上市条件的企业可以借壳上市。总之，企业高层管理人员尤其是掌握决策大权的一把手，要拓展思维、开阔视野，善于并敢于借助外部条件来发展壮大企业，哪怕负债经营。因为有时机会千载难逢，但企业遇到重大机遇时其他条件并非都能具备。类似地，一个刚毕业的大学生想创业，可能很多条件都不具备，也可以借助外力。

思考题：

1．查阅资料，谈谈借壳上市的含义。
2．你是如何看待"善假于物"以发展壮大企业的思维方式。

四、劝学第四篇

【原文】

南方有鸟焉，名曰蒙鸠[1]，以羽为巢而编之以发[2]，系之苇、苕[3]。风至苕折，卵破子死。巢非不完也，所系者然也。西方有木焉，名曰射干[4]，茎长四寸，生于高山之上而临百仞之渊[5]；木茎非能长也，所立者然也。蓬生麻中[6]，不扶而直。白沙在涅[7]，与之俱黑。兰槐之根是为芷[8]。其渐之滫[9]，君子不近，庶人不服，其质非不美也，所渐者然也。故君子居必择乡，游必就士[10]，所以防邪僻而近中正也[11]。

【注释】

[1] 蒙鸠：即鹪鹩，体型很小，将自己的巢建在芦苇上。
[2] 编之以发：用自己的羽毛编织而成。
[3] 苇、苕（tiáo）：皆植物名，属芦茅之类。
[4] 射干：一种草，可入药。
[5] 仞：古代八尺为一仞。
[6] 蓬：一种草，秋天干枯后，随风飘飞，故又称飞蓬。
[7] 涅：黑泥，黑色染料。
[8] 兰槐：香草名，即白芷。
[9] 其渐之滫（xiǔ）：如果浸泡在臭水中。渐，浸泡，浸渍。滫，淘米水，指臭水。
[10] 游：指外出交往。就：接近。士：有知识、有地位的人。
[11] 中正：恰当、正确的东西。

【译文】

南方有一种鸟，名叫蒙鸠，它用自己的羽毛做巢，又用毛发细细编织，将之系于芦苇之上。大风一来，芦秆折断，鸟蛋摔破了，幼鸟也死了。这并不是因为鸟巢做得不完美，而是它所依托的东西使它这样的。西方有一种草，名叫射干，它的茎长四寸，生长在高山上，俯对着百丈深渊；之所以如此，不是因为它的茎长，而是它所生长站立的地势高。飞蓬生长在大麻之中，不用扶持自然就能长直。白沙混杂在黑泥中，自然也会和它一起变黑。兰槐芳香的根叫白芷。如果用酸臭的脏水浸泡它，君子不愿意接近它，普通人也不愿意佩戴它，这并不是因为它的本质不美好，而是因为被脏水浸泡的结果。因此，君子定居时一定要选择乡邻，出游时一定要亲近有品学之士，用来防止沾染邪恶的东西，接近正确恰当的思想。

管理启示：

文章借用蒙鸠、射干、飞蓬等动植物生存的依托方式，以及白沙、白芷漂亮外表和芳香品质的永存条件做比喻来告诫君子，作为社会人，定居择邻和出行交友时应防止邪僻而近中正。常言说人以群分，企业家也有自己的朋友圈，面对激烈的市场竞争和企业生存压力，企业家朋友相聚难免会商讨对策。有些人会有下策的建议，如行业欺诈、偷工减料、偷税漏税等，这些非法手段是要不得的。所以，君子善假于物，应该广纳善言，交友应牢记近朱者赤，近墨者黑的谏言。

就企业合伙而言，只有一个目的是合伙人在任何时候都有的共性，即盈利。除此之外，对盈利的渴望程度、实现手段、盈利的使用等方面会有差异，甚至完全相反。如就对盈利的渴望程度而言，有些合伙人基于某种个人信仰并不追求暴利，而有的合伙人则有可能唯利是图、见利忘义，于是在采取盈利的手段上也相去甚远。面对激烈的市场竞争，唯利是图者，可能打起法律的擦边球，而有信仰的合伙人则会漫不经心地跟随市场机会，平淡地看待盈利额。只要不违法违德，合伙人之间没有好坏之分，但为了盈利而常怀邪念，妄想采取违法手段来投机取巧，则其他合伙人应该敬而远之，防止白沙在涅，与之俱黑。因此，君子之道在当今的市场经济条件下仍具有现实意义。

思考题：

1. 你的交友标准是什么？
2. 如果选择商业合作伙伴，你对对方有什么要求？

五、劝学第五篇

【原文】

物类之起，必有所始。荣辱之来，必象其德[1]。肉腐出虫，鱼枯生蠹。怠慢忘身，祸灾乃作。强自取柱[2]，柔自取束[3]。邪秽在身，怨之所构[4]。施薪若一[5]，火就燥也；平地若一，水就湿也。草木畴生[6]，禽兽群焉，物各从其类也。是故质的张而弓矢至焉[7]，林木茂而斧斤至焉，树成阴而众鸟息焉，醯酸而蚋聚焉[8]。故言有召祸也，行有招辱也，君子慎其所立乎[9]！

【注释】

[1] 象：接近，相应。意思是为善可以获福，为恶则遇祸，祸福与品德相应。

[2] 强自取柱：意思是太刚则折。柱，通"祝"，折断。

[3] 束：束缚。

[4] 构：集结，联结。

[5] 施薪：布薪，把柴草放在地上。

[6] 畴生：即同类相聚的意思。畴，俦，同类。

[7] 质的：箭靶。的，箭靶的中心。张：张设。

[8] 醯（xī）：醋。蚋（ruì）：蚊子。

[9] 君子慎其所立：君子对自己的立足之处要慎重。

【译文】

凡一种事物的兴起，一定有它的根源。荣耀和屈辱的到来，一定同一个人的思想品德有对应的关系。肉腐烂后就会生蛆，鱼枯死后就会生蛀，懈怠散漫，忘乎所以，灾祸就要发生了。刚强自取摧折，柔弱自取束缚。自己身上有邪恶污秽的东西，必然会招致怨恨。同样是柴草放在地上，火必然先烧那些干燥的；同样是平地，水必然往潮湿低洼处流。草和树长在一起，飞鸟和野兽总是同群，世间万物大都各从其类。箭靶树起来，弓箭才会射到那儿，林木长得茂盛，才会招来斧头的砍伐。树林成荫，鸟雀才会栖居其上。醋变质后蚊虫才会聚生其中。所以言语有时会招来祸患，行为有时会招致侮辱，君子对自立之所一定要慎重选择啊！

管理启示：

有因必有果，有果必有因。文中列举大量自然、社会案例来说明事物之间的因果关系。最后告诫君子要谨言慎行。言不慎将招祸，行不慎易招辱。企业领导干部及管理人员经常对下属和管理对象发号施令，如果因为出口不慎而发出错误的号令，除了将导致工作秩序混乱，也必将对发号施令者产生不利的影响。错误的号令常发生的情况有：无根无据，凭自己主观臆断来发号施令；传递企业错误的政策信息；或者误解上级的意图等。所以管理人员要像荀子告诫君子的话一样，慎其所立乎！以免给自己的形象和权威造成负面影响。

思考题：

常言说祸从口出，谈谈管理者对管理对象发出错误的指令，可能对工作、对管理者自身产生哪些不良影响？

六、劝学第六篇

【原文】

积土成山，风雨兴焉；积水成渊，蛟龙生焉；积善成德，而神明自得[1]，圣心备焉。故不积跬步[2]，无以至千里；不积小流，无以成江海。骐骥一跃[3]，不能十步；驽马十驾[4]，功在不舍。锲而舍之[5]，朽木不折；锲而不舍，金石可镂。螾无爪牙之利[6]，筋骨之强，上食埃土，下饮黄泉，用心一也。蟹六跪而二螯[7]，非蛇鳝之穴无可寄托者[8]，用心躁也。是故无冥冥之志者无昭昭之明[9]，无惛惛之事者无赫赫之功。行衢道者不至[10]，事两君者不容。目不能两视而明，耳不能两听而聪。螣蛇无足而飞[11]，鼫鼠五技而穷[12]。《诗》曰："尸鸠在桑，其子七兮。淑人君子，其仪一兮。其仪一兮，心如结兮[13]。"故君子结于一也。

【注释】

[1] 神明：指无所不达有如神明般的境界。荀子论学，认为成圣在于积善，积善达到的最高境界就是神明之境。

[2] 跬（kuǐ）步：半步，相当于今之一步。

[3] 骐骥：骏马。

[4] 十驾：十日之程。驾，马行一日，夜则休驾，故以一日为一驾。

[5] 锲：和下文的"镂"都是刻的意思。木谓之"锲"，金谓之"镂"。

[6] 螾（yǐn）：蚯蚓。

[7] 跪：足。螯：蟹头上的二爪，形似钳子。

[8] 鳝：同"鳝"。

[9] 冥冥：与下文的"婚婚（hūn）"皆指专一、精诚之貌。

[10] 衢道：歧路。

[11] 螣（téng）蛇：古代传说中一种能穿云驾雾的蛇。

[12] 鼫（shí）鼠：一种危害农作物的老鼠。五技：谓能飞不能过屋，能缘不能穷木，能游不能渡谷，能穴不能掩身，能走不能先人。

[13] "尸鸠在桑"六句：此处引诗出自《诗经·曹风·尸鸠》。传说尸鸠养育幼子，喂食时早上从上而下，傍晚从下而上，平均如一。用尸鸠起兴，表示君子执义当如尸鸠待七子如一，如一则用心坚固。尸鸠，布谷鸟。淑人，善人。结，凝结不变。

【译文】

土堆积起来成了高山，风雨就从这里兴起；水流汇积成为深渊，蛟龙就从这儿诞生；积累善行养成高尚的品德，自然就会达到最高的智慧，具备圣人的精神境界。所以不积累一步半步的行程，就没有办法到达千里之远；不积累细小的流水，就没有办法汇成江河大海。千里马再快，一跃也不超过十步；劣马十天却能走得很远，它的功劳就在于不停地走。刻一下就停下来，腐烂的木头也不能断；坚持不断地刻下去，金石也能雕成形。蚯蚓没有锐利的爪子和牙齿、强健的筋骨，却上能吃到泥土，下能喝到黄泉，原因就在于它用心专一。螃蟹有六只脚，两只大钳子，离开了蛇、鳝的洞穴却无处存身，就是因为它用心浮躁不专一。因此没有专一精诚的精神，就没有清明的智慧；没有坚定不移的行为，就不会有巨大的成就。彷徨于歧路的人到达不了目的地，同时事奉两个君主的人，会被两者不容。眼睛不能同时看清楚两样东西，耳朵不能同时听清楚两种声音。螣蛇没有脚却能飞，鼫鼠有五种生存技能却常常处于穷境。《诗经》上说："布谷鸟在桑树上筑巢，公平如一地养育它的七只幼鸟。善良的君子们，他们的行为仪态多么坚定专一。坚定专一不偏邪，思想才会如磐石坚。"所以君子要坚定专一啊。

管理启示：

埃里克森的生命周期理论告诉我们，人的一生可以划分为多个阶段，每个阶段都有不同的冲突和矛盾，也伴随有相应的核心任务。每当这个任务完成之后，人们才能全身心的投入，去克服下一阶段的矛盾冲突，完成新的任务。人生每一阶段任务的完成都不会一帆风顺，都会有一定的难度，甚至困难到人们想放弃，例如高考、创业等都不太容易。但当外部条件持续不变，问题的难度一直不变，怎么办呢？荀子在这里告诉我们，"锲而不舍，金石可镂"，也就是靠自己坚持不懈的努力来完成。后来有人把生命周期理论运用于解释家庭、产品、企业等，于是产生了家庭生命周期理论，产品生命周期理论和企业生命周期理论等。生命周期理论的不同阶段也会遇到各种各样的困难，尤其在第一个阶段的投入期，对个人创业来说叫创业初期，这一阶段人、财、物、场地等资源可能都不齐全，许多创业者会有中途放弃的思想，从而半途而废，前功尽弃。结合企业生命周期理论告诉我们一个道理，对创业者来说，创业的投入期和成长期会遇到相当大的困难和阻力，荀子给我们一个方法，就是锲而不舍，其仪一兮，心如结兮，积土终能成山，积水终能成渊。

思考题：
1. 结合他人的创业经历，讲一个"锲而不舍，金石为开"的故事。
2. 荀子的这段话，对你今后的人生乃至创业会有什么启发？

七、劝学第七篇

【原文】

昔者瓠巴鼓瑟而流鱼出听[1]，伯牙鼓琴而六马仰秣[2]。故声无小而不闻，行无隐而不形[3]。玉在山而草木润，渊生珠而崖不枯。为善不积邪，安有不闻者乎？

【注释】

[1] 瓠（hù）巴：与下文的"伯牙"皆是古代传说中善鼓琴瑟者。流鱼：《大戴礼记》作"沉鱼"。
[2] 六马：天子辂车之马。仰秣：形容马仰首而听之状。
[3] 隐：隐蔽。形：有形可见。

【译文】

过去瓠巴鼓瑟，水中的鱼也会浮到水面来听；伯牙鼓琴，六马仰首而听。所以声音不会因为小而不被听见，行为不会因为隐蔽而不被看见。山里有玉，连草木都会润泽；深渊有珠，连崖岸都不会干枯。有为善而不积的人，若积善哪里有不为人知的道理？

管理启示：

《三国志·蜀书·先主传》中有句话"勿以善小而不为"，意思是好事要从小事做起。结合本文结尾，即使是为小善，"安有不闻之乎"？对现代企业来说就是承担社会责任，责任不分大小，只要有所承担，都会产生良好的影响。社会责任的承担形式很多，如安全生产、生产合格产品、不非法排污、及时足额缴纳税款、为灾区捐款捐物等。也有些处于竞争困境中的企业，因为勇于承担社会责任，扶贫救困而获得消费者的偏爱，从而获得新生。所以荀子关于为善的劝学思想对个人和企业都具有积极意义。

思考题：

查阅资料，列举若干企业承担社会责任的故事。

八、劝学第八篇

【原文】

问楛者勿告也[1]，告楛者勿问也，说楛者勿听也，有争气者勿与辩也。故必由其道至，然后接之，非其道则避之。故礼恭而后可与言道之方[2]；辞顺而后可与言道之理；色从而后可与言道之致。故未可与言而言谓之傲，可与言而不言谓之隐，不观气色而言谓之瞽[3]。故君子不傲，不隐，不瞽，谨顺其身。《诗》曰："匪交匪舒，天子所予[4]"此之谓也。

【注释】

[1] 楛（kǔ）：恶也。荀子这里说的"恶"指的是与礼无关者。
[2] 方：术，方法。
[3] 瞽（gǔ）：盲人。
[4] "匪交匪舒"两句：此引诗出自《诗经·小雅·采菽》，为天子答诸侯诗。匪，

非。交，急迫。舒，缓慢。

【译文】

凡所问非关礼者，不必告诉他。所告非关礼者，不要再去多问。有人说到与礼无关的事，也不必听。有意气求胜而无益者，不要同他辩论。所以抱着求道之心而来的，才能与之交往，不是为求道的就回避他。礼貌谦恭的，才可以告诉他达道的方法；言辞和顺的，才可以告诉他道的理论；脸色表现出从善之诚意的，才可以和他谈道的极致。不可以和他说却和他说叫急躁，可以同他说却不同他说叫隐瞒，不看脸色而说叫盲目。所以君子不急躁、不隐瞒、不盲目，顺其人之可与言否，小心谨慎地言说。《诗经》说："不急迫，不缓慢，就会受到天子的赏赐。"说的就是这个意思。

管理启示：

该文告诉我们，凡问礼求道者，表示追崇礼之道，人们愿意与之交往；礼貌谦恭，言辞和顺，面善意诚之人，容易赢得人们的好感和信任，人们也愿意和他交流。企业在安排岗位人选时应该适当考虑这一点。例如与顾客直面的服务窗口，有以上特征的员工，能发挥自己的天然优势，为企业树立亲和的形象。或者对员工进行这方面的岗前培训，目的还是给顾客以亲和力，赢得顾客对企业的好感，强化顾客对企业的忠诚度。所以，自古至今虽然礼的含义有所演变，但是礼在构建和谐人际关系方面的作用是古今贯通的，是企业文化建设和制度建设的精髓。

思考题：

在服务窗口，员工能说会道与态度和蔼这两点，你认为哪一点更能赢得和留住顾客？

第二节　修　身

一、修身第一篇

【原文】

见善，修然必以自存也[1]；见不善，愀然必以自省也[2]。善在身，介然必以自好也[3]；不善在身，菑然必以自恶也[4]。故非我而当者，吾师也；是我而当者，吾友也；谄谀我者，吾贼也[5]。故君子隆师而亲友，以致恶其贼。好善无厌，受谏而能诫，虽欲无进，得乎哉！小人反是，致乱而恶人之非己也，致不肖而欲人之贤己也，心如虎狼、行如禽兽而又恶人之贼己也。谄谀者亲，谏争者疏，修正为笑，至忠为贼，虽欲无灭亡，得乎哉！《诗》曰："嗡嗡呰呰，亦孔之哀。谋之其臧，则具是违；谋之不臧，则具是依[6]。"此之谓也。

【注释】

[1] 修然：整饬的样子。存：察，审查。

[2] 愀（qiǎo）然：忧惧的样子。

[3] 介然：坚固的样子。

[4] 菑然：意思是如同有灾害在身。菑，同"灾"。

[5] 贼：害。

[6] "噏噏（xī）呰呰（zǐ）"六句：此诗引自《诗经·小雅·小旻》。噏噏，附和的样子。呰呰，诋毁、诽谤的样子。呰，同"訾"。孔，很，十分。臧（zāng），好，善。具，俱，都。

【译文】

见有善行，一定要恭谨自查，自己是否也有此善行；见到不善的行为，一定要惊心警惕，反省自己是否也有此不善。自己身上的善，一定要固守；身上的不善，一定要畏恶它如同灾祸。所以批评我而所言恰当的人，是我的老师；赞誉我而所言恰当的人，是我的朋友；献媚阿谀我的人，是害我的谗贼。所以君子尊崇老师而亲近朋友，对于谗贼则深恶痛绝。爱好善而永不知足，听到规谏而能戒惕，即使想不长进也做不到啊！小人正好相反，极为悖乱而厌恶别人批评自己，极为不肖却希望别人认为他贤能，心像虎狼一样，行如禽兽一般，却厌恶别人视他为谗贼。亲近阿谀奉承之辈，疏远直言相谏者，把修正规劝的行为视为讥笑，把直谏忠诚的人视为谗贼，这样的人想不灭亡也做不到啊！《诗经》说："同那些阿谀之徒一拍即合，对那些谏诤者厌恶诋毁，这是多么可悲啊！好的意见统统不听，不好的意见却全部听从。"说的就是这种人。

管理启示：

人无完人，这句话没有人否认。但是现实中很少有人常思自己之过，自己的不足。企业管理中常发生这样的现象，讨论问题发生意见相左时，尤其涉及利益分配或者承担责任和任务时，当事人往往各抒己见，自认为掌握了真理，没有人愿意认真听听对方的意见和想法。实际情况是可能双方都有一定道理，但每个人都装傻，都只从本位主义出发，坚持自己的观点，去争执、争辩，而不从实际出发，更不会从企业的整体利益出发去实事求是地思考问题和解决问题。根本原因都是因为修身不够。

另外，企业决策层讨论问题出现的一言堂现象也并非真的是一把手真理在手，居高临下的权威思想不能否定。所以两千多年前荀子告诫的恭谨自查，虽然泛指每个人的修身，但对当今的企业管理者同样具有现实指导意义，有利于减少空洞的争论，提高管理效率。企业在员工培训中应加强修身培训教育，以提高管理人员的修养，目的还是创造和谐的工作氛围，减少内耗，提高工作效率。

思考题：

谈谈你对"非吾而当者，吾师也；谄谀我者，吾贼也"这句话的理解。

二、修身第二篇

【原文】

扁善之度[1]，以治气养生则后彭祖[2]；以修身自名则配尧、禹。宜于时通，利以处穷[3]，礼信是也。凡用血气、志意、知虑，由礼则治通，不由礼则勃乱提僈[4]；食饮、衣服、居处、动静，由礼则和节[5]，不由礼则触陷生疾[6]；容貌、态度、进退、趋行，由礼则雅，不由礼则夷固僻违、庸众而野[7]。故人无礼则不生，事无礼则不成，国家无礼则不宁。《诗》曰："礼仪卒度，笑语卒获[8]。"此之谓也。

【注释】

[1] 扁善：无往而不善的法则。扁，通"遍"。度：道。
[2] 后：这里是追随的意思。彭祖：传说中的老寿星，年八百岁。

[3] 穷：困境。

[4] 勃乱：昏乱。勃，通"悖"。提慢：松弛缓慢。

[5] 由：遵循。和节：合适，协调。

[6] 触陷生疾：意思是一举一动都会发生毛病。

[7] 夷固：傲慢。僻违：偏邪不正。

[8] "礼仪卒度"两句：此诗引自《诗经·小雅·楚茨》卒，尽，完全。获，得当。

【译文】

君子有无往而不善之道，用它来治气养生，则寿命可追随彭祖；用它来修养品德，那名声就可同尧、禹相比。既适宜于通达之时，也适宜于窘困之时的，只有礼和信。大凡血气、志意、思虑，依礼就和谐通畅，不依礼则悖乱弛怠；饮食起居、言谈举止，依礼行事就得体合适，不依礼则一举一动都会发生毛病。容貌、仪态、进退、疾走、慢行，有礼就雍容儒雅，无礼则倨傲偏邪、庸俗粗野。所以人不守礼就没法生存，做事没有礼就不能成功，国家没有礼则不安宁。《诗经》说："礼仪如果完全合乎法度，言谈笑语就会得当。"说的就是这个意思。

管理启示：

礼是人类社会内在秩序的一种形式，如同法律、制度、规则等，是对人言行的约束性规定。"以理则和谐通畅，无理则悖乱驰怠"。企业管理中虽然已经有制度和流程规定，大家以制度和流程行事即可，但制度和流程也会有缺陷，有无能为力的地方，这就需要礼仪来补充。例如，对领导对同事要尊重，跨部门问题要友好协商解决，办公室来客要倒茶水相迎，餐厅就餐自觉排队，等等。所有这些方面有些企业会有相应规定，但有些企业则不一定有明确的制度规定，但做好了肯定有利于构建企业和谐的人际关系。反之如果反其道而行之，必然不利于团结，也不利于管理。所以企业管理中要强调礼的作用。

思考题：

原文中有一句话"故人无礼则不生，事无礼则不成，国家无礼则不宁"。请举例谈谈你对这句话的理解。

三、修身第三篇

【原文】

以善先人者谓之教，以善和人者谓之顺[1]；以不善先人者谓之谄，以不善和人者谓之谀。是是、非非谓之知[2]，非是、是非谓之愚。伤良曰谗[3]，害良曰贼。是谓是，非谓非曰直。窃货曰盗，匿行曰诈，易言曰诞[4]，趣舍无定谓之无常[5]，保利弃义谓之至贼。多闻曰博，少闻曰浅；多见曰闲[6]，少见曰陋。难进曰偍[7]，易忘曰漏。少而理曰治，多而乱曰秏[8]。

【注释】

[1] 和：附和，响应。

[2] 是是、非非：意思是能辨别是非。是，正确的。非，错误的。这里的第一个"是"和"非"作动词用，表示肯定和否定的意思。

[3] 谗：用言语陷害人、攻击人。

[4] 易言：轻易说话，说话轻率。

[5] 趣舍：取舍。趣，通"取"。
[6] 闲：娴雅。
[7] 偍（tí）：迟缓。
[8] 耗（mào）：通"眊"，昏乱。

【译文】

用善引导人的是教诲，用善响应人的是和顺；用不善引导人的是谄佞，用不善附和人的是阿谀。能辨别正确的为正确、错误的为错误叫作明智，认正确的为错误、错误的为正确叫作愚昧。伤害好人叫作陷害，陷害好人叫作好贼。坚持对的就是对的、错的就是错的是正直。偷东西的是盗贼，隐瞒自己行为的是欺诈，轻率乱言的是放诞。取舍没有定准的叫作无常，为了利益放弃道义的叫作至贼。多闻者为广博，少闻者为浅陋；多见者则娴雅，少见者则孤陋。进展艰难叫作迟缓，容易忘记叫作疏漏。遇事能举其要而有条理叫作治，多而杂乱叫作耗。

管理启示：

此段文字指出了人应该具有的品质——和顺、明智、正直、广博、娴雅和治等，同时又指出了人不应该具有的反面特质——谄佞、阿谀、愚昧、陷害、好贼、盗贼、欺诈、放诞、无常、至贼、浅陋、孤陋、迟缓、疏漏和耗。讲的是对一般人的修身要求。一般人具备了这些品质，有利于美好社会建设，企业管理人员也是普通一员，首先也要具备这些品质，提高了自己的起点，必定有利于和谐员工关系构建和工作推进。

思考题：

谈谈管理者具备文中所说的良好品质，对推动管理工作有何意义？

四、修身第四篇

【原文】

治气养心之术：血气刚强，则柔之以调和[1]，知虑渐深，则一之以易良[2]；勇胆猛戾[3]，则辅之以道顺[4]；齐给便利[5]，则节之以动止；狭隘褊小[6]，则廓之以广大[7]；卑湿、重迟、贪利[8]，则抗之以高志[9]；庸众驽散，则劫之以师友[10]；怠慢僄弃[11]，则炤之以祸灾[12]；愚款端悫[13]，则合之以礼乐，通之以思索。凡治气养心之术，莫径由礼，莫要得师，莫神一好[14]。夫是之谓治气养心之术也。

【注释】

[1] 调和：调试和平。
[2] 易良：平易温良。
[3] 猛戾：乖戾，乖张。
[4] 道顺：导训。道，引导。顺，通"训"。
[5] 齐给便利：都是快捷、不慎重的意思。
[6] 褊（biǎn）小：心胸狭小。
[7] 廓：开阔。
[8] 卑湿：志意卑下。重迟：迟缓。
[9] 抗：举。
[10] 劫：夺去。指用师友去其旧性。

[11] 僄（piào）：轻薄。弃：自暴自弃。

[12] 炤：同"照"，明显告之的意思。

[13] 愚款：单纯朴实。款，诚款。端悫（què）：端正朴实。悫，朴实，谨慎。

[14] 一：并一不二。在荀子的思想中，"一"通常指专一好礼，认为专一好礼则可以通于神明，达到神化之境。

【译文】

调理性情、修养身心的办法是：血气刚强的人，就用心平气和来调和他；思虑过于深沉复杂的人，就用平易温良来和谐他；性情勇猛暴躁的人，就开导他，使其驯顺；行动快捷急遽的人，就用恰当的举止节制他；气量狭隘的人，就用开阔的思想扩大他；志向卑下、思想迟钝、贪图小利的人，就用高远的志向提升他；低劣平庸不成才的人就用良师益友帮助他；懒散轻浮、自暴自弃的人，就用祸福之事来告诫他；过分朴实单纯的人，就用礼乐来润色他。大凡调理性情、修养身心，最直接的途径是按照礼去做，最关键的是得到好的老师，最能发生神妙作用的是专心致志。这就是调理性情、修养身心的办法了。

管理启示：

此文讲的是一个人自我调理性情、修身养性的办法，就是按各种不同方法去对待不同性格类型和特征的人，而不是因为对方的性格怪异而针锋相对或者当仁不让，从而激化矛盾。这种对待他人的方式在现实工作中就叫工作方法。管理工作自然少不了指导、说教、协调、沟通等人与人的交流活动，一个学会了运用工作方法灵活处理问题的人必然大受欢迎。文中指出的面对不同情况如何运用不同方式与人打交道，现实中能做到的人不多，大多数管理者需要经过长时间历练才能渐入佳境。进入佳境之后人们常常自嘲为"成熟了"，或者磨炼得没有了棱角，但是工作起来却更加得心应手，解决复杂问题的能力越来越强。所以荀子表达的这段话可以看作管理艺术的最高水平，值得管理工作者学习和深思。

思考题：

针对荀子描述的运用不同方法对待不同类型的人，比照一下自己看看能做到几点。

五、修身第五篇

【原文】

体恭敬而心忠信，术礼义而情爱人[1]，横行天下[2]，虽困四夷，人莫不贵。劳苦之事则争先，饶乐之事则能让[3]，端悫诚信，拘守而详[4]，横行天下，虽困四夷，人莫不任。体倨固而心势诈[5]，术顺、墨而精杂污[6]，横行天下，虽达四方，人莫不贱。劳苦之事则偷儒转脱[7]，饶乐之事则佞兑而不曲[8]，辟违而不悫[9]，程役而不录[10]，横行天下，虽达四方，人莫不弃。

【注释】

[1] 术：法，遵行。爱人：仁爱。人，通"仁"。

[2] 横行：广行。

[3] 饶乐：富足，享乐。

[4] 拘守而详：谨守法度、明察事理。

[5] 倨：傲。固：固陋。

[6] 顺、墨：当作"慎、墨"。慎，慎到，战国思想家，其学说本黄老、归刑名，"尚法""重势"。墨，墨翟，战国墨家学说创始人，提倡节俭。精：当作"情"，性情。杂污：肮脏。这里指非礼义之言。

[7] 偷儒：苟且懒惰怕事。偷，偷懒。儒，懦弱。转脱：婉转推脱。

[8] 佞兑：口才捷利。兑，通"锐"，行动快、疾。不曲：直取之，指毫不谦让。

[9] 辟违：邪恶。辟，邪僻。

[10] 程役：通"逞欲"。录：通"逮"，谨慎。

【译文】

体貌恭敬而内心忠信，遵循礼义而内心仁爱，那么走遍天下，即使不受重用而困于四夷之地，人们也没有不敬重他的。劳累辛苦的事则抢先去做，安逸享乐的事则让给别人，端正朴实、诚实守信，谨守法度、明察事理，那么走遍天下，即使遭受穷困到了四夷之地，也不会没有人任用他。体貌倨傲而内心权诈，遵循慎到、墨子的学说而内心杂乱污浊，那么走遍天下，即使到处通达，人们也没有不轻视他的。劳苦的事就懒惰推脱，享乐的事就身手敏捷毫不谦让，僻邪而无诚信，一味追求自己的私欲而不知谨慎，那么走遍天下，即使到处通达，人们也没有不鄙弃他的。

管理启示：

现实中存在的常见现象是，企业某部门员工年轻有为，学历高、能力强，但是入职时间短，阅历浅；他面对的部门领导资格较老，工作经验丰富，但学历和专业能力不如这位新员工。这种情况下，新员工对部门领导应采取什么样的工作态度呢？荀子给出了很好的答案，员工的外在态度应当是"体恭敬而心忠信，术礼仪而情爱人"；工作中的表现应当是"劳苦之事则争先，绕乐之事则能让"。如此，领导很满意，工作也能顺利推进。反之，如果员工摆出体貌倨傲，低视领导的姿态，工作中"劳苦之事则偷儒转脱，绕乐之事则佞兑而不曲，避讳而不愨，程役而不录"，则必然与领导之间产生矛盾，相互轻视。员工自己在本部门将处境尴尬，工作也难有成效。这种局面是新员工自己修身不够造成的。

思考题：

作为新入职的大学生，如果你的专业能力比你老资格的上级领导更强，你将怎样面对领导和工作？

六、修身第六篇

【原文】

行而供翼[1]，非渍淖也[2]；行而俯项[3]，非击戾也[4]；偶视而先俯[5]，非恐惧也。然夫士欲独修其身，不以得罪于比俗之人也[6]。

【注释】

[1] 供：通"恭"，恭敬。翼：敬。

[2] 渍淖（nào）：陷在烂泥里。淖，烂泥。

[3] 俯项：低头。

[4] 击戾：碰撞着东西。

[5] 偶视：两人同视，对视。

[6] 比俗之人：普通人。

【译文】

行走时恭敬小心，不是因为害怕陷在烂泥里；走路时低头，不是因为害怕撞上东西；两人对视，先俯身行礼，并不是惧怕对方。这乃是君子想要修养自身的品德，不想因为这个得罪于世俗之人。

管理启示：

管理是与人打交道的工作，而人上一百，形形色色，人的差异性，自然会增加管理难度。荀子关于"士独修其身"的品质要求，告诫管理者加强自身道德修养，不仅仅是为了防止团队成员或同事之间因为不和谐的人际关系而使工作"溃淖"或"击戾"，更多是为了创造和谐的人际环境和团队氛围，从而有利于促进工作。

思考题：

根据荀子的主张，怎样加强自身道德修养？个人的道德修养对促进工作有何作用？

七、修身第七篇

【原文】

夫骥一日而千里，驽马十驾则亦及之矣。将以穷无穷逐无极与？其折骨绝筋，终身不可以相及也；将有所止之[1]，则千里虽远，亦或迟或速、或先或后，胡为乎其不可以相及也？不识步道者[2]，将以穷无穷逐无极与？意亦有所止之与[3]？夫"坚白""同异""有厚无厚"之察[4]，非不察也，然而君子不辩，止之也。倚魁之行[5]，非不难也，然而君子不行，止之也。故学曰[6]："迟彼止而待我[7]，我行而就之，则亦或迟、或速、或先、或后，胡为乎其不可以同至也？"故跬步而不休，跛鳖千里；累土而不辍，丘山崇成[8]。厌其源[9]，开其渎[10]，江河可竭；一进一退，一左一右，六骥不致。彼人之才性之相县也[11]，岂若跛鳖之与六骥足哉？然而跛鳖致之，六骥不致，是无它故焉，或为之，或不为尔！道虽迩，不行不至；事虽小，不为不成。其为人也多暇日者[12]，其出入不远矣[13]。

【注释】

[1] 止：终点，目的，止境。在儒家经典中，"止"字有特别的含义，指全身心专注追求的目标，比如射箭，其所射的箭靶就是"止"。所谓"止于至善""学之止"等都可从这一意义上理解。

[2] 步道：道路。

[3] 意：通"抑"，抑或。

[4] 坚白、同异：指战国名家惠施、公孙龙的学说，有坚石非石，白马非马，同者异、异者同等命题。有厚无厚：也是惠施的理论，讲空间上的无限性问题。一说这是春秋邓析提出的一个命题。

[5] 倚魁：怪诞骇俗之行。倚，读作"奇"。魁，大。

[6] 学曰：学者相传之言。

[7] 迟彼止而待我：此处疑有脱文，姑且遵一般看法讲行解释。迟，待。

[8] 崇：通"终"，最终。

[9] 厌：塞。

[10] 渎：沟渠。

[11] 县：同"悬"，悬殊。

[12] 多暇日：指怠惰。

[13] 出入：意思难通，依王念孙解作"出人"。

【译文】

良马一天走一千里的路程，劣马走十天也能达到。想要走完无穷之路，追逐没有终点的所在吗？这样的话，即使走到骨折筋断，一辈子也无法到达；如果有止境有目的，那么千里虽远，也只是或慢或快，或前或后的问题，怎么可能走不到呢？不认识道路的人，是去走那无穷之路，追逐没有终点的所在呢？还是有所止境？"坚白""同异""有厚无厚"的辩说，不能说不精察，然而君子不去争论，因为君子有自己追求的目标。怪诞骇俗的行为，不是不难做，但是君子不做，因为君子有自己追求的目标。所以古语相传，学习好比行路。得路之人，在前面等着我，我便努力地追赶上去，那么或早或晚、或先或后，怎么会不到达同一个地方呢？所以一步一步不停地走，即使是跛足的鳖，也可以抵达千里；一层一层积累不停，平地最终也能变山丘。堵塞住源头，开通沟渠，江河也会枯竭。一会儿前进，一会儿后退，一会儿左一会儿右，六骥也到达不了远处。人和人之间才性的差异，哪里会有跛鳖和六骥的差异那么大！然而跛鳖能够到达，六骥不能到达，这并没有其他的原因，只是因为有的做，有的不做啊！道路虽近，不走就不可能到达；事情虽小，不做就不会成功。那些整日游手好闲的人，他的成就就不会超出常人多远了。

管理启示：

文中用行路比喻人生目标，只要目的地明确，路再远也能到达；只要人生目标明确，坚持努力，早晚都能实现。所以凡君子都有目标，游手好闲的人难以有所成就。对应地，作为企业也要有战略目标。然而现实中很多企业，包括一些大中型的国有企业，都没有自己的战略目标，只能跟随市场经济大潮，应对短期竞争。这样的企业经不起外界环境变迁带来的风险，也难以做强做大。企业没有战略目标就如同个人没有人生目标，"其出入不远矣"。

思考题：

查阅资料，举例说明企业战略目标引领企业发展的成功案例及实现路径。

八、修身第八篇

【原文】

好法而行[1]，士也；笃志而体[2]，君子也；齐明而不竭[3]，圣人也。人无法，则伥伥然[4]；有法而无志其义，则渠渠然[5]；依乎法而又深其类[6]，然后温温然[7]。

礼者，所以正身也；师者，所以正礼也。无礼，何以正身？无师，吾安知礼之为是也？礼然而然，则是情安礼也[8]；师云而云，则是知若师也。情安礼，知若师，则是圣人也。故非礼，是无法也；非师，是无师也。不是师法而好自用，譬之是犹以盲辨色，以聋辨声也，舍乱妄无为也[9]。故学也者，礼法也。夫师，以身为正仪而贵自安者也[10]。《诗》云："不识不知，顺帝之则[11]。"此之谓也。

【注释】

[1] 法：礼法。

[2] 笃：坚定。体：实行。

[3] 齐明：这里指智虑敏捷。

[4] 伥伥然：无所适从的样子。

[5] 渠渠然：无守、局促不安的样子。

[6] 深：深知。类：统类，指能按礼法去类推、掌握各种事物。

[7] 温温然：润泽之貌。这里指优游不迫。

[8] 情安礼：意思是，好像天性所安，不是后天学的。

[9] 舍：除了。乱妄：悖乱狂妄。

[10] 正仪：正确的标准，即典范、表率。自安：自己安心于此。

[11] "不识不知"两句：此处引诗见于《诗经·大雅·皇矣》。帝，老天。

【译文】

爱好礼法而能依其行事的，是士；志向坚定而能身体力行的，是君子；智虑敏捷而不枯竭的，则是圣人。人没有礼法，则无所适从；有法而不知其深义，则茫然无所遵从；依据礼法，又能深明其统类，然后才能优游不迫啊。

礼，是用来端正身心的；老师，是用来端正礼法的。没有礼，用什么来修正自己的行为？没有老师，我怎么知道礼是这样的？礼是怎样规定的就怎样做，这就是天性安于礼；老师怎样说就怎样做，这就是智慧同老师一样。能做到情安于礼，智慧如同老师，这就是圣人。所以，违背礼，就是不以法度为法度；违背老师，就是不以老师为老师。不遵照师法的教导和规定去做，而喜欢自行其是，这就好像让瞎子辨别颜色，让聋子辨别声音，除了悖乱狂妄之事，干不出别的了。所以学习的根本之处，在于礼法。至于老师，则是以其言行来给人们做表率的，最为可贵的是教人们安心这样去做。《诗经》上说："不知道为什么要这样做，然而它是符合老天的自然法则的。"说的就是这个意思。

管理启示：

前文讲述爱礼、有礼、知礼、依礼的重要性，后文则强调了老师在端正礼法中的作用。礼构建了古代上层社会稳定的社会秩序，类似于礼的这一作用，企业的制度和流程则是企业生产秩序和管理秩序的稳定器。管理者在企业制度和流程的制定和执行方面的作用就如同老师对于礼仪的作用，而管理对象不遵守相应的制度和流程规定，如同不遵照师法的教导和规定去做，好像瞎子辨别颜色，聋子辨别声音，必定干出"悖乱狂妄之事"。荀子强调了学习的根本之处在于礼法，老师要起表率作用，并借用《诗经》的话说，这是符合自然法则的。同样地，企业员工培训中对有关规章制度和工作流程的学习也是企业管理的基础和根本，符合的是管理法则。

思考题：

1. 试设想，一个企业如果没有考勤制度、奖惩制度，或者考勤制度和奖惩制度执行不严格，会产生什么后果？

2. 按制度规定你有事情需要向你的部门主管领导请示，但主管领导不在，你能向你主管领导的上级领导直接请示吗，为什么？

第三节 非 相

一、非相第一篇

【原文】

相人，古之人无有也，学者不道也。

古者有姑布子卿[1]，今之世，梁有唐举[2]，相人之形状颜色而知其吉凶妖祥，世俗称之。古之人无有也，学者不道也。故相形不如论心，论心不如择术[3]。形不胜心，心不胜术。术正而心顺之，则形相虽恶而心术善，无害为君子也；形相虽善而心术恶，无害为小人也。君子之谓吉，小人之谓凶。故长短、小大、善恶形相，非吉凶也。古之人无有也，学者不道也。

【注释】

[1] 姑布子卿：春秋郑国人，曾为孔子和赵襄子看过相。

[2] 唐举：战国时相士，曾为李兑和蔡泽看过相。

[3] 论心：研究人的思想。论，考察。术：方法，道路，指所行所学而言。

【译文】

看相，古代的人不做这样的事，有知识的人也不屑说这些事。

古代有一个姑布子卿，现在梁国有一个唐举，能根据人的容貌、气色而预知人的吉凶祸福，社会上一般人都称赞他们的相术。但古代的人是不做这样的事的，有知识的人也不屑说这些事。所以相人的形貌不如观察人的立心，观察他的立心不如研究他的所行所学。相貌不能决定人的内心，而内心又受到所行所学的影响。所学所行正，心也顺着它，那么形貌虽然丑恶心术也会善，不妨碍成为君子。所学所行不正，那么形貌虽好心术也会恶，终究还是小人。做君子就会吉祥，做小人则不吉祥。所以外形的高或低、魁梧或瘦小、丑陋或漂亮，不能决定吉凶。古代的人不做这样的事，有知识的人也不屑说这些事。

管理启示：

相人或者说观察一个人，荀子提出了"形貌、立心、所学所行"三个角度。按照荀子的观点，相貌不如相心，相心不如所学所行。因为人的外貌不能决定其内心，而内心又受到所学所行的影响。这实际上是荀子所提供的一个认识问题、观察问题的方法论问题，而根据"所学所行"观察一个人，就是坚持唯物主义和实事求是的方法。当企业运营管理中遇到问题时，也应坚持这样的观点和科学方法，而不能靠固执己见、主观臆测，如此才是真正解决问题的科学态度和方法。

思考题：

1. 初到一个新的单位，为了适应新的环境，便于更好地开展工作，你如何去了解周边的同事？

2. 某个地区经济比较落后，居民收入水平和购买力水平较低，试从不同的角度分析该地区的商机。

二、非相第二篇

【原文】

盖帝尧长[1]，帝舜短，文王长，周公短，仲尼长[2]，子弓短[3]。昔者卫灵公有臣曰公孙吕[4]，身长七尺，面长三尺，焉广三寸[5]，鼻目耳具[6]，而名动天下。楚之孙叔敖[7]，期思之鄙人也[8]，突秃长左[9]，轩较之下[10]，而以楚霸。叶公子高[11]，微小短瘠[12]，行若将不胜其衣。然白公之乱也[13]，令尹子西、司马子期[14]，皆死焉；叶公子高入据楚，诛白公，定楚国，如反手尔，仁义功名善于后世。故事不揣长[15]，不揳大[16]，不权轻重，亦将志乎尔。长短、小大、美恶形相，岂论也哉！

且徐偃王之状[17]，目可瞻焉；仲尼之状，面如蒙倛[18]；周公之状，身如断菑[19]；皋陶之状[20]，色如削瓜；闳夭之状[21]，面无见肤；傅说之状[22]，身如植鳍[23]；伊尹之状[24]，面无须麋[25]。禹跳，汤偏。尧、舜参牟子[26]。从者将论志意[27]，比类文学邪？直将差长短，辨美恶，而相欺傲邪？

古者桀、纣长巨姣美，天下之杰也，筋力越劲，百人之敌也。然而身死国亡，为天下大僇[28]，后世言恶则必稽焉[29]？是非容貌之患也，闻见之不众，论议之卑尔。

【注释】

[1] 盖：发语词。

[2] 仲尼：孔子的字。

[3] 子弓：一说为孔子的学生仲弓；一说为馯臂子弓，传《易》者，荀子之师。

[4] 卫灵公：春秋时卫国的国君，历史上著名的荒淫无道之君。公孙吕：人名，事迹不详。

[5] 焉：通"颜"。这里指额。

[6] 具：完备，齐全。这里指鼻耳目都有，但相去甚远，所以为异。

[7] 孙叔敖：春秋时楚庄王的宰相。

[8] 期思：地名，楚国之邑。鄙人：郊野之人。

[9] 突秃：头秃发少。长左：左手长。

[10] 轩较之下：指个子矮小。轩，古代车前的直木。较，古代车前的横木。

[11] 叶公子高：楚大夫沈诸梁。

[12] 微小短瘠：形容个子矮小瘦弱。

[13] 白公之乱：事见《左传·哀公十六年》。白公，名胜，楚平王的孙子。

[14] 令尹：官名。子西：平王长庶子，公子申。司马：官名。子期：平王子，公子结。

[15] 事：通"士"。揣：测度。

[16] 揳（xié）：比较，估量。

[17] 徐偃王：西周时徐国国君。传说其目只能仰视，可以看到自己的额头，但却不能俯视。

[18] 倛（qī）：古代打鬼驱疫时戴的面具。这里指孔子的长相很凶。

[19] 菑（zì）：立着的枯树。

[20] 皋陶（yáo）：上古人名，相传是舜的司法官。

[21] 闳（hóng）夭：周文王的大臣，曾设计使纣释放了囚于羑里的文王，后来辅佐

武王灭纣。
- [22] 傅说（yuè）：人名，曾是为人筑墙的工匠，后为殷王武丁的大臣。
- [23] 身如植鳍（qí）：身上好像长了鱼鳍一样。这里指驼背。
- [24] 伊尹：商汤王的大臣。
- [25] 须麋：同"须眉"，即胡子眉毛。
- [26] 参：相参。这里指有两个瞳仁。牟：通"眸"，这里指瞳仁。
- [27] 从者：指荀况的学生。一说指"学者"。
- [28] 僇（lù）：耻辱。
- [29] 稽：考察，指以之为借鉴。

【译文】

帝尧身材高大，帝舜身材矮小，周文王身材高大，周公身材矮小，孔子身材高大，子弓身材矮小。从前，卫灵公有个大臣叫公孙吕，身高七尺，脸长得很狭长，有三尺，额头宽三寸，鼻眼耳朵虽然都有，却相去甚远，但他的名声却震动了天下。楚国的孙叔敖，是期思这个地方的粗人，头秃发少，左手比右手长，身高不及车前的横木，却使楚国称霸于诸侯。楚国大夫叶公子高，长得又瘦又小，走起路来好像连衣服也撑不起来，然而白公之乱，令尹子西、司马子期都死于其中，叶公子高却引兵入楚，诛杀了白公，安定了楚国，行事如翻过手掌一样轻松自如，他的仁爱和功名，远扬于后世。所以，对于士，不要只去看他的高矮、壮弱、轻重，而要看他的志气如何。高矮大小、外形体貌的美丑，难道值得一谈吗？

况且，徐偃王的眼睛只能朝上看不能朝下看；孔子脸长得如傩神；周公瘦得好像立着的枯树干；皋陶脸色青绿，如同削去皮的瓜；闳夭满脸胡须，见不到皮肤；傅说是个驼背；伊尹脸上没有胡须眉毛。禹瘸着走路，汤半身不遂，尧和舜都有两个瞳仁。你们是论意志，比学识呢？还是比高矮，看美丑，互相欺骗、互相傲视呢？

古时候的桀和纣，身材高大俊美，是天下相貌超群的人物，身手敏捷有力，能抵御百人。然而最后落得身死国亡，为天下人羞辱，后代的人谈到恶人，一定要以他们为例。这不是容貌带来的祸患，而是由于他们见识浅陋，思想境界卑下造成的。

管理启示：

荀子在非相开端中已经提出了"相形不如论心、论心不如择术"的主张。此段文字重点列举了那些有名的历史人物来佐证自己的观点，给现代企业招聘管理人才或员工的启示是：面试环节不可貌相，而应设计一些问题，从言谈举止、专业能力等多个方面进行考察，以便企业能真正招聘到真才实学之人，而非中看不中用的花瓶。

思考题：

企业招聘人才，除了笔试以外，如何进行面试设计才能招聘到真才实学之人？

三、非相第三篇

【原文】

今世俗之乱君，乡曲之儇子[1]，莫不美丽姚冶，奇衣妇饰，血气态度拟于女子；妇人莫不愿得以为夫，处女莫不愿得以为士，弃其亲家而欲奔之者，比肩并起。然而中君羞以为臣，中父羞以为子，中兄羞以为弟，中人羞以为友，俄则束乎有司而戮乎大市[2]，莫不呼天啼哭，苦伤其今而后悔其始，是非容貌之患也，闻见之不众，论议之卑尔！然则从者将孰可也？

【注释】

[1] 儇（xuān）子：轻薄巧慧的男子。

[2] 俄：不久，一会儿。这里指有朝一日。束乎有司：被司法机关逮捕。

【译文】

如今世俗不安分的乱民，乡村中的轻薄子，个个都美丽妖艳，穿着奇装异服，打扮如女人一般，性格态度柔弱也似女人；妇女们没有不想找他们做丈夫的，姑娘们没有不想找他们做未婚夫的，抛弃自己的家庭而与之私奔的，一个接一个。然而为君的却羞于让这样的人成为自己的臣下，为父的却羞于让这样的人成为自己的儿子，为兄的却羞于让这样的人成为自己的弟弟，一般人却羞于以这种人为朋友，有朝一日，这种人就会被官府囚禁，在闹市中被处死，个个哭叫连天，悲痛今日，而后悔当初。这并不是容貌造成的祸患，而是由于他们见识浅陋，思想境界卑下造成的。那么你们认为怎样做才是对的呢？

管理启示：

荀子以从果到因的倒序的方法揭示了一种社会现象，即那些不安分的乱民，最终死于闹事的根本原因在于见识浅陋、思想境界卑下。按从因到果的正序方法描述就是，世俗之乱民，闻见之不众，论议之卑尔。于是穿奇装异服，打扮如女人，乱情于社会，于是君父兄和普通人都羞于与之相处，而后被官府囚禁，最终死于闹事街头。所以人的见识和内在思想境界对其人生道路的选择影响非常之大。如果是企业员工，其内在的思想境界高低，不仅影响个人的前程，也会决定着整个员工队伍的素质和质量。荀子最后发出疑问，然则从者将孰可也？预防性措施就是加强员工素质教育；其次，制定严格的惩罚措施，对那些因思想品德问题而产生不良行为，既影响个人又影响企业形象的给予应有的惩戒。

思考题：

如文中所说的"乱君"，如果是企业员工，面对荀子最后发出的疑问，你认为应该怎么办？

四、非相第四篇

【原文】

人之所以为人者，何已也[1]？曰：以其有辨也[2]。饥而欲食，寒而欲暖，劳而欲息，好利而恶害，是人之所生而有也，是无待而然者也[3]，是禹、桀之所同也。然则人之所以为人者，非特以二足而无毛也，以其有辨也。今夫狌狌形笑[4]，亦二足而无毛也，然而君子啜其羹，食其胾[5]。故人之所以为人者，非特以其二足而无毛也，以其有辨也。夫禽兽有父子而无父子之亲，有牝牡而无男女之别[6]。故人道莫不有辨。

辨莫大于分[7]，分莫大于礼，礼莫大于圣王。圣王有百，吾孰法焉？故曰：文久而灭[8]，节族久而绝[9]，守法数之有司极而褫[10]。故曰：欲观圣王之迹，则于其粲然者矣[11]，后王是也。彼后王者，天下之君也，舍后王而道上古，譬之是犹舍己之君而事人之君也。故曰：欲观千岁则数今日[12]，欲知亿万则审一二，欲知上世则审周道[13]，欲知周道则审其人所贵君子。故曰：以近知远，以一知万，以微知明[14]，此之谓也。

【注释】

[1] 已：同"以"，由于。
[2] 辨：指上下、贵贱、长幼、亲疏的等级区分。
[3] 无待而然者：指自然拥有的，不需要后天学习就有的天性。
[4] 狌狌：猩猩。形笑：当为"形状"。
[5] 胾：块状的肉。
[6] 牝（pìn）：雄性动物。牡（mǔ）：雌性动物。
[7] 分：名分。
[8] 文：礼法制度。
[9] 节族：节奏，乐的节奏。族，通"奏"。
[10] 极：久远。褫（chǐ）：废弛，松弛。
[11] 粲（càn）然：明白、清楚的样子。
[12] 数：考察。
[13] 周道：周朝的治国原则，即所谓文武周公之道。一说指完备的道路。此处取前说。"审周道"体现了荀子的"法后王"思想。
[14] 微：微弱，细小。明：明显，广大。

【译文】

人之所以为人，是因为什么呢？答：因为人能辨别上下、贵贱、长幼、亲疏等等级秩序。饿了想吃，冷了想暖，累了想休息，喜欢好处而讨厌祸害，这是人天生就有、不需要学习就具备的本性，是大禹和夏桀都有的人性。这样说来，人之所以为人，不只是因为人长了两只脚，身上没有毛，而是因为人能分辨等级秩序。猩猩的样子也是长了两只脚，脸上没有毛，但是人却能喝它的汤，吃它的肉。所以人之所以为人，不只是因为人长了两只脚，身上没有毛，而是因为人能分辨等级秩序。禽兽也有父子关系但却没有父子亲情，有雌雄而没有男女之别。所以人类社会的根本在于有各种等级的区别。

分辨等级秩序最重要的在于等级名分，等级名分最重要的在于礼，而礼最重要的是制定它的圣王。有人问：圣王有数百个，我仿效谁呢？答：时间长了礼法制度就会湮灭，时间久了乐的节奏就会失传，年代久远了主管礼法的官吏也会松弛懈怠。所以说：想知道圣王的遗迹，就要去看那些保存清楚明白的，也就是后王的治国之道。后王是天下的君主，放弃后王而颂扬上古的君主，这就如同放弃自己的君主而侍奉别人的君主一样。所以说：想知道千年之远的事，就要看现在，想知道亿万，要先从一二数起，想知道上古的事，就要考察周代的治国制度，想知道周代的治国制度，就要考察它重视哪些君子。所以说：从近代的可以推知远古的，从一可以知道万，从细微之处可以知道事情的广大，说的就是这个意思。

管理启示：

文中描述了社会应该有一定的等级秩序。这种等级的划分，并不是因为人与人之间不平等的关系，而是维护社会的有序性而必需的。企业是一个浓缩型的小社会，为了保持有序运营，也必须有适当的管理层级的划分。企业管理层级在理论上有扁平化和金字塔形两类，扁平化的组织结构层级设置较少，金字塔形的结构层级设置较多。层级级别设置的多与少，在大中小企业是有比较大的差别的，各有利弊。大的企业，管理层级可能比较多，多层级的组织结构给处于低层级岗位的年轻人以进步的空间，他们会有努力的方向，能产生刺激作用；弊端是管理复杂，人力成本高。中小企业企业管理层级设置相对较少，其利弊则相反。组织结构层级的设置保证了企业管理的有序运行，具体多少合适，企业应探索出适合本企业情况的层级制度。

思考题：
企业管理组织结构层级设置的多与少各有哪些优缺点？

五、非相第五篇

【原文】

夫妄人曰[1]："古今异情，其所以治乱者异道。"而众人惑焉。彼众人者，愚而无说，陋而无度者也[2]。其所见焉，犹可欺也，而况于千世之传也！妄人者，门庭之间，犹可诬欺也，而况于千世之上乎！

圣人何以不可欺？曰：圣人者，以己度者也[3]。故以人度人，以情度情，以类度类，以说度功，以道观尽，古今一也。类不悖，虽久同理，故乡乎邪曲而不迷[4]，观乎杂物而不惑，以此度之。

【注释】

[1] 妄人：无知妄为的人。
[2] 度：测度，考虑。
[3] 以己度者：根据自己的经验去衡量古代的事情。
[4] 乡：通"向"，面向。邪曲：邪僻，不正。

【译文】

有些愚妄的人说："古今情况不同，所用来治理天下的道也是不同的。"众人被这种话迷惑而相信了它。那些众人，愚昧而不能辩说，浅陋而不能测度。亲眼目睹的事，都能被欺骗，更何况千载相传之事！这些妄人，在日常生活中，尚且要进行欺诈、蒙骗，更何况对于那些千载之上，人所不能见的事情？

然而圣人为什么不会受骗呢？答：圣人是根据自己的经验去衡量古代的东西。根据人性去测度一个人，以常情去测度个别人的情感，根据事物的一般情况去衡量其中的个别事物，依据言论的内容来测度实际的功业，用道来观察一切事物，这古今都是一致的。只要同类事物不相背离，即使时间相隔很长，道理还是一样的，所以面对邪说歪理也不会迷乱，看到杂乱无章的事物也不会困惑，这就是因为按照这个道理推测一切事物的缘故。

管理启示：

众人为什么容易受到愚妄的迷惑而圣人不会受骗呢？因为众人愚昧、浅陋，而圣人则有自己独立的思考。换句话说就是圣人站位更高，知识更多，这就是为什么现实中民主集中制是非常好的决策方法。之所以要集中，就是因为企业高层领导站位高、眼界宽，掌握着更多的来自上级的政策信息，所以最终由他们拍板定案。有人会发出疑问，既然领导站位高、眼界宽，一切由他们决定即可，为什么还需要众人的民主？这是因为众人更了解基层信息，高层领导拍板决策，很多时候离不开这些基层信息，但他自己又不掌握，所以还需要首先进行民主讨论，把各种可能的因素都考虑周全。只有集中而没有民主，决策要素不完整；只有民主而没有集中，又难以形成高质量决策。所以最终就产生了民主集中制的决策制度。这是一种非常好的制度，应该坚持。

思考题：

在决策信息获取方面，高层领导与基层民众或者员工各自有哪些优势和不足？

六、非相第六篇

【原文】

凡言不合先王，不顺礼义，谓之奸言，虽辩，君子不听。法先王，顺礼义，党学者[1]，然而不好言，不乐言，则必非诚士也。故君子之于言也，志好之，行安之，乐言之。故君子必辩。凡人莫不好言其所善，而君子为甚。故赠人以言，重于金石珠玉；观人以言[2]，美于黼黻文章；听人以言，乐于钟鼓琴瑟。故君子之于言无厌[3]。鄙夫反是，好其实，不恤其文，是以终身不免埤污佣俗[4]。故《易》曰："括囊[5]，无咎无誉。"腐儒之谓也。

凡说之难[6]，以至高遇至卑，以至治接至乱。未可直至也，远举则病缪[7]，近世则病佣[8]。善者于是间也，亦必远举而不缪，近世而不佣，与时迁徙，与世偃仰[9]，缓急、嬴绌[10]，府然若渠匽、櫽栝之于己也[11]，曲得所谓焉[12]，然而不折伤。

【注释】

[1] 党：亲近。

[2] 观人：当作"劝人"。

[3] 无厌：不厌倦。

[4] 埤污：卑污。佣俗：庸俗。佣，平庸。

[5] "括囊"二句：括，结扎。囊，口袋。咎，过错。

[6] 说：这里指游说。

[7] 远举：援引上古之事。缪：荒谬，谬妄。

[8] 佣：庸俗，一般化。

[9] 偃（yǎn）仰：俯仰，高低。

[10] 嬴绌：这里是进退伸屈的意思。嬴，盈余，满。

[11] 府然：宽广包容的样子。渠匽：渠堰。匽，通"堰"，渠坝。櫽（yǐn）栝：矫正弯木的工具。

[12] 曲：委曲。

【译文】

凡言说不合于先王之法，不顺乎礼义之道，就叫作奸言，虽然讲得头头是道，君子也不会听。效法先王之法，顺乎礼义之道，亲近学者，然而不好发于言论，不乐于谈论，这也不是真诚追求道的学者。所以君子对于辩说，一定是志之所好在此，行之所安在此，并以积极宣扬为乐。人都喜欢谈说自己崇尚的东西，君子尤其如此。所以赠人以善言，比金石珠玉更有价值；用善言劝勉人，比华丽的衣服色彩更美好；听从善言，比听钟鼓琴瑟之音还快乐。所以君子对于善言，津津乐道而从不厌倦。庸俗的人则与之相反，过于看重实际而不在乎文饰，所以终身不免低下、庸俗。《易经》上说："扎紧口袋，无过失也无美誉。"说的就是那些陈腐无用的儒生。

游说之难,在于用最高的道理来劝说最卑劣的人,用先王治世的理论来劝说末世最混乱的君主。不可以直接去劝说,列举上古的事又担心谬妄不切于实际,列举近代的事又担心流于一般而不为人接受。善于游说的人于是取其中间。一定要做到引用远古的事但不流于谬妄,列举近世的事而不流于平庸,随着时代变迁而变迁,随着世事变化而变化,或慢或急,或伸或曲,都好像堤坝控制着水流,渠栝矫正弯木那样掌控着,曲尽其理,而又不挫伤别人。

管理启示:

此两段文字表达的意思是,合先王、顺礼仪已经成为一种传统习惯,人们的言论如果不合这一传统习惯,就叫奸言。但是如果过于生搬硬套、墨守成规地遵守这一传统习惯,言谈就不能与时俱进,不符合时代潮流,那也不是科学的态度。所以真正善言谈之人能做到兼而有之,谈论的都是自己乐意谈而他人又喜欢听的,这叫善言。这种聪明智慧、这种思维方式用到管理工作中,有利于提高管理者的言谈水平。在处理矛盾冲突时,管理者的意见和办法,既不能脱离企业的制度规定而被对方抓住把柄反驳,又不能不切实际地生搬硬套制度规定(相当于先王之法、礼仪之道),从而引起对方的对抗心理;既要能解决问题,又要兼顾意见相左的不同角色、不同部门的合理关切,这叫中庸或艺术。能解决问题的办法就是好办法。

思考题:

坚持制度的硬性规定与灵活地执行制度是否一定是矛盾的,举例谈谈你的看法。

七、非相第七篇

【原文】

故君子之度己则以绳[1],接人则抴[2]。度己以绳,故足以为天下法则矣。接人用抴,故能宽容,因众以成天下之大事矣[3]。故君子贤而能容罢[4],知而能容愚,博而能容浅,粹而能容杂,夫是之谓兼术。《诗》曰:"徐方既同,天子之功[5]。"此之谓也。

谈说之术:矜庄以莅之[6],端诚以处之[7],坚强以持之,譬称以喻之,分别以明之,欣驩芬芗以送之[8],宝之,珍之,贵之,神之。如是则说常无不受。虽不说人,人莫不贵。夫是之谓能贵其所贵。传曰:"唯君子为能贵其所贵。"此之谓也。

君子必辩。凡人莫不好言其所善,而君子为甚焉。是以小人辩言险而君子辩言仁也。言而非仁之中也[9],则其言不若其默也,其辩不若其呐也[10];言而仁之中也,则好言者上矣,不好言者下也。故仁言大矣。起于上所以道于下,政令是也;起于下所以忠于上,谋救是也。故君子之行仁也无厌。志好之,行安之,乐言之。故言君子必辩。小辩不如见端[11],见端不如见本分。小辩而察,见端而明,本分而理,圣人、士君子之分具矣[12]。

有小人之辩者,有士君子之辩者,有圣人之辩者。不先虑,不早谋,发之而当,成文而类,居错迁徙[13],应变不穷,是圣人之辩者也。先虑之,早谋之,斯须之言而足听[14],文而致实,博而党正[15],是士君子之辩者也。听其言则辞辩而无统[16],用其身则多诈而无功[17],上不足以顺明王,下不足以和齐百姓,然而口舌之均[18],噡唯则节[19],足以为奇伟偃却之属[20],夫是之谓奸人之雄。圣王起,所以先诛也。然后盗贼次之。盗贼得变,此不得变也。

【注释】

[1] 绳：绳墨。
[2] 抴（yì）：通"枻"，船桨，接人上船之物，引申为引导。
[3] 因众：依靠众人。
[4] 罢：同"疲"，指才劣之人。
[5] "徐方既同"两句：此处引诗见《诗经·大雅·常武》。徐方，古代偏远地区的一个国名，在今淮河流域中下游地区。
[6] 矜庄：庄重，严肃。莅：临。
[7] 端诚：正直真诚。
[8] 欣驩（huān）芬芗：指和气。驩，通"欢"。芗，通"香"。
[9] 中（zhòng）：符合。
[10] 呐（nè）：拙于言辞。
[11] 小辩：辩说小事。端：头绪。
[12] 分：职分，分界。具：全备。
[13] 居错：举措，举用或废置。居，读为"举"。错，置。迁徙：变动，变化。
[14] 斯须：片刻，一会儿。
[15] 党：同"谠"，正直。
[16] 无统：没有要领。
[17] 用其身：任用其人。
[18] 均：调也。这里指说话动听、口舌调均。
[19] 嚪（zhān）唯：语言或多或少。嚪，多言。唯，少言。
[20] 奇伟：夸大。偃却：同"偃蹇"，高傲。

【译文】

所以君子严于律己，好像用绳墨量木材，对待别人，就应该用引导的方法，这就像用舟楫接引人上船，这样才能做到宽广包容，依靠众人而成天下之大事。所以君子自己贤能却能包容才劣之人，自己智慧却能包容愚钝之人，自己广博却能包容浅陋之人，自己专精却能包容知识驳杂之人，这就是兼容之道。《诗经》说："徐族的人已经统一了，这是天子的功劳啊。"说的就是这个意思。

说服的方法：要以庄重严肃、正直真诚的态度对待人，坚持不懈地说服别人，用比喻的方法启发人，通过分析使之明白是非同异，和蔼地把自己的思想传达给别人，自己一定要珍爱、宝贵、重视、崇信自己的学说，这样所讲的就没有不被别人接受的。即使沉默不说，别人也都会尊重他。这就叫能让自己所宝贵的学说得到重视。古书上说："只有君子才能让自己所宝贵的学说得到重视。"说的就是这个意思。

君子一定要辩说。人都喜欢谈说自己崇尚的东西，君子尤其如此。所以小人宣扬的是邪恶，君子宣扬的是仁爱。言论与仁爱无关，那么他说话就不如不说，善辩还不如口齿笨拙；所言与仁爱有关，则以好说为上，以不好说为下。所以仁道之言的意义很重大。发自君主，用来引导人民的言语，就是政令；出自臣子，忠于君主的言论，就是谋救。所以君子对于仁的践行从不厌倦。一定是志之所好在此，行之所安在此，并以积极宣扬为乐。所以说君子一定是好辩说的。辩说小事，不如把握好事情的头绪，把握好事情的头绪，不如抓住根本。辩说小事能够精察，抓住头绪能够明白，抓住了尊卑上下的根本就能得到辩说的根本意义。圣人、士君子所应有的作用全在于此。

有小人之辩说，有士君子之辩说，有圣人之辩说。事先不思考，不提早谋划，说出来就很恰当，而自与理暗合，说出的话有文采、有体系，无论情况怎样千变万化，都能应变不穷，这是圣人的辩说。事先经过考虑，提前谋划过，仓促之间说出的话也能有足够的力量打动人，说出的言论有文采而又质朴平实，渊博而又正直，这是士君子的辩说。听他的言论虽然振振有词但却没有要领，任用他则多狡诈而没有成就，上不足以顺事贤明的君主，下不足以和谐百姓，然而却说话动听，言谈或多或少都很适当，完全可以称之为骄傲自大之流，这种人可称之为奸雄。圣王出现，一定要先诛杀此等人，而盗贼还在其次。因为盗贼尚且可以得到改变，而这种奸人却不会变。

管理启示：

尽管很多企业已经有了完善的制度规定和严明的纪律要求，但制度和纪律无法包罗万象，企业很多问题需要通过开会协商甚至相互妥协来解决。协商的水平如何，效率如何，效果如何，取决于领导干部以及管理人员的个人品质、能力和行使方式。文中荀子对君子的要求和沟通方式、辩说能力等，提出了相应的主张。荀子认为君子应严于律己，宽以待人；说服他人要庄重严肃、正直、真诚、坚持不懈，并运用巧妙的方法，态度和蔼；要善于以理服人，讨论问题要能够把握好头绪，抓住根本；说起话来不能振振有词却不得要领。有如此水平的领导干部或者管理人员，解决工作冲突或矛盾问题一定会顺利很多。

思考题：

在企业制度和工作纪律所不及的方面，企业领导和管理人员该如何提高自己的管理水平？

第四节　天　　论

一、天论第一篇

【原文】

天行有常[1]，不为尧存[2]，不为桀亡[3]。应之以治则吉[4]，应之以乱则凶。强本而节用[5]，则天不能贫，养备而动时[6]，则天不能病；循道而不贰[7]，则天不能祸。故水旱不能使之饥渴，寒暑不能使之疾，祅怪不能使之凶[8]。本荒而用侈，则天不能使之富；养略而动罕[9]，则天不能使之全；倍道而妄行，则天不能使之吉。故水旱未至而饥，寒暑未薄而疾[10]，祅怪未至而凶。受时与治世同，而殃祸与治世异，不可以怨天，其道然也。故明于天人之分，则可谓至人矣。不为而成，不求而得，夫是之谓天职[11]。如是者，虽深，其人不加虑焉；虽大，不加能焉；虽精，不加察焉；夫是之谓不与天争职。天有其时，地有其财，人有其治，夫是之谓能参。舍其所以参，而愿其所参，则惑矣！

列星随旋[12]，日月递炤[13]，四时代御[14]，阴阳大化[15]，风雨博施，万物各得其和以生，各得其养以成，不见其事而见其功，夫是之谓神。皆知其所以成，莫知其无形[16]，夫是之谓天[17]。唯圣人为不求知天。

天职既立，天功既成，形具而神生。好恶、喜怒、哀乐臧焉[18]，夫是之谓天情[19]。

耳、目、鼻、口、形能[20]，各有接而不相能也，夫是之谓天官[21]。心居中虚以治五官[22]，夫是之谓天君。财非其类[23]，以养其类，夫是之谓天养。顺其类者谓之福，逆其类者谓之祸，夫是之谓天政[24]。暗其天君，乱其天官，弃其天养，逆其天政，背其天情，以丧天功，夫是之谓大凶。圣人清其天君，正其天官，备其天养，顺其天政，养其天情，以全其天功。如是，则知其所为，知其所不为矣，则天地官而万物役矣[25]。其行曲治[26]，其养曲适[27]，其生不伤，夫是之谓知天。

故大巧在所不为，大智在所不虑。所志于天者[28]，已其见象之可以期者矣[29]；所志于地者，已其见宜之可以息者矣[30]；所志于四时者，已其见数之可以事者矣[31]；所志于阴阳者，已其见和之可以治者矣[32]。官人守天[33]，而自为守道也。

【注释】

- [1] 天行：天道，自然界的运行规律。常：有一定之常规。
- [2] 尧：传说中上古的圣君。
- [3] 桀：夏代最后一个君主，荒淫无道之恶君。
- [4] 应：承接，接应。之：指天道。治：在《荀子》书中，常与"乱"对文，表示合于礼义，合理。下文的"乱"则指不合礼义、不合理。
- [5] 本：指农业。古代以农桑立国，故谓之"本"，工商则谓之"末"。
- [6] 养：养生之具，即衣食之类。备：充足。动时：动之以时。这里指役使百姓，不违背时令。
- [7] 循：遵循，原文作"修"，据文义改。忒：差错。
- [8] 祅怪：妖怪，指自然灾害和自然界的变异现象。祅：同"妖"。
- [9] 略：不足。动罕：怠惰的意思。
- [10] 薄：迫近。
- [11] "不为而成"三句：即孔子所言"天何言哉？四时行焉，百物生焉，天何言哉"之意。为，作为。求，求取。
- [12] 随旋：相随旋转。
- [13] 递：互相更替。炤：同"照"。
- [14] 代御：交替进行。御，进行。
- [15] 阴阳大化：寒暑变化万物。
- [16] 无形：没有形迹可见。
- [17] 夫是之谓天：一说"天"字下脱一"功"字，应为"夫是之谓天功"。
- [18] 臧：通"藏"。
- [19] 天情：人所自然具有的情感。
- [20] 形能：当为"形态"。
- [21] 天官：人所自然具有的感官。
- [22] 中虚：人之中心空虚之地，指胸腔。治：支配，统治。
- [23] 财：通"裁"，裁夺，利用。非其类：人类以外的万物，如饮食衣服等。
- [24] 政：政治，言有赏罚之功。
- [25] 官：职，指天地各得其职。役：驱使。
- [26] 曲治：各方面都治理得很好。曲，曲尽，周遍。

[27] 曲适：各方面都恰当。
[28] 所志于天者：所知于天者。志，通"识"，知。下同。
[29] 已：通"以"。下同。见：同"现"。象：天之垂象，指日月星辰之类。期：四时之节候。
[30] 宜：适宜。这里指适宜农作物生长。息：蕃息，繁殖生长。
[31] 数：指四时季节变化的次序，即春生夏长秋收冬藏。事：这里指从事农业生产。
[32] 和：调和，和谐。
[33] 官人：指掌管天文历法和掌管农业生产的官，主管观测天象、辨别土宜、测察气候、协调阴阳寒暑等事。

【译文】

　　自然界的运行有自己的规律，不会因为尧之仁而存在，也不会因为桀之暴而消亡。用合理的措施来承接它就吉利，用不合理的措施来承接它就不吉利。加强农业，节省用度，那么老天不会让他贫穷，衣食充足而让百姓按季节劳作，那么老天就不会使其困苦；顺应自然规律而无差失，那么老天就不会降祸于他。所以水涝干旱不能使之饥渴，四季冷热的变化不能使其生病，灾异的现象也不能带来灾凶。反之，农业荒芜而用度奢侈，那么老天不会使其富裕；衣食不足而又懒于劳作，那么老天就不会保全其生；违背天道而胡乱行事，那么老天不会让其安吉。所以没有水旱之灾却出现饥寒，没有冷热近身却出现疾病，没有灾异却发生了凶灾。遭到的天时与治世相同，遇到的灾祸却与治世大异，这不可以归咎于天，而是由于人自己的行为招致的。所以明白天人之间的区别，便可以说是圣人了。不用作为而有成，不用求取而有得，这便是老天的职能。如此，天道虽然深远，圣人不会随意测度；天道虽然广大，圣人也不会以为自己有能力去施加什么；天道虽然精微，圣人也不去考察；这就叫不与老天争职。天有四季寒暑，地有自然资源，人有治理能力，这就叫与天地参与配合。放弃自己配合参与的能力，而羡慕天时地财的功能，这就糊涂了。

　　群星相随相转，日月交替照耀，四季循环代行，寒暑变化，万物生长，风雨普施人间，万物都得其调和以生，都得其长养以成，看不见它化生万物的痕迹，只见到它的功效，这就是大自然的神妙啊。人们都看得见大自然所生成的万物，却不知道它生成万物的那种无形过程，这就是称其为天的原因啊。天道难测，所以只有圣人才知道只尽人事，而不费力气去寻求了解天的道理。

　　天的职能已经确立，天的功效已经形成，人的形体也具备了，于是精神也产生了。好恶、喜怒、哀乐都藏于其中，这就是人自然的情感。耳、目、鼻、口、形各有不同的感触外界的能力，却不能互相替代，这就是人天生的感官。心居中心而统率五官，这就是天生的主宰者。饮食、衣服等万物，不是人类，人们却利用它们来供养自己的口腹身体，这就是老天的自然之养。能利用自然之物来供养人类的就是福，不能利用自然之物供养人类的就是祸患，这就叫天之政令。心智昏乱不清，声色犬马过度，不能务本节用，不能裁用万物养育人类，喜怒、哀乐没有节制，从而失去了天的生成之功，这就是大灾难了。圣人则心智清明，端正其官能享受，完备其养生之具，顺应自然的法则，调和喜怒哀乐的情感，以此来保全天的生成之功。这样的话，就知道人所能做和应做的事，也知道人所不能做和不应做的事，那么天、地都能发挥它的作用，万物都能被人类役使了。

人的行动在各方面都处理得很好，养民之术完全得当，使万物生长，不被伤害，这就叫作"知天"。

所以最能干的人在于他有所不为，不去做那些不能做和不应做的事，最聪明的人在于他有所不想，不去考虑那些不能考虑和不应考虑的事。从天那里可以了解到的，是通过垂象之文，可以知道节候的变化；从地那里可以了解到的，是通过土地的适宜生长，可以知道农作物的繁殖；从四季那里可以了解到的，是根据节气变化的次序可以安排农业生产；从阴阳变化可以了解到的，是从阴阳调和中可以知道治理的道理。掌管天文历法的人只是观察天象，而圣人则是按照上面所说的道理治理天下。

管理启示：

自然界有其运行规律，人们顺应它就不会招致天灾；不适应自然规律，老天不会使其富裕，不会保全其生，不会让其安吉。因违背自然规律招致的灾难，那不是天灾而是人祸。但在自然规律面前人并非完全无能为力，应充分发挥人的主观能动性，积极主动地了解规律、适应规律、运用规律以造福自己。同样地，市场经济也有其规律，遵循它，企业就能顺利发展，甚至起死回生；逆反它，只能面临被淘汰的命运。自从我国 2015 年提出供给侧改革以及 2017 年提出高质量发展，那些高能耗、高污染和产能落后、质量低下的传统产业，将难有生存之道。面对这一宏观环境变迁，相关企业应及时调整发展思路，进行转型升级。但是仍然有相当一部分企业依旧抱残守缺、原地不动，奢望等待机会再来。这样的企业，只能被新的市场大潮淘汰。当然，不同类型、不同规模的企业应有不同的战略定位，在转型发展中应量力而行。就像文章最后提到的能干的人，在于他有所为有所不为，千万不能好骛远，这才是正确的选择。

思考题：

1. 查阅有关资料，了解什么叫供给侧改革。
2. 国家提出高质量发展给企业带来哪些机会？
3. 面对不可改变的规律，人们应怎样发挥自己的主观能动性。

二、天论第二篇

【原文】

治乱天邪？曰：日月、星辰、瑞历[1]，是禹、桀之所同也，禹以治，桀以乱，治乱非天也。时邪？曰：繁启蕃长于春夏[2]，畜积收藏于秋冬，是又禹、桀之所同也，禹以治，桀以乱，治乱非时也。地邪？曰：得地则生，失地则死，是又禹、桀之所同也，禹以治，桀以乱，治乱非地也。《诗》曰："天作高山，大王荒之；彼作矣，文王康之[3]。"此之谓也。

【注释】

[1] 瑞历：历象。古代作璇、玑、玉衡以象百月星辰之运转，故曰"瑞历"。
[2] 繁启：指农作物纷纷发芽出土。蕃：茂盛。
[3] "天作高山"四句：此处引诗见《诗经·周颂·天作》。高山，岐山，在今陕西岐山。大王，太王，即周人的祖先古公亶（dǎn）父。荒，大。康，安定。

【译文】

治、乱是由天决定的吗？日月、星辰、历象，这在大禹、夏桀时代都是相同的，禹用此而治，桀用此而乱，可见治、乱之由不在于天。是由时令决定吗？春生夏长，秋收冬藏，这也是大禹、夏桀所共同的，禹用此而治，桀用此而乱，可见治、乱之由不在于时。是由地决定的吗？植物得到土地就生，失去土地就死，这又是大禹、夏桀所共同的，禹用此而治，桀用此而乱，可见治、乱之由不在于地。《诗经》上说："天生成了高大的岐山，太王使它名声增大；太王已经使它名声增大啊，文王又使它安定。"说的就是这个意思。

管理启示：

这段文字表达的意思是，天下治与乱的根本原因不在于天，不在于时令，也不在于地，而在于人。并借用《诗经》中的话以太王和文王为例来说明，天下治理的好与坏在于君王。企业是个浓缩型的社会，因此当今的企业治理和发展的好与坏同样也是由人来决定的，而且是取决于企业一把手的道德和能力。古人云：一将无能，累死三军。借用古人的话，今天的人们同样可以说，单位好不好，关键在领导。我国有国有企业、外资企业和民营企业三大类型经济主体，其中国有企业和民营企业的发展如何，更能证明企业一把手的能力和水平。一个成功的企业家必然能塑造一个成功的企业。

思考题：

企业发展的好不好，关键因素是什么？请谈谈你的看法。

三、天论第三篇

【原文】

天不为人之恶寒也辍冬[1]，地不为人之恶辽远也辍广，君子不为小人匈匈也辍行[2]。天有常道矣[3]，地有常数矣[4]，君子有常体矣[5]。君子道其常而小人计其功。《诗》曰："礼义之不愆兮，何恤人之言兮[6]。"此之谓也。

【注释】

[1] 辍（chuò）：停止。

[2] 匈匈：同"汹汹"，喧哗之声。

[3] 常道：一定之道。常，恒常。

[4] 常数：一定的法则。

[5] 常体：一定的行为标准。

[6] "礼义之不愆兮"两句：此处引诗不见于《诗经》，当为逸诗。愆，差失。恤，在意，顾虑。

【译文】

天不会因为人讨厌冷而废止冬天，地不会因为人讨厌辽远而废止广大，君子也不会因为小人的吵闹喧嚷而停止善行。天有一定之道，地有一定的法则，君子有一定的做人标准。君子执守善道，小人却计算其功利得失。《诗经》说："在礼义上没有差失，又何必顾虑别人的议论呢？"说的就是这个意思。

管理启示：

天有道，地有则，君子也有自己的行事标准。天地按道和则运转，君子按照自己的标准做事。同样，企业也有自己的道和则，那就是市场规律、法律法规、诚信道德、市场秩序等。企业经营也要遵循相应的道和则。进行虚假宣传、披露虚假信息、生产劣质产品、欺诈骗取信任、违法生产经营等都不是正道的表现；企业的正道应当是守法经营、公平竞争、勇于承担社会责任。反之，企业经营不守法会受到法律制裁，竞争不公平会受到对手的反击，不承担社会责任，会遭到消费者的抛弃和舆论的谴责。

思考题：

企业生产经营的正道是什么？不走正道会给企业带来哪些不良后果？

四、天论第四篇

【原文】

物之已至者，人袄则可畏也[1]。楛耕伤稼[2]，楛耘失岁，政险失民，田薉稼恶[3]，籴贵民饥[4]，道路有死人，夫是之谓人袄。政令不明，举错不时，本事不理[5]，夫是之谓人袄。礼义不修，内外无别，男女淫乱，则父子相疑，上下乖离[6]，寇难并至，夫是之谓人袄。袄是生于乱。三者错[7]，无安国。其说甚尔[8]，其灾甚惨。勉力不时，则牛马相生，六畜作袄[9]，可怪也，而不可畏也。传曰："万物之怪，书不说。无用之辩，不急之察，弃而不治。"若夫君臣之义，父子之亲，夫妇之别，则日切瑳而不舍也[10]。

【注释】

[1] 人袄：人为的灾祸。

[2] 楛（kǔ）：粗劣。

[3] 薉：通"秽"，荒芜。

[4] 籴（dí）贵：粮价贵。籴，买粮食。

[5] 本事：指农业生产。

[6] 乖离：背离。

[7] 三者：指上述三种人袄。错：交错。

[8] 尔：通"迩"，浅近。

[9] "勉力不时"三句：与前后文义不接，疑为传抄之误。

[10] 切瑳：即"切磋"。瑳通"磋"。

【译文】

在已经发生的事情中，人为的灾祸是最可怕的了。耕作粗劣，伤害庄稼，锄草粗糙，影响收成，政治险恶，失去民心，田地荒芜，庄稼粗恶，粮价昂贵，百姓饥饿，路有死人，这就叫人为的灾祸。政治法令不明，举措失当，不理农事，这也是人为的灾祸；礼义不整顿，男女无别，关系淫乱，就会导致父子之间互相不信任，上下背离，内忧外患一起到来，这也是人为的灾祸。人祸源于混乱。三种灾祸交错而至，国泰民安就实现不了。这个道理说起来很简单，但带来的灾难却非常惨重。可以感到奇怪，但不可畏惧。古书上说："天下的怪现象，书上是不讲的。无用的辩说，不切急用的考察，应当抛弃不要。"至于君臣之义，父子之亲，夫妇之别，则应该天天琢磨研究而不能有片刻停止。

管理启示：

天灾无法阻挡，人祸却可以避免。本文列举的经济（农业生产）、政治、礼仪等三方面灾祸，都是人为因素造成的，并认为人祸很可怕。企业是由人去经营和管理的，人祸能影响经济（文中指农业生产）、政治、社会礼仪等，同样也会影响企业经营与发展。人祸在企业经营管理中的表现形式可能有能力不足、粗心大意、违规操作、违反法律法规等。人祸会给企业带来灾难,但是也是可以避免的,这就要求企业加强管理,采取可行的应对措施。

思考题:

查阅资料,举例说明企业生产经营中人为因素造成的安全生产事故及损失,从中能有什么启发?

五、天论第五篇

【原文】

雩而雨[1],何也?曰:无何也,犹不雩而雨也。日月食而救之,天旱而雩,卜筮然后决大事[2],非以为得求也,以文之也[3]。故君子以为文,而百姓以为神,以为文则吉,以为神则凶也。

【注释】

[1] 雩(yú):古代求雨的祭祀。
[2] 卜:古代用龟甲兽骨占吉凶叫"卜"。筮(shì):古代用蓍草占吉凶叫"筮"。
[3] 文:文饰。

【译文】

祭神求雨而下了雨,这是为什么?答:没什么,如同不祭神求雨而下雨一样。日食月食发生了人们会去求救,天旱了会去祭神求雨,通过占卜来决定国家大事,这些都不是因为能祈求到什么,而是一种文饰,只是为了向百姓表示关切之心。所以君子认为这些只是文饰,而百姓会以为是神灵之事。顺人之情,只当作文饰就是无害的,以为真有神灵,淫祀祈福,则是凶险的。

管理启示:

文中提到"文饰",意思是明知求雨无用,但为了安抚百姓仍然要为之,以彰显对百姓的关爱。这是标准的表面文章和形式主义,但是文中却认为这是顺人之情,是无害的。从企业经营管理角度来看,"文饰"并非实事求是地做事,不但无助于实际工作,而且还要消耗成本,所以企业管理中工作中的"文饰"这样的形式主义要不得。

思考题:

请列举一些类似"文饰"的表面文章和形式主义做法,谈谈对企业经营会造成哪些危害?

六、天论第六篇

【原文】

在天者莫明于日月,在地者莫明于水火,在物者莫明于珠玉,在人者莫明于礼义。故日月不高,则光晖不赫;水火不积,则晖润不博[1];珠玉不睹乎外,则王公不以为宝;礼义不加于国家,则功名不白[2]。故人之命在天,国之命在礼。君人者隆礼尊贤而王[3],重法爱民而霸,好利多诈而危,权谋、倾覆、幽险而尽亡矣。

大天而思之,孰与物畜而制之[4]?从天而颂之,孰与制天命而用之?望时而待之,孰与应时而使之?因物而多之[5],孰与骋能而化之?思物而物之[6],孰与理物而勿失之也?愿于物之所以生,孰与有物之所以成[7]?故错人而思天,则失万物之情[8]。

百王之无变,足以为道贯[9]。一废一起[10],应之以贯,理贯不乱。不知贯,不知应变,贯之大体未尝亡也。乱生其差[11],治尽其详[12]。故道之所善[13],中则可从[14],畸则不可为[15],匿则大惑[16]。水行者表深,表不明则陷;治民者表道,表不明则乱。礼者,表也。非礼,昏世也。昏世,大乱也。故道无不明,外内异表,隐显有常[17],民陷乃去。

【注释】

[1] 晖:同"辉"。润:指水的光泽。

[2] 白:显露。

[3] 王:称王于天下。

[4] 孰与:哪里比得上。物畜:把天当作物来看待。

[5] 因:顺,引申为听任。

[6] 物之:使物为己所用。

[7] "愿于物之所以生"两句:荀子的思想,以为物之生虽在天,物之成却在人,主张不必去探究万物为什么产生,而要尽人事促成其成。愿,仰慕,思慕。有,据有,把握。

[8] "故错人而思天"两句:荀子认为,物生在天,成之在人,这才是万物之情。如果放弃人事努力而一味仰慕天,就失去了万物最真实的情。错,通"措"置,放弃。万物之情,万物的实情。

[9] 道贯:一贯的原则。这里指礼。

[10] 一废一起:指朝代的兴衰。

[11] 其差:运用道发生差错。

[12] 其详:运用道周密详尽。

[13] 所善:所认为正确的东西。

[14] 中(zhòng):符合。

[15] 畸:指与道偏离。

[16] 匿:同"慝(tè)",差错。

[17] 有常:有一定的规则。

【译文】

在天上的没有比日月更明亮的了,在地上的没有比水火更鲜明的了,在万物中没有比珠玉更光亮的了,在人群中没有比礼义更明亮的了。所以日月不高悬于天,它的光辉就不显赫;水火不厚积,它的光辉和光泽就不多;珠玉不显露于外,王公贵卿就不会以之为宝;礼义不施于国家,那么它的功绩和名声就不会显著。所以人的命运在于如何对待天,国家的命运在于如何对待礼义。君主尊尚礼义,敬重贤人,才能称王于天下,重视法制、爱护人民,才能称霸于诸侯;贪婪自私而狡诈,国家就会危险;玩弄权术、搞颠覆、阴险狡诈,国家就会灭亡。

推崇天而思慕它,何如当作物来控制它?顺从天而赞美它,何如制服天而利用它?盼望天时而指望它,何如顺应季节的变化而役使它?听任万物而羡慕其多,何如施展自己的才能而化用它?希望得到万物以为己用,何如治理万物而让它得到充分合理的利用?思考万物之所以产生,何如把握万物之所以成?所以放弃人事努力而思慕天的恩赐,就会失掉万物之实情。

经历百代帝位都没有改变的东西,是足以作为通用的原则的。朝代的兴衰之间,都应该有一个通用的原则去顺合它,有一个通用的原则,社会就可以不乱。不知道一贯的原则,就不知道怎样应变。这个原则的基本内容从来不曾消亡过。社会发生混乱,是因为这个原则的运用发生了偏差;社会安定,是因为这个原则运用得完备周详。所以,道的标准认为正确的东西,符合的就可以照办,偏离的就不能做,违背的就会造成极大的惑乱。涉水的人,要靠指示水的深浅的标志过河,如果标志不清楚,就会掉进河里淹死;统治民众的人,必然要标出其所行之道,标志不明就会导致混乱。礼,就是治国的标志。违背礼,就是昏暗的年代。昏暗的年代,天下就会大乱。所以道没有不明确的,外事内政有不同的标准,内在的、外在的都有一定的规则,这样,人民的灾难就可以避免了。

管理启示:

文中归纳认为,人的命运在于如何对待天,国家的命运在于如何对待礼仪。如何对待天呢?荀子认为要顺从、要利用,不要指望上天恩赐,人们自己要主动努力。如何对待礼仪呢?荀子认为君王对命运的掌握应当遵礼仪重法治;礼是治国的标志,违背礼就是昏暗的年代。贪婪自私而狡诈,国家就会危险;玩弄权术、搞颠覆、阴险狡诈,国家就会灭亡。对企业经营管理来说也是如此,对内要构建企业文化,尊重礼仪秩序和企业制度,规范管理;对外竞争要遵守国家法律法规。企业要靠自己的努力付出谋取利益,不要投机取巧,否则违法经营就如同人违背天道而会遭到厄运,君王不尊重礼义而失去国家一样,企业也会遭受相应的惩罚。

思考题:

1. 如何对待天,文中是怎样描述的?
2. 君王是否尊尚礼仪,会给国家带来怎样不同的命运?
3. 荀子的"人对待天、君王对待礼仪"的观点对现代企业经营管理有何启示?

七、天论第七篇

【原文】

万物为道一偏,一物为万物一偏,愚者为一物一偏,而自以为知道,无知也。慎子有见于后[1],无见于先;老子有见于诎[2],无见于信[3];墨子有见于齐[4],无见于畸[5];宋子有见于少[6],无见于多。有后而无先,则群众无门[7];有诎而无信,则贵贱不分[8];有齐而无畸,则政令不施[9];有少而无多,则群众不化[10]。《书》曰:"无有作好,遵王之道;无有作恶,遵王之路[11]。"此之谓也。

【注释】

[1] 慎子:慎到,战国中期法家代表人物之一。慎到主张法治,认为人只要跟在法后面就行了。反对运用智慧、任用贤能、有所倡导。后:被动地跟在事物的后面。下文的"先",指根据事物的变化而有所倡导。

[2] 诎:同"屈"。

[3] 信:通"伸"。老子主张以屈为伸,以柔克刚,所以荀子批评他"见于诎,无见于信"。

[4] 墨子:墨翟(dí),墨家的创始人。

[5] 畸:不齐。墨子讲"兼相爱,交相利",反对儒家的尊卑有序的等级制,所以

荀子批评他"见于齐，无见于畸"。

[6] 宋子：宋钘（xíng），战国宋国人。宋子认为人天生的欲望是很少的，很容易得到满足。而荀子则认为人生来就是"好利""好声色"的，所以他批评宋子"有见于少，无见于多"。

[7] "有后而无生"两句：意思是如果在上者无意化导人民，那么人民想为善就会无门可入。

[8] "有诎而无信"两句：荀子认为按照老子的思想去做，则人人委曲不争，没有人会进取，那么贵贱就没有区别了。

[9] "有齐而无畸"两句：荀子认为像墨子那样讲平等兼爱，那么人人地位相等，政令也就无由推行了。

[10] "有少而无多"两句：荀子认为人天性贪婪多欲，倾向争夺，这种天性只有靠后天礼义法度的教化才能得到改变。如果按照宋子的理论去做，以为人天性寡欲，那就不需要教化人民了。

[11] "无有作好"四句：此处引文见《尚书·洪范》。作好，有所偏好。作恶，有所偏恶。

【译文】

世界上的各种事物都只是道的一部分，每一样事物也只是万物的一部分，愚昧的人只认识一种事物的一部分，就自以为认识了整个道，这实在是太无知了。慎子只看到跟从法治的作用，而不了解预先倡导的重要；老子只强调柔顺、无为，而不懂得积极有为的重要；墨子主张平等相爱，却不懂得尊卑有序的道理；宋钘以为人天生寡欲，却不知道人天性是贪婪好利的。如果按照慎子的思想去做，那么在上者就会无意化导人们，人们想为善也就会无门可入了；如果按照老子的思想去做，那么人人都会消极顺从，贵贱也就没有区别了；如果按照墨子的思想去做，那就会造成政令无法推行；如果按照宋子的思想去做，百姓就得不到教化。《尚书》上说："不要有所偏好，应当遵循圣王的道路前进；不要有所偏恶，应当遵循圣王的道路前进。"说的就是这个意思。

管理启示：

本文体现了荀子关于事务认知的整体观、系统观，并通过列举老子、墨子、慎子、宋子等人物的思想认知的局限性来说明许多人对万事万物认知的无知。这一哲学观点用于指导企业管理就是今天人们常说的"不谋全局者不足以谋一域"。企业战略规划的制定为什么要进行宏观环境分析和行业环境分析，因为环境如水企业如鱼，企业必须全面了解自己的生存环境才能制定切实可行的战略，这就是整体观、系统观。例如十多年来我国宏观经济环境产生了一系列变化，2011年经济进入下行期，2012年提出保增长，2013年三期叠加，2014年经济新常态，2015年供给侧改革，2016年提出新动能，2017年提出高质量发展，等等。各行各业各类企业必须登高望远，及时适应这一变化。如果眼界狭窄，产生认识偏好或偏恶，就会犯文中所说的那些名人大家所犯的类似错误。

思考题：

按照荀子的说法，愚昧的人只认识事物的一部分，就自以为认识了整个道，这与认识整个道还有多大差距？试想依据这种狭隘的认知进行决策，会得出什么样的后果？

第五节　正　　论

一、正论第一篇

【原文】

世俗之为说者曰："主道利周[1]。"是不然。主者，民之唱也[2]；上者，下之仪也[3]。彼将听唱而应，视仪而动。唱默则民无应也，仪隐则下无动也。不应不动，则上下无以相胥也[4]。若是，则与无上同也，不祥莫大焉。故上者，下之本也，上宣明则下治辨矣[5]，上端诚则下愿悫矣，上公正则下易直矣[6]。治辨则易一，愿悫则易使，易直则易知。易一则强，易使则功，易知则明，是治之所由生也。上周密则下疑玄矣[7]，上幽险则下渐诈矣[8]，上偏曲则下比周矣[9]。疑玄则难一，渐诈则难使，比周则难知。难一则不强，难使则不功，难知则不明，是乱之所由作也。故主道利明不利幽，利宣不利周。故主道明则下安，主道幽则下危。故下安则贵上，下危则贱上。故上易知则下亲上矣，上难知则下畏上矣。下亲上则上安，下畏上则上危。故主道莫恶乎难知，莫危乎使下畏己。传曰："恶之者众则危。"《书》曰："克明明德[10]。"《诗》曰："明明在下[11]。"故先王明之，岂特玄之耳哉[12]！

【注释】

[1] 周：密，指隐匿真情，不让下面的人知道。

[2] 唱：倡，倡导。

[3] 仪：准则。

[4] 胥：等待。原为"有"，据上下文义改。

[5] 宣明：无所隐瞒。治辨：治理。这里指明确治理的方向。

[6] 易直：平易正直。

[7] 玄：通"眩"，迷惑。

[8] 幽险：隐瞒实情，难以猜测。渐诈：欺诈。

[9] 偏曲：偏私不公正。比周：互相勾结，结党营私。

[10] 明德：优良的品德。此句见于《尚书·康诰》。

[11] 明明在下：《诗经·大雅·文王》篇中的诗句，意思是文王之德，明明在下，所以赫然见于天。这里引之是为了说明统治者要让在下的人了解实情。

[12] 玄：当作"宣"，公开。

【译文】

世俗人有一种说法："君主治理国家的最好办法是隐瞒真情。"这是不对的。君主，是民众的倡导者；人君，是人民的楷模。底下的人将随着君主的引导而应和，看着君主的榜样而行动。上面沉默，则百姓无法应和；上面没有榜样，则人民无法行动。不应和不行动，那么上下就无法互相依靠了。这样的话，就与没有君主一样，这是最大的灾祸了。所以，上面是下面的根本，上面无所隐瞒，下面就有治理的方向；上面正直诚实，下面就谨慎忠厚；上面公正无私，下面就平易正直。得到治理就容易统一，谨慎忠厚就容易役使，平易正直就容易了解和掌握；容易统一国家就能强盛，容易役使就便于收到成效，容易了解和掌握就能做到掌握下情心中有数，这些就是社会达到治理安定的本源了。上面隐瞒实情下面就会疑惑不明，上面神秘莫测下面就会欺诈隐瞒，上面偏私不正下面就会结党营私。疑惑不明则难于统一，欺诈隐瞒就难以役使，结党营私则难以了解掌握；难于统一国家就不会强大，难以役使就不会有成效，难以了解掌握就不会心中有数，这些就是社会混乱的本源了。所以统治之道，以公开透明好，而不宜于隐瞒真情。治理国家公开明白，下面就会安宁无事，隐瞒实情则会导致下面人人自危不安。所以底下安定了就会尊重上面，底下不安就会轻视上面。上面容易了解，底下人就会亲近他；上面难于了解，底下人就会畏惧他。统治之道，最坏的莫过于让底下人觉得难以了解他，最危险的莫过于让底下人畏惧他。古书上说："憎恶他的人多了，君主就会危险。"《尚书》上说："一定要让光明的德行发扬光大。"《诗经》上说："君主的举措，让底下的人知道得清清楚楚。"所以先王特意让自己的行为光明显露，岂止是公开而已！

管理启示：

上行下效，古今相同。文中强调人君是人民的楷模，人民随君主的引导而应和。上面沉默，下面无法应和；上面没有榜样，下面无法效仿。企业管理亦是如此。根据约翰•弗兰奇和伯特伦•瑞文的观点，领导权力的来源之一是参照权力，即来自于领导者个人的行为方式、魅力、经历、背景等特征。孔子也认为，领导应该以道德规范为基础，用教育的方式让人民更好地认识世界、开展工作。所以，从企业一把手到治理层副职、再到中层管理，无论从遵守国家法律法规，还是企业制度纪律以及道德规范等方面，如果都能为员工树立榜样，就很容易树立起领导权威，下属和员工会发自内心地尊重他，并产生自觉的认同感和归属感，自愿与领导一起为企业努力工作。当企业遇到风险和困难时，员工更能团结一心，把企业变成一个统一的整体。

思考题：

领导的榜样作用会对员工产生哪些影响？

二、正论第二篇

【原文】

世俗之为说者曰："桀、纣有天下，汤、武篡而夺之。"是不然。以桀、纣为常有天下之籍则然[1]，亲有天下之籍则不然，天下谓在桀、纣则不然。古者天子千官，诸侯百官。以是千官也[2]，令行于诸夏之国[3]，谓之王；以是百官也，令行于境内，国虽不安，不至于废易遂亡[4]，谓之君。圣王之子也，有天下之后也，势籍之所在也[5]，天下之宗室也；然而不材不中，内则百姓疾之，外则诸侯叛之，近者境内不一，遥者诸侯不听，令不行于境内，甚者诸侯侵削之，攻伐之，若是，则虽未亡，吾谓之无天下矣。圣王没，有势籍者罢不足以县天下[6]，天下无君，诸侯有能德明威积[7]，海内之民莫不愿得以为君师，然而暴国独侈，安能诛之[8]，必不伤害无罪之民，诛暴国之君若诛独夫[9]，若是，则可谓能用天下矣。能用天下之谓王。汤、武非取天下也，修其道，行其义，兴天下之同利，除天下之同害，而天下归之也。桀、纣非去天下也，反禹、汤之德，乱礼义之分，禽兽之行，积其凶，全其恶，而天下去之也。天下归之之谓王，天下去之之谓亡。故桀、纣无天下而汤、武不弑君[10]，由此效之也[11]。汤、武者，民之父母也；桀、纣者，民之怨贼也。今世俗之为说者，以桀、纣为君而以汤、武为弑，然则是诛民之父母而师民之怨贼也，不祥莫大焉。以天下之合为君，则天下未尝合于桀、纣也。然则以汤、武为弑，则天下未尝有说也，直堕之耳[12]！故天子唯其人。天下者，至重也，非至强莫之能任；至大也，非至辨莫之能分；至众也，非至明莫之能和。此三至者，非圣人莫之能尽。故非圣人莫之能王。圣人备道全美者也，是县天下之权称也[13]。桀、纣者，其志虑至险也，其志意至闇也[14]，其行为至乱也；亲者疏之，贤者贱之，生民怨之，禹、汤之后也，而不得一人之与；刳比干[15]，囚箕子，身死国亡，为天下之大僇[16]，后世之言恶者必稽焉[17]；是不容妻子之数也。故至贤畴四海[18]，汤、武是也；至罢不容妻子，桀、纣是也。今世俗之为说者，以桀、纣为天下，而臣汤、武，岂不过甚矣哉！譬之，是犹伛巫、跛匡大自以为有知也[19]。故可以有夺人国，不可以有夺人天下；可以有窃国，不可以有窃天下也。夺之者可以有国，而不可以有天下，窃可以得国，而不可以得天下。是何也？曰：国小具也，可以小人有也，可以小道得也，可以小力持也；天下者，大具也，不可以小人有也，不可以小道得也，不可以小力持也。国者，小人可以有之，然而未必不亡也，天下者，至大也，非圣人莫之能有也。

【注释】

[1] 常：通"尝"，曾经。籍：位。

[2] 以：任用。

[3] 诸夏之国：指中原地区各诸侯国。

[4] 废易：废黜。易，易位。

[5] 势籍：势位。

[6] 罢（pí）：同"疲"，无能，不贤。县天下：这里指掌管天下。县，同"悬"，衡。荀子书中通常用权衡、悬衡、悬、衡指礼义。

[7] 德明威积：声望大，威信高。

[8] 安：同"案"，荀子书中常借作"则"。

[9] 独夫：指众叛亲离、孤立无援的人。

[10] 弑：杀，指臣杀君。

[11] 效：效验，证明。

[12] 堕：毁谤。

[13] 权称：这里指标准。

[14] 闇（àn）：昏暗。这里指卑下。

[15] 刳（kū）：剖心。比干：与下文的"箕子"，都是殷纣王的叔父，因为劝谏纣王而被剖心、降为奴隶。

[16] 僇（lù）：耻辱。

[17] 稽：考察。这里指借鉴。

[18] 畴：通"帱"，覆盖。

[19] 伛（yǔ）：驼背。匡（wāng）：通"尪"，废疾之人。这里指巫。大：可能是"而"的讹文。

【译文】

世俗人有一种说法："桀、纣拥有天下，被汤、武篡夺了。"这是不对的。认为桀、纣曾经拥有天下的位置，这是对的，但是说桀、纣靠自己的才德亲自拥有了天下就错了。

认为天下人心归于桀、纣那就更错了。古代天子有千官，诸侯有百官。用这千官，政令能够行于诸侯之国的，可以叫作天子；用这百官，政令能够行于国内的，即使国家不够安定，但不到被废黜坠亡的地步，就可以叫国君。圣王的子孙，是拥有天下的天子的后代，占据着势位，是天下的宗主；然而既无才能又无德行，内则百姓痛恨，外则诸侯反叛，由近处看，境内不能统一，由远处看，诸侯也不听从，更有甚者诸侯还削夺攻伐他，像这样，那么即使没有灭亡，我也称之为没有天下。圣王逝世了，有继承权的人无能而不足以掌管天下，使天下陷于没有君主的状态，诸侯中有声望大、威信高的，海内之人都愿意让他做君主，诛杀那些强暴国家、奢侈放纵的人，一定不去伤害无辜之人，诛杀暴国之君就好像诛杀独夫民贼一样，像这样，才可以说是善于治理国家。善于治理国家才能称得上是王。汤、武不是夺取了天下，而是因为修道行义，为天下人兴利，为天下人除害，天下人才归顺了他们。桀、纣不是被夺去了天下，而是因为他们违背了禹、汤的道德，扰乱了礼义秩序，行同禽兽，罪恶累积，恶事做尽，天下人才离弃了他们。天下人都归顺的叫作王，天下人都离弃的叫作自取灭亡。所以桀、纣根本就没有拥有天下，汤、武也根本没有弑君，由这个道理可以得到验证。汤、武是人民的父母；桀、纣则是人民怨恨的残贼。今天一般人的看法，认为桀、纣是君主，而汤、武弑杀了君主，这样，等于是要杀人民的父母，而推尊人民的怨贼了，这实在是不吉祥啊！如果认为人心所归才能称为君主，那么天下从来就没有归于桀、纣。这样说来，认为汤、武为弑君之人，则非但根本没有任何道理，而且就是毁谤了！所以，能不能当君主，要看他的德行，而不是看他的势位。天下是最重的东西，不是最强毅的人就不足以担当；天下是最大的东西，不是最明察的人就不足以处理得各得其分；天下是复杂的东西，不是最圣明的人就不足以使之和睦。所以若不是圣人根本就做不了王。圣人具备了所有的美德，是衡量天下的标准。桀、纣这样的人，其思虑至为险恶，其思想情感至为卑下，其行为至为淫乱；亲近的人疏远他们，贤能的人蔑视他们，老百姓则怨恨他们，虽然是禹、汤的后代却得不到一个人的赞助；挖掉比干的心，囚禁箕子，落得身死国亡，为天下耻笑的结局，后世人说到恶君者无不以之为例证；这是连妻子儿女都保不住的必然道理。所以最贤能的人能保全四海，汤、武就是这样的人；最无能的人连妻子儿女都不能保全，桀、纣就是这样的人。现在世俗人的说法，认为桀、纣拥有天下而以汤、武为其臣子，岂不是错得太厉害了！打个比方说，这就好像一个跛足而驼背的巫自以为高明一样。所以可能有夺人国家的事；但不可能有夺人天下的事，可能有窃国之事，不可能有窃天下之事。篡夺可能占有一个诸侯国，但不能拥有天下；偷窃可能占有一个诸侯国，却不可以获得天下。这是因为什么？答：国家，是小器物，可以为小人所占有，可以用小手段得到，可以凭借小的力气保持；天下，是大器，不可以为小人所占有，不可以用小手段得到，不可以凭借小的力气保持。国家，小人可以拥有，但未必不会灭亡；天下是至大之物，除了圣人没有人能拥有。

管理启示：

该文举了一个例子，讲了一个道理。桀、纣之所以被汤、武所取代，根本原因是：得民心者得天下，德才兼备者得民心；无才无德者，内则百姓痛恨，外则诸侯反制；不但失国失天下，亲近的人也会疏远他们，还会殃及子孙。德才兼备是老生常谈的话题，自古至今，此理流行。文中讲的虽然是古代治国理政的道理，但在今天看来，无论是为人处世，还是从事管理工作，尤其是位居企业一官半职者，德才尤其是道德修养仍是立身之本。试想，如果一个人位居企业高管职位，又接近钱财，譬如企业财务人员，如果不把自己心底打扫干净，总是心存邪念，贪图不义之财，自己又是近水楼台，一旦机会允许或者企业监督管理出现漏洞，肯定把握不住贪念，很容易触犯法律。根本原因就如同文中所说，还是平时修身不够。所以现在大学财会类专业开设会计人员职业道德课程，所有专业开设思想品德修养课程，是十分必要的。

思考题：

谈谈德才兼备对一个人一生的影响。

三、正论第三篇

【原文】

世俗之为说者曰："汤、武不能禁令[1]。是何也？曰：楚、越不受制[2]。"是不然。汤、武者，至天下之善禁令者也。汤居亳、武王居鄗[3]，皆百里之地也，天下为一，诸侯为臣，通达之属莫不振动从服以化顺之[4]，曷为楚、越独不受制也？彼王者之制也，视形势而制械用，称远迩而等贡献，岂必齐哉！故鲁人以榶[5]，卫人用柯[6]，齐人用一革[7]，土地刑制不同者，械用备饰不可不异也。故诸夏之国同服同仪[8]，蛮、夷、戎、狄之国同服不同制[9]。封内甸服[10]，封外侯服[11]，侯、卫宾服[12]，蛮夷要服[13]，戎狄荒服[14]。甸服者祭，侯服者祀，宾服者享，要服者贡，荒服者终王[15]。日祭、月祀、时享、岁贡、终王，夫是之谓视形势而制械用，称远近而等贡献，是王者之制也。彼楚、越者，且时享、岁贡，终王之属也，必齐之日祭、月祀之属然后曰受制邪？是规磨之说也[16]，沟中之瘠也[17]，则未足与及王者之制也。语曰："浅不足与测深，愚不足与谋智，坎井之蛙不可与语东海之乐[18]。"此之谓也。

【注释】

[1] 不能禁令：意思是禁令有不能到达之处。

[2] 制：礼制。

[3] 亳（bó）：商汤王的都城，在今河南商丘东南。鄗（hào）：周武王的都城，在今陕西西安西南。

[4] 通达之属：指交通可到的地方。

[5] 榶（táng）：碗。

[6] 柯：盂，古代盛食物的器具。

[7] 一革：未详何物，大概是一种皮制的酒具。

[8] 诸夏之国：指当时中原地区各国。服：服事天子。仪：制度。

[9] 蛮、夷、戎、狄：指各地方的少数民族。

[10] 封内：王畿之内，即天子所居都城五百里之内的地方。甸服：耕种王田，以供日祭之品。甸，王田。

[11] 封外：封内之外的五百里以内的地方。侯：同"候"，指侦察敌情，担任警卫。

[12] 侯、卫：指侯圻（qí）和卫圻。从侯圻到卫圻，共分五圻，分别为侯、甸、男、采、卫。每圻为五百里。宾服：意思是按时进贡，以服事天子。

[13] 要服：用礼义教化约束，使之顺服天子。要，约束。

[14] 荒服：不定时向天子进贡。荒，无常。

[15] "甸服者祭"五句：祀，月祀。享，四时之享。贡，岁供。终王，崇王，指承认天子的统治。终，通"崇"。

[16] 规磨：这里指揣测的说法。

[17] 沟中之瘠：因贫穷死在沟中的人。这里指智识浅陋的人。

[18] 坎井：坏井。

【译文】

世俗之人有一种说法："汤、武的禁令有不能到达之处，为什么这么说？因为楚国、越国就不受其礼制的管束。"这种说法是不对的。汤、武是天下最善于施行禁令的人了。商汤住的亳城、周武王住的京，都不过是百里之地，而天下却能统一，诸侯都能臣服，所有交通所达之地的人，都畏惧他们的威力，服从他们的统治，受到教化而归顺他们，怎么能说楚国、越国单单不受其礼制的管束呢？那时候，王者的制度，是根据不同的地区制定不同的器用，根据距离的远近制定进贡的物品，何必一定要一致呢？所以鲁国人用碗，卫国人用盂，齐国人用一革，各地环境和风俗不同，器用和各种装饰物也就一定不同。所以中原地区各国服侍同一个天子而制度相同，边远少数民族的属国也服侍同一个天子，制度却不相同。王畿之内叫甸服，负责耕种王田。王畿之外叫侯服，侯服负责侦察敌情。卫服负责按时进贡，蛮夷地区用礼义教化约束，使之顺服天子。不定时向天子进贡。甸服进贡日祭的物品，侯服进贡月祭的物品，宾服进贡四时之享的物品，要服岁贡，荒服则承认天子的统治。日祭、月祀、时享、岁贡、终王，这就叫根据不同的地区制定不同的器用，根据距离的远近制定进贡的物品，这才是王者的制度。楚、越之国，只是属于时享、岁贡，终王之类的国家，难道一定要他们同日祭、月祀之国一样才叫受其礼制的管束吗？这是揣测的论调，是浅陋的见解，不足以谈论王者的制度。俗话说："浅的东西不足以测量深的东西，愚昧的人不足以与智慧的人相谋，坏井里的青蛙无法和它谈论遨游东海的乐趣。"说的就是这个意思。

管理启示：

文章讲述了商周时期，在大一统王朝的统一王制之下，各诸侯国都有适应诸侯国各自国情的制度。这样既达到了国家的统一，又适应了各地的风土人情。这与我国当今部分地区实行的民族区域自治制度有点类似，归纳起来就是，制度的国家统一性和地方的差别性相结合。引申到企业管理里层面，全世界500强或者全国500强企业的成功模式有相通的一面，例如全球化经营、上市融资、成本领先战略、差异化战略等，而其他的方面例如内部管理制度却可能是千差万别的，而且相互之间无法复制。所以现实生活中各地组织的企业家异地参观学习的做法，要灵活运用，千万不能当成灵丹妙药，更不要照猫画虎，画虎不成反类犬；通过参观学习，既要学到共性的、可参考的一面，更要结合企业实际情况扬长避短，彰显出自己的特色。

思考题：

查阅资料，了解一两家在行业发展中特色鲜明的企业的情况，谈谈他们的特色体现在哪些方面。

第六节 礼 论

一、礼论第一篇

【原文】

礼起于何也？曰：人生而有欲，欲而不得，则不能无求；求而无度量分界[1]，则不能不争；争则乱，乱则穷。先王恶其乱也，故制礼义以分之，以养人之欲，给人之求，使欲必不穷于物，物必不屈于欲[2]，两者相持而长，是礼之所起也。

故礼者，养也。刍豢稻粱[3]，五味调香[4]，所以养口也；椒兰芬苾[5]，所以养鼻也；雕琢、刻镂、黼黻、文章[6]，所以养目也；钟鼓、管磬、琴瑟、竽笙，所以养耳也；疏房、檖䫉、越席、床笫、几筵[7]，所以养体也。故礼者，养也。

【注释】

- [1] 度量：所以定多少之数。分界：所以定彼此之分。
- [2] 屈：竭尽。
- [3] 刍豢（chúhuàn）：指牛羊猪犬之类的肉类。
- [4] 香：当作"盉"，通"和"。
- [5] 苾（bì）：芳香。
- [6] 黼黻（fǔfú）：绣有各种华丽花纹的服装。文章：错杂的色彩花纹。
- [7] 疏：通，指敞亮。檖（suì）：深远。䫉：同"庙"。越席：蒲席。笫（zǐ）：竹编的床席。几筵：古代人席地而坐，依靠的叫"几"，垫席叫"筵"。

【译文】

礼的兴起因为什么？答：人生来就有欲望，有欲望而得不到，就不可能不去寻求；寻求而没有限度和界限，就不能不争夺；争夺就产生混乱，混乱则导致无法收拾的局面。过去的圣王憎恨这种混乱的局面，所以制定礼义以区分等级界限，以调节人们的欲望，满足人们的需求，让人们的欲望一定不会因为物质的不足而得不到满足，物质也一定不会因为欲望之无穷而耗尽，欲望与物质相互制约而长久地保持协调，这就是礼的源起。

所以，礼就是满足人的欲望的。鱼肉五谷，美味佳肴，是用来满足人的嘴巴需求的；各种香味，是用来满足人的鼻子需求的；雕刻精美的器皿和花纹色彩美丽的衣服，是用来满足人的眼睛需求的；钟鼓、管磬、琴瑟、竽笙等各种乐器，是用来满足人的耳朵需求的；高屋大房，竹席几筵，是用来满足人的身体需求的。所以礼也是用来满足人的欲望的。

管理启示：

从礼产生的起因看，礼是用于调节人的欲望，满足人的欲望的，在规范个人行为、维护社会秩序方面具有重要的作用。时至当今，礼的内涵更加丰富，除了传统的意义，礼还包括了文明礼貌、平等相待、和睦相处、体谅他人等新的内容。人们甚至会把礼与个人修养联系起来，具体形式则更加多样化。所以礼在如今人类生产、生活的各个方面的作用更加重要。例如一个人就职于一家企业，并成了该企业的高管，在法治社会的今天，他必须要遵守国家法律法规，同时在工作中又要遵守企业的有关制度；如果他是党员，还要遵守党章、党规、党的纪律和党风廉政建设的有关规定；而且还要更严格地要求自己，成为遵纪守法的楷模。在党纪国法和企业制度之外，礼的约束另有特别作用。例如不乱扔垃圾、自觉排队、汽车不乱停乱放、公共场合不大声喧哗、不乱发牢骚、家庭邻里和睦等。如果这些良好行为能为员工所熟知，就会产生更广泛的影响，同样有利于美好社会建设。

思考题：

礼兴起的原因是什么？谈谈个人的哪些有礼行为有利于美好社会建设。

二、礼论第二篇

【原文】

君子既得其养，又好其别。曷谓别？曰：贵贱有等，长幼有差，贫富轻重皆有称者也[1]。故天子大路越席[2]，所以养体也；侧载睪芷[3]，所以养鼻也；前有错衡[4]，所以养目也；和鸾之声[5]，步中武、象[6]，趋中韶、護[7]，所以养耳也；龙旗九斿[8]，所以养信也[9]；寝兕、持虎、蛟韅、丝末、弥龙[10]，所以养威也；故大路之马必倍至教顺，然后乘之，所以养安也。孰知夫出死要节之所以养生也！孰知夫出费用之所以养财也！孰知夫恭敬辞让之所以养安也！孰知夫礼义文理之所以养情也[11]！故人苟生之为见，若者必死；苟利之为见，若者必害；苟怠惰偷懦之为安，若者必危；苟情说之为乐[12]，若者必灭。故人一之于礼义，则两得之矣；一之于情性，则两丧之矣。故儒者将使人两得之者也，墨者将使人两丧之者也，是儒、墨之分也。

【注释】

[1] 轻重：卑尊。称：相称，合宜。

[2] 大路：即"大辂"，古代天子坐的车。

[3] 侧：大路的两旁。载：放置。睪（zé）芷：香草。睪，通"泽"。

[4] 错：涂饰。衡：车前的横木。

[5] 和鸾：车上的铃。

[6] 武：武王乐。象：武王舞。

[7] 韶：舜乐。護：汤乐。

[8] 斿（liú）：旗上的飘带。

[9] 信：通"神"，神气。

[10] 寝兕：卧着的犀牛。持虎：蹲着的虎。持，同"跱"。这两样东西都是画在天子车轮上的图案。蛟韅（xiǎn）：鲛鱼皮做的马肚带。韅，马肚带。丝末：丝织的盖车布。末，通"幦（mì）"，车轼上的覆盖物。弥龙：金饰的龙首，在车子的衡轭的末端。

[11] 礼义文理：礼义的各种规范和仪式。

[12] 说：同"悦"。

【译文】

君子既得到了养欲之道，同时也强调其中的区别。什么是区别呢？答：就是贵贱有等级、长幼有差别，贫富尊卑都有与其相称者。所以天子出门则乘大辂，坐蒲席，用这些来使其身体舒服；车两边放上香草，是为了满足嗅觉的需要；镀金的横木，是为了让眼睛看着舒服；车上和鸾的声音，慢行的时候，合乎武、象的音乐，疾走的时候，合乎韶、護的音乐，是为了听上去悦耳；龙旗上有九条飘带，是为了显示君主的气派；车轮上画的卧着的犀牛、蹲着的虎、鲛鱼皮做的马肚带、丝织的车帘、金饰的龙首，都是为了衬托君主的威严；所以为天子驾车的马，一定要选择天性驯良的，并教之使其驯服，然后才能乘坐，目的就是让天子安心舒适，谁会知道舍生而求名节也是为了养生！谁会知道舍得花钱也是为了求财！谁会知道恭敬辞让也是为了达到安定无争夺！谁会知道礼义仪式也是为了培养高尚的情感！所以一个人假如只是一味贪生，这样的人就一定会死！假如一个人只是一味贪利，这样的人就一定会招来祸害！假如一个人安于松懈懒惰，这样的人就一定会有危险！假如一个人只以满足性情为乐，这样的人就一定会丧失礼义道德！所以一个人专一于礼义，那么性情和礼义都可以得到；一个人一味追求性情的满足，那么两样都会失去。所以儒家是要使人两样都得到，墨家则是要使人两样都失去，这就是儒、墨的区分所在。

管理启示：

这段文字讲了礼的另一种含义，即等级制度。在这种等级制度的安排之下，每个人的相应需求都得到符合等级要求的满足，也就是文中开头提到的"贵贱有等级、长幼有差别，贫富尊卑都有与其相称者"。文中后半部分强调，如果一个人想破坏这种等级制度，一味贪生贪利，只以满足性情为乐而丧失礼仪道德，那么他将失去礼能给他的一切。虽然荀子没有讲到失礼的人怎样失去相应的一切，但是礼的这层含义对今天的人们仍有启示意义。这在当今就叫提高自己的站位，树立规矩意识。一个管理人员尤其是领导干部，如果一味安于松懈懒惰，就是"懒政"；如果一味贪利，已经不仅仅是荀子讲的失礼，还存在触犯法律的可能性。所以党和国家有关部门提出了要紧盯"关键岗位，重点领域，要害部门"，并特别提示"莫伸手，伸手必被捉"，这是对管理人员和领导干部的一种提醒，也是一种保护。由此看来，礼的含义在当今虽已有新的内涵，但其初心和使命未变，今人应当超越古人更加重礼。

思考题：

本文对今天的人们有什么样的启示？

三、礼论第三篇

【原文】

礼有三本[1]：天地者，生之本也；先祖者，类之本也；君师者，治之本也。无天地恶生？无先祖恶出？无君师恶治？三者偏亡焉，无安人。故礼，上事天，下事地，尊先祖而隆君师[2]。是礼之三本也。

凡礼，始乎梲[3]，成乎文，终乎悦校[4]。故至备，情文俱尽；其次，情文代胜；其下，复情以归大一也。天地以合[5]，日月以明，四时以序，星辰以行，江河以流，万物以昌，好恶以节，喜怒以当，以为下则顺，以为上则明，万变不乱，贰之则丧也[6]。礼岂不至矣哉！立隆以为极[7]，而天下莫之能损益也。本末相顺[8]，终始相应[9]，至文以有别，至察以有说[10]。天下从之者治，不从者乱；从之者安，不从者危；从之者存，不从者亡。小人不能测也。

礼之理诚深矣，"坚白""同异"之察入焉而溺[11]；其理诚大矣，擅作典制辟陋之说入焉而丧[12]；其理诚高矣，暴慢、恣睢、轻俗以为高之属入焉而队[13]。故绳墨诚陈矣，则不可欺以曲直；衡诚县矣[14]，则不可欺以轻重；规矩诚设矣[15]，则不可欺以方圆；君子审于礼，则不可欺以诈伪。故绳者，直之至；衡者，平之至；规矩者，方圆之至；礼者，人道之极也[16]。然而不法礼，不足礼[17]，谓之无方之民[18]；法礼足礼，谓之有方之士。礼之中焉能思索，谓之能虑；礼之中焉能勿易[19]，谓之能固。能虑能固，加好者焉，斯圣人矣。故天者，高之极也；地者，下之极也；无穷者，广之极也；圣人者，道之极也。故学者，固学为圣人也，非特学为无方之民也。

【注释】

- [1] 本：根本，本源。
- [2] 隆：推崇。
- [3] 挩：应作"脱"，简略。
- [4] 校：当作"恔（xiào）"，快意，称心。
- [5] 合：和谐，调和。
- [6] 贰：违背。丧：丢失。
- [7] 立隆：指建立完备的礼制。隆，中正，最高的准则。极：最高准则。
- [8] 本：礼的根本原则。末：礼的各种具体规定。
- [9] 终：即前面所言终于悦恔。始：即前面所言始于疏略。
- [10] 说：所以然之理。
- [11] 坚白：即"离坚白"，名家公孙龙的命题之一。同异：即"合同异"，名家惠施辩论的命题之一。察：察辩。溺：淹没。
- [12] 擅作典制：擅自编造典章制度。
- [13] 暴慢、恣睢：胡作非为，放荡不羁。队：同"坠"，失败。
- [14] 衡：秤。县：同"悬"。
- [15] 规矩：圆规和曲尺。
- [16] 人道：为人、治国的原则。
- [17] 足礼：重视礼。
- [18] 无方：无道，指不走正道而走邪道。
- [19] 礼之中焉：在礼之中。意思是如果不在礼之中，即使能思索、能坚持，也是无益的。

【译文】

礼有三个本源：天地，是生命的本源；先祖，是族类的本源；师长，是治理国家的本源。没有天地，生命从何而来？没有先祖，我们从何而来？没有师长，国家如何得到治理？三者缺一方面，人们就没法得到安宁。所以礼，上是用来祭祀天的，下是用来祭祀地的，也是表示对祖先和君师的尊重的。这是礼义的三个根本。

礼，开始时都很简陋，逐渐完备，最后达到乐的境界。所以礼达到最完备的时候，人情能得到充分的表现，礼仪也能非常完善；次一等，或者情胜过文，或者文胜过情；最次一等，是只重视质朴的情感，回归到太古之时的情况。天地因为有礼而更加调和，日月因为有礼而更加明亮，四时因为有礼而更加有序，星辰因为有礼而正常运行，江河因为有礼而奔流不息，万物因为有礼而繁荣昌盛，人之好恶因为有礼而得到节制，喜怒因为有礼而恰当得宜，用礼来约束百姓，百姓就顺从，用礼来规范君主，君主就会贤明，以礼为标准，则世间万物虽然变化多端也不会混乱，违背礼就会失去这些。礼，难道不是最高的境界吗！建立完备的礼制作为最高准则，那么天下就没有什么东西能对它有所更正。礼的根本原则和具体规则互相顺应，情感和仪式互相应合，最完备的礼义，尊卑则有别，最细密的礼义，是非标准就会清楚。遵循礼义之道天下就会得到治理，不遵循就会混乱；遵循礼义之道天下就会安定，不遵循就会危险；遵循礼义之道天下就会保全，不遵循就会灭亡。小人是不能深刻理解其中的道理的。

礼的道理实在是深啊，"离坚白""合同异"之说可谓辩察，然而一旦与礼相遇，立刻就被淹没；礼的道理真是伟大啊，那些擅自编造典章制度、邪僻浅陋的学说，一旦与礼相遇，立刻就会消亡；礼的道理实在是高明啊，那些胡作非为，放荡不羁，轻薄浅俗而又自命为高的人，一旦与礼相遇，立刻就会败倒。所以真正的绳墨标准在那里，就没法混淆曲直来欺骗人了；秤摆在前面，就没法混淆轻重来欺骗人了；规矩设立了，就没法混淆方圆来欺骗人了；君子明察于礼，奸诈不实的学说就没法欺骗人了。所以绳墨是最直的；秤是最公平的；规矩是方圆的最高标准；礼则是为人、治国的最高准则。不遵守礼，不重视礼，就是不走正道的人；遵守礼，重视礼，就是走正道的人。在礼之中，能思考，叫作深思熟虑；在礼之中，能不变，叫作坚定。能深思熟虑、能不变，加上爱好礼，这就是圣人了。天，是高的极限；地，是低的极限；无穷，是广大的极限；圣人，则是道德的最高标准。所以，学习，是要学着做圣人，而不是要学做不守道的人。

管理启示：

荀子认为礼的产生有三个本源，即天地、先祖和师长；礼的形成从简陋开始，逐渐完备，最后达到乐的境界。因此，礼的道理很深，其他学说以及"胡作非为、放荡不羁、轻薄浅俗而又自命为高的人"，在礼的面前都会消亡和倒下。可见，礼的作用在当时社会之中是至高无上的，就如同当今宪法对国家、企业章程对企业的意义一样重要。荀子又认为，遵守礼、重视礼就是走正道；反之就是不走正道。能深思熟虑、能不变，加上爱好礼就是圣人。圣人是道德的最高标准，要学习就要向圣人学习。所以荀子的"礼论"对于当今美好社会建设具有重要的教育意义。如果今天的人们能够像荀子所说，做到见贤思齐，对国家来说有利于和谐社会建设；对企业来说则有利于和谐团队建设。

思考题：

1. 荀子认为礼的本源是什么？
2. "礼教"对于今天美好社会建设有何现实意义？

第七节 乐　　论

一、乐论第一篇

【原文】

夫乐者[1]，乐也，人情之所必不免也，故人不能无乐，乐则必发于声音[2]，形于动静[3]，而人之道，声音、动静，性术之变尽是矣[4]。故人不能不乐，乐则不能无形，形而不为道[5]，则不能无乱。先王恶其乱也，故制雅、颂之声以道之[6]，使其声足以乐而不流[7]，使其文足以辨而不諰[8]，使其曲直、繁省、廉肉、节奏[9]，足以感动人之善心，使夫邪污之气无由得接焉。是先王立乐之方也[10]，而墨子非之，奈何！

【注释】

[1] 乐（yuè）者：指音乐、歌舞。下一个"乐"字读作"快乐"之"乐"。

[2] 声音：指嗟叹歌咏。

[3] 动静：指手舞足蹈。

[4] 性术之变尽是：意思是人的喜怒哀乐的情感在嗟叹歌咏、手舞足蹈中全部都表现出来了。性术之变，指思想感情的变化。尽是，尽于是。

[5] 形：指动静歌舞。道：引导。

[6] 雅、颂：《诗经》中的两类诗。古代诗都能入乐，所以这里指雅乐、颂乐。

[7] 流：淫放。

[8] 文：指乐曲的篇章。辨：辨明。这里指辨清乐曲的含义。諰（xi）：当作"偲"，邪。

[9] 曲直：声音的曲折与平直。繁省：声音的复杂与简单。廉肉：声音的单薄与丰满。

[10] 方：原则，道。

【译文】

音乐，就是高兴，是人不可避免会有的情感，所以人不能没有音乐。高兴就一定会嗟叹歌咏，发抒于声音，手舞足蹈，表现于动作，而人之所以为人，就是因为在嗟叹歌咏、手舞足蹈中，喜怒哀乐的情感全部都表现出来了。所以人不可能没有快乐，有快乐就不能不有所表现，有所表现而不去引导，就会流于乱。先王憎恶这种乱，所以制作了雅、颂的音乐以引导它，目的是使其声音足以表达快乐，而不流于淫放，使其篇章足以耐人寻味而不流于淫邪，使其音乐的曲折与平直、复杂与简单、单薄与丰满等节奏足以感发人的善心，让淫邪肮脏之气无法接触到，这是先王创造音乐的原则，墨子却表示反对，有什么道理呢！

管理启示：

音乐就是人们表达情感的一种方式。荀子专门对音乐进行论述，不仅仅是因为人"不能无乐"，更因为先王"恶其乱也，故制雅、颂之声以道之"。因为如果社会昏乱，人们的道德水准就会低下；人们道德水平低下又会进一步加剧社会乱象。面对不同的社会问题，需要采用不同的治理手段。先王用"雅、颂"之乐这种手段来"感动人之善心，使邪污之气无由得接焉"。最终目的还是有利于治国理政。因此，与其说先王重视音乐，不如说先王更重视对百姓的教化，音乐是针对当时社会"就偲"乱象最恰当的教育一种形式和手段罢了。引申到现代企业管理，针对不同问题也要灵活采用不同手段。对全体员工的教育甚至也可以采用音乐活动等形式，例如爱国主义歌曲大赛，可以传递正能量，使其自觉净化心灵，规范言行，提升道德水平，最终有利于企业内部团结和谐，有利于管理。

思考题：

企业拟用音乐对员工进行集体主义、爱国主义教育。如果领导把这项任务交代给你，你怎样组织活动？

二、乐论第二篇

【原文】

故乐在宗庙之中，君臣上下同听之，则莫不和敬；闺门之内[1]，父子兄弟同听之，则莫不和亲；乡里族长之中，长少同听之，则莫不和顺。故乐者，审一以定和者也[2]，比物以饰节者也[3]，合奏以成文者也，足以率一道[4]，足以治万变。是先王立乐之术也，而墨子非之，奈何！

【注释】

[1] 闺门：指家庭。

[2] 审：审定。一：这里指中和之声。

[3] 比：配。物：指各种乐器。饰：道"饬"，整饬，调整。

[4] 一道：指君臣上下，父子孔弟、长少之间的"和敬""和亲""和顺"等根本道理。

【译文】

所以在宗庙里，君臣上下一起听音乐，那就没有不和睦相敬的；在家庭中，父子兄弟一起听音乐，那就没有不和睦相亲的；在乡里族党中，老人和年轻人一起听音乐，那就没有不和睦顺从的。所以，音乐就是要审定一个标准来确定调和之音，然后配上各种乐器来调整节奏，一起合奏来构成和谐的音乐，这样的音乐足以统率根本的进理，足以调整各种情感的变化，这是先王创造音乐的原则，墨子却表示反对，有什么道理呢！

管理启示：

此段文字论述了音乐在不同场合对不同人的教育意义。在宗庙里，君臣共听；在家里父子共听；在乡里党族中，老人与年轻人共听，都能产生和睦的效果。荀子认为音乐是一种教育的手段，他对音乐的如此赞美不如说是对教育作用的高度认可。音乐在政治、社会中的遍及性作用体现的正是教育无处不在、无时不在的现实意义。引申到现代企业管理，企业在不同时期、不同场合对员工的教育也能产生同样的必要性和必然性效果。如对财会人员警示性的职业道德教育，是防止他们见财起意；面对大量订单，对生产工人的鼓励性教育是希望大家努力生产高质量的产品，满足客户需要；对一线工人的安全生产教育是为了强调要牢固树立"安全第一，预防为主"的理念等。教育作为一种管理手段，其作用犹如音乐的柔性和美感，永远不可被替代。

思考题：

音乐能教育人们热爱祖国、热爱社会、热爱集体、热爱家庭和亲人。请列举一些你所熟知的、喜欢的这方面的歌曲的名字。

三、乐论第三篇

【原文】

故听其雅，颂之声，而志意得广焉[1]：执其干戚[2]，习其俯仰屈伸[3]，而容貌得庄焉；行其缀兆[4]，要其节奏[5]，而行列得正焉，进退得齐焉。故乐者，出所以征诛也[6]，入所以揖让也[7]。征诛揖让，其义一也。出所以征诛，则莫不听从；入所以揖让，则莫不从服。故乐者，天下之大齐也[8]，中和之纪也[9]。人情之所必不免也。是先王立乐之术也，而墨子非之，奈何！

且乐者，先王之所以饰喜也；军旅鈇钺者[10]，先王之所以饰怒也，先王喜怒皆得其齐焉[11]。是故喜而天下和之，怒而暴乱畏之，先王之道，礼乐正其盛者也，而墨子非之。故曰：墨子之于道也，犹瞽之于白黑也[12]，犹聋之于清浊也，犹欲之楚而北求之也。

【注释】

[1] 志意得广：心胸变得开阔。

[2] 干戚：古代表演战争内容所用的舞具。这里指干戚之舞。因为是威仪之舞，所以说"容貌得庄"。干，盾牌。戚，斧头。

[3] 俯仰屈伸：舞蹈的各种动作。

[4] 缀兆：舞蹈排列的位置。级指行列的位置，死指行列的地段。

[5] 要：符合。

[6] 征诛：征伐杀敌。

[7] 揖让：礼让。

[8] 大齐：指行动完全整齐统一。

[9] 中和：指性情符合礼法的要求。纪：纲纪。

[10] 鈇钺（fǔyuè）：一种大斧，古代以此来刑杀。鈇，同"斧"。

[11] 齐：恰当，适宜。

[12] 瞽（gǔ）：瞎子。

【译文】

所以听雅、颂之乐，思想情感会变得开阔；拿着干戚，演习各种俯仰屈伸的动作，容貌就可以变得庄重；按着要求的排列行走，随着音乐的节奏进退，那么行列就会规整，进退就会整齐。所以，音乐用于出征，是用来鼓舞杀敌的勇气，用于宗庙，是用来培养人们的礼让情感。无论是出征还是家庙，它们的意义是一样的。对外用于征伐，那天下没有不听从指挥的；对内用于礼让，那天下没有不服从统治的，所以音乐是统一天下人的重要东西，是和顺人性情的纲纪，是人情所不能没有的。这是先王创造音乐的原则，墨子却表示反对，有什么道理呢！

而且音乐，是先王用来表达喜悦的；军旅刑杀的音乐，是先王用来表示愤怒的。先王的喜和怒都是恰当的。所以先王喜，天下人都附和他，先王怒，暴乱之人都会惧怕他。先王治国之道，以礼和乐最为重要，然而墨子却反对礼乐。所以说：墨子对于道，犹如瞎子不能分辨颜色的黑白，聋子不能分辨声音的清浊，犹如要去楚国却往北走一样。

管理启示：

第一段文字从两方面论述了音乐的重要作用，即"音乐用于出征，可以鼓舞杀敌的勇气；用于宗庙，可以培养人们的礼让感情"，最终把音乐的作用上升到"是统一天下人的重要东西"。后一段文字又指出，"先王治国之道，以礼和乐最为重要"。两段文字谈的都是音乐，其实质用意仍然是在谈教育，音乐只是手段而已。文章对音乐最高作用的定位，在当今就是用爱国主义音乐和爱国主义歌曲进行爱国主义教育。说明音乐、教育、爱国是中国人民几千年来早已铭刻入骨的东西，其意义将永久不衰。

思考题：

谈谈以音乐的形式进行爱国主义教育，你个人有什么样的收获和感受？

第四章 墨子的思想与管理启示

　　墨子姓墨名翟，出生地在今山东滕州，当为春秋战国时期鲁国人。《墨子》一书的内容极为庞杂，体现墨家核心思想的内容大致包括：一是伦理思想，即兼爱，这是墨子学说的理论基础；二是政治思想，即尚贤、尚同、非攻；三是经济思想，即节用、节葬、非乐；四是宗教思想，即天志、明鬼、非命。本章挖掘其管理思想并未触及宗教部分和《墨子》中的其他与社会科学、自然科学以及军事等有关的内容。

　　本章第一节到第十节都是专题性散文，中心意思非常明确，所以每节的管理启示都集中在各节之后。第十一节"耕柱"是以语录体形式展开的，并且以第一段语录"耕柱"作为全部内容的标题。语录体内容较为驳杂，并没有一个固定的核心，通常是一问一答，在回答中表现出墨子的一些主张。因此，该节管理启示也是分各个语录段落来分述的。

第一节　亲　士

一、亲士第一篇

【原文】

　　入国而不存其士[1]，则亡国矣。见贤而不急，则缓其君矣。非贤无急，非士无与虑国。缓贤忘士，而能以其国存者，未曾有也。昔者文公出走而正天下[2]，桓公去国而霸诸侯[3]，越王勾践遇吴王之丑[4]，而尚摄中国之贤君[5]。三子之能达名成功于天下也，皆于其国抑而大丑也[6]。太上无败，其次败而有以成，此之谓用民。

【注释】

[1] 存：恤问，即关心的意思。

[2] 文公：指晋文公重耳，他曾被迫流亡于外十九年，后来回国即位。他在位期间，重用贤才，终于使晋国强大起来，成为春秋五霸之一。

[3] 桓公：指齐桓公，他的哥哥齐襄公昏庸无道，他被迫出奔莒国，襄公死后他被迎回即位。此后他重用管仲，成为春秋五霸之一。

[4] 勾践：越国国君，曾被吴王夫差打败，于是卧薪尝胆，励精图治，终于在范蠡

与文种等贤臣的帮助下消灭吴国，报仇雪恨，并成为春秋五霸之一。

[5] 摄：通"慑"。

[6] 而：那，那个。

【译文】

治理国家却不关心那里的贤士，就会有亡国的危险。见到贤人却不马上任用，他们就会怠慢君主。没有比任用贤士更急迫的事了，如果没有贤士也就没人谋划国家大事。怠慢贤士、轻视人才，而能使国家长治久安，是从来没有过的。从前，晋文公被迫出逃却能够匡正天下，齐桓公流亡国外却能称霸诸侯，越王勾践遭受败于吴王的耻辱，却还能威慑中原各国的贤君。这三个人能成功扬名于天下，都是因为他们在自己的国家能够忍受极大的屈辱。所以说，最好是不失败，其次则是败了却还有办法成功，这才叫善无用人。

二、亲士第二篇

【原文】

吾闻之曰：非无安居也，我无安心也；非无足财也，我无足心也。是故君子自难而易彼，众人自易而难彼。君子进不败其志，内究其情[1]，虽杂庸民，终无怨心，彼有自信者也。是故为其所难者，必得其所欲焉，未闻为其所欲，而免其所恶者也。

【注释】

[1] 内：当作"纳"，即"退"的意思。

【译文】

我听说：不是没有安定的住处，而是我的心不安定；不是没有足够的财物，而是我的心不满足。所以君子严于律己宽于待人，而平庸的人却宽于待己而严于律人。君子对于进取的士人，能够不挫败他的志向，而对于退隐的士人，也要体察他的苦衷，即使贤士中杂有平庸的人，也并无怨悔之心，这是他有自信的缘故。所以，即使做很困难的事，也一定能够达到目的，没听说过想达到自己的愿望，而能回避困难的。

三、亲士第三篇

【原文】

是故偪臣伤君[1]，谄下伤上。君必有弗弗之臣[2]，上必有詻詻之下[3]。分议者延延，而支苟者詻詻[4]，焉可以长生保国[5]。臣下重其爵位而不言，近臣则喑[6]，远臣则唫[7]，怨结于民心；谄谀在侧，善议障塞，则国危矣。桀、纣不以其无天下之士邪[8]？杀其身而丧天下。故曰：归国宝[9]，不若献贤而进士。

【注释】

[1] 偪：当作"佞"。

[2] 弗：矫正，纠正。

[3] 詻詻（è）：直言争辩的样子。

[4] 支苟：当作"交敬"，即"交儆"，交相儆戒的意思。

[5] 焉：这里是"乃"的意思。

[6] 喑（yīn）：沉默不语。

[7] 唫（yín）：同"吟"，沉吟的意思。

[8] 桀、纣：分指夏桀和商纣，分别是夏、商两朝的末代君主，历史上有名的暴君。

[9] 归：通"馈"，赠送。

【译文】

因此，佞臣会损伤君主，谄媚的下属也会损伤主上。君主必须有敢于矫正君主过失的大臣，主上一定要有敢于直言的下属。纷争的人长时间的议论，相互儆戒的人也直言不讳，就可以长养民生，长保其国。臣下如果过于看重自己的爵位而不敢进谏，君主身边的臣子沉默不言，身处远方的臣子沉吟不语，那么不满的情绪就郁结于民心；谄媚阿谀的人在君主身边，好的建议被阻塞，那么国家就危险了。夏桀和商纣不就是没有任用天下之贤士吗？而遭杀身之祸并丧失了天下。所以说：赠送国宝，不如举荐贤能的人才。

四、亲士第四篇

【原文】

今有五锥，此其铦[1]，铦者必先挫；有五刀[2]，此其错[3]，错者必先靡。是以甘井近竭[4]，招木近伐[5]，灵龟近灼[6]，神蛇近暴[7]。是故比干之殪[8]，其抗也[9]；孟贲之杀[10]，其勇也；西施之沉[11]，其美也；吴起之裂[12]，其事也。故彼人者，寡不死其所长，故曰：太盛难守也。

【注释】

[1] 铦（xiān）：锋利。

[2] 刀：当为"石"。

[3] 错：磨刀石。

[4] 近：当为"先"字。

[5] 招木：即乔木，高大的树木。

[6] 灵龟近灼：古人用烧灼龟甲来占卜吉凶。

[7] 神蛇近暴：暴，晒。古人常通过曝晒蛇来祈雨。

[8] 比干之殪（yì）：比干是商朝贤臣，因为向纣王进谏而被杀。殪，杀死。

[9] 抗：正直的意思。

[10] 孟贲（bēn）：传说中齐国的大力士。

[11] 西施之沉：西施是越国的美女，越王勾践把她献给吴王夫差，来消磨他的意志，最终报仇雪恨。西施的结局传闻异辞，有的说跟随范蠡入五湖隐居，而《吴越春秋·逸篇》则云其被沉于江。而墨子距此事更近，所以记载或更可信。

[12] 吴起之裂：吴起是战国时著名政治家、军事家，仕楚改革，后来因得罪权贵被射杀。或曰被车裂而死。

【译文】

现在有五把锥子，其中一把最锋利，但最锋利的会最先被用钝；有五块石头，有一个是磨刀石，那么它会最先被磨损。所以说甘甜的井水最先枯竭，高大的树木最先被砍伐，灵异的乌龟最先被烧灼，神奇的长蛇最先被曝晒。所以说比干的死是因为他正直，孟贲被杀是因为他勇武，西施被沉于江是因为她美丽，吴起被车裂是因为他有能力。这些人很少不是死于自己的长处的，所以说：事物达到顶峰就难以持久。

五、亲士第五篇

【原文】

故虽有贤君，不爱无功之臣；虽有慈父，不爱无益之子。是故不胜其任而处其位，非此位之人也；不胜其爵而处其禄，非此禄之主也。良弓难张，然可以及高入深；良马难乘，然可以任重致远；良才难令，然可以致君见尊。是故江河不恶小谷之满己也，故能大。圣人者，事无辞也，物无违也，故能为天下器。是故江河之水，非一源之水也；千镒之裘[1]，非一狐之白也[2]。夫恶有同方不取而取同己者乎？盖非兼王之道也。是故天地不昭昭，大水不潦潦，大火不燎燎，王德不尧尧者，乃千人之长也。其直如矢，其平如砥，不足以覆万物。是故溪陕者速涸[3]，逝浅者速竭，磽埆者其地不育[4]，王者淳泽，不出宫中，则不能流国矣。

【注释】

[1] 镒（yì）：古代黄金的重量单位。

[2] 非一狐之白：古代有集腋成裘的说法，因为狐狸腋下的毛是纯白的颜色，却只是很小的一块，做成一件裘皮衣需要很多这样的皮集合而成。

[3] 陕：同"狭"。

[4] 磽埆（qiāoquè）：指土地坚硬贫瘠的意思。

【译文】

所以，虽然有贤明的君主，也不会欣赏没有功劳的大臣；虽然有慈爱的父亲，也不会喜欢没用的儿子。因此，不能胜任却占据着那个职位，他就是不该在这个位子上的人；不胜任他的爵位而拿着这种爵位俸禄的人，就不是这种俸禄的主人。优良的弓难以拉开，但它可以射到最高最深的地方；骏马虽然难以驾驭，但它可以负载重物到达远方；杰出的人难以调遣，但可以让君主受到尊敬。所以长江黄河不嫌弃小溪的水来灌注，就能汇成巨流。被称作圣人的人，不推辞难事，不违背物理，所以能成为治理天下的大人物。因此说，长江黄河的水不是来自于一个源头，价值千金的皮衣也不是一只狐狸腋下的毛所制成的。怎么会有不用同道的人而只用与自己意思相同的人的道理呢？这可不是兼爱天下之君王的道理。所以天地不夸耀自己的明亮，大水不夸耀自己的清澈，大火不夸耀自己的炎烈，有德之君也不夸耀自己德行的高远，这样才能做众人的领袖。如果心直如箭杆，平板如磨刀石，就不足以覆盖万物。所以狭窄的小溪很快会干涸，太浅的流水很快会枯竭，贫瘠的土地不生五谷，如果君王淳厚的恩泽只局限在宫廷之中，那就不可能泽被全国。

管理启示：

"亲士"就是说要重视人才，即认为一个国家兴盛与否的关键在于能否任用贤才。墨子以此为其开篇之作，可见其重视程度，也无疑表现出墨子宏通长远的战略眼光。

文章首先把贤士的作用提到一个极高的位置，然后通过晋文公、齐桓公与越王勾践的例子以及夏桀与商纣的反例来证明用贤的重要。接下来，墨子指出，国君要用贤，一定要律己严而待人宽，这样才会有更多的贤人为国所用。此外，墨子还极为深刻地指出，士因其能力突出而遭杀身之祸的事例太多了，所以警诫帝王一定要善待贤士，凡是人才，都有一定的个性，难于驾驭，但正因如此，帝王才更要尊重他们，只有这样，才能成就帝王的大业。

全文说理层层深入，几次变换角度，让人觉得似乎墨子已经离开了中心，甚至令人怀疑"今有五锥"一段是不是墨子原文。其实，如果扣紧"亲士"的主题去理解，就会发现其文章的理路血脉贯通。

墨子以晋、齐、越三国国君为例说明了为什么要重视人才，以及人才的作用体现在哪些方面。其实对企业而言，人才可以分为两类：一是能胜任岗位要求的专业人才，包括管理岗、专业技术岗以及工勤岗等，二是能够扭转乾坤，转败为胜，开拓进取的奇才。"亲士"中列举的晋文公、齐桓公、越王勾践就是奇才。我国整体宏观经济转入高质量发展阶段之后，改革开放所带来的炙手可热的市场机会一去不复返了。因为不适应这一环境变迁，许多处于产业低端的企业举步维艰，甚至退出了市场。另外一些企业则通过技术创新、合作联盟或实施其他新的战略找到了新出路。能帮助企业如此转圜的就是奇才。在市场竞争更加激烈的今天，企业必须如文中所说，树立真正的亲士理念，并落实举措，才能成为常青树。

企业到底怎样做才算重视人才？"亲士"篇中谈到，君主要严于律己，宽以待人。现在很多企业所谓重视人才，大多是目光短浅的认识，认为人才必须能立马带来效益才乐于高薪聘请，而像任正非那样愿以高薪静养人才，十年磨一剑的企业家少之又少，都是缘于不能宽以对待人才的缘故；或是如文中所说："王者淳泽，不出宫中，则不能流国矣。"压根儿就舍不得厚待人才。

思考题：
什么是人才？企业怎么做才是真正重视人才？

第二节 修 身

一、修身第一篇

【原文】

君子战虽有陈[1]，而勇为本焉；丧虽有礼，而哀为本焉；士虽有学[2]，而行为本焉。是故置本不安者[3]，无务丰末；近者不亲，无务来远；亲戚不附，无务外交；事无终始，无务多业；举物而暗[4]，无务博闻。

【注释】

[1] 陈：同"阵"。

[2] 士：同"仕"。

[3] 置：同"植"。

[4] 暗：不明白，不懂得。

【译文】

君子作战虽然布阵，但还是以勇敢为本；办丧事虽有一定的礼仪，但还是以哀痛为本；做官虽讲究才学，但还是以品行为本。所以，根基树立不牢，不要期望有茂盛的枝叶；身旁的人都不能亲近，就不要希望招徕远方的人；亲戚都不归附，就不要对外交际；办一件事都不能善始善终，就不要做很多事；举一个事物尚且不明白，就不要追求见多识广。

二、修身第二篇

【原文】

是故先王之治天下也，必察迩来远。君子察迩修身也，修身见毁而反之身者也。此以怨省而行修矣[1]。谮慝之言[2]，无入之耳；批扞之声[3]，无出之口；杀伤人之孩[4]，无存之心。虽有诋訐之民[5]，无所依矣。故君子力事日强，愿欲日逾[6]，设壮日盛[7]。

【注释】

[1] 此以：吴汝纶认为，《墨子》中的"此以"就是"是以"，从之。
[2] 谮慝（zèntè）之言：诬蔑毁谤的坏话。谮，诋毁，诽谤。慝，邪恶。
[3] 批扞（hàn）之声：指扞击冒犯别人的话。
[4] 杀伤人之孩：当为"杀伤之刻"。
[5] 诋訐（dǐjié）：诽谤攻击别人。
[6] 逾：通"偷"，即苟且之意。
[7] 设壮：当作"敬庄"。

【译文】

所以古代的君王治理天下，必定是以明察左右来使四方臣服。君子明察左右来提高自己的修养，修养后还遭到别人的诋毁时，会再反省自己。这样就能少些怨言，而自己的品性也得到了提高。对于诬陷与恶毒的话，不要听它；诽谤攻击别人的话，不要说它；伤害别人的刻薄想法，不要放在心里。这样，虽然有专门搬弄是非的人，也就无处可依了。因此，君子努力做事就会日渐强大，安于嗜欲就会日渐苟且，恭敬庄重就会日益繁盛。

三、修身第三篇

【原文】

君子之道也，贫则见廉，富则见义，生则见爱，死则见哀，四行者不可虚假，反之身者也。藏于心者，无以竭爱；动于身者，无以竭恭；出于口者，无以竭驯[1]。畅之四支[2]，接之肌肤，华发隳颠[3]，而犹勿舍者，其唯圣人乎！

【注释】

[1] 驯：雅驯，即典雅的意思。
[2] 支：同"肢"。
[3] 华发隳（huī）颠：形容老年人的样子。华发，即花发。隳颠，即堕颠，秃顶的意思。颠，头顶。

【译文】

君子的处世原则是，贫穷时要廉洁，富贵时要有义气，爱护活着的人，哀悼死去的人。这四种行为一定不要虚伪做假，因为这是反求自身的表现。埋藏于心中的，是无尽的仁爱；表现在行动上的，是无比的谦恭；说出口的，是无比的典雅。这些浸润到他的四肢与肌肤，即使头发花白、头顶变秃都不会放弃的，恐怕只有圣人了吧！

四、修身第四篇

【原文】

志不强者智不达，言不信者行不果。据财不能以分人者，不足与友；守道不笃，遍物不博[1]，辩是非不察者，不足与游。本不固者末必几[2]，雄而不修者[3]，其后必惰[4]。原浊者流不清，行不信者名必秏[5]。名不徒生而誉不自长，功成名遂。名誉不可虚假，反之身者也。务言而缓行，虽辩必不听；多力而伐功，虽劳必不图[6]。慧者心辩而不繁说，多力而不伐功，此以名誉扬天下。言无务为多而务为智，无务为文而务为察。故彼智无察[7]，在身而情[8]，反其路者也。善无主于心者不留，行莫辩于身者不立。名不可简而成也，誉不可巧而立也。君子以身戴行者也。思利寻焉，忘名忽焉，可以为士于天下者，未尝有也。

【注释】

[1] 遍：当为"别"。
[2] 几：危险。
[3] 雄：当为"先"的意思。
[4] 惰：衰败，堕落。
[5] 秏（hào）：同"耗"，败坏的意思。
[6] 图：图谋。这里是认可的意思。
[7] 彼：当作"非"。
[8] 情：当作"惰"，懈怠。

【译文】

意志不坚强的人才智也不会通达，说话没有信用的人行动也不会有结果。占据财物而不能分施给别人的，不值得与他交友；不能信守原则，辨别事物不广博，对是非分辨不清楚的人，不值得与他交游。根不牢固的枝叶必然会很危险，开始不修身的人，后来肯定会堕落。源头浑浊的水流不会清澈，行为不守信用的人名声必然会败坏。名声不是凭空产生的，赞誉也不会自己增长，只有成就了功业，名声才会到来。名声与荣誉不能有虚假的成分，因为这是要反求于自身的。只着力于空谈而很少行动的人，即使善于辩论，也没有人听从他；出力很多却爱夸耀功劳的人，虽然辛苦，却没有人认可他。有智慧的人心里明辨却不多说，做得多却不夸耀功劳，所以，他的名声与荣誉才会传扬于天下。话不在多而在于机智，不在华丽而在于明确。所以没有智慧就不能明察，再加上自身的懈怠，想成功就好像背道而驰一样。一种善行没有内心的支持就不能长久保持，一种行为如果得不到自身的理解就无法树立。名声不会通过傲慢怠惰而获得，荣誉也不会通过机巧的办法建立。君子是以身体力行来达到的。在利益上想得很深远，而对于名却很轻忽就忘掉了，这样做而能成为天下贤士的，从来没有过。

管理启示：

本篇承接"亲士"篇的脉络讨论了一个人怎样才能成为贤士，也就是"修身"的问题。所以，"修身"已经不仅是君子的个人修养，其实也关系到一个国家的治乱兴衰。

墨子首先指出，君子务本，而这个根本就是修身，而且，他强调了"反之身"的修养方法。至于修身都包括什么内容，墨子也提出了很多原则，这些原则直至今天也仍有借鉴意义，如"谮慝之言，无入之耳；批扞之声，无出之口"，"贫则见廉，富则见义"，"务言而缓行，虽辩必不听；多力而伐功，虽劳必不图"等。

在谈论根本的时候，墨子也顺笔讽刺了儒家的"礼"。在作者看来，丧礼中最根本的应该是"哀"而不是"礼"，如果对于死者没有哀思，再多的繁文缛节也没有用。这也可以看出墨子的通达。

关于修身，墨子的论述与荀子的论述有共同点也有差别。从共同点看，两人都认为修身不仅仅是个人的品行修养问题，甚至关乎国家的治乱兴衰和存亡。因此无论在《荀子》还是《墨子》中，我们都把修身的意义更广泛地推广到每个人对社会的价值上来，具体到企业就是，企业家、管理者及普通员工的修身对企业发展和生存的影响。二者的差别在于：荀子强调礼对于修身的作用，而墨子在论述君子务本（修身）问题时则顺笔讽刺了儒家的"礼"，并强调了"君子明察左右来提高自己的修养"和"君子的处事原则"。最后更是辩证地指出了"反之身"的修养方法，可谓殊途同归，落脚点都是修身的重要性。因此在这里我们再次强调，修身是做人的招牌，君王如此，企业家同样如此。君王修身关乎国家命运，企业家修身关乎企业的命运。

思考题：

《墨子》的修身篇中有"修身见毁而反之身者也"，《荀子》的修身篇中有"故非我而当者，吾师也"。谈谈对这两句话的理解及对自我修身的意义。

第三节　所　染

一、所染第一篇

【原文】

子墨子见染丝者而叹曰[1]：染于苍则苍，染于黄则黄。所入者变，其色亦变。五入必[2]，而已则为五色矣。故染不可不慎也！

【注释】

[1] 子墨子：即指墨子。古人称自己的老师时，要在姓氏前加一"子"字。《墨子》一书多是墨家后学所记录，所以称"子墨子"。
[2] 必：通"毕"，全，都。

【译文】

墨子看见染丝的人就长叹说：丝被青色一染就成了青色，被黄色一染就成了黄色。放入的颜料变了，丝的颜色也就变了。放入五种颜色，就能染出五色的丝来。所以，对于"染"不能不谨慎啊！

二、所染第二篇

【原文】

非独染丝然也，国亦有染。舜染于许由、伯阳[1]，禹染于皋陶、伯益[2]，汤染于伊尹、仲虺[3]，武王染于太公、周公[4]。此四王者，所染当，故王天下，立为天子，功名蔽天地。举天下之仁义显人，必称此四王者。夏桀染于干辛、推哆[5]，殷纣染于崇侯、恶来[6]，厉王染于厉公长父、荣夷终[7]，幽王染于傅公夷、祭公敦[8]。此四王者，所染不当，故国残身死，为天下僇[9]。举天下不义辱人，必称此四王者。

【注释】

[1] 舜：上古传说中的圣明君王。许由：尧、舜时代的高士，尧要让天下给他，他却不愿意接受。伯阳：尧、舜时代的贤臣，帮助尧治国。

[2] 禹：夏禹，古时圣君，夏朝的第一个帝王。皋陶（gāoyáo）：禹手下的贤臣。伯益：禹的大臣，曾帮助大禹治水。

[3] 汤：商汤，商朝的第一代贤君。伊尹：汤的得力大臣。仲虺（huǐ）：汤的左相。

[4] 武王：周武王姬发，建立周朝的第一代贤君。太公：即姜太公，是辅佐武王取得天下的重要人物。周公：即周武王的弟弟姬旦，中国历史上有名的贤臣。

[5] 干辛：夏桀手下的奸臣。推哆（chǐ）：夏桀的力士。

[6] 殷纣：即商纣王。崇侯：即崇侯虎，纣王手下的佞臣。恶来：纣王的力士。

[7] 厉王：西周的暴君。厉公长父：周厉王朝中奸臣。荣夷终：厉王的宠臣，曾以利诱惑厉王。

[8] 幽王：西周最后的君王。傅公夷：此人于史无考。祭（zhài）公敦：周朝的卿士。

[9] 僇：通"戮"。

【译文】

不光染丝是这样，国家也会被染。舜被许由、伯阳所染，禹被皋陶、伯益所染，汤被伊尹、仲虺所染，周武王被姜太公、周公旦所染。这四个帝王，受到的熏染是得当的，所以能称王于天下，被立为天子，功业和声名覆盖天地。列举天下以仁义而显要于世的，必定会称颂这四个帝王。夏桀被干辛、推哆所染，殷纣被崇侯虎、恶来所染，周厉王被厉公长父、荣夷终所染，周幽王被傅公夷、祭公敦所染。这四个帝王，接受的熏染不当，所以国亡身死，被天下所诛戮。列举天下不行仁义而自取其辱的人，必定会提到这四个帝王。

三、所染第三篇

【原文】

齐桓染于管仲、鲍叔[1]，晋文染于舅犯、郭偃[2]，楚庄染于孙叔、沈尹[3]，吴阖闾染于伍员、文义[4]，越勾践染于范蠡、大夫种[5]。此五君者所染当，故霸诸侯，功名传于后世。范吉射染于长柳朔、王胜[6]，中行寅染于籍秦、高彊[7]，吴夫差染于王孙雒、太宰嚭[8]，知伯摇染于智国、张武[9]，中山尚染于魏义、偃长[10]，宋康染于唐鞅、佃不礼[11]。此六君者所染不当，故国家残亡，身为刑戮，宗庙破灭，绝无后类，君臣离散，民人流亡，举天下之贪暴苛扰者，必称此六君也。凡君之所以安者，何也？以其行理也，行理生于染当。故善为君者，劳于论人，而佚于治官。不能为君者，伤形费神，愁心劳意，然国逾危，身逾辱。此六君者，非不重其国爱其身也，以不知要故也。不知要者，所染不当也。

【注释】

[1] 管仲：是齐桓公能够称霸于诸侯的主要谋划者。鲍叔：即鲍叔牙，齐桓公的贤臣，是他推荐了管仲。

[2] 舅犯：即子犯，晋文公的舅舅，曾跟随他出逃并辅佐他回国为君，治国称霸。郭偃：即卜偃，晋国大夫。

[3] 楚庄：即楚庄王，春秋五霸之一。孙叔：即孙叔敖，楚国有名的贤相。沈尹：即沈尹茎，曾向楚庄王推荐孙叔敖。

[4] 阖闾（hélǚ）：吴国有名的国君，春秋五霸之一。伍员（yún）：即伍子胥，曾辅佐阖闾及其子夫差，是有名的忠臣。文义：阖闾曾尊其为师。

[5] 范蠡：越王勾践的大臣，曾助越王打败吴国。大夫种：即文种，也是辅佐勾践的大臣。

[6] 范吉射：春秋后期晋国范氏的首领，后被灭。长柳朔、王胜：二人皆是范吉射的家臣。

[7] 中行寅：春秋后期晋国中行氏的首领，后被灭。籍秦、高彊：二人皆中行寅的家臣。

[8] 夫差：吴国国君，因为穷兵黩武，不纳忠言，被越王勾践所灭。王孙雒（luò）：吴国大臣。太宰嚭（pǐ）：即伯嚭，吴国的太宰，正是他收了贿赂而同意与越国讲和，才给了越国复仇的机会。

[9] 知伯摇：即智襄子，春秋后期晋国智氏的首领，曾掌晋国大权，后被韩、赵、魏三家所灭。智国：即智伯国，智氏家族的人。张武：即长武子，智襄子的家臣，他导致了智氏的灭亡。

[10] 中山尚：春秋时期鲜虞人所建立的中山国国君。魏义、偃长：都当是中山尚的臣子，但事迹不可考。

[11] 宋康：春秋时宋国末代国君，后被齐国所灭。唐鞅：宋康王的相，让康王滥杀无辜，后来自己也被康王所杀。佃不礼：宋国臣子。

【译文】

齐桓公被管仲、鲍叔牙所染，晋文公被他的舅舅子犯和卜偃所染，楚庄王被孙叔敖与沈尹茎所染，吴王阖闾为伍子胥、文义所染，越王勾践为范蠡、文种所染。这五个国君，受到的熏染是得当的，所以能称霸诸侯，功业和声名流传后世。范吉射被长柳朔与王胜所染，中行寅被籍秦、高彊所染，吴王夫差被王孙雒和太宰所染，智襄子被智伯国和长武子所染，中山尚被魏义与偃长所染。这六个国君，所受到的熏染不得当，所以国家败亡，自身也遭到杀戮，祖宗的基业破灭，也没有了后代，君臣分离失散，百姓流离失所。列举天下贪婪残暴并以苛政扰民的人，必然要提到这六个国君。大凡君主之所以能使国家安定的原因是什么呢？是因为他们行事合理，行事合理来自于受到的熏染得当。所以善于当君主的人，都会劳心费力地选拔人才，而可以轻松管理官吏。不善于当君主的人，虽然身体劳累，费尽精神，心烦意乱，但国家却更加危险，自己也更受屈辱。这六个国君，并不是不重视他的国家、不爱惜自己，而是不知道要领的缘故。所谓不知道要领，就是受到的熏染不得当。

四、所染第四篇

【原文】

非独国有染也，士亦有染。其友皆好仁义，淳谨畏令，则家日益、身日安、名日荣，处官得其理矣。则段干木、禽子、傅说之徒是也[1]。其友皆好矜奋[2]，创作比周[3]，则家日损、身日危、名日辱，处官失其理矣。则子西、易牙、竖刁之徒是也[4]。《诗》曰"必择所堪，必谨所堪"者[5]，此之谓也。

【注释】

[1] 段干木：子夏的学生，以品行高洁著称。禽子：即禽滑鳌，墨子最有名的弟子。傅说：本是在傅岩筑墙的奴隶，因有才能被商王武丁任命为相。

[2] 矜奋：狂妄，骄傲自负。

[3] 创作比周：胡作非为而又营私结党。创作，即胡作非为。比周，即结党。

[4] 子西：即楚国令尹公子申，他不听劝告任用白公胜，后来白公胜叛乱时，他反而被杀。易牙、竖刁：都是齐桓公的幸臣，桓公死后便作乱。

[5] 堪：当为"湛（jiān）"，通"渐"，即渍、染的意思。

【译文】

不只是国家有染的问题，对士而言也有受人熏染的问题。如果他的朋友都崇尚仁义，淳厚谨慎，恪守法令，那么他的家族就会日渐兴旺，自身也日渐安然，名声日渐荣耀，在他的官位上也能办事得当。如段干木、禽子、傅说就是这样的人。如果他的朋友都妄自尊大，胡作非为而又营私结党，那么他的家族就会日渐损耗，自身也慢慢走向危险，声名也日渐降低，在他的官位上办事也就没有理路。如子西、易牙、竖刁就是这样的人。《诗经》上说"必须选择所使用的染料，必须谨慎地来浸染"，就是这个意思。

管理启示：

染丝是一件再普通不过的事了。但是，在这个思想深远、情感丰富而敏锐的墨家巨子看来，它却呈现出了深刻的哲学内涵。而且，在《淮南子》与《论衡》等典籍的记载里，对这一事实的描述都用了"泣"这样的字。可见，墨子对于染丝这件事所反映出来的人性的易变以及保持其积极变化之难有着多么痛切的感受。所以，在墨子的这声长叹里，不仅飞翔着墨家尚贤的精灵，映照出历史与后世的万千史实，也表现出墨子博大而悲悯的胸怀。

全篇由墨子叹染丝而起，接以"非独染丝然也，国亦有染"，便把一件普通的事情上升到哲学高度。墨子举了十九组例证，涉及五十七位历史人物，虽然所举稍嫌繁多，但我们看到，其例证是有内在逻辑关系的：先举出了四位圣明的天子，再相对举出四位残暴的天子，接下来列举了春秋时期五位有作为的国君，继而列举了六位春秋时期亡国丧身的国君，于是通过大量的历史事实告诉人们，所染当与不当会给国家造成多么大的影响。至此，全文已经神完气足了，但作者却又一转，提出"非独国有染也，古亦有染"，又从宏观的论述递进到微观的探讨，并列举了六位历史人物来证明。全文最后以《诗》作结，堪称精绝。

墨子的"染丝"妙文从哲学高度讲述了"近朱者赤，近墨者黑"的人生哲理。十九组例证及五十七位历史人物则是"所染当与不当给国家造成兴与亡两种后果"的最好史证，体现了国学文史哲的统一性。再进一步逻辑推进认为"非独国有染，士亦有染"，于"修身"篇之后进一步强调了士人修身的必要性和重要性。学以致用，站在新的历史起点上，我们的逻辑推论是"企业有染，管理者也有染"。企业有染不当是指失信和违法经营等，管理者有染不当则包含很多方面，例如私心过重、本位主义、投机取巧，甚至触犯法律等，其后果如同国染和士染。国染决定着国家兴亡，士染决定了家族的兴衰，企业有染意味着平安或风险，管理者有染则决定着企业整体的团队素养和企业的未来。如何解决企业有染和管理者有染的问题，以法制教育、思想品德教育和爱国主义教育为引领的企业文化建设是一种有效的手段，在企业制度建设中不可或缺。

思考题：

1. 通过文中举例谈谈国染和士染的后果。
2. 如何克服"企业染"和"士染"的负面影响。

第四节 法 仪

一、法仪第一篇

【原文】

子墨子曰：天下从事者，不可以无法仪。无法仪而其事能成者，无有也。虽至士之为将相者，皆有法；虽至百工从事者[1]，亦皆有法。百工为方以矩，为圆以规，直以绳，正以县[2]。无巧工不巧工，皆以此五者为法[3]。巧者能中之，不巧者虽不能中，放依以从事[4]，犹逾己。故百工从事，皆有法所度[5]。今大者治天下，其次治大国，而无法所度，此不若百工辩也[6]。

【注释】

[1] 百工：从事各种行业的工匠。
[2] 县（xuán）：挂，即用悬垂的方法来测是否垂直于地面。
[3] 五者：文中只提了四种，据《考工记》，应该还有"平以水"一种。
[4] 放依：仿效。放，仿效，模仿。
[5] 所：意为"可"。
[6] 辩：聪明。

【译文】

墨子说：全天下做事情的人，都不能没有法度。没有法度而能把事情做成功的人，是没有的。即使很高明的士人做了将相，也都有法度；即使最灵巧的百工干活，也都有法度。百工用矩来画方形，用规来画圆形，用墨绳来画直线，用悬垂的方法来测偏正。无论灵巧的工匠还是不灵巧的工匠，都以这五种方法作为法度。灵巧的工匠能做得非常合适，不灵巧的人虽然不能做得这么合适，但仿效着这个法度来做，还是会超过自以为是去做的。所以说百工干事，都有法规可以衡量。现在大到治理天下，其次治理大国，却没有法度来衡量，这就是还不如百工聪明了。

二、法仪第二篇

【原文】

然则奚以为治法而可？当皆法其父母奚若[1]？天下之为父母者众，而仁者寡，若皆法其父母，此法不仁也。法不仁，不可以为法。当皆法其学奚若[2]？天下之为学者众，而仁者寡，若皆法其学，此法不仁也。法不仁，不可以为法。当皆法其君奚若？天下之为君者众，而仁者寡，若皆法其君，此法不仁也。法不仁，不可以为法。故父母、学、君三者，莫可以为治法。

【注释】

[1] 当：相当于"倘"，倘若。下同。奚若：怎么样。

[2] 学：指老师。

【译文】

那么，以什么为做事的法度才行呢？倘若都效法父母会怎么样呢？天下做父母的很多，但是仁爱的很少，如果都效法自己的父母，就是效法不仁爱的人。效法不仁爱的人，是不可以作为法度的。如果都效法自己的老师会怎么样呢？天下做老师的很多，但是仁爱的很少，如果都效法自己的老师，就是效法不仁爱的人。效法不仁爱的人，是不可以作为法度的。如果都效法自己的国君会怎么样呢？天下做国君的人很多，但是仁爱的很少，如果都效法自己的国君，就是效法不仁爱的人。效法不仁爱的人，是不可以作为法度的。所以，父母、老师、国君三者，都不能当作做事的法度。

三、法仪第三篇

【原文】

然则奚以为治法而可？故曰：莫若法天。天之行广而无私[1]，其施厚而不德，其明久而不衰，故圣王法之。既以天为法，动作有为，必度于天。天之所欲则为之，天所不欲则止。然而天何欲何恶者也？天必欲人之相爱相利，而不欲人之相恶相贼也。奚以知天之欲人之相爱相利，而不欲人之相恶相贼也？以其兼而爱之、兼而利之也。奚以知天兼而爱之、兼而利之也？以其兼而有之、兼而食之也。今天下无大小国，皆天之邑也。人无幼长贵贱，皆天之臣也。此以莫不犓牛羊、豢犬猪[2]，絜为酒醴粢盛[3]，以敬事天，此不为兼而有之、兼而食之邪？天苟兼而有食之，夫奚说以不欲人之相爱相利也？故曰：爱人利人者，天必福之；恶人贼人者，天必祸之。曰：杀不辜者，得不祥焉。夫奚说人为其相杀而天与祸乎[4]？是以知天欲人相爱相利，而不欲人相恶相贼也。

【注释】

[1] 行：道的意思。

[2] 犓（chú）牛羊：饲养牛羊。原文脱"牛"字，据《墨子·天志上》补。豢（huàn）：养。

[3] 絜：通"洁"。酒醴粢（zī）盛（chéng）：代指祭品。粢，祭祀用的谷物。盛，放在祭器中的祭品。

[4] 天与祸：当作"天不与祸"。

【译文】

那么，以什么为做事的法度才行呢？可以说，不如效法天。天道博大而无私，它施恩深厚却不自以为有德，它永久光明永不衰竭，所以圣明的君王都效法它。既然把天作为法度，一举一动，都必须用天理来衡量。天希望做的就做，天不希望做的就停止。但是天喜欢什么厌恶什么呢？天肯定希望人们互相关爱互相帮助，而不希望人们互相憎恶互相残害。怎么知道天希望人们互相关爱互相帮助，而不希望人们互相憎恶互相残害呢？因为天对天下所有的人都关爱，对所有的人都帮助。怎么知道天对所有的人都关爱，对所有的人都帮助呢？因为天容纳了所有的人，供养了所有的人。现在天下不论大国还是小国，都是天的领地；人不论老少贵贱，都是天的臣民。所以没有人不饲牛羊、喂猪狗，把美酒和供品收拾干净，恭敬地献给上天，这难道不是天容纳所有的人、供养所有的人吗？天既然容纳和供养了所有的人，怎么能说不希望人们互相关爱互相帮助呢？所以说：关爱别人、帮助别人的人，天必定会赐福给他；憎恶别人、残害别人的人，天必定会降祸给他。因此说：杀害无辜的人，会得到不祥的后果。谁说有人互相残杀天不降灾祸给他呢？因此可以知道，天希望人们互相关爱互相帮助，而不希望人们互相憎恶互相残害的。

四、法仪第四篇

【原文】

昔之圣王禹、汤、文、武[1]，兼爱天下之百姓，率以尊天事鬼，其利人多，故天福之，使立为天子，天下诸侯皆宾事之[2]。暴王桀、纣、幽、厉[3]，兼恶天下之百姓，率以诟天侮鬼，其贼人多，故天祸之，使遂失其国家，身死为于天下，后世子孙毁之，至今不息。故为不善以得祸者，桀、纣、幽、厉是也；爱人利人以得福者，禹、汤、文、武是也。爱人利人以得福者有矣，恶人贼人以得祸者亦有矣。

【注释】

[1] 禹、汤、文、武：夏禹、商汤、周文王、周武王，是夏商周三代的开国贤君。
[2] 宾：尊敬。
[3] 桀、纣、幽、厉：夏桀、商纣、周幽王、周厉王，是夏商周三代的暴君。

【译文】

古代的圣王夏禹、商汤、周文王、周武王，关爱天下所有的百姓，带头尊敬上天、敬事鬼神，他们给人的利益多，所以天赐福给他们，让他们成为天子，天下的诸侯也都恭敬地服事他们。残暴的君主夏桀、商纣、周幽王、周厉王，憎恶天下所有的百姓，并带头咒骂上天、侮辱鬼神，他们残害的人多，所以上天降灾祸给他们，让他们丧失了自己的国家，遭到杀身之祸还被天下人所辱骂，后世的子孙也诅咒他们，到现在还没有停止。所以，做不好的事情因而得到灾祸的，夏桀、商纣、周幽王、周厉王就是例子；而关爱别人帮助别人因而得福的，夏禹、商汤、周文王、周武王就是例子。关爱别人帮助别人因而得福的人有，而憎恶别人残害别人因而得祸的人也有啊！

管理启示：

法仪就是指法度。墨子认为，做任何事情，都要有法度。他先从百工的实践谈起，娓娓道来，以百工尚且有法来反衬治国无法之谬。此后，墨子又进一步讨论了应该以什么为法的问题。在墨子看来，父母、老师、国君三者都是有缺点的，都谈不上仁爱，所以不可以当作效法的对象。那么到底以什么为法呢？墨子提出了"法天"的命题。而且，墨子进一步认为，天是兼爱的，所以以天为法也要兼爱，并用了极为严密的逻辑推理来论证天的确是兼爱的，这便与其兼爱之说潜脉暗通，交相为证了。最后，墨子还举出了历代帝王的不同结果来佐证，使得论证无懈可击。结尾两句看似平淡，但以慨叹的语调出之，却表现出墨子对历史上作恶而得祸者的遗憾与对今天不知借鉴而仍在作恶者的痛惜。

墨子的"百工有法，治国更应有法，做任何事情都应当有法"的种观点，从当今社会来看，就是建设法制型社会。在法制社会背景下，企业无论对内对外都应以法度为准则。企业对外，如接受政府监督、参与市场竞争、筹集经营资金、采购生产物资、招聘企业员工、承担社会责任等，都要在法律规定的范围内依法行事；企业对内，如企业制度的制定和执行也不能违背法律的规定。墨子最后以古代帝王尊天守法和逆天违法正反两方面的例子得出结论，认为"爱人利人以德福者有矣，恶人贼人以得祸者亦有矣"。当今的企业，守法经营，依法管理者大有人在，但投机取巧，打法律擦边球甚至违法经营者也不乏其例，墨子之人虽已远去，墨子的思想光辉仍在闪耀，历史的教训不可不谨记。

思考题：

查阅资料，列举违法经营或违法管理的企业案例，看这些企业受到了什么样的法律惩处。

第五节 七 患

一、七患第一篇

【原文】

子墨子曰：国有七患。七患者何？城郭沟池不可守，而治宫室，一患也。边国至境，四邻莫救，二患也。先尽民力无用之功[1]，赏赐无能之人，民力尽于无用，财宝虚于待客，三患也。仕者持禄，游者忧反[2]，君修法讨臣，臣慑而不敢拂，四患也。君自以为圣智，而不问事[3]，自以为安强，而无守备，四邻谋之不知戒，五患也。所信者不忠，所忠者不信，六患也。畜种菽粟不足以食之[4]，大臣不足以事之，赏赐不能喜，诛罚不能威，七患也。以七患居国，必无社稷。以七患守城，敌至国倾。七患之所当，国必有殃。

【注释】

[1] 民力：此二字为衍文，当删。

[2] 忧反：当为"优交"。

[3] 事：当为"吏"字之形误。

[4] 畜：储存，积蓄。

【译文】

墨子说：国家有七种隐患。这七种隐患是什么呢？内城、外城及壕沟等工事不足以防守，却大力修筑宫室，这是第一种隐患。如果边远的国家打到了自己的国境，而邻国却都不肯援救，这是第二种隐患。先大做没什么用处的事，又赏赐没什么能力的人，民力都耗在这些没用的事上，财宝也都用在接待这些无能的人上，这是第三种隐患。做官的只顾保持自己的俸禄，游学未仕的人只顾优待自己的知交，国君立严苛的法令来统治臣子，大臣畏惧而不敢矫正国君，这是第四种隐患。国君自以为神圣聪明，而不去咨询官吏，自以为国家安定而强大，而不注重防守，周围的邻国图谋侵略他却不知道戒备，这是第五种隐患。信任的人并不忠诚，忠诚的人却得不到信任，这是第六种隐患。储存和种植的粮食不够吃，大臣不能胜任国事，赏赐并不能让人欢喜，责罚也不能让人畏惧，这是第七种隐患。带着这七种隐患治国，国家肯定会灭亡。带着这七种隐患来守城，敌人一到国家就会倾覆。七种隐患到哪里，哪里的国家必会遭殃。

二、七患第二篇

【原文】

凡五谷者，民之所仰也，君之所以为养也。故民无仰，则君无养。民无食，则不可事。故食不可不务也，地不可不力也，用不可不节也。五谷尽收，则五味尽御于主；不尽收则不尽御。一谷不收谓之馑，二谷不收谓之旱，三谷不收谓之凶，四谷不收谓之馈，五谷不收谓之饥。岁馑，则仕者大夫以下皆损禄五分之一。旱，则损五分之二。凶，则损五分之三。馈，则损五分之四。饥，则尽无禄，禀食而已矣[1]。故凶饥存乎国，人君彻鼎食五分之三，大夫彻县[2]，士不入学，君朝之衣不革制，诸侯之客，四邻之使，雍食而不盛[3]，彻骖騑[4]，涂不芸[5]，马不食粟，婢妾不衣帛，此告不足之至也。

【注释】

[1] 禀食：赐给粮食吃。禀，赐给人谷物。
[2] 县（xuán）：指悬挂的乐器。
[3] 雍食：即饔飧（yōngsūn），招待外国使节到达时的宴礼。
[4] 骖騑（cānfēi）：古代用四匹马拉一辆车，中间两匹叫"服"，两边的叫"騑"，也叫"骖"。
[5] 涂不芸：不修整道路。涂，道路。芸，通"耘"，清除杂草的意思。

【译文】

五谷，是人民赖以生存、国君用来牧养百姓的东西。如果百姓没有了这个依赖，那么国君也就无以牧养百姓。百姓如果没有粮食，就不能供君主役使。所以，粮食不可不努力生产，土地不可不努力耕种，用度不可不力行节俭。五谷都丰收了，那么五味就可以都让国君吃到；如果不是全部丰收，就不能全部吃到。一种谷物没有收获叫作"馑"，两种谷物没有收获叫作"旱"，三种谷物没有收获叫作"凶"，四种谷物没有收获叫作"馈"，五种谷物没有收获叫作"饥"。遇到"馑"年，做官的自大夫以下都减去俸禄的五分之一。遇到"旱"年，就减五分之二。遇到"凶"年，就减五分之三。遇到"馈"年，就减五分之四。遇到"饥"年，就全都没有俸禄，靠官府赐给的粮食了。所以，若国家遇到凶饥之年，君主要撤去鼎食的五分之三，大夫撤去悬挂的乐器，读书人停止入学，国君上朝的衣服不再做新的，对诸侯派来的宾客，周边邻国的使节，招待的礼宴不铺张，将车驾两侧的马撤去，道路不特意修整，马不吃粮食，使女不穿丝织的衣服，这些都表示国家已经匮乏到了极点。

三、七患第三篇

【原文】

今有负其子而汲者，队其子于井中[1]，其母必从而道之[2]。今岁凶、民饥、道饿[3]，重其子此疾于队[4]，其可无察邪？故时年岁善，则民仁且良；时年岁凶，则民吝且恶。夫民何常此之有？为者寡，食者众，则岁无丰。故曰：财不足则反之时，食不足则反之用。故先民以时生财，固本而用财[5]，则财足。

【注释】

[1] 队：同"坠"。

[2] 道：同"导"。

[3] 饿：当为"馑"，即"瑾"，饿死的意思。

[4] 重其子此疚于队：当作"此疚重于队其子"。

[5] 用财：当作"节用"。

【译文】

现在如果有一个人背着孩子去井边汲水，不小心把孩子掉进井里，孩子的母亲一定会赶快拉他上来。如今年成大欠、百姓饥饿、路上有饿死的人，这种痛苦要比把孩子掉进井里更重，难道可以忽视吗？所以，在收成好的年头，百姓就仁义善良；遇到荒年，那么百姓也会吝啬而凶恶。百姓的性情哪里能长久不变呢？生产的人少，而吃的人多，那也就不可能有丰收的年头。所以说：财物不足就反省是否重视农时，食物不足就反省是否节省用度。所以从前的贤君按照农时来生财，巩固根本并节约用度，财物自然就丰足了。

四、七患第四篇

【原文】

故虽上世之圣王，岂能使五谷常收，而旱水不至哉！然而无冻饿之民者，何也？其力时急，而自养俭也。故《夏书》曰"禹七年水"，《殷书》曰"汤五年旱"[1]，此其离凶饥甚矣[2]，然而民不冻饿者，何也？其生财密，其用之节也。故仓无备粟，不可以待凶饥；库无备兵，虽有义，不能征无义；城郭不备完，不可以自守；心无备虑，不可以应卒[3]。是若庆忌无去之心[4]，不能轻出。夫桀无待汤之备，故放[5]；纣无待武王之备，故杀[6]。桀、纣贵为天子，富有天下，然而皆灭亡于百里之君者，何也？有富贵而不为备也。故备者，国之重也；食者，国之宝也；兵者，国之爪也；城者，所以自守也，此三者，国之具也。

【注释】

[1] "故《夏书》曰"二句：《夏书》《殷书》指夏、商两朝记录文诰的典籍。

[2] 离：同"罹"。饥：原作"饿"。

[3] 卒：同"猝"。

[4] 庆忌：春秋时期吴王僚的儿子，吴王阖闾杀吴王僚而夺取政权后，怕在卫国的庆忌会讨伐他，便派刺客要离投奔庆忌并骗取了信任，并把庆忌骗出卫国后刺死了他。

[5] 放：据说夏桀被商汤打败后，被流放到南方的南巢。

[6] 杀：据说商纣兵败后自杀于鹿台。

【译文】

所以，即使是上古的圣王，哪能使五谷常获丰收，而且旱灾水灾从不降临呢！但是那里没有受冻挨饿的人，这是为什么呢？因为他们努力按农时耕种，而且自己的用度也很节俭。所以《夏书》记载说"大禹时有七年的水灾"，《殷书》记载说"商汤时有五年的旱灾"，这时他们遭到的饥荒极为严重，然而百姓却不受冻挨饿，为什么呢？因为他们生产的财物很多，而使用起来却很节俭。所以粮仓里没有储备的粮食，就不能应付饥荒；武库里没有准备好的兵器，即使是正义之师也不能征伐不义的军队；城郭的防备若不完善，就无法守卫；心中没有长远的思虑，就不能应付猝然的变故。就好像庆忌没有离开卫国的心思，就不会轻易出境而被杀。夏桀没有对付商汤的准备，所以被流放；商纣没有对付周武王的准备，所以被杀。夏桀和商纣贵为天子，富有天下，却都被方圆仅百里那么大的小国之君灭亡了，这是为什么呢？因为他们虽然富贵却不作防备。所以，储备，是国家最重要的事；粮食，是国家的宝物；武器，是国家的利爪；城池，是守卫国家的屏障，这三者都是保护国家的工具。

五、七患第五篇

【原文】

故曰以其极役，修其城郭，则民劳而不伤；以其常正，收其租税，则民费而不病。民所苦者非此也，苦于厚作敛于百姓[1]，赏以赐无功，虚其府库，以备车马衣裘奇怪。苦其役徒，以治宫室观乐，死又厚为棺椁，多为衣裘[2]。生时治台榭，死又修坟墓，故民苦于外，府库单于内[3]。上不厌其乐，下不堪其苦。故国离寇敌则伤，民见凶饥则亡，此皆备不具之罪也。且夫食者，圣人之所宝也。故《周书》曰[4]："国无三年之食者，国非其国也。家无三年之食者，子非其子也。"此之谓国备。

【注释】

[1] "役……百姓"四十字：原错入《辞过》篇，今依文义移此。

[2] 裘：当作"衾"。

[3] 单：通"殚"，尽。

[4] 《周书》：记载周代典章文诰的典籍。

【译文】

所以说，按正常的劳役，去修城郭，百姓虽然劳累却不伤民力；按正常的征税标准，去收取租税，百姓虽然破费却不至于困苦。老百姓所感到痛苦的并不是这些，而是苦于对百姓的横征暴敛，用最高的奖赏，赐给没有功劳的人，耗空国库，来制备车马衣裘、奇珍异宝。使服役的人受苦，来建造宫殿以供观赏享乐，死的时候要做很厚的棺椁，做很多陪葬的衣物与被褥。活着的时候修建楼台亭榭，死了又大修坟墓，所以在外则百姓受苦，在内则国库耗尽。上面的君主还不满足于自己的享乐，而下边的百姓却已不堪其苦。因此国家一旦遭受到敌国入侵就会败伤，百姓一旦遇到饥荒就会流亡，这都是储备做得不好的罪过。再说了，粮食是圣人所珍视的。所以《周书》上说："国家若没有三年的粮食储备，这个国家就不再是这个君主的国家了。家庭没有三年的粮食储备，家里的孩子也将不再是这个家庭的孩子了。"这就是所谓的"国备"。

管理启示：

七患指治理国家时的七种隐患，墨子归纳出的这七种隐患大到与邻国的关系，小到君臣之间的关系，概括了君主应该警惕的方方面面。在列举了七患之后，墨子的笔锋却突然一转，谈论起"五谷"来，这只是第七患中的一部分，却是最重要的一部分。在对此的详尽论述中，墨子指出，要消除七患，国家就必须有"备"，无论是心理上与策略上的防备还是物资上的储备，都要重视。而由于粮食是一个国家的根本，所以，对于粮食的储备就更应当重视，这其实也是农业文明的一个典型表现。

韩非子在其《安危》一文中列举了使国家危乱的六种途径。这六种途径是：一是在法度之外赏罚以徇私；二是不依据法令任意裁决；三是以公众的祸害为利；四是以众人的灾祸为乐；五是危害众人的平安生活；六是不和所爱的人亲密，不和厌恶的人疏远。对比发现，墨子七患中的第三患"赏赐无能之人"与韩非子国家危乱的第一种途径"在法度之外赏罚以徇私"，表达了一个相同的意思，即奖赏不公将给国家带来风险，这符合大众"患均不患寡"的心理特征。而且这里"七患"和"六危"的主体根源都取决于君王。因此对一个组织而言，如果出现错误的奖赏，无论这种错误是源于组织负责人的主观授意还是赏罚制度的缺陷，都将失去奖赏的公信力，不但起不到鼓励作用，还会打击众人的积极性，给组织凝聚力造成冲击。因此，宁可不奖也不可错奖，不奖可补，而错奖难收。

思考题：
谈谈你对患均不患寡这种大众心理的理解。

第六节　辞　过

一、辞过第一篇

【原文】

子墨子曰：古之民未知为宫室时，就陵阜而居[1]，穴而处。下润湿伤民，故圣王作，为宫室。为宫室之法，曰：室高足以辟润湿[2]，边足以圉风寒[3]，上足以待雪霜雨露，宫墙之高足以别男女之礼，谨此则止。凡费财劳力不加利者，不为也。是故圣王作为宫室便于生，不以为观乐也。故节于身，诲于民，是以天下之民可得而治，财用可得而足。当今之主，其为宫室则与此异矣。必厚作敛于百姓，暴夺民衣食之财，以为宫室台榭曲直之望、青黄刻镂之饰。为宫室若此，故左右皆法象之。是以其财不足以待凶饥，振孤寡[4]，故国贫而民难治也。君实欲天下之治而恶其乱也，当为宫室[5]，不可不节。

【注释】

[1] 就陵阜：依傍山冈。就，凭借。
[2] 辟：躲避。
[3] 圉：抵御。
[4] 振：救治，赈济。
[5] 当：相当于"倘"。

【译文】

墨子说：上古的人民还不会建造宫室房屋时，依靠着山冈居住，或住在洞里边。地下潮湿对人有害，所以圣王出来，创建了宫室房屋。建造宫室房屋的原则是：地基的高度足以避开潮湿，四面的墙壁足以抵挡风寒，上面的屋顶足以挡住雪霜雨露，墙壁的高度足以使男女依礼而分隔开来，这样就行了。凡是劳民伤财却没有更多好处的事，就不要再做了。所以圣王建造宫室是为了便利人民的生活，并不是为了观赏和享乐。因此帝王自己要节俭，并教导人民，这样天下的百姓就听从他的治理，财物费用也能够充足。现在的君主，他们建造宫室却与此不同。他们必定要对百姓横征暴敛，粗暴地夺取人民的衣食之资，来增加宫室台榭那曲折回环的观赏性、雕梁画栋的装饰性。在建造宫室方面就是这样,所以他的属下都效法他。所以国家的钱财不足以来应付饥荒,救济孤儿寡妇,这样,国家就贫困,百姓也就难于治理。国君若真的希望天下太平而不希望天下大乱的话,倘若要建造宫室,就不能不节俭。

二、辞过第二篇

【原文】

古之民未知为衣服时,衣皮带茭[1],冬则不轻而温,夏则不轻而清[2]。圣王以为不中人之情,故作,诲妇人治丝麻,梱布绢[3],以为民衣。为衣服之法:冬则练帛之中[4],足以为轻且暖;夏则絺绤之中[5],足以为轻且清。谨此则止。故圣人之作为衣服带履,便于身,不以为辟怪也[6]。为衣服,适身体,和肌肤而足矣,非荣耳目而观愚民也。故民衣食之财,家足以待旱水凶饥者,何也?得其所以自养之情,而不感于外也。是以其民俭而易治,其君用财节而易赡也。府库实满,足以待不然;兵革不顿,士民不劳,足以征不服,故霸王之业可行于天下矣。当今之主,其为衣服,则与此异矣。冬则轻暖,夏则轻清,皆已具矣。必厚作敛于百姓,暴夺民衣食之财,以为锦绣文采靡曼之衣[7],铸金以为钩,珠玉以为珮,女工作文采,男工作刻镂,以为身服。此非云益暖之情也[8],单财劳力,毕归之于无用也。以此观之,其为衣服,非为身体,皆为观好。是以其民淫僻而难治,其君奢侈而难谏也。夫以奢侈之君御好淫僻之民,欲国无乱不可得也。君实欲天下之治而恶其乱,当为衣服,不可不节。

【注释】

[1] 茭(jiāo):草绳。

[2] 清(qìng):凉爽。

[3] 梱(kǔn):捆束。这里是编织的意思。

[4] 中:指中衣,即内衣。

[5] 絺绤(chīxì):葛布。絺,指细葛布。绤,指粗葛布。

[6] "作……辟怪也"十五字:原在上段"故节于身"之前,依文义移此。

[7] 靡曼:华美,华丽。

[8] 暖之情:当作"暖清"。

【译文】

上古的百姓还不知道做衣服时,披着兽皮,用草绳当腰带,冬天不轻软也不温暖,夏天不轻巧也不凉爽。圣王认为这不适合人之常情,因此出来,教妇女们整治丝麻,纺织布匹,来作为人们的衣服。制作衣服的原则是:冬天用素色的帛做内衣,完全可以达到轻软温暖的目的;夏天用葛布做内衣,完全能达到轻巧凉爽的目的。这样就行了。所以圣人出现,制作衣服、腰带和鞋子,是为了便于保护身体,不是为了着装怪异。做衣服,只要与身体合适,使肌肤舒适就足够了,并不是让人观赏,听人赞叹来愚弄人民的。所以人民用于衣食的财物,家家都足够应付旱灾水灾的变故,这是为什么呢?因为他们懂得了自己生存的情况,而不为外界动心。所以,那时的人民节俭而容易治理,那时的君王用度有节制而容易供养。国家的仓库充实,就足以应付突然的变故;兵甲不损坏,军士和人民不疲劳,就足以征伐不顺服的地方,所以可以在天下实现帝王的霸业。当今的君主,他们做衣服与此不同。冬天轻软温暖,夏天轻巧凉爽,这些都具备了。却还定要对老百姓横征暴敛，粗暴地夺取人民的衣食之资，用来做锦绣华美、文采斐然的精致衣物，用黄金做钩子，用珠玉做珮饰，妇女精工地绣制花纹，男子精工地雕刻图案，作为国君身上的服饰。这并不有益于温暖和凉爽，伤财劳民，最后却都归之于无用之事。以此来看，他们做衣服，不是为了身体，而是为了好看。所以他们的人民也都奢侈怪僻而且难以治理，这些国君也都奢侈而难以劝谏。以这样奢侈的国君，去统治那些爱好奢侈的臣民，想要国家不动乱，是不可能的。国君若真的希望天下太平而不希望天下大乱的话，如果做衣服，就不能不节俭。

三、辞过第三篇

【原文】

古之民未知为饮食时，素食而分处。故圣人作，诲男耕稼树艺，以为民食。其为食也，足以增气充虚，强体适腹而已矣。故其用财节，其自养俭，民富国治。今则不然，厚作敛于百姓，以为美食刍豢，蒸炙鱼鳖。大国累百器，小国累十器，前方丈，目不能遍视，手不能遍操，口不能遍味，冬则冻冰，夏则饰饐[1]。人君为饮食如此，故左右象之。是以富贵者奢侈，孤寡者冻馁。虽欲无乱，不可得也。君实欲天下治而恶其乱，当为食饮，不可不节。

【注释】

[1] 饰饐（yì）：当为"餲（ài）饐"，指食品变质。

【译文】

上古的人民在不知道烹调食物时，都吃素食，且分开居住。所以圣人出现，教男子耕耘种植，用来作为人们的食物。他们所做的食物，完全是为了增补元气填充空腹，强健身体并且适合于人的肠胃罢了。所以他们用财物很节制，自己的生活也很俭朴，因而人民富足、国家太平。现在的情况却不是这样，对老百姓横征暴敛，用来享受美味的牛羊，蒸烤的鱼鳖。大国国君的席上有上百个菜盘，小国国君的席上也有十几个菜盘，摆满前边一丈见方的地方，眼睛不能看遍，手不能拿遍，嘴不能尝遍，冬天冻成了冰，夏天则都变馊。君主对饮食这样讲究，属下都效法他。所以富贵的人极其奢侈，而孤儿寡妇却受冻挨饿。虽然想天下不乱，也不可能。国君若真的希望天下太平而不希望天下大乱的话，如果要吃喝，就不能不节俭。

四、辞过第四篇

【原文】

古之民未知为舟车时，重任不移，远道不至。故圣王作，为舟车，以便民之事。其为舟车也，全固轻利[1]，可以任重致远。其为用财少而为利多，是以民乐而利之。法令不急而行，民不劳而上足用，故民归之。当是之时，坚车良马不知贵也，刻镂文采不知喜也。何则？其所道之然[2]。当今之主，其为舟车与此异矣。全固轻利皆已具，必厚作敛于百姓，以饰舟车。饰车以文采，饰舟以刻镂。女子废其纺织而修文采，故民寒；男子离其耕稼而修刻镂，故民饥。人君为舟车若此，故左右象之，是以其民饥寒并至，故为奸邪。奸邪多则刑罚深，刑罚深则国乱。君实欲天下之治而恶其乱，当为舟车，不可不节。

204

【注释】

[1] 全：即完。

[2] "当是之时"至"所道之然"二十七字：原在"古之民未知为衣服时"一段的"故民衣食之财"上，现移正于此。道，引导。

【译文】

上古的百姓在不知道有船和车的时候，重的东西无法搬运，远的地方不能去。所以圣王出现，制造船和车，用来方便人民做事。他们做船车，讲究完整坚固、轻捷便利，可以运载重物到达远方。因为花费钱财少得到的利益多，所以百姓喜欢并且觉得很便利。法令不用催促也能实行，百姓不辛苦而君主财用充足，所以人民都归顺他。在那个时候，对于坚固的车和优良的马，人们并不知道它贵重，车上有华丽的雕饰，人们也不觉得高兴。为什么？因为君主引导的缘故。当今的君主制作船车就与这不同了。完整坚固、轻捷便利都已经具备了，必定还要对百姓横征暴敛，用来装饰船车。给车装饰上华丽的花纹，给船装饰上雕刻的图案。女子放下了纺织来描绘花纹，所以百姓就要受冻；男子丢下了耕作来雕刻图案，所以百姓就要挨饿。君主这样来造船车，所以属下都效法他，因此他的人民就会饥寒交迫，不得不做奸邪的事。奸邪的事情一多，刑罚就重，刑罚一重，国家就混乱。国君若真的希望天下太平而不希望天下大乱的话，如果要做车船，就不能不节俭。

五、辞过第五篇

【原文】

凡回于天地之间[1]，包于四海之内，天壤之情，阴阳之和，莫不有也，虽至圣不能更也。何以知其然？圣人有传：天地也，则曰上下；四时也，则曰阴阳；人情也，则曰男女；禽兽也，则曰牡牝雄雌也[2]。真天壤之情，虽有先王，不能更也。虽上世至圣，必蓄私，不以伤行，故民无怨。宫无拘女，故天下无寡夫。内无拘女，外无寡夫，故天下之民众。当今之君，其蓄私也，大国拘女累千，小国累百。是以天下之男多寡无妻，女多拘无夫。男女失时，故民少。君实欲民之众而恶其寡，当蓄私，不可不节。

【注释】

[1] 凡：所有，凡是。

[2] 牡牝（pìn）：动物中雄者为牡，雌者为牝。

【译文】

所有活动于天地之间，包容于四海之内的事物，天地间的情感，阴阳的调和，没有一样不是原本就有的，即使是最圣明的人也不能改变。怎么知道是这样的呢？圣人有遗训说：天地要分上下，四季要分阴阳，人性要分男女，禽兽要分牡牝雄雌。真正的天地间的情感，即使有古代的圣王，也不能更改。即使古代最高的圣人，必然也蓄养姬妾，却不因此而损伤品行，所以人民没有怨言。宫中没有拘禁的女子，天下就没有鳏夫。如果宫里没有受拘禁的女子，外边没有鳏夫的话，那么天下的人口就会多起来。现在的君主，他们养起姬妾来，大国拘禁女子上千，小国拘禁女子上百。所以天下的男子多鳏居而没有妻子，天下的女子多被拘禁而没有丈夫。男女失去了婚配的时机，因而人口减少。国君若真的希望人民众多而不希望人民减少的话，如果要蓄养姬妾，就不能不节制。

六、辞过第六篇

【原文】

凡此五者，圣人之所俭节也，小人之所淫佚也。俭节则昌，淫佚则亡。此五者不可不节：夫妇节而天地和，风雨节而五谷孰[1]，衣服节而肌肤和。

【注释】

[1] 孰：同"熟"。

【译文】

这五种情况，都是圣人注重节俭的，而小人喜欢奢侈的。节俭的就会昌盛，奢侈的就会灭亡。在这五方面不能不节制：夫妻之间有节制，天地阴阳之气就和谐；风调雨顺，五谷就会丰收；穿衣注意节制，身体就会舒适。

管理启示：

"辞过"的意思是杜绝在宫室、衣服、饮食、舟车、蓄私五个方面所可能出现的过分的现象，这当然也是墨子节用思想的表现。但是在墨子的论述中，有两点值得注意：一是在每一段的论证中，墨子都反复以古之圣王与今之君主作对比，对当时统治阶层穷奢极侈的现象提出严厉的批评，由此可见作者对当时社会现实的不满与他敢于直言的胆略；二是从字里行间我们也可以感受到墨子朴素而实用的人生态度与社会理想。

"辞过"共六篇文章，前五篇文章分论五个方面，每个方面的结构均一致，甚至一些关键语句都一样，这体现了墨子文章为了说理透辟而不嫌词费、反复申述的特点；另一方面也使得文章气势充沛，如江河直下，极具雄辩力。第六篇是对前五篇文章的概括总结。

墨子在辞过一文中依次从住、衣、食、行、蓄私等五个方面所表达的节用思想，虽然看似个生活消费问题，但这一思想对作为生产性主体的企业管理而言仍有启发意义。墨子认为圣人注重这五个方面的节俭，天下就会昌盛，同样企业生产管理如果也贯彻这一思想，那么在自身盈利的同时也能够造福社会。例如，产品的过度包装就是隐性浪费社会资源，由此引起的价格附加必然会增加购买者的支出。反之如果能简化包装，以够用为标准，甚至循环使用包装材料，就能既节约社会资源也减轻消费者的负担。所以，墨子的节用思想一直到今天仍然值得宣传和倡导。

思考题：

现实生活中有哪些消费品存在过度包装和浪费资源的情况，请举例说明。对于如何改进谈谈自己的看法。

第七节 尚 贤

一、尚贤第一篇

【原文】

子墨子言曰：今者王公大人为政于国家者，皆欲国家之富，人民之众，刑政之治。然而不得富而得贫，不得众而得寡，不得治而得乱，则是本失其所欲，得其所恶，是其故何也？子墨子言曰：是在王公大人为政于国家者，不能以尚贤事能为政也[1]。是故国有贤良之士众，则国家之治厚；贤良之士寡，则国家之治薄。故大人之务，将在于众贤而已。

【注释】

[1] 事：使用。

【译文】

墨子说：现在朝廷中从政的王公大人，都希望国家富强，人口繁盛，刑法与政治都井井有条。但结果是不能富强反而贫困了，人口不能增加反而减少了，不能得到安定反而得到了混乱，也就是从根本上失去了所希望的，而得到了所厌恶的，这是什么原因呢？墨子说：原因在于朝廷里从政的王公大人们，不能用尊重贤士使用能人的办法来治理国家。因此，国家所拥有的贤良之士多，那么国家治理的根基就坚实；贤良之士少，那么国家治理的根基就薄弱。所以，掌权者的主要任务，就在于聚集贤良之士罢了。

二、尚贤第二篇

【原文】

曰：然则众贤之术将奈何哉？子墨子言曰：譬若欲众其国之善射御之士者，必将富之、贵之、敬之、誉之，然后国之善射御之士，将可得而众也。况又有贤良之士厚乎德行、辩乎言谈、博乎道术者乎！此固国家之珍，而社稷之佐也。亦必且富之、贵之、敬之、誉之，然后国之良士，亦将可得而众也。是故古者圣王之为政也，言曰：不义不富，不义不贵，不义不亲，不义不近。是以国之富贵人闻之，皆退而谋曰，始我所恃者，富贵也，今上举义不辟贫贱[1]，然则我不可不为义。亲者闻之，亦退而谋曰，始我所恃者，亲也，今上举义不辟亲疏，然则我不可不为义。近者闻之，亦退而谋曰，始我所恃者，近也，今上举义不辟远近，然则我不可不为义。远者闻之，亦退而谋曰，我始以远为无恃，今上举义不辟远近，然则我不可不为义。逮至远鄙郊外之臣、阙庭庶子、国中之众、四鄙之萌人闻之[2]，皆竞为义。是其故何也？曰：上之所以使下者，一物也；下之所以事上者，一术也。譬之富者，有高墙深宫，墙立既谨，上为凿一门，有盗人入，阖其自入而求之，盗其无自出。是其故何也？则上得要也。

【注释】

[1] 辟：即"避"。
[2] 阙庭庶子：在宫中侍卫的公族及卿大夫的庶子，因为其住在内外朝与门庭之间，所以称为"阙庭庶子"。国：指城邑。萌：同"氓"，黎民，百姓。

【译文】

有人问：那么，聚集贤良之士的办法是什么呢？墨子说：比如说想要聚集他们国家里善于射箭和驾车的人，一定要使他们富裕、使他们显贵、尊敬他们、赞誉他们，这样做之后，他们国家里善于射箭和驾车的人就会多起来。况且那些贤良之士又具有淳厚的德行，善辩的言谈，广博的学识呢！这本来就是国家的珍宝，社稷的良佐啊！也一定要使他们富裕、使他们显贵、尊敬他们、赞誉他们，然后全国的贤良之士也就可以多起来了。所以古代的圣王制定政令时说，不义的人不能让他富裕，不义的人不能让他显贵，不义的人不能给他信任，不义的人不使他接近。因此国中富贵的人听了，都私下里思量说，当初我所凭借的，是富贵，现在国君提拔仁义的人而不避贫贱，那么我不能不做仁义的事了。为国君所亲近的人听了，也私下思量说，当初我所凭借的是被亲近，现在国君提拔仁义的人而不避亲疏，那么我不能不做仁义的事了。在国君身边的人听了，也私下思量说，当初我所凭借的是处在国君身边，现在国君提拔仁义的人而不避远近，那么我不能不做仁义的事了。远离国君的人听了，也私下思量说，当初我远离国君，以为无所凭借，现在国君提拔仁义的人而不避远近，那么我不能不做仁义的事了。直到边疆郊外的臣子、宫中的侍卫、城中的民众、边境的百姓听了，也都争着做仁义的事。这个原因是什么呢？这是因为君主所凭借着驱使臣下的，只有尚贤一种方法；臣下用来侍奉君主的，也只有仁义一条途径。就好像有钱的人家，有很高的墙和很大的宫室，墙修得很完整了，墙上开一扇门，有盗贼进入，就关上他进来的那扇门再来搜他，盗贼就无从出去了。那么这个原因是什么呢，这是君主得到了用人的要领。

三、尚贤第三篇

【原文】

故古者圣王之为政，列德而尚贤。虽在农与工肆之人，有能则举之。高予之爵，重予之禄，任之以事，断予之令。曰：爵位不高，则民弗敬；蓄禄不厚，则民不信；政令不断，则民不畏。举三者授之贤者，非为贤赐也，欲其事之成。故当是时，以德就列，以官服事，以劳殿赏[1]，量功而分禄。故官无常贵，而民无终贱。有能则举之，无能则下之。举公义，辟私怨，此若言之谓也。

【注释】

[1] 殿：评定。

【译文】

所以古代圣王处理政事，依照德行给予位次，崇尚贤人。即使是农民或工匠中的人，只要有能力就提拔他。封他很高的爵位，给他很重的俸禄，任用他来做事情，给他决断的权力。说如果爵位不高，那么人民就不敬重他；如果俸禄不重，那么人民就不会信任他；如果在理事时没有决断权，那么人民就不会畏惧他。把这三种东西授予贤人，并不是要赏赐贤人，而是希望他做事能成功。所以在那个时候，依德行来排列位次，按官职来处理政事，按照劳绩来决定赏赐，衡量功勋而分给俸禄。因此，官员并不永远富贵，平民也并不一直贫贱。有能力就提拔他，没有能力就罢免他。出以公心，抛开私怨，就是这个意思。

四、尚贤第四篇

【原文】

故古者尧举舜于服泽之阳[1]，授之政，天下平。禹举益于阴方之中[2]，授之政，九州成。汤举伊尹于庖厨之中[3]，授之政，其谋得。文王举闳夭、泰颠于置罔之中[4]，授之政，西土服。故当是时，虽在于厚禄尊位之臣，莫不敬惧而施[5]；虽在农与工肆之人，莫不竞劝而尚意[6]。故士者，所以为辅相承嗣也。故得士则谋不困，体不劳，名立而功成，美章而恶不生，则由得士也。是故子墨子言曰：得意，贤士不可不举；不得意，贤士不可不举。尚欲祖述尧、舜、禹、汤之道[7]，将不可以不尚贤。夫尚贤者，政之本也。

【注释】

[1] 服泽之阳：服泽，古地名，即瀫泽，在今山西。阳，山之南、水之北为阳。
[2] 阴方：古地名，不详所在。
[3] 汤举伊尹于庖（páo）厨之中：据说伊尹本是汤的奴隶，善于烹调，他用烹调的道理来说汤以治国之道，从而得到任用。庖厨，厨房。
[4] 闳（hóng）夭、泰颠：都是周文王的贤臣。罝（jū）：捕兔的网。罔：捕鱼的网。
[5] 施：当作"不施"。施，即"弛"。
[6] 意：当为"惠"，即"德"字。
[7] 尚：犹"倘"，倘若。

【译文】

所以古时候尧在服泽的北边提拔了舜，交给他政事，天下太平。大禹在阴方之中提拔了伯益，交给他政事，九州统一。商汤从厨房里提拔了伊尹交给他政事，他的治国谋略得到成功。周文王在渔猎者中提拔了闳夭和泰颠，交给他们政事，西方的诸侯为之臣服。所以在那个时候，即使是有优厚俸禄和尊贵地位的大臣，也没有不兢兢业业的，并且都不敢松弛懈怠；即使农民与工匠，也没有一个不竞相劝勉而崇尚德行的。所以说贤士是国家辅佐大臣的接替者。因此，得到了贤士的辅佐，君主谋划国事就不困难，身体就不劳累，功成名就，美善彰显而丑恶杜绝，这是得到了贤士的缘故啊。所以墨子说：国家太平的时候，不可以不选拔贤士；国家不太平的时候，也不可不选拔贤士。如果想继承尧、舜、禹、汤的治国之道，就不能不崇尚贤士。崇尚贤士，是政治的根本。

管理启示：

"尚贤"与"亲士"的主张相一致，是墨子最为重要的思想之一，他认为这是"为政之本"，即把贤士的任用与国家的长治久安联系在一起。这不仅在当时，就是现在也有其现实意义。而且，墨子的尚贤是彻底的，他要求"举义不辟贫贱""举义不辟亲疏""举义不辟远近"，这事实上打破了封建社会的等级观念，唯贤是举。仅此而言，其思想之高远与宏达已非其他周秦诸子所可同日而语者。当然，也正因为如此，墨子在中国漫漫数千年的封建文化中，几乎没有自己的立足之地，因为这一思想从根本上危及了统治者的地位。

在具体论述中，墨子严密的论证方式发挥了其逻辑力量，如"不义不富"一段，以上行下效为起点，以不同人的反应为线索，反复究诘，不厌其烦，从而使其树义极为坚固，无可辩驳。

重视人才，无论在古今都是一个老生常谈的话题，本书其他篇章已从不同角度或多或少述及，这里再谈，既是以新的视角，也表示常谈常新。

墨子认为依靠人才能使国家富强，人口繁盛，刑政之治。那些王公大臣只想要这样的美好现实，却不能重贤用贤，结果则是相反的。因此，在提出尚贤的必要性之后，关于如何尚贤，墨子进一步认为一定要"富之、贵之、敬之、誉之"。而后，在这些贤人淳厚德行的影响之下，全国的贤良之士会越来越多。墨子的"举义不避贫贱""举义不避亲疏""举义不避远近"的这种系统、彻底的唯贤是举的思想对今天企业任用人才的启发是：用贤不能仅仅是口号，既有其必要性，也要有用贤的坚决态度和具体措施，是一个系统的持续性工程，久久为之，一定能看到用贤的良好结果。

思考题：

当今社会重视人才常说"待遇留人、事业留人、感情留人"，墨子文中的哪些话表达了相似的意思？

第八节　尚　同

一、尚同第一篇

【原文】

子墨子言曰：古者民始生未有刑政之时，盖其语，人异义。是以一人则一义，二人则二义，十人则十义，其人兹众，其所谓义者亦兹众。是以人是其义，以非人之义，故交相非是也。以内者父子兄弟作怨恶离散不能相和合[1]。天下之百姓，皆以水火毒药相亏害。至有余力，不能以相劳；腐朽余财[2]，不以相分；隐匿良道，不以相教。天下之乱，若禽兽然。

【注释】

[1] 以：同"已"，即"既而"之义。作：即"乍"，开始的意思。
[2] 朽（xiǔ）：腐朽，腐烂。

【译文】

墨子说：古代人类刚刚产生还没有刑法与政治的时候，人们所说的话，每个人都有不同的意见。因此，一个人就有一种意见，两个人就有两种意见，十个人就有十种意见，人越多，这些所谓的意见也就越多。而且每个人都认为自己的意见是对的，并以此来批评别人的意见，因此就互相指责。既而在家里父子兄弟之间开始互相怨恨分离而不能互相团结和睦。天下的百姓都用水火毒药互相损害。即使有余力也不能互相帮助，多余的钱财腐朽了也不能分施，隐藏起好的知识不能互相教育。天下的混乱，就像禽兽一样。

二、尚同第二篇

【原文】

夫明虖天下之所以乱者[1]，生于无政长，是故选天下之贤可者，立以为天子。天子立，以其力为未足，又选择天下之贤可者，置立以为三公。天子、三公既以立，以天下为博大，远国异土之民，是非利害之辩，不可一二而明知[2]，故画分万国，立诸侯国君。诸侯国君既已立，以其力为未足，又选择其国之贤可者，置立之以为正长。正长既已具，天子发政于天下之百姓，言曰：闻善而不善[3]，皆以告其上。上之所是，必皆是之；上之所非，必皆非之。上有过则规谏之，下有善则傍荐之[4]。上同而不下比者，此上之所赏而下之所誉也。意若闻善而不善，不以告其上，上之所是弗能是，上之所非弗能非，上有过弗规谏，下有善弗傍荐，下比不能上同者，此上之所罚，而百姓所毁也。上以此为赏罚，甚明察以审信。

【注释】

[1] 虖：即"乎"。
[2] 一二：当作"一一"，古书重字号讹为"二"也。

[3] 而：即"与"。

[4] 傍荐：访求而举荐。傍，通"访"。

【译文】

明白了天下之所以混乱的道理，是由于没有行政长官，所以就要选择天下的贤良且可任以政务的人，拥立其为天子。天子确立了，因为他的力量还不够，又选择天下的贤良且可任以政务的人，立为三公。天子和三公都已经确立了，又因为天下广大，远方异国的人民，对于是非利害的区别不可能一一明白，所以再划分许多国家，设立诸侯与国君。诸侯国君确立后，因为他的力量还不够，又选择诸侯国里的贤良且可任以政务的人，设立为行政长官。行政长官具备后，天子就向天下百姓发布政令说：你们不论听到好的和不好的意见，都要报告给自己的上级。上级认为对的，大家都一定也要认为对；上级认为不对的，大家也都必须认为不对。上级有过失就要规谏，下面有好的就要访求并举荐。与上级一致而不在下面结党营私，这是上级所称赏下面所赞誉的做法。假如听到好的和不好的意见，却不报告给上级，上级认为对的却认为不对，上级认为错的却认为没错，上级有过失不能规谏，下面有好的却不能访求举荐，在下面结党而不能与上级一致的，这是上级要责罚，而且百姓也要非议的做法。上级用这个原则来进行赏罚，就能明察秋毫而且符合实际。

三、尚同第三篇

【原文】

是故里长者[1]，里之仁人也。里长发政里之百姓，言曰：闻善而不善，必以告其乡长。乡长之所是，必皆是之；乡长之所非，必皆非之。去若不善言，学乡长之善言；去若不善行，学乡长之善行，则乡何说以乱哉？察乡之所治者何也？乡长唯能壹同乡之义，是以乡治也。乡长者，乡之仁人也。乡长发政乡之百姓，言曰：闻善而不善者，必以告国君。国君之所是，必皆是之；国君之所非，必皆非之。去若不善言，学国君之善言，去若不善行，学国君之善行，则国何说以乱哉？察国之所以治者何也？国君唯能壹同国之义，是以国治也。国君者，国之仁人也。国君发政国之百姓，言曰：闻善而不善，必以告天子。天子之所是，皆是之；天子之所非，皆非之。去若不善言，学天子之善言；去若不善行，学天子之善行，则天下何说以乱哉。察天下之所以治者何也？天子唯能壹同天下之义，是以天下治也。

【注释】

[1] 里长：一里的行政长官。里，古代地方上的行政单位。

【译文】

所以，里长是一里内的仁人。里长向一里的百姓发布政令说：不论听到好的和不好的意见，一定要报告给乡长。乡长认为对的，大家都一定也要认为对；乡长认为不对的，大家也都必须认为不对。去掉你们不正确的言论，学习乡长正确的言论；去掉你们不正确的行为，学习乡长正确的行为，那么一个乡还有什么理由混乱呢？考察一个乡之所以治理得好是什么原因呢？唯有乡长能统一全乡人的意愿，所以一乡就得到治理了。乡长是一乡内的仁人。乡长向一乡的百姓发布政令说：不论听到好的和不好的意见，一定要报告给国君。国君认为对的，大家都一定也要认为对；国君认为不对的，大家也都必须认为不对。去掉你们不正确的言论，学习国君正确的言论；去掉你们不正确的行为，学习国君正确的行为，那么一个国还有什么理由混乱呢？考察一个国之所以治理得好是什么原因呢？唯有国君能统全国人的意愿，所以一国就得到治理了。国君是一国内的仁人。国君向一国的百姓发布政令说：不论听到好的和不好的意见，一定要报告给天子。天子认为对的，大家都一定也要认为对；天子认为不对的，大家也都必须认为不对。去掉你们不正确的言论，学习天子正确的言论；去掉你们不正确的行为，学习天子正确的行为，那么天下还有什么理由混乱呢？考察天下之所以治理得好是什么原因呢？唯有天子能统一全天下人的意愿，所以全天下就得到治理了。

四、尚同第四篇

【原文】

天下之百姓皆上同于天子，而不上同于天，则菑犹未去也[1]。今若天飘风苦雨[2]，溱溱而至者[3]，此天之所以罚百姓之不上同于天者也。是故子墨子言曰：古者圣王为五刑，请以治其民[4]。譬若丝缕之有纪[5]，罔罟之有纲[6]，所连收天下之百姓不尚同其上者也。

【注释】

[1] 菑：即"灾"。
[2] 飘风：迅疾暴烈的风。
[3] 溱溱：当为"湊湊（còu）"，频仍的意思。
[4] 请：通"情"，的确。
[5] 纪：把丝线分开的主要线索。
[6] 罔罟（gǔ）：渔猎所用的网。罟，网。

【译文】

天下的老百姓如果都向上统一于天子，而不向上统一于天的意志，那么灾祸就还没有完全离去。现在如果上天让大风与暴雨频频到来，这就是上天对于不向上统一于天的意志的百姓的惩罚。所以墨子说：古代圣王制定了五种刑罚，诚然是用来治理人民的，就好像丝线有头绪，渔猎的网有纲，是用来收束那些不向上统一于上级的百姓一样。

管理启示：

"尚同"其实要讨论的就是下级对上级的服从。文中说一里之人要统一于里长，一乡之人要统一于乡长，一国之人要统一于国君，而天下之人要统一于天子，正是在这样的政治幻想中，墨子把全天下组织成了一个纲举目张、有条不紊的系统。只要能够达到以上级的是非为是非，就会统一而不会产生混乱，这一主张也反映出墨家理想而又简单的大同愿望。其实，"尚同"是很危险的，因为在上者就正确吗？不过，在墨子的思想体系中，这一点倒也没有问题，因为他还主张"尚贤"，所有在上者都是贤人，那么也就一定正确；更何况，在本文中，墨子最后还进一步指出，"天下之百姓皆上同于天子，而不上同于天，则菑犹未去也"，也就是说，天子仍不是最后的裁定者，最高的意志是"天"，有这样一个先验的标准在这里，他的"尚同"论就不会有漏洞了。

19世纪的德国学者韦伯通过对官僚组织的研究所提出的科层组织理论，简直就是墨子尚同思想的翻版。尤其是墨子认为"一里之人要统于一里之长，一乡之人要统于一乡之长，一国之人要统于一国之君，天下之人要统于天子"。韦伯认为，这种系统的有条不紊的组织架构既可以建立起一个国家的管理机关，也可以在私营经济领域建立一种科层组织体系的企业。而且他所提出的构建科层组织的三原则也与墨子的尚同思想内容大致对应。

第一条原则，按照行政方式控制的机构的目标所要求的日常活动，是作为正式职责来分配的，其中"按行政方式控制的机构"对应的就是里、乡、国和天下，"作为正式职责来分配"对应的就是里、乡、国、天下各级别中下级对上级的服从。

第二条原则，执行这种职责所需要的权力是按照一种稳定的方式来授予的，其中的"稳定"对应的是天子和国君的世袭制。

第三条原则，对于正常而继续地履行职责来行使相应的权力的方法是，只有符合条件的人才被雇佣。古代社会用人，什么样的人才符合条件？墨子在尚贤论中已明白无误地表达了他的观点，那就是贤人。

由此可见，墨子的尚同和尚贤思想就是韦伯科层组织学说的理论源头，浸泡在中国传统文化氛围中的中国企业科层组织构建与企业管理也必然受到墨子尚同主张的影响。

思考题：
墨子关于下级服从上级的尚同思想，其最高意志由谁决定？
（1）百姓　　（2）贤人　　（3）天子　　（4）上天

第九节　兼　爱

一、兼爱第一篇

【原文】

子墨子言曰：仁人之所以为事者，必兴天下之利，除天下之害，以此为事者也。然则天下之利何也？天下之害何也？子墨子言曰：今若国之与国之相攻，家之与家之相篡[1]，人之与人之相贼[2]；君臣不惠忠，父子不慈孝，兄弟不和调，此则天下之害也。然则崇此害亦何用生哉[3]？以不相爱生邪[4]？子墨子言：以不相爱生。今诸侯独知爱其国，不爱人之国，是以不惮举其国以攻人之国。今家主独知爱其家[5]，而不爱人之家，是以不惮举其家以篡人之家。今人独知爱其身，不爱人之身，是以不惮举其身以贼人之身。是故诸侯不相爱，则必野战；家主不相爱，则必相篡；人与人不相爱，则必相贼；君臣不相爱，则不惠忠；父子不相爱，则不慈孝；兄弟不相爱，则不和调。天下之人皆不相爱，强必执弱，富必侮贫，贵必敖贱[6]，诈必欺愚。凡天下祸篡怨恨，其所以起者，以不相爱生也，是以仁者非之。

【注释】

[1] 篡：用强力夺取。
[2] 贼：杀害。
[3] 崇：应为"崈"，通"察"。
[4] 不相爱："不"字当删。

[5] 家主：指公卿大夫。

[6] 敖：同"傲"。

【译文】

墨子说：仁爱的人做事，必定是要增进天下的利益，革除天下的祸患，并以此为做事的原则。但是，天下的利益是什么呢？天下的祸患又是什么呢？墨子说：就现在来说，像诸侯国与诸侯国之间的相互攻打，家族与家族之间的相互掠夺，人与人之间的相互残杀；君臣之间不施恩惠与效忠，父子之间不慈爱与孝顺，兄弟之间不和睦与协调，这些都是天下的祸患。那么考察一下这些祸患是怎么产生的呢？是因为相爱而产生的吗？墨子说：是因为不相爱而产生的。当今的诸侯只知道关爱自己的国家，不关爱别人的国家，所以不惜举全国之力去攻打别的国家。现在的家主只知道关爱自己的家族，却不关爱别人的家族，所以不惜举全家之力来掠夺别的家族。现在的人只知道关爱自己的生命，而不关爱别人的生命，所以就不惜使出浑身力量来残杀别人。因此，诸侯之间不相爱，就必然发生野战；家主之间不相爱，就必然会相互掠夺；人与人之间不相爱，就必然会相互残杀；君臣之间不相爱，就必然没有恩惠，没有忠心；父子之间不相爱，就必然没有慈爱，没有孝顺；兄弟之间不相爱，就必然没有和睦与协调。全天下的人都不相爱的话，强者必然控制弱者，富者必然欺侮贫者，显贵的人必然傲视低贱的人，奸诈的人必然要欺骗憨厚的人。凡是天下的祸患、掠夺与怨恨，之所以能出现，就是因为人们产生了不相爱之心，因此，仁义的人认为这是不对的。

二、兼爱第二篇

【原文】

既以非之，何以易之？子墨子言曰：以兼相爱、交相利之法易之。然则兼相爱、交相利之法将奈何哉？子墨子言：视人之国若视其国，视人之家若视其家，视人之身若视其身。是故诸侯相爱，则不野战；家主相爱，则不相篡：人与人相爱，则不相贼：君臣相爱，则惠忠；父子相爱，则慈孝；兄弟相爱，则和调。天下之人皆相爱，强不执弱，众不劫寡，富不侮贫，贵不敖贱，诈不欺愚。凡天下祸篡怨恨可使毋起者，以相爱生也，是以仁者誉之。

【译文】

既然认为这是不对的，那么用什么来改变它呢？墨子说：用互相关爱、互相牟利的办法来改变它。但是互相关爱、互相牟利的办法将要怎样改变这种情况呢？墨子说：看待别人的国家就像看待自己的国家一样，看待别人的家族就像看待自己的家族一样，看待别人的生命就像看待自己的生命一样。这样的话，诸侯相爱，就不会发生野战；家主相爱，就不会互相掠夺；人与人相爱，就不会互相残杀；君臣相爱，就会有恩惠、有忠心；父子相爱，就会有慈爱、有孝顺；兄弟相爱，就会有和睦、有协调。全天下的人都相爱了，强者不控制弱者，人多势众的不劫掠势单力薄的，富有的人不欺侮贫穷的人，显贵的人不傲视低贱的人，奸诈的人不欺骗憨厚的人。凡是天下的祸患、掠夺与怨恨可以让它们不发生的，就是因为人们产生了相爱之心，所以仁义的人都赞美它。

三、兼爱第三篇

【原文】

然而今天下之士君子曰：然，乃若兼则善矣。虽然，天下之难物于故也[1]。子墨子言曰：天下之士君子，特不识其利[2]，辩其故也。今若夫攻城野战，杀身为名，此天下百姓之所皆难也，苟君说之[3]，则士众能为之。况于兼相爱、交相利，则与此异。夫爱人者，人必从而爱之；利人者，人必从而利之；恶人者，人必从而恶之；害人者，人必从而害之。此何难之有！特上弗以为政，士不以为行故也。昔者晋文公好士之恶衣，故文公之臣，皆牂羊之裘[4]，韦以带剑，练帛之冠，入以见于君，出以践于朝。是其故何也？君说之，故臣为之也。昔者楚灵王好士细要[5]，故灵王之臣，皆以一饭为节，胁息然后带[6]，扶墙然后起。比期年[7]，朝有黧黑之色。是其故何也？君说之，故臣能之也。昔越王勾践好士之勇，教驯其臣，和合之，焚舟失火，试其士曰：越国之宝尽在此！越王亲自鼓其士而进之。其士闻鼓音，破碎乱行[8]，蹈火而死者，左右百人有余。越王击金而退之。是故子墨子言曰：乃若夫少食恶衣，杀身而为名，此天下百姓之所皆难也，若苟君说之，则众能为之。况兼相爱、交相利，与此异矣。夫爱人者，人亦从而爱之；利人者，人亦从而利之；恶人者，人亦从而恶之；害人者，人亦从而害之。此何难之有焉，特上不以为政，而士不以为行故也。

【注释】

[1] 于故：当作"迂故"，即迂阔之事。

[2] 利：当为"物"字。

[3] 说：同"悦"。

[4] 牂（zàng）羊：母羊。

[5] 要：即"腰"。

[6] 胁息：吸气。人一吸气小腹收缩则腰变细。

[7] 期年：一年。

[8] 碎：当作"阵"。

【译文】

然而当今天下的士君子说：对，如果能兼相爱护自然是好的。虽然这样很好，却是天下难办而又迂阔的事情。墨子说：天下的士君子是没有理解这一类事物，没有明辨这种事情啊。现在如果说攻城野战，以牺牲性命来求得名声，这本来是全天下的百姓都认为难做的事，但只要君主喜欢，那么民众也能够做到。况且互相关爱、互相谋利，跟这不一样。关爱别人的人，别人也必定会关爱他；给别人利益的人，别人也必定会给他利益；憎恶别人的人，别人也必定憎恶他；残害别人的人，别人也必定残害他。这又有什么难的呢！不过是君主不把它用在政事上，士大夫也不把它付诸行动罢了。从前，晋文公喜欢士人穿着简陋，所以文公的臣子，都穿着母羊皮做成的皮衣，用没有修饰的皮带来佩剑，戴素色的布做成的帽子，就这样入宫觐见国君，出来会于朝廷。这么做的原因在哪里呢？君主喜欢，所以臣子就能这么做。以前楚灵王喜欢细腰的士人，所以灵王的臣子，都每天只吃一顿饭来节食，要深吸一口气然后再系腰带，扶着墙才能站起来。等到一年之后，朝中大臣都面色发黑。这么做的原因在哪里呢？君主喜欢，所以臣子就能这么做。以前越王勾践喜欢武士的勇敢，为了教驯臣子尚武，先把他们集合起来，然后放火烧船，并试探他的武士说：越国的宝贝全在这儿！于是，越王勾践亲自擂鼓来激励武士们前进。他的武士听到鼓声，都乱了阵脚不顾次序奋勇向前，冲到火中被火烧死的，大约有一百多人。这时越王勾践才鸣金收兵。所以，墨子说：就像节制饮食，身穿简陋的衣服，牺牲性命来求得名声，这是全天下百姓都认为难做的事。但只要君主喜欢，那么民众也能够做到。何况互相关爱、互相谋利，跟这不一样。关爱别人的人，别人也必定关爱他；给别人利益的人，别人也必定会给他利益；憎恶别人的人，别人也必定憎恶他；残害别人的人，别人也必定残害他。这又有什么难的，不过是君主不把它用在政事上，士大夫也不把它付诸行动罢了。

四、兼爱第四篇

【原文】

然而今天下之士君子曰：然，乃若兼则善矣。虽然，不可行之物也，譬若挈太山越河济也。子墨子言：是非其譬也。夫挈太山而越河济，可谓毕劫有力矣[1]，自古及今，未有能行之者也。况乎兼相爱，交相利，则与此异，古者圣王行之。何以知其然？古者禹治天下，西为西河渔窦[2]，以泄渠孙皇之水[3]；北为防原泒[4]，注后之邸[5]，呼池之窦[6]，洒为底柱[7]，凿为龙门，以利燕代胡貉与西河之民[8]；东为漏大陆，防孟诸之泽，洒为九浍，以楗东土之水，以利冀州之民；南为江汉淮汝，东流之，注五湖之处，以利荆楚干越与南夷之民[9]。此言禹之事，吾今行兼矣。昔者文王之治西土，若日若月，乍光于四方于西土，不为大国侮小国，不为众庶侮鳏寡，不为暴势夺稽人黍稷狗彘。天屑临文王慈[10]，是以老而无子者，有所得终其寿；连独无兄弟者[11]，有所杂于生人之间；少失其父母者，有所放依而长。此文王之事，则吾今行兼矣。昔者武王将事泰山，隧传曰[12]：泰山有道。曾孙周王有事[13]，大事既获，仁人尚作，以祗商夏[14]，蛮夷丑貉[15]。虽有周亲，不若仁人，万方有罪，维于一人。此言武王之事，吾今行兼矣。是故子墨子言曰：今天下之士君子，忠实欲天下之富，而恶其贫，欲天下之治，而恶其乱，当兼相爱，交相利。此圣王之法，天下之治道也，不可不务为也。

【注释】

[1] 毕劫：当为"毕劫"，有力的样子。
[2] 西河：指黄河在山西、陕西两省交界的一段，因南北流向与东相对而称西河。渔窦：疑当作"灅窦"，即黑水。
[3] 渠孙皇：三条水的名字，即渠水、孙水与湟水，这三条水皆在黑水流域。
[4] 防原泒：三条水的名字。
[5] 后之邸：当即"昭余祁"，古大泽之名，在山西太原。
[6] 呼池之窦：即滹沱河。窦，沟渠。这里可理解为河。
[7] 洒为底柱：在砥柱山被分流。洒，分流之意。底柱，即砥柱山，也被称为三门山。
[8] 胡貉（mò）：指当时居住于北方与东北地区的少数民族。
[9] 干：即吴国，古代干国被吴国吞并，故亦用"干"称吴国。
[10] 屑临：即异临，青睐的意思。
[11] 连：艰难。

[12] 隧：当作"遂"。

[13] 曾孙：古代帝王祭天时自称。

[14] 祇：读为"振"，即拯救。

[15] 丑貉：即九貉，代指四裔。丑，形容众多。

【译文】

然而当今天下的士君子说：对，如果能兼相爱护自然是好的。虽然这样很好，却是无法实行的事情，就好像想要举着泰山越过黄河与济水一样。墨子说：这不是个恰当的比喻。举着泰山越过黄河与济水，可以说是极为有力了，但是从古到今，从来没有人能这样做。况且兼相爱、交相利却与此不同，古代的圣明君王就这样做。凭什么知道他们这样做了呢？远古之时大禹治理天下，在西边疏通了西河与黑水，用来排泄渠水、孙水、湟水的水量；在北边又疏通了防、原、泒三条水道，把它们的水注入昭余祁湖和滹沱河，在黄河中的砥柱山分流，再凿开龙门山，以有利于燕、代的少数民族与西河的人民；东边疏通大陆的积水，为孟诸之泽修堤坝，把水分为九条河流，来限制东边的水，并使得冀州的人民受利；南边疏通长江、汉水、淮河、汝水，使他们向东流入太湖，以使楚国、吴越及南夷的人民受利。这是说大禹实行兼爱的事迹，现在我们也要用这种精神来实行兼爱。从前周文王治理西土，就像太阳、像月亮一样，光照四方，泽被西土。不自恃是大国就欺侮小国，不自恃人多就欺侮人少，不以强暴与威势来强夺农民的粮食、牲口。上天殷勤地察看了文王的慈爱，所以年老无子的人，可以得到善终；病苦孤独而没有兄弟的人，能够在活着的人中维持生计；小时候就失去父母的人，有所依靠而得以成长。这是说周文王实行兼爱的事迹，现在我们就要用这种精神来实行兼爱了。从前周武王准备祭祀泰山，遂传他的祷辞说：曾孙周王有事祷告，大事已经成功，仁人也出现了，以此来拯救商、夏的百姓和四方的蛮夷。商朝的至亲虽然多，却不如我有仁人。万方的人若有罪，由我一个人承担。这是说周武王实行兼爱的事迹，现在我们就要用这种精神来实行兼爱了。所以墨子说：当今天下的士君子，如果心里确实希望天下富起来，而不希望它穷下去，希望天下太平，而不希望天下大乱，那大家就应当互相关爱、互相谋利。这是圣王的法则，治理天下的正道，不可不努力去做！

管理启示：

"兼爱"是墨子最为著名的思想，而且，这在他的思想体系中，也的确处于核心地位。他认为，解决天下所有的攻伐、掠夺以及自相残杀的问题，归结于一点，就是要实行兼爱。他并不认为自己的主张是先验的，不需要论证就强加给别人。对于这个核心观点，他反复地论证，不但论证要想天下大治，必须实行兼爱，而且论证了兼爱的实行其实有着更高自然法则的背景和更为永恒的支持，那就是天道。墨子认为，天就是实行兼爱的，而且，历代圣王也是实行兼爱的，所以，人们要实行兼爱。

儒家主张"仁者爱人"，也是主张"爱"，但儒家的爱是有等级差别的，墨子的"兼爱"却消除了等级观念，所以孟子攻击他是"无父"之人。但是，就我们看来，墨子的主张显然要可爱得多。不过，我们也不得不承认，就当时的历史现实来看，墨子的"兼爱"其实只是一种理想，甚至在某种程度上只是一种空想，也许这种空想在人类历史发展的现实中永远都难以完全实现，但是那面爱的大旗却将永远飘扬在人类理想世界的一极。

从墨子的兼爱思想中去挖掘管理元素，不是从爱本身去找，而是从其主张的爱的平等中去阐释管理。与儒家有等级差别的"仁者爱人"的爱相比，尽管墨子的平等"兼爱"主张对远古社会来说是难以实现的，但在现实世界的人际关系以及微观经济组织的运行中，确实已能看到那高高飘扬的一抹红色。比如，法律面前人人平等；企业签订合同的双方是平等的主体；建设项目招标中各投标主体也是平等参与的；高考录取以及人才招聘等都体现着平等。可以说，墨子兼爱中平等思想的火花在经历两千多年的生生息息之后，已经飘落到现实经济生活的各个角落，这一思想也正推动着微观经济组织的良性运行和美好社会的不断完善。

思考题：
墨子认为实行兼爱有着更高的自然法则支持，就是天道。这个法则出现在文中哪里？

第十节　节　用

一、节用第一篇

【原文】
圣人为政一国，一国可倍也。大之为政天下，天下可倍也。其倍之，非外取地也，因其国家，去其无用，足以倍之。圣王为政，其发令兴事、使民用财也，无不加用而为者，是故用财不费，民德不劳[1]，其兴利多矣。

【注释】
[1]　德：通"得"。

【译文】
圣人治理一个国家，一个国家的财利可以增加一倍。如果大到治理天下，天下的财利可以增加一倍。这增加的一倍，并不是向外掠夺土地得来的，而是根据国家的具体情况，去掉那些无益于实用的东西，这就足够使国家的财利增加一倍了。圣王治理国家，他发布命令、举办事业、役使民众、使用财物，无一不是有益于实用才去做的，所以使用财物不浪费，民众能够不劳苦，他兴起的利益太多了。

二、节用第二篇

【原文】
其为衣裘何以为？冬以圉寒，夏以圉暑。凡为衣裳之道：冬加温，夏加清者，芊组不加者去之[1]。其为宫室何以为？冬以圉风寒，夏以圉暑雨，凡为宫室加固者[2]，芊组不加者去之。其为甲盾五兵何以为？以圉寇乱盗贼。若有寇乱盗贼，有甲盾五兵者胜，无有不胜。是故圣人作为甲盾五兵。凡为甲盾五兵加轻以利，坚而难折者，芊组不加者去之。其为舟车何以为？车以行陵陆，舟以行川谷，以通四方之利。凡为舟车之道，加轻以利者，芊组不加者去之。凡其为此物也，无不加用而为者，是故用财不费，民德不劳，其兴利多矣。

【注释】
[1]　芊组：当为"鲜祖"之误，即鲜艳好看之意。下均同。

[2] 凡为宫室：此四字原作"有盗贼"三字，当为涉下之衍文。

【译文】

他们制作衣服是为了什么呢？冬天用来御寒，夏天用来防暑。制作衣服的总体原则是：冬天更加温暖，夏天更加凉爽而已，如果只是漂亮而不能增加这一特性的就去掉。他们建造宫室是为了什么呢？冬天用来躲避风寒，夏天用来抵挡炎热和雨水，凡是建造宫室都以增加其坚固为目的，只是漂亮而不能增加这一特性的就去掉。他们制造铠甲、盾牌和戈矛等五种兵器是为了什么呢？是用来防御外寇与盗贼的。如果有外寇与盗贼，拥有铠甲、盾牌和戈矛等五种兵器的人就会胜利，而没有的就要失败。所以圣人出现，制造了铠甲、盾牌和戈矛等五种兵器。大凡制造铠甲、盾牌和戈矛等五种兵器，要能增加它轻便锋利、坚固而难以折断的特点，只是漂亮而不能增加这一特性的就去掉。他们打造车船又是为什么呢？车是用来在陆地上行驶的，船是用来在江河中航行的，以此来沟通四方的利益。打造车船的总体原则是，要能让它更加轻捷便利，只是漂亮而不能增加这一特性的就去掉。凡是圣人制造的这些东西，无一不是有益于实用才去做的，所以使用财物不浪费，民众能够不劳苦，他兴起的利益太多了。

三、节用第三篇

【原文】

有去大人之好聚珠玉、鸟兽、犬马[1]，以益衣裳、宫室、甲盾、五兵、舟车之数，于数倍乎，若则不难。故孰为难倍？唯人为难倍。然人有可倍也。昔者圣王为法曰：丈夫年二十，毋敢不处家。女子年十五，毋敢不事人。此圣王之法也。圣王即没，于民次也[2]。其欲蚤处家者[3]，有所二十年处家；其欲晚处家者，有所四十年处家。以其蚤与其晚相践[4]，后圣王之法十年。若纯三年而字[5]，子生可以二三计矣。此不惟使民蚤处家，而可以倍与。且不然已。

【注释】

[1] 有：通"又"。
[2] 次：即"恣"。
[3] 蚤：通"早"。
[4] 践：当读为"翦"，即"减"字。
[5] 字：有乳、养之义，即生子。

【译文】

又去掉王公大人们喜欢聚集的珠玉、鸟兽和犬马等玩物，用来增加衣服、宫室、甲盾、戈矛等五种兵器与车船的数量，这样把它们的数量增加一倍，也不是什么难事。然而，什么是最难成倍增加的呢？只有人口是难以成倍增加的。然而人口也有可以成倍增加的办法。从前圣王制定的法令说：男子到了二十岁，就不敢不成家。女子到了十五岁，就不敢不出嫁。这就是圣王的法令。圣王去世以后，老百姓就放纵自己。他们有想早成家的，就二十岁时成家；有想晚成家的，竟有四十岁才成家的。他们早的与晚的相减，比圣王的法令晚了十年。如果婚后都三年生一个孩子，那就可以多生两三个孩子了。这不仅仅是让百姓早些成家，也是让人口成倍增加的办法。但现在的帝王却不这么做。

四、节用第四篇

【原文】

今天下为政者，其所以寡人之道多。其使民劳，其籍敛厚，民财不足，冻饿死者，不可胜数也。且大人惟毋兴师以攻伐邻国，久者终年，速者数月。男女久不相见，此所以寡人之道也。与居处不安，饮食不时，作疾病死者，有与侵就橇[1]橐，攻城野战死者，不可胜数。此不令为政者所以寡人之道[2]，数术而起与？圣人为政特无此。不圣人为政[3]，其所以众人之道亦数术而起与？故子墨子曰：去无用，之圣王之道，天下之大利也！

【注释】

[1] 侵就橇（ài）橐：当为"侵掠俘虏"。

[2] 不令：不善。

[3] 不：当为"夫"。

【译文】

现在天下当政的人，他们的大多数行为都是在让人口减少。他们把民众役使得极为辛苦，收取的赋税又十分繁重，民众的财产不足，受冻挨饿而死的人，数不胜数。况且大人们只要兴师出兵来攻打邻国，时间长的要一年，快的也要几个月。夫妻长期不能相见，这就是人口减少的根源。加上居住不安定，饮食不按时，以及生病死的，再加上被侵掠俘虏与攻城野战而死的，也数不胜数。这些都是不善为政者所以使人口减少的原因，而这原因不是多种多样的吗？圣人治理国家绝对不会有这种情况。圣人治理国家，他之所以能使人口增多的方法不也是多种多样的吗？所以墨子说：去掉那些无益于实用的东西，实行圣王的治国之道，这就是天下的大利啊！

管理启示：

在远古时代，生产力水平比较低下，人类所能创造出来的生活物资较少，所以，相对而言，节约用度在某种程度上也同样是在创造社会价值，这一点直到如今仍有其现实意义。而在墨子的时代，儒家学派极重视礼节，这种繁文缛节其实也就是铺张浪费的一个入口，因为其规定了不同等级的人需要在车马、服饰等外在形式上有所体现。这样的话，地位高的人便自然走向了奢侈。针对这种现象，墨子代表了下层人民的意愿，提出了他的"节用"主张。在他的思想中，人类所有的消费，都应该满足于最为自然的状态，如食能果腹，衣可御寒，足矣，若再前进一步，便是一种无益于实用的浪费。

墨子的节用主张倡导的是消费和使用环节的节约，强调的却是从生产环节采取措施。例如，制作衣服的总体原则是冬天更加温暖，夏天更加凉爽，如果只是漂亮而不能增加这些特性的就去掉；同样地，对建造宫室、制造兵器、打造车船等凡是圣人制造的东西，都强调了实用性原则。如果产品已经生产出来，只是一味强调减少量的消费和使用，任凭其处于闲置状态，自然损耗而不去使用，不但是真正的浪费，而且从现代经济学角度看，也不利于拉动经济增长。这不是墨子的主张，墨子的描述偏重的是从生产环节着手节用而不是消费上的节约。这一思想在《辞过》篇中关于衣、食、住、兵器、舟车的制造中已有所论述。

用价值工程的理论来解释，墨子的节约措施就是通过适度减少产品的不必要功能（不追求衣服、宫室、兵器、车船的漂亮）从而大幅度减少材料消耗（不追求漂亮必然减少装饰性耗材），来实现节约的主张的。这正是价值工程的实现途径之一。

从企业生产经营角度看，产品成本降低之后，如果售价不降低就能增加企业利润；产品成本降低之后，如果售价也随之降低，让利于百姓，就能造福社会。因此，墨子的节用思想暗含着价值工程和成本管理的逻辑。

思考题：

1．价值工程公式

$$V=F/C$$

式中，V 代表价值，F 代表功能，C 代表成本。

实现价值工程的途径有五种：第一，功能提高，成本降低；第二，功能提高，成本不变；第三，功能提高很多，成本增加的较少；第四，功能不变，成本降低；第五，功能有较少的降低，成本有较大减少。墨子的节用思想符合价值工程的哪一种途径？

2．企业成本控制分为事前控制、事中控制和事后控制，墨子的节用主张属于哪一种控制？

第十一节　耕　柱

一、耕柱第一篇

【原文】

子墨子怒耕柱子[1]。耕柱子曰："我毋俞于人乎[2]？"子墨子曰："我将上大行[3]，驾骥与羊，我将谁驱？"耕柱子曰："将驱骥也。"子墨子曰："何故驱骥也？"耕柱子曰："骥足以责。"子墨子曰："我亦以子为足以责。"

【注释】

[1] 耕柱子：墨子的弟子。

[2] 俞：即"愈"，胜过的意思。

[3] 大行：即太行。

【译文】

墨子对耕柱子发怒。耕柱子说："难道我没有胜过别人的地方吗？"墨子说："我准备上太行山，驾车的有良马和羊，我应该驾驭哪一个呢？"耕柱子说："应该驾驭良马。"墨子说："为什么要驾良马呢？"耕柱子说："因为良马可以担负起驾车上山的责任。"墨子说："我认为你也足以担负重任啊。"

管理启示：

这篇文章写墨子对他的门生耕柱子的批评。耕柱子骄傲自满，自以为还有胜过他人的地方。墨子用马和羊做对比，告诫耕柱子，因为马有能力上太行山，所以要策马，以此勉励学生，不断进步才能真正承担起责任。做人也是这样，哪怕你是有本事的人，如果骄傲自满就会招致他人的厌恶；谦虚谨慎，不断努力，服务社会，才能赢得百姓的喜爱。

思考题：

现实社会中骄傲自满者言行的表现方式有哪些？自己应该怎样避免？

二、耕柱第二篇

【原文】

巫马子谓子墨子曰[1]:"鬼神孰与圣人明智?"子墨子曰:"鬼神之明智于圣人,犹聪耳明目之与聋瞽也[2]。昔者夏后开使蜚廉折金于山川[3],而陶铸之于昆吾。是使翁难卜于白若之龟[4],曰:'鼎成三足而方,不炊而自烹,不举而自臧[5],不迁而自行,此祭于昆吾之虚[6],上乡[7]!'卜人言兆之由曰:'飨矣!逢逢白云[8],一南一北,一西一东,九鼎既成,迁于三国。'夏后氏失之,殷人受之;殷人失之。周人受之。夏后、殷、周之相受也,数百岁矣。使圣人聚其良臣与其桀相而谋,岂能智数百岁之后哉?而鬼神知之。是故曰:鬼神之明知于圣人也犹聪耳明目之与聋瞽也。"

【注释】

[1] 巫马子:人名,为儒家之士。

[2] 瞽（gǔ）:瞎子。

[3] 夏后开:即大禹的儿子夏启。蜚廉:即费廉,夏朝的大臣。折金:挖掘铜矿。

[4] 翁难:占卜者的名字。白若之龟:当为"百若之龟",即"百灵之龟"。

[5] 臧:即"藏"。

[6] 虚:同"墟"。

[7] 上乡:即"尚飨",请上面的鬼神来享用,古时祝辞结尾的定式。

[8] 逢逢:即"篷篷",盛大的意思。

【译文】

巫马子对墨子说:"鬼神与圣人谁更明智?"墨子说:"鬼神比圣人明智,就好像耳聪目明的人之于聋子和瞎子一样。从前夏启命令蜚廉在山川中开采铜矿,而在昆吾山铸鼎。于是让翁难用百灵之龟来占卜,卜辞说:'鼎铸成后有三只脚,呈方形,不生火自己就能烹调食物,不用往里面放东西它自己就会收藏,不用搬移自己就会走,以此在昆吾之墟上祭祀,请上面的鬼神来享用!'占卜的人解释了卦象的情况并说了占辞:'神已经享用了!簇簇白云,一簇在南,一簇在北,一簇在西,一簇在东,九鼎铸成后,将流传三个国家。'后来夏后氏把九鼎失落了,殷商人得到了;殷商人失落了,周人又得到了。夏、商、周的人互相传授,经历了几百年。即使圣人聚集良臣与杰出的宰相一起谋划,哪里能知道几百年之后的事呢?但是鬼神却知道。所以说:鬼神比圣人明智,就好像耳聪目明的人之于聋子和瞎子一样。"

管理启示：

学习这篇文章,不要仅仅从世界观上判断墨子是否是有神论者。墨子更想表达的真实意思与耕柱第一篇的思想是相衔接的。他认为,人的"明智"水平是有限的,哪怕是圣人,其与鬼神的"明智"相比,也如同聋子和瞎子相较于耳聪目明之人之间的差距,那么普通人的"明智"水平更是黯然失色了。此意在告诫人们不要骄傲,要谦虚、努力向上。

思考题：

查阅墨子的"明鬼"篇,判断墨子是有神论者还是无神论者,再细细品味本文的深刻含义。

三、耕柱第三篇

【原文】

治徒娱、县子硕问于子墨子曰[1]:"为义孰为大务?"子墨子曰:"譬若筑墙然,能筑者筑,能实壤者实壤,能欣者欣[2],然后墙成也。为义犹是也,能谈辩者谈辩,能说书者说书,能从事者从事,然后义事成也。"

【注释】

[1] 治徒娱、县子硕:二人名,均为墨子的弟子。
[2] 欣:通"掀",即挖土的意思。

【译文】

治徒娱、县子硕问墨子说:"做义事最重要的是什么?"墨子说:"就好像筑墙一样,能筑墙的就筑墙,能填土的就填土,能挖土的就挖土,这样墙才可以筑成。做义事也是这样,能演说的就演说,能讲书的就讲书,能做事的就做事,这样义事才可以成功。"

管理启示:

墨子以筑墙做比喻,讲的是人们做事应该要根据自己的技能,认清自己到底能干什么。泰勒关于"工人的技能应该与岗位要求相匹配"的科学管理理论与墨子的这一比喻表达了相同的意思。在企业里,有些岗位的待遇确实是比较高的,人人都很向往,但并非人人都能适应。每个人的能力与岗位应该相匹配,并努力做好岗位上的本职工作,这就是墨子说说的义事。

思考题:

谈谈自己的特长和技能,能适应未来什么样的工作。

四、耕柱第四篇

【原文】

巫马子谓子墨子曰:"子兼爱天下,未云利也[1];我不爱天下,未云贼也。功皆未至,子何独自是而非我哉?"子墨子曰:"今有者于此,一人奉水将灌之[2],一人掺火将益之[3],功皆未至,子何贵于二人?"巫马子曰:"我是彼奉水者之意,而非夫掺火者之意。"子墨子曰:"吾亦是吾意,而非子之意也。"

【注释】

[1] 云:即"有"的意思。
[2] 奉:通"捧"。
[3] 掺:即"操"。

【译文】

巫马子对墨子说:"您兼爱天下,却没有什么利益;我不爱天下,也没有什么害处。我们都没有什么结果,您为什么只认为自己正确而认为我不正确呢?"墨子说:"假如现在有人在这里放火,有一个人捧水准备来灭火,有一个人又拿了火来准备助长火势,都还没有成功,你认为这两个人谁是对的呢?"巫马子说:"我认为那个捧水人的用意是对的,而操火人的用意是不对的。"墨子说:"我也认为我的用意是对的,而认为你的用意是不对的。"

管理启示：

墨子用放火救火做比喻，认为做事正确与否的重点不在结果，而在于其意图和过程。这种思维认知对当今急功近利的人们启发意义重大。其实无论做什么，包括从事企业管理工作，都应当心存善念，脚踏实地，努力向前，至于名利是否能来，顺其自然即可。

思考题：

墨子坚持其"兼爱"思想是正确的，结合此文谈谈自己的观点。

五、耕柱第五篇

【原文】

子墨子游荆耕柱子于楚[1]。二三子过之，食之三升[2]，客之不厚。二三子复于子墨子曰："耕柱子处楚无益矣。二三子过之，食之三升，客之不厚。"子墨子曰："未可知也。"毋几何而遗十金于子墨子[3]，曰："后生不敢死[4]，有十金于此，愿夫子之用也。"子墨子曰："果未可知也！"

【注释】

[1] 游：游扬、举荐之意。荆：疑为衍文。

[2] 三升：古代五升相当于现在的一升，而且据《庄子》记载可知，五升才可以吃饱。

[3] 十金：即十镒黄金，一镒二十两。

[4] 不敢死：当为"不敢私"。

【译文】

墨子举荐耕柱子到楚国去做官。有几个同门去探望他，他每餐只供给三升米，招待不优厚。这几个人回来对墨子说："耕柱子在楚国也没有什么好处。我们几个人去探望他，他每餐只供给三升米，招待不优厚。"墨子说："这还不能论定。"没过多久，耕柱子送了十镒黄金给墨子，说："弟子不敢藏私，这里有十镒黄金，请老师使用。"墨子说："果然不能论定啊！"

管理启示：

一个人一次做事不得当，可能是一时考虑不周详，也可能有其他客观原因，不一定代表其真实态度。因此，不能仅仅凭着一件小事就判断一个人的品性如何。这在管理中叫容错。只有给人以宽松的环境，允许其在创新中犯错，才能使人们自由发挥，充分激发潜能，并最终取得"十镒黄金"的收获。

思考题：

针对伙伴的错误或者做事不周到，结合墨子的"容错"思想谈谈你应怎样对待。

六、耕柱第六篇

【原文】

巫马子谓子墨子曰："子之为义也，人不见而助，鬼不见而富[1]，而子为之，有狂疾！"子墨子曰："今使子有二臣于此，其一人者见子从事，不见子则不从事；其一人者见子亦从事，不见子亦从事，子谁贵于此二人？"巫马子曰："我贵其见我亦从事，不见我亦从事者。"子墨子曰："然则是子亦贵有狂疾者。"

【注释】

[1] 富：即"福"。

【译文】

巫马子对墨子说："您做义事，人们没有看见您做义事来帮助您，鬼神也没有看到您做义事来福佑你，但您还是这么做，您是有疯病吧！"墨子说："现在如果你有两个家臣在这里，其中一个人见到你就做事，见不到你就不做事；另一个人见到你就做事，见不到你也做事，你在这两个人中器重谁？"巫马子说："我器重那个见到我做事，见不到我也做事的人。"墨子说："这样的话你也器重有疯病的人。"

管理启示：

通过墨子与巫马子的对话能看得出墨子"但行好事，莫问前程"的做事态度。他认为，做事不是给别人看的，诚实做人、踏实做事者终将会得到别人的认可。企业管理中也有很多类似的问题，有的人自觉聪明，很会做表面文章以迎合上级的心理。上级领导在场的时候，言行表现得最为积极；领导不在场的时候撒手不管，任凭工作一地鸡毛。这种表现的行事方式不可能长久，终将被人识破。领导和群众一样，眼睛也是雪亮的。

思考题：

举例谈谈你遇到过哪些投机取巧做表面文章的人和事。对这样的人和事你持什么态度？

七、耕柱第七篇

【原文】

子夏之徒问于子墨子曰[1]："君子有斗乎？"子墨子曰："君子无斗。"子夏之徒曰："狗豨犹有斗[2]，恶有士而无斗矣？"子墨子曰："伤矣哉！言则称于汤文，行则譬于狗豨，伤矣哉！"

【注释】

[1] 子夏：孔子的弟子。
[2] 豨（xī）：猪。

【译文】

子夏的学生问墨子说："君子之间有争斗吗？"墨子说："君子没有争斗。"子夏的学生说："狗和猪尚且有争斗，士人怎么会没有争斗呢？"墨子说："可悲啊！言谈总是列举商汤与周文王，而行为却比作狗与猪，可悲啊！"

管理启示：

此文论述的仍是修身问题。发问者想与墨子探讨君子之间的争斗问题，墨子以否定的回答避免接入话题。当发问者想进一步讨论时，墨子以犀利的语言回击那些总爱打听矛盾、搬弄是非，言辞上周吴郑王、行为上好似猪狗的伪君子。这篇文章体现了墨子极高的道德修养。

企业中类似文中发问者心态的人传递不出正能量，只会影响团结和谐与工作效率。企业文化建设中，禁止相互谈论是非，有利于提高员工的道德修养和推进工作。

思考题：

常言说"闭门常思自己过，闲谈莫论他人非"，与墨子此文中表露的思想是相通的。谈谈这句话的现实意义。

八、耕柱第八篇

【原文】

巫马子谓子墨子曰："舍今之人而誉先王，是誉槁骨也。譬若匠人然，知槁木也[1]，而不知生木。"子墨子曰："天下之所以生者，以先王之道教也。今誉先王，是誉天下之所以生也。可誉而不誉，非仁也。"

【注释】

[1] 槁木：枯木。

【译文】

巫马子对墨子说："舍弃当今的人而去称颂先王，这是在称颂枯骨啊。就像木匠一样，只知道干枯的木头，却不懂得活生生的树木。"墨子说："天下人之所以能生存，是因为用先王的原则来教化的结果。现在称颂先王，就是称颂天下人所赖以生存的东西。该称颂的却不称颂，这就是不仁。"

管理启示：

历史经验是有继承性的。抛开先人、忘记历史，就会迷失自我。墨子称颂先人，并认同先人的原则对天下人的教化作用，体现了他的历史唯物主义观点。其实每个企业的成功都有自己的学习曲线，包括自我总结和对其他经验的借鉴。所以，先人及其积累的经验，无论对个人还是组织都是宝贵的精神财富。

思考题：

你心目中崇尚的历史名人有哪些？谈谈这些人对你有哪些启迪和激励作用？

九、耕柱第九篇

【原文】

子墨子曰："和氏之璧[1]，隋侯之珠[2]，三棘六异[3]，此诸侯之所谓良宝也。可以富国家、众人民、治刑政、安社稷乎？曰：不可。所谓贵良宝者，为其可以利也[4]。而和氏之璧、隋侯之珠、三棘六异不可以利人，是非天下之良宝也。今用义为政于国家，国有必富，人民必众，刑政必治，社稷必安。所为贵良宝者，可以利民也，而义可以利人，故曰义，天下之良宝也。"

【注释】

[1] 和氏之璧：《韩非子》里说，楚人和氏在荆山发现一块玉石，献给楚厉王和楚武王，但都被认为是用石头来欺君，被砍掉了两条腿。文王即位，和氏抱此玉在荆山下哭，文王派人去琢这块玉石，果然发现是无价之宝，后称此玉为"和氏璧"。

[2] 隋侯之珠：古代隋国一个诸侯曾看见一条受伤的大蛇，便给它治伤，后来大蛇从江中衔了一颗明月珠来报答他，此珠便被称为"隋侯珠"。

[3] 三棘六异：即"三翮（hé）六翼"，鼎足中空叫翮，鼎的六耳叫翼，即指九鼎。

[4] 利：当作"利民"。

【译文】

墨子说："和氏璧、隋侯珠、九鼎，这都是诸侯们所认为的贵重宝物。但可以用它来使国家富有、人口增多、刑法政事得到治理、社稷得到安定吗？回答说：不行。宝物之所以值得珍视，是因为它可以让民众得利。但是和氏璧、隋侯珠与九鼎并不能让人民得利，所以这不是天下的良宝。现在用义来施政于国家，国家一定会富有，人口一定会增多，刑法与政事必定会得到治理，社稷必定会得到安定。宝物之所以值得珍视，是因为它可以让民众得利，而义可以让民众得利，所以说：义是天下值得珍视的宝物。"

管理启示：

墨子认为，诸侯所欣赏的和氏璧、隋侯珠、九鼎不是真正的宝物。能让人民得力的"义"才是真正的宝物，才值得珍视。而且，他所说的人民所得之利是指"国家富有，人口增加，刑法与政事得治，社稷安定"，得此利之人者当然也包括诸侯们。这体现了墨子超然的财富观、全局观和兼爱思想。

思考题：

墨子心中的宝物与诸侯们认可的宝物有何区别？

十、耕柱第十篇

【原文】

叶公子高问政于仲尼[1]，曰："善为政者若之何？"仲尼对曰："善为政者，远者近之，而旧者新之。"子墨子闻之曰："叶公子高未得其问也，仲尼亦未得其所以对也。叶公子高岂不知善为政者之远者近也，而旧者新是哉[2]！问所以为之若之何也。不以人之所不知告人，以所知告之，故叶公子高未得其问也，仲尼亦未得其所以对也。"

【注释】

[1] 叶公子高：楚国的大夫，名诸梁，字子高。
[2] 是哉：当为"之哉是"，"是"字属下读。

【译文】

叶公子高向孔子请教施政之道，说："善于施政的人是怎么做的呢？"孔子回答说："善于施政的人，要使疏远的人亲近，使老交情有新鲜感。"墨子听到了，就说："叶公子高没有问出他想问的问题，孔子也没有回答出叶公子高想要知道的答案。叶公子高难道不知道善于施政的人是要使疏远的人亲近，使老交情有新鲜感吗？他是要问做到这一点应该怎么去做。不把别人不懂的告诉别人，而把别人知道的告诉别人，所以说叶公子高没有问出他想问的问题，孔子也没有回答出叶公子高想要知道的答案。"

管理启示：

根据文中所描述的内容，说明墨子的施政之道更重视实践性、可操作性，而非仅仅停留于理念和口头表达。这种施政之道在管理工作中就是团结一切可以团结的人，打造和谐的团队，营造和谐的环境。

思考题：

在管理工作中，你认为怎样做才能"使疏远的人亲近，使老交情有新鲜感"？

十一、耕柱第十一篇

【原文】

子墨子谓鲁阳文君曰[1]："大国之攻小国，譬犹童子之为马也。童子之为马，足用而劳。今大国之攻小国也：攻者，农夫不得耕，妇人不得织，以守为事；攻人者，亦农夫不得耕，妇人不得织，以攻为事。故大国之攻小国也，譬犹童子之为马也。"

【注释】

[1] 鲁阳文君：即鲁阳文子，楚平王的孙子，封于鲁山之阳。

【译文】

墨子对鲁阳文君说："大国攻打小国，就好像儿童爬在地上当马一样。儿童当马，手足疲惫、身体劳苦。现在大国来攻打小国：被攻打的，农民不能耕种，妇女不能织布，都以防守为事；进攻者，也是农民不能耕种，妇女不能织布，而都以进攻为事。所以大国攻打小国，就好像儿童爬在地上当马一样。"

管理启示：

文中墨子以"童子为马"做比喻，指出了大国攻打小国，给双方造成的伤害，体现了墨子的"非攻"思想。由此带来的管理启示就是，和气生财，不能内耗。

思考题：

相比于小国，大国是强大的，但是墨子为什么把一个大国和小国一样比喻成弱小的小孩？

十二、耕柱第十二篇

【原文】

子墨子曰："言足以复行者，常之[1]；不足以举行者，勿常。不足以举行而常之，是荡口也。"

【注释】

[1] 常：通"尚"，崇尚。

【译文】

墨子说："言论如果能够多次验证于行动的话，就崇尚它；言论如果不能见之于行动，就不要崇尚它。言论不能见之于行动而又崇尚它，那就是说空话。"

管理启示：

此文体现了墨子"言必行"，反对空谈的主张，在当今社会更是非常必要。大而言之，空谈误国；小而言之，空谈误事。只有脚踏实地的工作，才能有所收获，赢得崇尚。

思考题：

谈谈"空谈误国，实干兴邦"的现实意义，如何从自己做起？

十三、耕柱第十三篇

【原文】

子墨子使管黔敖游高石子于卫[1]，卫君致禄甚厚，设之于卿。高石子三朝必尽言，而言无行者。去而之齐，见子墨子曰："卫君以夫子之故，致禄甚厚，设我于卿。石三朝必尽言，而言无行，是以去之也。卫君无乃以石为狂乎？"子墨子曰："去之苟道，受狂何伤！古者周公旦非关叔[2]，辞三公，东处于商盖[3]，人皆谓之狂，后世称其德，扬其名，至今不息。且翟闻之：为义非避毁就誉，去之苟道，受狂何伤！"高石子曰："石去之，焉敢不道也。昔者夫子有言曰：'天下无道，仁士不处厚焉。'今卫君无道，而贪其禄爵，则是我为苟陷人长也[4]。"子墨子说，而召子禽子曰[5]："姑听此乎！夫倍义而乡禄者[6]，我常闻之矣；倍禄而乡义者，于高石子焉见之也。"

【注释】

[1] 管黔激：应为"管黔敖"，与高石子均为墨子的弟子。游：游扬，举荐。

[2] 周公旦：即周公，姓姬名旦，周文王的儿子，武王的兄弟，曾平息管叔和蔡叔的叛乱。关叔：即"管叔"。

[3] 商盖：当为"商奄"，地名。周公辅佐成王，后还政于成王，自己住到商奄去。

[4] 苟陷人长：当作"苟陷人粻（zhāng）"，粻，粮食。

[5] 子禽子：即禽滑釐，墨子门下有名的弟子。

[6] 倍：通"背"。乡：通"向"。下同。

【译文】

墨子让管黔敖举荐高石子到卫国去，卫国国君给高石子很优厚的俸禄，并安排他做卿。高石子三次朝见时都把意见全部说出来，他的意见却没有被采用。他离开卫国到了齐国，见到墨子说："卫国国君因为老师您的缘故，给我优厚的俸禄，把我列为卿。我三次朝见时都把意见全部说出来，却没有被采纳，所以我离开了卫国。卫国国君或许会以为我狂妄吧？"墨子说："只要离去是符合道义的，背上狂妄的名声又有什么影响呢！古时候周公旦讨伐管叔，辞去了三公的职位，住到东方的商奄去，世人都称他狂妄，但后世人却称颂他的德行，传扬他的美名，直到现在还没有消失。况且我听说：做义事不是为了躲避批评而追求赞誉，只要离去是符合道义的，背上狂妄的名声又有什么影响呢！"高石子说："我离开卫国，哪里敢不遵守道义啊！从前老师您曾说过：'天下没有道义，仁人义士就不应该处在俸禄优厚的位置上。'现在卫国国君没有道义，如果贪图他的俸禄和爵位，那我就是白吃人家的粮食。"墨子很高兴，叫来禽滑釐说："听听这些话吧！背弃仁义而追逐俸禄的人，我经常听说；放弃俸禄而追求仁义的人，今天在高石子身上看到了。"

管理启示：

高石子因为自己的政治主张未被卫国国君采纳而舍弃厚禄离开卫国的做法，得到了墨子的肯定和宣扬，体现了墨子不为厚禄而弃仁义的义利观。

作为一种经济伦理思想，义利观在当今社会中的主要表现是商业交易中的重义轻利或者重利轻义现象。但两千多年前墨子及其门徒在政治主张中的义利取舍，对当今"盛行拜金主义、忽视道德、践踏诚信"等与社会主义核心价值观相违背的商业行为而言，仍是终极追求，具有现实意义。

思考题：

"拜金主义、忽视道德、践踏诚信"的义利观，与社会主义核心价值观的哪些内容相违背？

十四、耕柱第十四篇

【原文】

子墨子曰："世俗之君子，贫而谓之富，则怒；无义而谓之有义，则喜。岂不悖哉[1]！"

【注释】

[1] 悖（bèi）：荒谬。

【译文】

墨子说:"世俗的君子,如果他很穷你却说他很富,他就会发怒;如果他不义而你称他有义,他就会很高兴。这不是很荒谬吗?"

管理启示:

后人对墨子的评价中,较少论及其对人性的论述,这句话却体现了墨子对人性的认知,即世俗的君子爱听被称颂的好话,哪怕这种称颂是不符合事实的。这说明,世俗君子与普通人一样都有一定的虚荣心。其对管理者的启发意义就是:对团队成员,多鼓励,少批评,更能调动人的正面情绪,从而有利于推进工作。

思考题:

墨子认为"世俗君子,贫而谓之富,则怒";现实社会中有些人则恰恰相反,"贫而谓之富,则乐"。分析一下两种人不同的心理。

十五、耕柱第十五篇

【原文】

公孟子曰[1]:"先人有则,三而已矣[2]。"子墨子曰:"孰先人而曰有则,三而已矣?子未智人之先有、后生[3]。"

【注释】

[1] 公孟子:即公明仪,是曾子的弟子,属于儒家之士。
[2] 三:当读为"参"。
[3] 智:同"知"。

【译文】

公孟子说:"先人已有了法则,今人只需参稽而行就可以了。"墨子说:"谁说先人已有了法则,我们只需参稽而行就可以了?你还没有理解什么是先产生的,什么是派生出来的。"

管理启示:

在耕柱第八篇中,墨子主张应称颂先王,用先王的原则来教化人民。在本篇中则又认为,先王有了法则,我们不能只参考就行了;应该是先了解什么是先产生的,什么是派生的。由此说明,墨子并不墨守成规而盲目相信先人的法则。对管理工作的启示就是批判性继承前人的经验,再思考创新。

思考题:

你是否赞同墨子在此文中的主张?谈谈你的看法。

十六、耕柱第十六篇

【原文】

有反子墨子而反者[1]:"我岂有罪哉?吾反后。"子墨子曰:"是犹三军北,失后之人求赏也。"

【注释】

[1] 有反子墨子而反者:上一"反"字为背弃之意,下一反字同"返"。句末当补一"曰"字。

【译文】

有背弃了墨子又回到墨子门下的弟子说:"我难道有罪吗?我的背弃比别的人还要晚些。"墨子说:"这就好像军队打了败仗,落伍的人还要求奖赏一样。"

管理启示:

背信弃义是道德水平极其低下的一种行为,令人不齿。墨子的门徒竟然以自己比别人背弃晚而要求原谅,更是无耻之极。对此,墨子给予了极大的讽刺和回绝。所以,无论在何时何地,无论做什么事,做人的品行永远是第一位的。

思考题:

你认为墨子应该原谅这位门徒吗?为什么?

十七、耕柱第十七篇

【原文】

巫马子谓子墨子曰:"我与子异,我不能兼爱。我爱邹人于越人,爱鲁人于邹人,爱我乡人于鲁人,爱我家人于乡人,爱我亲于我家人,爱我身于吾亲:以为近我也。击我则疾,击彼则不疾于我,我何故疾者之不拂[1],而不疾者之拂?故有我有杀彼以我[2],无杀我以利[3]。"子墨子曰:"子之义将匿邪,意将以告人乎?"巫马子曰:"我何故匿我义?吾将以告人。"子墨子曰:"然则一人说子[4],一人欲杀子以利己;十人说子,十人欲杀子以利己;天下说子,天下欲杀子以利己。一人不说子,一人欲杀子,以子为施不祥言者也;十人不说子,十人欲杀子,以子为施不祥言者也;天下不说子,天下欲杀子,以子为施不祥言者也。说子亦欲杀子,不说子亦欲杀子,是所谓经者口也[5],杀常之身者也[6]!"

子墨子曰:"子之言恶利也?若无所利而不言[7]。是荡口也。"

【注释】

[1] 拂:帮助的意思。

[2] 有我:或当为"义"字之误分。以我:当作"以利我"。

[3] 以利:当作"以利彼"。

[4] 说:同"悦",心悦诚服的意思。

[5] 经:当读为"到"。

[6] 之:即"至"字。

[7] 不:此字当删。

【译文】

巫马子对墨子说:"我和你不同,我不能做到兼爱。我爱邹国人胜于爱越国人,爱鲁国人胜于爱邹国人,爱我家乡的人胜于爱鲁国人,爱我的家人胜于爱家乡的人,爱我的父母胜于爱我的家人,爱我自己胜于爱我的父母:因为更贴近自身的缘故。打我的话我会感到疼痛,打别人我就不会感到疼痛,我为什么不帮助能感受到疼痛的自己,而去帮助我感受不到疼痛的别人呢?因此就义理而言,有杀别人来利于我的情况,没有杀我来利于别人的情况。"墨子说:"你的这种道义是要藏起来,还是要告诉别人呢?"巫马子说:"我为什么要把我的道义藏起来呢?我要告诉别人。"墨子说:"要是这样的话,如果有一个人信服你的说法,这一个人就想要杀你来利于他自己;十个人信服你的说法,就有十个人想要杀你来利于他们自己；天下的人都信服你的说法，天下的人就都想要杀你来利于他们自己。但如果有一个人不信服你的说法，这个人就想要杀你，因为认定你是传播不祥之言的人；十个人不信服你的说法，就有十个人想杀你，因为认定你是传播不祥之言的人；天下的人都不信服你的说法，全天下的人都想要杀你，因为认定你是传播不祥之言的人。信服你的人想要杀你，不信服你的人也想要杀你，这就是所谓的祸从口出，杀戮常至自身啊！"

墨子又说："你说的话有什么益处呢？如果没有益处还要说，就是徒费唇舌。"

管理启示：

墨子用推理的方法辩证地指出，爱别人就等于爱自己。此文给我们三点启示：第一，用严密的逻辑推理去分析问题，能得到有力的结论；第二，兼爱是对自己有利的，起码无害；第三，说无用的话，轻则徒费唇舌，重则招致杀戮。做到这三点，有利于提高管理者的格局。

思考题：

墨子为什么说巫马子的话没有益处，徒费唇舌？

十八、耕柱第十八篇

【原文】

子墨子谓鲁阳文君曰："今有一人于此，羊牛犓豢，维人但割而和之[1]，食之不可胜食也。见人之生饼，则还然窃之[2]，曰：'舍余食[3]。'不知日月安不足乎[4]，其有窃疾乎？"鲁阳文君曰："有窃疾也。"子墨子曰："楚四竟之田，旷芜而不可胜辟，谭灵数千[5]，不可胜[6]，见宋、郑之闲邑，则还然窃之，此与彼异乎？"鲁阳文君曰："是犹彼也，实有窃疾也。"

【注释】

[1] 维人：当为"饔人"，即厨子。但：即"袒"。
[2] 还然：惑乱的样子。还，通"营"，惑乱。
[3] 舍：当读若"舒"。
[4] 日月：当为"甘肥"。
[5] 谭灵：疑为"平虚"二字。
[6] 不可胜：此句下当补一"用"字。

【译文】

墨子对鲁阳文君说："现在这里有一个人，牛羊牲畜，厨子袒胸露背为他宰杀烹调，吃都吃不完。看见别人不熟的饼，却昏头昏脑地去偷来，并说：'我的食物可以宽裕了。'不知是他的美味食品还不够多，还是他有偷窃的毛病？"鲁阳文君回答："是有偷窃的毛病。"墨子说："楚国四面边境之内的田地，空旷荒芜的都开垦不完，无人居住的城池也有数千，用都用不完，但看见宋国和郑国的空城，就赶快去窃取，这与上述那种人有差别吗？"鲁阳文君回答说："这与那种人一样，确实是有偷窃的毛病。"

管理启示：

墨子以人偷饼来比喻楚国对他国财富和土地的贪得无厌，并指出其共性的原因是偷窃者的习惯问题。可见，习惯也能影响决策者的决策行为。因此，形成良好的习惯，包括良好的生活习惯和工作习惯，对管理工作也是有极大帮助的。

思考题：

举例说明良好的习惯和不良习惯对一个人会产生哪些影响？

十九、耕柱第十九篇

【原文】

子墨子曰："季孙绍与孟伯常治鲁国之政，不能相信，而祝于丛社[1]，曰：'苟使我和。'是犹弇其目[2]，而祝于丛社曰：'苟使我皆视。'岂不缪哉[3]！"

【注释】

[1] 丛社：即神祠。

[2] 弇：覆盖，掩蔽。

[3] 缪：错误，乖误。

【译文】

墨子说："季孙绍与孟伯常共同治理鲁国的国政，但互相不能信任对方，于是在神社里祷告，说：'请让我们和好吧！'这就好像把眼睛遮住，却到神社里祷告说：'请让我能够看见吧。'这岂不是很荒谬吗？"

管理启示：

季孙绍与孟伯常俩人相互之间的不信任肯定会影响国政，原因和责任应当是双方的，而不可能仅仅是某一方的错误。问题怎样解决呢？如果双方能敞开心扉，推心置腹地沟通交流，或许就能化解矛盾分歧，毕竟都是为了工作。但是他们却去神社祈祷，求助于神明解决问题，这是错上加错。其真实目的恐怕是期望神灵现身来惩罚对方，更像是诅咒。神灵不会现身，相互之间也都没有退让，结果只能是离解决问题渐行渐远。现实工作中难免会产生误解或由于其他原因而造成相互之间的不信任，如果双方都抱着实事求是的态度去公正地解决矛盾，唯一正确的方法就是相互坦诚沟通，或者邀请第三方介入调解，这才是解决问题的正道。

思考题：

当有人因误解而对你不信任时，你该怎么办？

第五章 《六韬》的军事思想与管理启示

　　《六韬》是我国古代字数最多的一部军事著作，美国学者凯德·史密斯认为它"像一本军事百科全书"。《六韬》的作者史学界至今没有定论。《六韬》包括了"文韬、武韬、龙韬、虎韬、豹韬、犬韬"六个篇章，但是总体可以分为政治学和军事学两大部分。其中第一卷《文韬》和第二卷《武韬》主要探讨君王治国之道，后边四卷探讨的是打仗用兵的谋略。本章的内容只是《六韬》中的一部分，其中《豹韬》《犬韬》都各只涉及一篇文章。

第一节 文　　韬

一、文韬第一篇

文　师　第　一

【原文】

　　文王将田，史编布卜曰[1]："田于渭阳[2]，将大得焉。非龙、非彲、非虎、非罴[3]，兆得公侯[4]，天遗汝师[5]，以之佐昌，施及三王[6]。"

　　文王曰："兆致是乎？"

　　史编曰："编之太祖史畴为禹占[7]，得皋陶[8]，兆比于此[9]。"

　　文王乃斋三日[10]，乘田车[11]，驾田马[12]，田于渭阳。卒见太公[13]，坐茅以渔。

　　文王劳而问之曰："子乐渔邪？"

　　太公曰："臣闻君子乐得其志，小人乐得其事[14]。今吾渔，甚有似也，殆非乐之也[15]。"

　　文王曰："何谓其有似也？"

　　太公曰："钓有三权[16]：禄等以权，死等以权，官等以权[17]。夫钓以求得也，其情深，可以观大矣[18]。"

　　文王曰："愿闻其情。"

　　太公曰："源深而水流，水流而鱼生之，情也；根深而木长，木长而实生之，情也；君子情同而亲合，亲合而事生之，情也。言语应对者，情之饰也；言至情者，事之极也[19]。

今臣言至情不讳，君其恶之乎？"

文王曰："唯仁人能受至谏，不恶至情。何为其然[20]？"

太公曰："缗微饵明，小鱼食之；缗调饵香，中鱼食之；缗隆饵丰[21]，大鱼食之。夫鱼食其饵，乃牵于缗；人食其禄，乃服于君。故以饵取鱼，鱼可杀；以禄取人，人可竭；以家取国，国可拔；以国取天下，天下可毕[22]。

"呜呼！曼曼绵绵，其聚必散；嘿嘿昧昧，其光必远[23]。微哉！圣人之德，诱乎独见[24]。乐哉！圣人之虑，各归其次，而树敛焉[25]。"

文王曰："树敛若何而天下归之？"

太公曰："天下非一人之天下，乃天下之天下也[26]，同天下之利者，则得天下；擅天下之利者，则失天下[27]。天有时，地有财，能与人共之者仁也[28]。仁之所在，天下归之。免人之死，解人之难，救人之患，济人之急者，德也。德之所在，天下归之。与人同忧同乐，同好同恶者，义也[29]。义之所在，天下赴之。凡人恶死而乐生，好德而归利[30]，能生利者，道也。道之所在，天下归之[31]。"

文王再拜曰："允哉[32]，敢不受天之诏命乎！"乃载与俱归，立为师[33]。

【注释】

[1] 文王将田，史编布卜曰：关于周文王如何得姜太公为其所用，主要有两种版本，一说文王做梦而得之，一说文王由占卜而得之。《六韬》这里持占卜说。又，关于文王遇见姜太公的情形，也有两种版本，一说当时姜尚正在朝歌屠牛，一说他正垂钓于渭阳。《六韬》这里持垂钓说。文王，商朝时周国国君，姬姓，名昌。商纣时被封为西伯，故又称"伯昌"，季历之子。少时参加农牧，知民间疾苦。继位后敬老慈少，礼贤下士。先后得姜尚、闳夭、散宜生等贤臣辅佐，改革政治，推行教化，争取民心，在位五十年（一说五十五年），奠定了武王灭商的基础。武王建立西周后，追尊他为文王。田，打猎。史编，指一个名叫编的史官。先秦时期的史官掌管祭祀、占卜、记事等诸多事务。

[2] 渭阳：渭河北岸。渭，即渭河，源出甘肃渭源鸟鼠山，流贯陕西渭河平原，在潼关入黄河，是黄河最大的一条支流。

[3] 非龙、非彲（chī）、非虎、非罴（pí）：《史记·齐太公世家》作："吕尚盖尝穷困，年老矣，以渔钓奸周西伯。西伯将出猎，卜之，曰：'所获非龙、非彲，非虎、非罴；所获霸王之辅。'"彲，即螭，指古代传说的一种无角的蛟龙。罴，一种熊，又称马熊。

[4] 兆：古代占卜时烧灼龟甲以判断吉凶，其裂纹叫作兆。公侯：古代爵位有公侯伯子男五等，公侯是前两等，在这里喻指治国大才。

[5] 天遗（wèi）汝师：这是上天赠您的导师。遗，赠，送。

[6] 施：蔓延，延续。三王：指文王的子孙后代。

[7] 禹：又称"大禹""夏禹""戎禹"，鲧之子，传说中的远古帝王，姒姓，名文命。原为夏后氏部落领袖，奉舜之命治理洪水，前后治水十三年，三过家门而不入。因治水有功，得以继承舜的职位，成为部落联盟领袖。联系下文，此处的"禹"应作"舜"，因为皋陶是舜在位时的大臣。舜，史称"虞舜""虞帝"。传说中的远古帝王，姚姓，一说妫姓，初为有虞氏部落领袖，后成为黄河中下

游强大的部落联盟首领。尧死后，他继承尧的职位，命大禹平水土，益掌山川，皋陶为大理。后于巡狩中死于苍梧之野（今湖南、广西交界处）。

[8] 皋陶：又作"咎陶""咎繇"，古史传说中的人物，偃姓。相传为东夷族首领，曾被舜任命为执掌刑法的官，民皆服其执法公平。后协理大禹治水有功，禹欲传位给他，未继位而卒。

[9] 兆比于此：意谓卦象与此接近。比，挨着，接近。

[10] 斋：斋戒，一种整洁身心的行为。

[11] 田车：一种打猎用的车子。

[12] 田马：驾驭打猎车子的马。

[13] 太公：指姜尚，西周时齐国始祖，姓姜，名尚，字子牙。其先封于吕（在今河南南阳西），故又称"吕尚"。年老时得遇文王，文王与语大悦，称"吾先君太公望子久矣"，因号为"太公望"，亦称"吕望"。武王继位，尊为"师尚父"，辅佐武王灭纣，建立周朝，以功封于齐营丘，为齐之始祖，故有"齐太公"之称，俗称"姜太公"。

[14] 臣闻君子乐得其志，小人乐得其事：我听说君子喜欢的是实现远大志向，小人喜欢的是得到物质利益。施子美曰："盖人各有所欲，士君子贫之所养，将以求达之所施。……君子之志必期有得也。"朱墉引《开宗》曰："此记文王始见太公之事，开口首揭一'志'字，便见渭滨无限经纶，总不徒在一钓一丝间。"国英曰："君子之志，在治国安民；小人之事，在肥家利己。王者宽大用人，君子小人各效所长，然世运兴衰、功业大小皆判于此，故太公譬之于渔，其权在一钓一丝间，而所乐者不同也。"

[15] "今吾渔"三句：意谓现在我的钓鱼行为，与此非常相似，大概并不是喜欢钓鱼。施子美曰："太公之志，非乐渔也，寓于此而期于彼也。古者未行道之际，而求以行之，其志各有所乐也，初不在于物也。……亦权之所寓也。若夫小人则唯其所作，乃其所乐也，故小人乐得其事。君子之所为必有似也者，以其事在此而意在彼也，非乐于此也。"

[16] 权：权术。

[17] "禄等以权"三句：意谓用厚禄笼络人才，用重赏收买死士，用官位吸引人才。刘寅曰："禄等以权，谓以饵取鱼，似以禄取人也；死等以权，谓香饵之下必有死鱼，似重禄之下必有死士也；官等以权，谓鱼之大小各异其用，似贤才之大小各异其任也。"以官位利禄来维系君臣关系的观点，亦见于《韩非子》，如其《难一》曰："臣尽死力以与君市，君垂爵禄以与臣市。君臣之际，非父子之亲也，计数之所出也。"

[18] 其情深，可以观大矣：其中的实情蕴含着深意，从中可以看出大的道理。情，实情，情况。朱墉引《开宗》曰："此揭一'情'字，便见师尚父以天下为己任。"

[19] "言语应对者"四句：意谓言语敷衍应付，是对实情的掩饰；只有敞开心扉吐露实情，才是最好的状态。饰，掩饰。施子美曰："盖事以情度，情以言显。情之所至，则事之所极也。凡太公之所以言者，乃太公之至情；而其所言之事，则时事之极也。盖当商之季世，是事极之时；而太公之告文王，乃其至情也。"

朱墉《全旨》曰："情出于自然，非由勉强，得其至情则权自我操，虽欲不归，而奚往耶？通篇借钓引起，从'志'发出'情'来。志者一人之所独，果决而不回者也；情者万物之所同，感通而无阻者也。仁人通德类情，即物情以知人情，即贤才以知众人之情，家国天下，皆可以情推之而可取。夫至天下皆可取，大小远迩之悉为我收，此正君子之志也，即君子乐之所在也，岂一渔钓而已哉？"

[20] "唯仁人能受至谏"三句：意谓只有仁德之人才会接受坦率正确的劝谏，不厌恶真实的情感。我怎么会那样呢？施子美曰："文王之卜太公，正欲得其至情而与之图事，乌得有恶？故以仁人受至谏为言。盖人而有爱人之心者，必能纳至忠之言。彼其所言，必以受之也。文王之仁必已存矣，正欲得直言而以利天下，夫何恶其至情？故曰'何为其然'，言必不若是其恶之也。"

[21] "缗（mín）微饵明"六句：意即不同的鱼饵适合不同的鱼，要按照鱼的大小下饵。缗，钓鱼用的丝线。朱墉引黄石公曰："欲者使之。凡才品两高，正自不易，大抵冒死犯难，半出贪功名之士。非因人以定饵不可。"

[22] 以国取天下，天下可毕：意谓以国为资本去夺取天下，天下可被征服。毕，原指古代田猎用的长柄网，以网络捕获野兽，此处引申义为征服。施子美曰："此言人君驭人之权，犹以钓取鱼，而人为权所驭，亦如鱼之食饵也。饵之于鱼，各随其小大而取之，则鱼无遗矣。鱼之所以制于钓者，以食其饵也。人之所以制于君者，以食其禄也。故以饵取鱼，则鱼为饵所杀；以禄取人，则人必为禄所竭。何者？鱼食于饵，人贪于禄也。《略》曰：'香饵之下，必有悬鱼。重赏之下，必有死夫。'亦此意也。自是而推知，小而家，大而国，又大而天下，其所以取之，皆一理也。彼惟有所贪，故必有所制，所以皆可取也。"

[23] "曼曼绵绵"四句：意谓殷朝绵延数代，历史悠久，但最终它的积聚必定烟消云散；周人不声不响，暗中努力，它的光辉必定映照久远。曼曼绵绵，喻指殷朝绵延数代，历史悠久。曼曼，长久的意思。绵绵，连续不断的意思。嘿嘿（mò）昧昧，喻指周人偏居一隅，不声不响，暗中努力。嘿嘿，不声不响的意思。嘿，同"默"。昧昧，昏暗不明的样子，形容周人暗中努力的情形。施子美曰："天下之理，盛者必衰，翕者必张。太公之意，大抵以阴谋为尚。……盖无冥冥之志者，无赫赫之功。无昏昏之智者，无昭昭之明。"刘寅曰："人众之曼曼绵绵者，其丛聚虽盛，后必散乱而莫救。……人君能嘿嘿昧昧，遵养时晦，其后光华昭著必远被矣。……此文王所以不大声色，不长夏革，不识不知，顺帝之则，而其后如日月之照临，光于四方，显于西土矣。"这种清净不响的统治状态是战国秦汉时期的黄老思想所提倡的。

[24] "微哉"三句：意谓圣人的德行真微妙啊！能够导引着人们领悟其创见。诱，导，导引。施子美曰："天下之事，以微为妙，亦已微矣。惟其微而不可见，此所以能成其大功也。圣人之德，人虽不见，而圣人于其至微之中，而能独见之也。圣人惟能阴修其德，则其所虑者亦已当矣，故乐焉。"刘寅曰："又言微妙哉，圣人之德诱人而人归之也。德诱，如'孔子循循然善诱人'之诱，惟能以德诱人，而人心之归自不容已也。文王三分天下有其二，其以德诱之乎！圣

人以德诱人，不大声色，此众人所不能见而乐之，而圣人独见独乐之耳。"朱墉引张公亮曰："'德'字对'术'字看。盖诱以术者显而易见，其为诱则人心必不为其诱也。诱以德者，微而不知其为诱，则人心自忘于其诱也。"又引《大全》曰："'微哉'二字，跟'嘿嘿昧昧'而来，言圣人寂静幽深，岂不极其隐微？而其后光华昭著以至远被者又何？其引进天下以德也。天下相忘于圣人之德，而不知实为德所招徕也。"国英曰："浅识者不知德诱，徒以势迫，以刑驱，故民心益离而不归化矣。"

[25]"圣人之虑"三句：意谓圣人的思虑，能使人各归其位，从而将人心收敛到他那里。敛，收敛，收缩。刘寅曰："次，舍也。言人心各有所归之处。圣人当立收敛人心之法，而不使之他适也。收敛人心之法，即下文仁、德、义、道也。"

[26] 天下非一人之天下，乃天下之天下也：张烈在《〈六韬〉的成书及其内容》（载《历史研究》1981年第3期）一文中说：《六韬》基本观点之一，便是"天下非一人之天下，乃天下之天下"这种社会观。这种原始的民主思想是从儒家经典《尚书》里引申出来的。孔德骐说："在战争的精神准备方面，《六韬》主要强调的是对内动员人民，对外争取盟国的支持。为了收揽民心，动员和争取人民支持战争，作者着力宣扬人本主义思想。'天下非一人之天下，乃天下之天下也'，《文韬》《武韬》各卷都多次阐述这一观点。需要指出，这里所说的'人'，是包括农民、手工业工人、商贾等，把他们看作治理天下和推动社会进步的重要力量。这也是扩大兵源，以动员最广泛的社会力量从事战争的重要理论根据。"《文韬》所阐述的人本主义，在新兴地主阶级刚刚登上历史舞台，奴隶主贵族的统治刚刚衰败下去的历史条件下，对于改变士兵的成分，扩大兵源，实行战争动员，是有进步意义的。"

[27]"同天下之利者"四句：意谓能与天下人共享利益的，就能得天下；独占天下人利益的，就会失去天下。擅，专，独占。朱墉引赵克尧曰："天下之利，本天下之民所自有，总是我不夺其所有，即同天下之利矣。苟我不能使民共有其利，即为擅天下之利矣。"

[28]"天有时"三句：意谓天有四时，地有财货，能与天下人共享的就是仁君。孔德骐认为"仁"是《六韬》社会政治观的核心，它与儒家说的"仁"不同。《六韬》"把'仁'看作客观物质世界的反映，可以为人所掌握和运用。圣贤应以'仁''德'对待人民，使人民从内心里倾向于你，这就需要按照事物的客观规律去办事。所以，'仁'被掌握和运用之后，就可以改造客观世界。显然，它具有朴素唯物论的性质。"

[29]"与人同忧同乐"三句：意谓能与人们同忧同乐、同好同恶的，就是有义之君。刘寅曰："《传》曰：'民之所好好之，民之所恶恶之，此之谓民之父母。'即此义也。"孔德骐说："这是企图劝导帝王和百姓要有喜、怒、哀、乐等共同的情感。认为君主要达到'义'的境界，必须克制私欲，与民同乐。"

[30] 好德而归利：意即喜好收获而趋利避害。德，通"得"，得到，收获。《群书治要》本即作"得"。"德"作"得到、收获"讲，更合乎此句上下文的语境。"凡人恶死而乐生，好德而归利"表达的是先秦时期性恶论的观点。《荀子·性恶》

曰："今人之性，生而有好利焉，顺是，故争夺生而辞让亡焉；……生而有耳目之欲，有好声色焉，顺是，故淫乱生而礼义文理亡焉。"

[31] 道之所在，天下归之：意谓得道之君所在之处，天下人会向那个地方聚拢。孔德骐说："'仁''义''道'，是《文韬》社会政治观最高的理想和要求。认为这些方面做到了，新兴地主阶级的统治就能巩固，就能得到举国上下的拥护。'仁之所在，天下为之'，'义之所在，天下赴之'，'道之所在，天下归之'，是其所期望达到的终极目标。"吴如嵩等著的《中国军事通史》第三卷《战国军事史》说："《六韬》的战争观，主要表现为以仁、德、义、道为纲考察战争。其《文师》篇云：所谓'仁'，就是'能与人共之'；所谓'德'，就是'免人之死，解人之难，救人之患，济人之急'；所谓'义'就是'与人同忧共乐，同好同恶'；所谓'道'，就是'能生利'《六韬》这种仁德义道的政治观，基础就是民本主义，认为'天下非一人之天下，乃天下之天下'（《文师》），民众是主要的。它认为'天下之人如流水，障之则止，启之则行，静之则清'（《文启》）。因此，要求君主应无为而治。在《六韬》看来，国家贫弱，'祸福在君，不在天时'（《盈虚》）。国家要富强，必须让百姓休养生息，以教化治国。"

[32] 允：恰当，得当。

[33] 乃载与俱归，立为师：钮先钟说："这是全书的第一篇，其背景是周文王在渭阳访贤（太公）的故事。所以打一个比喻来说，这一篇所记载的也就是太公与文王第一次会晤时所提出的'隆中对'。事实真相如何，无考证之必要，但其代表《六韬》的基本观念则应可认定。简而言之，也就假定当太公被文王聘请为国师时，其所公开宣示的政治（战略）观念是这样。""《六韬》所主张的是光明正大的民本主义，文中提到仁、义、德、道、利五种观念，可以显示这部书是同时受到儒家、道家、墨家的影响。"黄朴民说："综览全篇，作者强调圣人独闻独见，能洞悉强弱盛衰转化之迹；主张以'仁'为核心，行德秉义，争取天下归服。其思想与孟子'仁者无敌'、《司马法》以'仁'为本的观念相通。既提出了争取天下的战略目标，又阐明了实现这一目标的措施和方法。因此，可以把本篇看做是周灭商的政治纲领和战略决策。"

【译文】

周文王将要去打猎，史官编占卜了以后对他说："到渭河北岸打猎，您将会在那里有很大的收获。得到的不是龙、彲、虎、罴，卦象预示着您将得到一位治国大才，是上天赠您的导师，让他辅佐您，周国将昌盛壮大，还会惠及您的子孙后代。"

文王问道："卦象预示的真是这种结果吗？"

史官编答道："我的远祖史官畴曾为大禹占卜，得到了皋陶，卦象与此接近。"

文王于是斋戒三天，乘着猎车，驾着猎马，在渭河北岸打猎。终于见到了姜太公，他正坐在长满茅草的岸边钓鱼。

文王慰劳了他，并问道："您喜欢钓鱼吗？"

太公答道："我听说君子喜欢的是实现远大志向，小人喜欢的是得到物质利益。现在我的钓鱼行为，与此非常相似，大概并不是喜欢钓鱼。"

文王问道："为什么说有相似之处呢？"

太公答道:"君主网罗人才与钓鱼相似,都使用了三种权术:用厚禄笼络人才,用重赏收买死士,用官位吸引人才。垂钓是为了得到鱼,其中的实情蕴含着深意,从中可以看出大的道理。"

文王说:"我想听您揭示其中的实情。"

太公说:"水源深就会有流水,有流水就会有鱼类生存,这是自然而然的实情;根扎得深,树木就会茁壮生长,树木茁壮生长,就会有果实结出,这也是自然而然的实情;君子情性相投,就会亲密合作,亲密合作就能成就事业,这同样也是自然而然的实情。言语敷衍应付,是对实情的掩饰;只有敞开心扉吐露实情,才是最好的状态。现在我向您毫不隐讳地吐露我的实情,您不会感到厌烦吧?"

文王答道:"只有仁德之人才会接受坦率正确的劝谏,不厌恶真实的情感。我怎么会那样呢?"

太公说:"鱼竿丝线细微,鱼饵隐约可辨,小鱼会来吞食;鱼竿丝线粗细适中,鱼饵喷香,中鱼会来吞食;鱼竿丝线粗长,鱼饵丰盛,大鱼会来吞食。鱼若吞食鱼饵,就会被丝线牵着;人若想食君禄,就要服从君意。所以用鱼饵得鱼,鱼可烹杀;用俸禄得人,人会竭力;以家为资本去夺取国家,国家可被获得;以国为资本去夺取天下,天下可被征服。

"哎呀!殷朝绵延数代,历史悠久,但最终它的积聚必定烟消云散;周人不声不响,暗中努力,它的光辉必定映照久远。微妙啊!圣人的德行,能够导引着人们领悟其创见。欢乐啊!圣人的思虑,能使人各归其位,从而将人心收敛到他那里。"

文王问道:"采取什么样的收敛办法才能让天下归心呢?"

太公答道:"天下不是某一个人的天下,而是天下人的天下,能与天下人共享利益的,就能得天下;独占天下人利益的,就会失去天下。天有四时,地有财货,能与天下人共享的就是仁君。仁君所在之处,天下人会向那个地方聚拢。免除人们的死难,消除人们的灾难,解救人们的祸患,救济人们的急难,能做到这些的就是有德之君。有德之君所在之处,天下人会向那个地方聚拢。能与人们同忧同乐、同好同恶的,就是有义之君。有义之君所在之处,天下人会向那个地方奔赴。一般人厌恶死亡而乐于活着,喜好收获而趋利避害,能使天下人都获得利益的,是得道之君。得道之君所在之处,天下人会向那个地方聚拢。"

文王再一次拜谢道:"您说得恰当合理啊!我岂敢不接受上天的旨意呀!"于是就请太公坐车返回国都,拜他为师。

管理启示:

文章描述的是周文王与姜子牙虚拟的对话,表达的真实意思是文王很重视人才。为了得到人才,文王首先斋戒三天,以表达诚意;遇到太公后又虚心求教;当太公把网罗人才比喻成钓鱼,需要用厚禄、重赏、官位等笼络人才时,文王又自信为仁德之人,愿意听从劝诫;当太公提出与人共天下的"仁君"主张时,文王不单表示认可与肯定,更是请太公乘车返回国都,并拜他为师。可见,文王是诚心重视人才的。当然了,其根本原因还是文王有胸怀天下的远大理想,他需要人才协助。

另外,对话中太公所说的网罗人才的三种权术,以及文王邀太公乘车返回并拜他为师,与今天人们常说的"待遇留人、事业留人、感情留人"有异曲同工之妙。文王重视人才，并能落到实处，终于实现了宏图大业。所以文师第一，实至名归。

思考题：

周文王重视人才的举措表现在哪些方面？

二、文韬第二篇

盈 虚 第 二

【原文】

文王问太公曰："天下熙熙[1]，一盈一虚[2]，一治一乱，所以然者，何也？其君贤不肖不等乎？其天时变化自然乎[3]？"

太公曰："君不肖，则国危而民乱；君贤圣，则国安而民治。祸福在君，不在天时[4]。"

文王曰："古之贤君可得闻乎？"

太公曰："昔者帝尧之王天下[5]，上世所谓贤君也。"

文王曰："其治如何？"

太公曰："帝尧王天下之时，金银珠玉不饰，锦绣文绮不衣[6]，奇怪珍异不视，玩好之器不宝[7]，淫佚之乐不听，宫垣屋室不垩[8]，甍桷橡楹不斫[9]，茅茨遍庭不剪[10]。鹿裘御寒，布衣掩形，粝粱之饭[11]，藜藿之羹[12]。不以役作之故，害民耕绩之时。削心约志，从事乎无为[13]。吏忠正奉法者尊其位，廉洁爱人者厚其禄。民有孝慈者爱敬之，尽力农桑者慰勉之，旌别淑德[14]，表其门闾[15]，平心正节，以法度禁邪伪。所憎者，有功必赏；所爱者，有罪必罚。存养天下鳏寡孤独，赈赡祸亡之家[16]。其自奉也甚薄，其赋役也甚寡。故万民富乐而无饥寒之色，百姓戴其君如日月[17]，亲其君如父母。"

文王曰："大哉！贤君之德也[18]"

【注释】

[1] 天下熙熙：意即天下纷乱扰攘的样子。

[2] 一盈一虚：意即时而强盛，时而衰弱。盈，满，此处意为强盛。虚，空，此处意为衰弱。

[3] 天时：天地自然演变的时序，此处指天命。

[4] 祸福在君，不在天时：施子美曰："盈虚治乱。虽若有数，实人君有以致之也，非天时关然也。……人事尽处，是为天理，不修其所以在人看，可泥其所以在天者，亦感矣。尧舜桀纣，不可同日而语也久矣。宽简之化，慈俭之德，尧舜之所以治也；暴虐之政，矫诬之行，桀纣之所以亡也，故国之安危，民之治乱，在乎君之资圣不肖，而不在于天时也。"邵鸿、徐勇说："本篇一开头，作者装提出了一个重要命题：人类社会和国家的治乱，取决于君主的资否，而不是上天的意志'君不肖，则国危而民乱；君贤圣，则国安而民治。福福在君，不在天时。'不言而喻，这个命题闪烁着唯物主义的思想光芒同时，它又是《文师》'道之所在，天下归之'思想的哲学基础。《六韬》在天人关系上的这种进步的认识，是它在思想上的一个突出点。在书中，类似的精彩文字还有很多。"

"这种鲜明的唯物主义观点，可以与战国时期任何一个唯物主义思想家相媲美，《六韬》所以能够提出许多比较正确的政治主张，首先就应该归因于此。"

[5] 尧：传说中的远古帝王，姓伊祁氏，一作"伊耆氏"，名放勋，号陶唐。曾为黄帝嫡裔高唐氏部落长，故史称"唐尧"。后成为黄河下游强大的部落联盟首领。命羲和掌管天文、历象，命鲧治理水患。在确定继承人选时，广泛征求部落长意见，最后确定舜作为继承人。

[6] 绮：有花纹的丝织品。衣：作动词讲，意为穿衣。

[7] 玩好：指人们喜好玩赏的物品。

[8] 垩（è）：原指粉刷墙壁的白土，这里作动词讲，意为粉刷。

[9] 甍（méng）：屋脊，屋檐。桷（jué）：方形的椽子。椽：椽子，放在檩上架着屋顶的圆木条。楹（yíng）：柱子，特指堂上两柱。斫（zhuó）：砍，削，此处意为雕琢。

[10] 茅：茅草。茨：蒺藜。

[11] 粝：粗米。

[12] 藜藿：分指灰菜和豆叶，这里指粗劣野菜。

[13] 削心约志，从事乎无为：朱墉引《指南》曰："无为不是一无所为，只是削心约志，不以多事自扰，即不以多事扰民，所谓垂裳恭己是也。其忧勤咨警，未尝一刻暇逸，而实未尝有一事之扰。君心为万化之原，惟其无欲。所以无为。"择，《六福》的"元为观"，既有道家、情家尊重自信，休养生息的成分，更有法家所主张的权术的成分，即君主高善镜秘，严密观察并率牢控制臣子，使其感到深不可演。

[14] 旌别淑德：意即题别善恶丧莠。旌别，识别，既别。

[15] 表其门闾：意即表彰丧善人家。门闾，指良善人家闾，里巷的大门。

[16] 存养天下鳏寡孤独，赈赡祸亡之家：刘寅曰："存养天下鳏寡孤独之人，孟子云：老而无妻曰鳏，老而无夫曰寡，幼而无父曰孤，老而无子曰独；此四者，天下之穷民而无告者，文王发现施仁。必先斯四者。又赈济赡养有祸患丧亡之家。"

[17] 百姓戴其君如日月：百姓像爱戴日月一样爱他。朱墉引《衷指》曰："如日月者。言其德化苦问毫无遗漏也。百姓戴尧德之光被，即如仰日月之照临。"又引《合参》曰："日月之戴，言日月之在天，未有不共知共见共戴之理。天下之人没有个不共戴日月的，便没有不戴尧的。盖由尧之君道如日月，故百姓戴之亦如日月也。"

[18] 大哉！贤君之德也：贤君帝尧的德行真件大啊。朱墉《全旨》曰："此章言气化盟虚治乱，皆人事所致。人事动于下，天道应于上，人事即天道也。""圣人有参赞位育之能，有弊旋转移之力，惟其修德于己，则虽天地之所不足者，皆可有以补救之。若纯用气数，是圣人亦面于天地之中，无责为圣人矣。太公论盈虚而归之于人君，明以拨乱反治能之权望文王，复以帝尧为言，见必德如帝尧，方可去以回天道。"钮先钟说："这一篇以阐明'君道'为主题。不仅说明君之重要性，而且也解释君德之要件。诚如，文王问太公曰：'天下熙熙，一盈一虚，一治一乱，所以然者何也？其君贤不肖不等乎？其天时变化自然乎？'太公曰：'君不肖则国危而民乱，君贤圣则国安而民治。祸福在君，不在天时。可见《六韬》的基本观念与《尉缭子》颇为相似，即重人事而不重天命。于是

也可想见二书成书之时可能很接近。"

【译文】

文王问太公道:"天下纷乱扰攘,时而强盛,时而衰弱,时而太平,时而混乱,导致这些现象的原因是什么呢?是因为国君贤与不贤的不同呢?还是决定时序变化的天命使然呢?"

太公答道:"国君若不贤,则国家危亡,民众生乱;国君若贤明,则国家安定,民众平安。国家祸福的根源在于国君,不在天命。"

文王问道:"能让我听听古代贤君的治国之道吗?"

太公答道:"过去帝尧在天下称王,他就是上古人民所称道的贤君。"

文王问道:"他是怎么治理国家的?"

太公答道:"帝尧在天下称王的时候,不用金银珠玉装饰,不穿精致华丽的丝织衣服,不观赏奇珍异物,不珍视古玩器皿,不听淫佚靡乐,不精刷宫苑房室,不盖饰屋脊橡柱,不修剪庭院杂草。以鹿皮御寒,以布衣遮体,吃粗粮饭,喝野菜汤。不因为劳役的缘故,耽误百姓耕田纺织的农时。抑制欲望,无为而治。对官吏中忠正守法的,擢升其职位;对官吏中廉洁爱人的。增加其俸禄。对民众中孝顺仁慈的,就热爱敬重他;民众中尽力于农桑的,就整问勉励他。甄别善恶良莠,表彰良善人家,揄扬公正品节。以法制禁止奸邪诈伪。对他所憎恶的人,能做到有功必赏;对他所喜爱的人,能做到有罪必罚。赠养天下的鳏寡孤独,救济遭受天灾人祸的人家。他让自己的生活过得很俭朴,他征用的赋税劳役非常少。所以他治理下的万民富足安乐而没有饥寒之苦,百姓像爱戴日月一样爱戴他,像亲近父母一样亲近他。"

文王说:"贤君帝尧的德行真伟大啊!"

管理启示:

从文王对古代贤君治国之道的求问以及太公的回答看,欲得天下,须德行天下;德行天下,方得天下;德才兼备,德亦先行。太公还从衣、食、住、用、乐等方面描述古代贤君是如何节用的;又从对待民众劳作孝仁、官吏忠正守法,以及所憎所爱的奖罚分明等方面描述了古代贤君的治国之法。太公所言、贤君所施,与如今中央对党员干部提出的反对"四风"、弘扬正气的要求是相通的;治国先治吏,领导干部应率先垂范,方能造福一方。古人的认知,至今仍具有现实意义。

思考题:

谈谈你对文中"国家祸福的根源在于国君,不在于天命"的认知和理解。

第二节 武 韬

一、武韬第一篇

启发第十三

【原文】

文王在酆召太公曰[1]:"呜呼!商王虐极[2],罪杀不辜,公尚助予忧民[3],如何?"

太公曰："王其修德以下贤，惠民以观天道[4]。天道无殃[5]，不可先倡；人道无灾[6]，不可先谋。必见天殃，又见人灾，乃可以谋[7]。必见其阳，又见其阴，乃知其心[8]；必见其外，又见其内，乃知其意[9]；必见其疏，又见其亲，乃知其情[10]。行其道，道可致也[11]；从其门，门可入也[12]；立其礼，礼可成也[13]；争其强，强可胜也[14]。全胜不斗，大兵无创，与鬼神通[15]。微哉！微哉！

"与人同病相救，同情相成，同恶相助，同好相趋[16]。故无甲兵而胜，无冲机而攻[17]，无沟堑而守。大智不智，大谋不谋，大勇不勇，大利不利[18]。利天下者，天下启之[19]；害天下者，天下闭之。天下者非一人之天下，乃天下之天下也。取天下者，若逐野兽，而天下皆有分肉之心。若同舟而济，济则皆同其利，败则皆同其害[20]。然则皆有启之，无有闭之也。无取于民者，取民者也；无取于国者，取国者也；无取于天下者，取天下者也。无取民者，民利之；无取国者，国利之；无取天下者，天下利之[21]。故道在不可见，事在不可闻，胜在不可知。微哉！微哉[22]！

"鸷鸟将击[23]，卑飞敛翼[24]；猛兽将搏，弭耳俯伏；圣人将动，必有愚色[25]。今彼有商，众口相惑，纷纷渺渺[26]，好色无极[27]，此亡国之征也。吾观其野，草菅胜谷[28]；吾观其众，邪曲胜直；吾观其吏，暴虐残贼，败法乱刑。上下不觉，此亡国之时也。大明发而万物皆照，大义发而万物皆利，大兵发而万物皆服[29]。大哉！圣人之德。独闻独见，乐哉[30]！"

【注释】

[1] 鄷：鄷宫，周文王的宫殿，在今陕西户县北。

[2] 虐极：暴虐到极点。

[3] 尚：庶几，犹言也许可以。常带有祈使语气。《书·汤誓》："尔尚辅予一人，致天之罚！予其大赉汝。"

[4] 王其修德以下贤，惠民以观天道：意谓君王要修养德行，礼贤下士，施惠民众，观察天象吉凶。观天道，意即观察天象吉凶。天道，指显示征兆的天象。施子美曰："夫欲伐人者必先尽其在己。修德以下贤，惠民以观天道，此尽其在己之事者。盖惟修己，而后可以待人。惟得民，而后可以应天。贤有德者也，修德于己，而后贤者归之，故修德乃可以下贤，此修己以待人也。人之所欲，天必从之。惠足以及人，乃可以合天，故惠民以观天道，此泽民以应天也。文王有徽柔懿恭，此文王之所以修德也。文王惟修是德，此闳夭、散宜生之徒所以为用也，非以下贤乎？发政施仁，必先四者，此文王之所以惠民也。文王惟能惠民，此天道之所以乃眷西顾也，非观天道乎？"朱墉引《指南》曰："当殷周之际天道已显，示以兴周之象，但太公难以明言，只得以惠民事急为启陈其实。惠民之君即可以转移天道。"又引《醒宗》曰："以周之至仁伐纣之至不仁，尚且言惠、言观天道，可见圣人用兵出于不得已也。"国英曰："修德下贤，贤字亦重看。贤臣足以图治安，泯祸乱，知而不用与不知同，用而不当与不用同。惟真知善用，斯天殃人灾，庶几不作。若误用小人，所谓灾害并至，善者亦无如之何矣。"

[5] 天道无殃：意即天象没有预示祸殃。

[6] 人道无灾：意即人间的迹象没有预示灾祸。

[7] "必见天殃"三句：施子美曰："此言商虽可伐，而天殃人灾未见，不可以先举事也。……是以越之伐吴，吴未发而先发，而范蠡亦以天时人事告之。越王不从，卒有会稽之厄。惟天殃人灾既见，然后徐而图之，无不可矣。"刘寅曰："必见上天之降殃，又见下民之生灾，乃可以谋而为之。天殃，如日月失明、星辰逆行、夏霜、冬雷、春凋、秋荣之类是也。人灾，如五谷不熟、饥馑荐臻、盗贼滋炽、奸宄窃发之类是也。"

[8] "必见其阳"三句：意谓必须既看到商王在公开场合的言行，又看到他在私下里的表现，才能知晓他的内心。阳，指公开场合。阴，指私密场合，私下里。施子美曰："敌之所蕴，虽若难知，而吾之所测，各以其术。心也，意也，情也，皆敌之所蕴也。心有所思，意有所欲，情有所发，心、意、情三者，同出而异用。……自其内而言之，则心为之主，意为之用，而情则有所形矣。此心、意、情之别也。三者固为难知，而吾测之，各有其术。故知其心则何以哉，即其阴阳而可以知之也。阳者，其显而可见者也。阴者，其隐而难知者，所未为之事也，即其所已为，皆心之所思也，故即是而可以知其心。"刘寅曰："阳，显明之地；阴，幽暗之处。显明之地所为者，皆暴虐之事；幽暗之处所为者，皆淫恶之行；乃知其心之昏惑也。"

[9] "必见其外"三句：意谓必须既看到商王对外的治国安民表现，又看到他的朝廷内部百官是否清廉，才能知晓他的意图。施子美曰："外而人民田野，内而朝廷百官。始而观其外，见其田野辟，万民安，则外治矣。次而求于内，见其朝廷清，百官正，则内治矣。既观其外，又观其内，若是者皆志之所寓也，故可以知其志。"刘寅曰："必见其外之所行，又见其内之所养；外之所行者皆贼虐之政，内之所养者皆邪僻之非，乃知其意之迷乱也。如纣，外则杀忠贤而贼谏辅，内则肆酖昏而耽色欲，心神昏惑，志意迷乱，从可知矣。"

[10] "必见其疏"三句：意谓必须看到商王疏远哪些人，亲近哪些人，才能知晓他的实情。施子美曰："既观其疏，又观其亲，则其所去取者，其贤佞可知也。是乃情之所好恶也，故因是可以知其情。"刘寅曰："必见其疏远者离叛，又见其亲近者放逐，乃知其情之向背也。如纣，远则江、沱、汝、汉之间，悉从文王之化；近则微子去、箕子奴，人情之向背，亦从可知矣。"刘寅将"疏""亲"解释成"疏远者离叛""亲近者放逐"；又将"情"解释成"情之向背"，亦通。

[11] 行其道，道可致也：意谓遵行吊民伐罪之道，就能获得道的真谛。朱墉《直解》曰："其道，吊民伐罪之道也。"

[12] 从其门，门可入也：意谓追求称王天下的理想，就能实现这种理想。从，跟随，追随，追求。门，这里喻指称王天下的理想。朱墉《直解》曰："其门，王天下之门也。"

[13] 立其礼，礼可成也：意谓制订合理的军国制度，这种制度就能成功。朱墉《直解》曰："礼，军国之制度也。"

[14] 争其强，强可胜也：意谓敢与强敌竞争，强敌就可战胜。朱墉引《开宗》曰："此乃言不得已而争强，正妙在不争之间。"

[15] "全胜不斗"三句：意谓完全彻底的胜利无需通过战斗就能获得，力量强大的

军队应征服了敌人而自己却毫发无损，其中的道理十分神秘，与鬼神相通。创，杀害，这里是杀戮、战斗的意思。施子美曰："此以计取而不用于兵也。法曰：争胜于白刃之前者，非良将也，是则斗而后胜，未免于劳民。若夫以全胜之，则无用于战斗矣。法曰：上兵伐谋。是则用兵而至于杀伐者，非善用者也。故大兵则无伤，故无创。"刘寅曰："全胜不在战斗，在胜于无形；大兵无欲伤残，在完吾士众。能胜于无形而兵无伤残，是其智与鬼神通，所以重言微哉微哉，而叹其妙也。"朱墉引《合参》曰："奉天伐罪，救民水火，是谓大兵无创，无伤残也。与鬼神通，言其精微奥妙，求无弗得，思无弗胜也。圣人以仁义为感孚，故师之所至，自然人归天与。"又引《句解》曰："大兵者是除残之兵也，是伐暴之兵也，是救民水火之兵也。"《中国历代军事思想》说："《六韬》的国家战略思想，与它的'不得已而用之'的战争观密切相连。它继承了《孙子兵法》中'不战而屈人之兵'的全胜思想，主张在强大实力基础上，不经激烈的战斗就获得全面的胜利，使自己的军队不受损耗、伤亡。""这种战略思想，自孙武时形成战略最高理想境界的原则以后，到战国时，已基本上成为大多数军事家们的信条，而且更成为中国古代军事思想的传统战略思想。但是，《孙子兵法》没有、在此之前的军事家们也没有论及达到这一战略目的的具体措施，仅提出'伐谋''伐交'两条抽象原则。《六韬》总结了吕尚在灭商战争中的谋略运用，吸取了纵横家们的谋略思想，将《孙子兵法》中《谋攻》《用间》等篇中有关内容综合消化，提出了《文伐》的十二条措施，实质上就是运用非武力的政治、外交等手段，分化瓦解敌人的十二种'心理战'或谋略战的方法。"

[16]"与人同病相救"四句：意谓对臣下的病痛感同身受，就能获得相互救援；与臣下情意相投，双方就能互相成就；与臣下憎恶相同，双方就能互相帮助；与臣下爱好一致，双方就能奔向同一个目标。施子美曰："论制敌之道者，莫若得人之心。与人同病相救、同情相成、同恶相助、同好相趋者，皆所以得其心也。"朱墉引《题矩》曰："上下同心，则不必有藉资而自获攻守之效。"又引《开宗》曰："此言能与下人同其心，自然能胜能攻能守而无难。"国英曰："四'同'字是上下一体，休戚相关。与孟子所谓'出入相友'数句同意。人心如石，自不待坚甲利兵而始胜。故前人有'撼山易，撼岳家军难'之语。如此虽无冲机、无沟堑，而或攻或守。无不恃其心法，是谓仁者无敌。"

[17]冲机：此指兵器、器械。冲指的是冲撞敌城的战车，机指的是弓弩上发射箭的机关。

[18]"大智不智"四句：《六韬》此处所论"大智""大谋""大勇"，略近于《孙子兵法》所谓"古之所谓善战者，胜于易胜者也，故善战者之胜也，无智名，无勇功，故其战胜不忒。"不同于前者侧重于大智大勇者的谦逊低调，后者强调的是善战者谋略之高超，非常人所能领悟。施子美曰："智也，谋也，勇也，利也，皆圣人之德也，谓之大智、大谋、大勇、大利，则其德之无以复加也。自其大德而求之，似不难见也。然其至也，至于不智、不谋、不勇、不利，是又其至德之极，不可得而知也。且应事不可以无智，大智则无乎不知，智而不明，其智是以不智。料敌不可以无谋，大谋则无乎不周。谋而不泄，其谋是以

不谋。决胜不可以无勇，大勇则莫之敢当。勇而不恃，其勇是以不勇。恤民不可以无利，大利则无乎不及。利而不居，其利是不利。若是者，皆其德之至妙，而不可知其极也。昔武王渡孟津而观政于商，其智为甚大也；阴谋修德，其谋为甚大矣；一怒而安天下，其勇为甚大也；散财发粟，其利为甚大也。武王虽有是四者，而未尝自以为大，故天下亦莫知其所以为大也。武王惟不自有其大，此天下所以归之而亦莫之知也。此传所以曰'圣人不自大，故能成其大'，其以此欤？"朱墉引《大全》曰："大智者，韬藏敛晦，人自不觉也。今人有智谋勇利，方且骄矜炫耀矣。"

[19] 利天下者，天下启之：意谓让天下人获利的，天下人就会与他一起开创事业。启，开拓，开创。施子美曰："圣人待天下以至公之心，则天下必趋圣人以归往之心。盖圣人之于天下，非以为己利也，将以利天下也。天下之民抚之则后，虐之则雠。故利天下，则天下启导之。"朱墉引《开宗》曰："此言忧民不自用其智谋勇利，而天下自以智谋勇利启之也。"

[20] "若同舟而济"三句：意谓如果与臣下同船渡河，渡过河大家一同获利，船沉了大家一起遭殃。国英曰："'同舟而济'比得最为亲切。盖天下者，乃君与臣民共有之天下。共有之天下，则当共保之。济则同利，臣民不致受其害；败则同害，臣民不得享其利。世人但以天下属之君，而不察安危祸福之相关，无一人能异于众也。知此可以作忠义之气。"

[21] 无取天下者，天下利之：刘寅曰："人君无取于民者，其实取民者也。无取于民者，不夺民之利也；取民者，得民心之归也。民心归，岂有不利者哉？所谓行仁义而自无不利者也。故无取于民者民利之，无取于国者国利之，无取于天下者天下利之；民利之者民归之也，国利之者一国归之也，天下利之者天下之人归之也。民归之，一国归之，天下归之，此所以天下启之也。"朱墉引《开宗》曰："此言不取以为取者，其举动出见闻知觉之外。"

[22] "故道在不可见"五句：《六韬》在这里指出军事斗争高度复杂，异常隐秘，非常规思维活动所能把握。《孙子兵法》亦有类似言论，如其《虚实篇》曰："故善攻者，敌不知其所守；善守者，敌不知其所攻。微乎微乎，至于无形；神乎神乎，至于无声，故能为敌之司命。"施子美曰："兵之所资以为用者，虽有不同，而兵之所以隐于无迹者，皆其所贵。道也，事也，胜也，此兵之所所用，始终有不同也，而其不可见，不可闻，不可知，则皆欲其无迹焉。道也者，所以修之己而以倾人者也。道而可见，则道不足用矣。事也者，见于所行而以制人者也。事而可闻，则事不足持矣。胜也者，所以决其成败而胜人也。胜而可知，则胜无自成矣。大抵兵闻则议，见则图，知则困，故道欲不可见，事欲不可闻，胜欲不可知。始则晦其道，次则密其事，而终则藏其胜，此其始终之序也。昔者武王之图商也，阴谋修德以倾商政，则其为道也不可见矣。其事多兵权奇计，则其为事也不可闻矣。至于牧野之战，倒戈之徒，一北而成功，则其胜又乌可知邪？是三者惟欲其无迹，故其为用也，既微而又微，故曰'微哉！微哉！'言其微妙之至也。"朱墉引陈大士曰："以强胜弱，以众胜寡，皆胜之有可知者也。惟不恃其强众，而独行其绥安拯救之心，以为吊民伐罪之举，其

胜自出于意料外者。"吴如嵩等著的《中国军事通史》第三卷《战国军事史》说："《六韬》十分重视隐蔽战略企图，强而示之弱，所谓'道在不可见，事在不可闻，胜在不可知'（《发启》）。高明地隐蔽企图要像凶禽猛兽那样，袭击目标之前采取敛翅低飞、贴耳俯地的姿态。《军势》中写道：'夫先胜者，先见弱于敌而后战者也。'又说：'用莫大于玄默。'用兵以玄秘静默、不露声色为上，这样才能实现战略企图。"

[23] 鸷鸟：凶猛的鸟，如鹰、雕等。

[24] 卑飞：低飞。

[25] 圣人将动，必有愚色：意谓圣人将要展开军事行动，一定会显出愚笨的表情。施子美曰："愚也者，所以藏其智而不用也。盖将欲取之，必固予之，将欲张之，必固翕之。将以动其用，可不隐其用乎？此圣人将动，所以必有愚色也。此文王之所以遵养时晦者，盖将以示其愚也。"

[26] 纷纷渺渺：意即动荡不已。朱墉《直解》曰："纷纷、紊乱之貌。渺渺，无穷之貌。"

[27] 好色无极：意即荒淫无度。

[28] 草菅胜谷：野草比谷物长得旺。菅，一种多年生的草。

[29] "大明发而万物皆照"三句：意谓日月散发光辉，便能普照万物，正义的事业开展起来，便能让万物获利，大军行动起来，便能让万物顺服。大明，指日月。施子美曰："大明也，大义也，大兵也，皆圣人之德也。自其明示天下之际而言，则谓之大明。自其正天下之不正者言之，则谓之大义。自其为天下除残贼而言之，则谓之大兵。大明发而万物皆照者，盖大明则无所不照，故虽都屋之下，暗室之中，容光必照，此大明发而万物所以皆照。大义发而万物皆利者，盖仁义固所以利之也。况大义既发，则无所不利，故室家得以相庆，百姓得以按堵，此大义发而万物所以皆利也。及推是而为大兵，则万物皆服。盖仁人之兵，无敌于天下。今大兵既发，则所向者莫不风闻而靡，宜其万物皆服也。"王联斌在《〈六韬〉的军事伦理思想》一文中说："发圣明在于光照天下，申大义在于利及天下，举雄师在于服顺天下。所谓举义兵、兴义战，实在于'利'与'服'而已。'利'与'服'这两个方面是相辅相成，缺一不可的。对天下只是'利'之而不能'服'之，是惟'王道'而轻'霸道'的悲剧；反之只是'服'之而不能'利'之，是惟'霸道'而背'王道'的无义之战。《六韬》的这种'王道'与'霸道'相结合的义战观，是对春秋战国以来义战思想的继承和发展，尤其是对荀子的'王霸合一'说颇有直接传承意义。"

[30] "大哉"四句：意谓圣人的德行真伟大啊！只有他独自一人能够了解把握，他真高兴啊！朱墉引王汉若曰："'大哉圣人之德'，承上三句赞叹之。大明普遍万物皆照，大义诞敷万物皆利，大兵一举万物皆服。此正见圣人之德大也。"朱墉引《合参》曰："独见独闻有不为众议所摇夺之意，惟不为众议摇夺，所以伐暴救民，真有人所不及知而己所独闻独见者也。"孔德骐说："《发启》一开头就假借文王在国都召见太公吕望，指出'商王虐极，罪杀不辜'，要求吕尚帮助他筹划如何推翻商王朝统治，把人民从水火之中拯救出来的问题。那么，

用什么方针来实现这一政治目的呢？'全胜不斗，大兵无创'的思想，就是它对这一问题的答案。这和孙子所说的'全国为上''全争于天下''利可全'的思想是一致的。取得全胜的过程，就是运用政治战略的过程。主要有两点：一是要进行战略侦察。侦察内容包括天道、人事、政情、社情等，然后加以分析判断，就可以掌握战略时机是否成熟。二是要做好争取敌国人民的工作。说明利害关系，'若同舟而济，济则皆同其利，败则皆同其害'，这样就可以把敌国人民争取过来。同时，对自己的战略计划还必须保密，强调'道在不可见，事在不可闻，胜在不可知'。如果过早地暴露自己，就不能达成自己的战略目标。所说'鸷鸟将击，卑飞敛翼；猛兽将搏，弭耳俯伏；圣人将动，必有愚色'，是对保守军事机密，隐蔽自己企图和行动的生动描绘。以上这些方面都做到了，就能达到'无甲兵而胜''大兵发而万物皆服'的目的。"钮先钟说："这一篇颇有哲学意味，其思想来源似出于道家，但也与孙子相通。例如：'大智不智，大谋不谋，大勇不勇，大利不利。利天下者天下启之，害天下者天下闭之。'与孙子所谓'无智名，无勇功'的观念有所暗合。而其'故道在不可见，事在不可闻，胜在不可知。微哉，微哉，鸷鸟将击，卑飞敛翼；猛兽将搏，弭耳俯伏；圣人将动，必有愚色'之言，更可能是导源于孙子所谓'鸷鸟之击，至于毁折者，节也'的观念。"黄朴民说："本篇论述吊民伐罪、发动讨伐不义战争的基本前提和争取天下的基本策略，有以下几个要点：一是要对内'修德以下贤，惠民以观天道'。二是要正确认识战略形势，通过对天道、人道以及'心''意''情'等各方面的观察，来把握战略时机是否成熟。三是强调'全民不斗，大兵无创'，以实力为后盾，不战而屈人之兵，这样就可以'无甲兵而胜，无冲机而攻，无沟堑而守'。四是要夺取天下，必须收揽民心，与民同利。五是要巧妙隐蔽自己的战略企图，'大智不智，大谋不谋'；'道在不可见，事在不可闻，胜在不可知'；'圣人将动，必有愚色'。六是指出商王朝灭亡的征兆已经出现，灭亡商朝的战略时机已经成熟。'大明发而万物皆照，大义发而万物皆利，大兵发而万物皆服。'这时只要振臂一呼，必定群起响应，遂可摧枯拉朽，成就大业。"

【译文】

文王在酆宫召见太公道："唉！商王暴虐至极，随意定罪，滥杀无辜，您也许可以帮我一起为百姓忧虑，该怎么做才能救民于水火呢？"

太公答道："君王要修养德行，礼贤下士，施惠民众，观察天象吉凶。天象没有预示祸殃，您就不能先行倡导征伐；人间的征兆没有预示灾祸，您就不能先行谋划战争。必须既见到上天降下祸殃，又见到下民遭灾，才可以谋划。必须既看到商王在公开场合的言行，又看到他在私下里的表现，才能知晓他的内心；必须既看到商王对外的治国安民表现，又看到他的朝廷内部百官是否清廉，才能知晓他的意图；必须看到商王疏远哪些人，亲近哪些人，才能知晓他的实情。遵行吊民伐罪之道，就能获得道的真谛；追求称王天下的理想，就能实现这种理想；制定合理的军国制度，这种制度就能成功；敢与强敌竞争，就能战胜强敌。完全彻底的胜利无需通过战斗就能获得，力量强大的军队应征服了敌人而自己却毫发无损，其中的道理十分神秘，与鬼神相通。微妙啊！微妙啊！

"对臣下的病痛感同身受，就能获得相互救援；与臣下情意相投，双方就能互相成就；与臣下憎恶相同，双方就能互相帮助；与臣下爱好一致，双方就能奔向同一个目标。能做到这些，即使没有铠甲与士兵也能战胜敌人，没有战车与机弩也能向敌人发起进攻，没有沟垒也能防守御敌。有大智慧的人不炫耀自己的智慧，有大谋略的人不炫耀自己的谋略，有大勇气的人不炫耀自己的勇气，获得大利的人不炫耀自己的利益。让天下人获利的，天下人就会与他一起开创事业；让天下人受害的，天下人就会阻塞他的事业。天下不是某一个人的天下，而是天下人的天下。获取天下，就像追逐野兽，而天下人都有分尝肉味的心愿。如果与臣下同船渡河，渡过河大家一同获利，船沉了大家一起遭殃。遵循这样的道理去行事，臣下就会都来开拓君王的事业，而不会阻塞君王的事业。不掠取百姓利益的人，就能获取民心；不掠取国家利益的人，就能获得国家；不掠取天下利益的人，就能获得天下。不掠取民众利益的，民众就会让他获利；不掠取国家利益的，国家会让他获利；不掠取天下人利益的，天下人会让他获利。所以道理之高妙在于一般人看不到，事情之机密在于一般人听不到，获胜之机巧在于一般人不懂得。微妙啊！微妙啊！

"凶狠的禽鸟将要发动袭击，一定会低飞收翼；凶猛的猛兽将要搏击猎物，一定会帖耳伏地；圣人将要展开军事行动，一定会显出愚笨的表情。现在在那个殷商国度，民众议论纷纷，困惑不安，社会动荡不已，国王荒淫无度，这是亡国的征兆。我观察殷商的原野，野草比谷物长得旺；我观察殷商的民众，邪恶的人比正直的势力大；我观察殷商的官吏，都是暴虐凶残的恶徒，纷纷败坏法规扰乱刑律。殷商上下对国家的乱象浑然不察，这是到了他们该亡国的时候了。日月散发光辉，便能普照万物，正义的事业开展起来，便能让万物获利，大军行动起来，便能让万物顺服。圣人的德行真伟大啊！只有他独自一人能够了解把握，他真高兴啊！"

管理启示：

文王问："商王暴虐至极，怎么办？"太公的回答包含两点关键信息，即天时、人和。天时就是等到商王彻底失去民心。怎样知道天时呢？就是多观察、多了解。人和就是文王自己要赢得民心。怎样赢得民心呢？君王要"修养德行，礼贤下士，施惠民众"。天时人和可以概括为"对手人心涣散，己方安定团结"。经营一家公司可以从中受到的启发，就是公司内部要制度完善，管理规范，运行有序，团结和谐；再通过多种渠道了解、掌握复杂多变的外部市场信息，并制定有效的应对策略。如此才能如太公所说，看到了高妙的道理、听到了机密的事情、懂得了获胜之机巧，才能在激烈的市场竞争中站稳脚跟。

思考题：

1. 针对文王的疑问，太公回答的核心要点是什么？
2. 现代公司经营从太公的回答中能受到哪些启发？

二、武韬第二篇

文启第十四

【原文】

文王问太公曰："圣人何守[1]？"

太公曰:"何忧何啬,万物皆得[2];何啬何忧,万物皆遒[3]。政之所施,莫知其化;时之所在,莫知其移[4]。圣人守此而万物化[5]。何穷之有?终而复始。优之游之,展转求之[6];求而得之,不可不藏;既以藏之,不可不行;既以行之,勿复明之。夫天地不自明,故能长生;圣人不自明,故能名彰[7]。古之圣人,聚人而为家,聚家而为国,聚国而为天下,分封贤人以为万国[8],命之曰大纪[9]。陈其政教,顺其民俗,群曲化直,变于形容[10]。万国不通[11],各乐其所,人爱其上,命之曰大定[12]。呜呼!圣人务静之[13],贤人务正之。愚人不能正,故与人争[14]。上劳则刑繁,刑繁则民忧,民忧则流亡。上下不安其生,累世不休,命之曰大失[15]。天下之人如流水,障之则止,启之则行,静之则清[16]。呜呼,神哉!圣人见其所始,则知其所终[17]。"

文王曰:"静之奈何?"

太公曰:"天有常形,民有常生。与天下共其生,而天下静矣[18]。太上因之,其次化之,夫民化而从政[19],是以天无为而成事,民无与而自富,此圣人之德也[20]。"

文王曰:"公言乃协予怀,夙夜念之不忘,以用为常[21]。"

【注释】

[1] 守:遵守,遵循。

[2] 何忧何啬,万物皆得:意谓圣人既不忧虑什么也不吝啬什么,宇宙万物都会自得其所。啬,吝啬。朱墉曰:"忧、啬,皆欲累之也。欲之未遂,为欲所牵引,故多忧。欲之既遂,为欲所系吝,故多啬。未得所欲则惟恐不得,故忧。既得所欲,则私之于己,而不公之于人。"

[3] 遒:劲健,强劲,强壮。一说聚也。

[4] "政之所施"四句:意谓对于圣人实施的政令,没有人知道它是如何潜移默化的;如同对于四时变化,没有人知道时令是如何暗中更替的。时,季节,指春、夏、秋、冬。刘寅曰:"所谓圣人无为而成治,天道无为而成事也。"

[5] 圣人守此而万物化:意谓圣人遵守无为而治的原则,适应宇宙万物的自然转化。朱墉引《合参》曰:"'守此'谓守此无为而治也,'万物化'即万物皆得。万物皆道之,谓天道无为而成化,圣人无为而成治。"又引《题矩》曰:"此心能守之而不使有骄奢淫佚之事,则万物自因之而化矣。"

[6] 优之游之,展转求之:意谓圣人从容自如,反复探索无为而治的统治原则。朱墉《直解》曰:"优游,自如之貌,不欲速也。万物未化,俟其自成也。展者,转之半。转者,展之周。反覆以求,不忘所有事也。"

[7] "夫天地不自明"四句:意谓天地从不炫耀自己的功德,所以长生不衰;圣人从不炫耀自己的功德,因而声名昭彰。自明,意即不炫耀自己的功德。《老子》第七章曰:"天长地久。天地所以能长且久者,以其不自生,故能长生。是以圣人后其身而身先;外其身而身存。非以其无私邪?故能成其私。"第二十四章曰:"企者不立,跨者不行;自见者不明,自是者不彰;自伐者无功,自矜者不长。"施子美曰:"此言功不可为己有也。以功为功者,其功小;不以功为功者,其功大。""圣人拟天地而参诸身,故凡所为亦天地若也。圣人出而应世,使天下万物各得其所,各遂其生,其功亦大矣。圣人岂肯指是以为己功邪?故不自明其功。惟不自明其功,此所以其名益彰也。当尧之世,含哺鼓腹之民,

熙熙陶陶，而于尧之为君，莫之能名，则尧不自以为功矣。此尧之所以能为五帝之盛帝也。文王之世。发政施仁，惠鲜鳏寡，而文王之为君，方且不识不知，则文王亦岂以认为己功邪？文王不以己功，此文王之所以为三王之显王也。"朱墉引《大全》曰："不自明者，谓隐德弗耀也。天明，则日月不明，言天不自明，故日月得而明也。若天之精气呈露而自明，则日月不能明矣。圣人随藏随行，是以体暗名彰，与天地同贞，明若大德。薄其藏，骤猎表著，非圣人矣。"又引《开宗》曰："此言圣人之行与天地同光。"

[8] 分封贤人以为万国：意即分封贤人让他们成为各国的诸侯。朱墉引《翼注》曰："万国非可一人而治，分以为治者势也。但所治非贤，究必至于分争，故圣人为天下图永久，务选择贤哲，以为万国诸侯。"

[9] 大纪：国家之大纲纪。

[10] 形容：指长期形成的不良习俗。朱墉《直解》曰："形容，旧所习染也。"

[11] 万国不通：意即各国风俗不同。朱墉《直解》曰："不通，俗各殊尚也。"

[12] 大定：刘寅曰："大定者，天下之大平定也。"

[13] 圣人务静之：圣人致力于清静无为。《老子》第十六章曰："致虚极，守静笃。……夫物芸芸，各复归其根。归根曰静，静曰复命。"第二十六章曰："重为轻根，静为躁君。……轻则失根，躁则失君。"第四十五章曰："静胜躁，寒胜热。清净为天下正。"《吕氏春秋·君守》曰："得道者必静。静者无知，知乃无知，可以言君道也。"施子美曰："治之所尚者异，则治之所成者亦异。圣贤之心，均于求治也，而治之所尚，则有道有义焉。圣人者，道之管也。圣人惟以道化人，故其为化，一本于无为。此所以务有以静之也。"朱墉引王汉若曰："'静之'，'之'字指天下言，'静'对纷扰看。或扰以干戈，或扰以征敛，或扰以刑罚，或扰以嗜欲。民生愈促，而国势亦因之不安矣。"国英曰："圣人务静，静而后能安，是大智不智，大谋不谋，身分才识深远，不动声色，转乱为治，转危为安，无诛邪伐暴之形，而消未萌之患，古今治国平天下者胥不外此。"

[14] 愚人不能正，故与人争：意谓昏君不能端正自己的行为，所以才与民众争利。《老子》第二十二章曰："夫唯不争，故天下莫能与之争。"第七十三章曰："天之道，不争而善胜，不言而善应，不召而自来，弹然而善谋。"第八十一章曰："天之道，利而不害；圣人之道，为而不争。"朱墉《直解》曰："愚人，后世人君也。与人争，用权势制人也。"又引尤尺威曰："愚人，即今时人君，其与人争，亦只是不能正己以率物，而强致其向化也。"

[15] 大失：刘寅曰："大失者，国家之政令大失也。"

[16] "天下之人如流水"四句：意谓天下人心如同流水，阻塞它就会停止，开放它就会流动，让它保持安静就会清澈。障，阻碍，阻塞。施子美曰："物有自然之势，民有自然之性。民心无常其已久矣，而其性则有自然者，譬之流水焉，或行，或止，或清，皆其势之必然也。止非自止也，不之决也，障而后止。行非自行也，不之遏也，启之而后行也。至于静而不之扰，则必还其清矣，此其势也。至于民之为性，亦固静也。古之论治国者，谓若烹小鲜，慎勿扰之，则

天下之人，必贵于安静也。安静则治，亦犹水之静而清也，此性之自然也。苟或拒之则必止，导之则必行，亦犹水也。昔之论以民为鉴者，尝谓人无于水鉴，当于民鉴，则民性所存，尤过于水也，可不欲使之清乎？人性之欲静也如此。"朱墉引《明说》曰："以流水喻天下人者，正见人心向背不常，可以后，亦可以仇。"又引《翼注》曰："抚则后，虐则仇，从古不易，而无如晚近之主，拂民以从欲。惟圣人则善于防微杜渐。"

[17] 圣人见其所始，则知其所终：朱墉引《指南》曰："其始其终，是就民心向背处说。见其始向即知其终之必归，见其始背即知其终之必去也。圣人不止是能见，惟圣人能主张挽回，使有向无背。"

[18] "天有常形"四句：意谓上天有恒常不变的现象，民众有恒常不变的生活。与天下百姓共同遵循繁衍生息的准则，天下就会清净。刘寅曰："天有恒常之形体，民有恒常之生意。天之常形，谓春而生、夏而长、秋而成、冬而藏也；民之常生，谓春而耕、夏而耘、秋而敛、冬而息也；能与天下共其生生之理，而天下自静矣。"朱墉引《注疏》曰："其生民之生也，苟上不能体民之生而共之天下，即从此多故矣，亦安能得其静乎？惟上自思其生，即思下之所以生，必不使己饱而民饥，己暖而民寒也，己逸而民劳也，则天下之人必各安其居，各乐其业，而相亲相爱，不期静而自静矣。总见欲天下之静，不必于民生外求之，须知是极易的事，又是极难的事。'共'字内有许多实际处，不可空空言'共'也。"又引《句解》曰："'共'字是以天下之生还之天下意，因之即务静也，化之即务正也。"又引《醒宗》曰："衣食财物天下所恃，以有生者也。惟人主独敛之，以自生而不与天下共生，则天下且起而叛之矣。"又引《开宗》曰："此言民心向背无常，惟与天下共其生，而后天下可静。"

[19] "太上因之"三句：意谓最好的方法是顺应民心以统治人民，其次是通过政教手段以感化人民，民众受到教化就会服从政令。刘寅曰："太上者因民而成治，其次者用化以成俗，夫民化于下而从人君之政。"因，顺应。"因"是战国秦汉黄老道家思想中的一个重要范畴，涵盖了政治、经济、军事等领域。《管子·心术上》曰："道贵因。"《吕氏春秋·贵因》曰："三代所宝莫如因，因则无敌。"《决胜》曰："凡兵，贵其因也。因也者，因敌之险以为己固，因敌之谋以为己事。能审因而加胜，则不可穷矣。胜不可穷之谓神，神则能不可胜也。"《史记·货殖列传》曰："故善者因之，其次利道之，其次教诲之，其次整齐之，最下者与之争。"《六韬》除了此处论及"因"外，还在《三疑》第十七中说："武王问太公曰：'予欲立功，有三疑：恐力不能攻强、离亲、散众，为之奈何？'太公曰：'因之，慎谋，用财。'"

[20] "是以天无为而成事"三句：意谓上天看起来似乎无所作为而万物自会生长，民众看起来并未获得施予而生活自能富足，这就是圣人的德行。《老子》第五十七章曰："故圣人云：'我无为，而民自化；我好静，而民自正；我无事，而民自富；我无欲，而民自朴。'"施子美曰："盖天之生斯物也，本以无心也。天而有心，则劳而不遍矣，孰若任以无为而化以无迹，使事自以成耶？孔子曰：'四时行焉，百物生焉。'此天以无为而成事也。民无与而自富，是又至治无

功也。老子曰：'我无欲，而民自富。则欲民之富殖者，不可或求其功也。求所以富之，则反以劳之矣。此所以无与其事而使彼自富也。昔者尧之为君，法天而治也。……天惟以无为而成事，故尧之于民亦然。……尧之所以无心于民者，一如天之于物也。故曰尧仁如天。"刘寅曰："事，犹物也。民无所与而自致富，谓不夺其时，薄其赋敛，使民安其田野，家给人足，是无与而自富。"朱墉引尤尺威曰："'无与'兼'不能与''不必与'二意说。不有以困苦之，则自家给人足；如必待与而后富，其富反易穷矣。"又引徐象卿曰："民原自有富，我不取便是与。言'无与'，直是我无取也。"

[21]"公言乃协予怀"三句：意谓你的言论甚合我意，我一定每天早思晚念，永不忘怀，把它作为治理天下的准则。协，合。朱墉《全旨》曰："此章见圣人之治天下，总一无为之化，不多事以扰民，而民自相安于无事。圣人非无所守，操持于形迹，日求万物之治而不得其治，常守于无为，无心于万物，而万物不知其所以化而万物自化，此其量直与天地同其悠久，且不居其功，善藏其用，亦与天地匹休焉。然圣人亦非一无所事也，集贤人以为万国，统纪所由成，陈政教以顺民俗，平定所由，始因性而化，立表率物，圣世所以无扰也。彼劳力烦刑，令上下不安其生，只见其大失而已，又乌能与人争哉？民心原自无常也，而生生之理亦在其身，圣人见始知终，不过还民之所应有，使农在畎亩，妇在机杼，不必有所赐与而自富，故惟是因之化之，即静之之谓也，此真治国之常经也。"孔德骐说："人君在施政治理国家时，要使人民不知不觉地适应客观外界的变化，这就是无为而治的政治。这种治世之道，必须千方百计地去寻求，牢牢地掌握和精心地运用。这是为政最根本的道理。要实行无为而治，它十分强调要顺乎自然，合乎民心。……圣贤若能认识和掌握这个道理，使人民的生活像天体运行和春秋四季的更替一样有条不紊，那么，实现长治久安就不难了。""国家、社会、人民，总会有邪恶、乖异的东西产生，这就需要施以教化，做'群曲化直'的工作。为此，《六韬》提出，在做法上要注意三个问题：一是所谓'圣人务静之，贤人务正之；愚人不能正，故与人争'，即古语所说正人先正己的道理。二是'太上因之，其次化之'，就是要因势利导，尽量通过教化而使人归顺，反对采用强制手段以折服人。三是不能刑罚繁多，刑罚繁多则民心忧惧，民心忧惧就会流离逃亡，上下不安。这几个方面做到了，就会出现'各乐其所，人爱其上'的局面。"黄朴民说："本篇论述治理国家的大政方略。作者主张君王清静无为，顺应民俗，使民各乐其所，具有相当浓厚的道家思想影响。具体而言，文中指出要使国家长治久安，首先必须实行无为而治的政策，只要顺其自然，合乎民心，就能使国家长治久安。其次是对民众要实行教化，进行'群曲化直'的工作。为此要注意正人先正己，'圣人务静之，贤人务正之。'强调因势利导，通过教化使人心归顺，'太上因之，其次化之'。同时应简省刑罚。这样，'民化而从政'，"无为而成事'。"

【译文】
文王问太公道："圣人应该遵守什么思想原则？"

太公答道:"圣人既不忧虑什么也不吝啬什么,宇宙万物都会各得其所;圣人既不吝啬什么也不忧虑什么,宇宙万物都会茁壮生长。对于圣人实施的政令,没有人知道它是如何潜移默化的;如同对于四时变化,没有人知道时令是如何暗中更替的。圣人遵守无为而治的原则,适应宇宙万物的自然转化。宇宙哪有什么穷尽?运动变化周而复始圣人从容自如,反复探求规律;探求已得,不可不藏于心中;已经藏在心中,不可不去实行;已经实行了,就无需阐明。天地从不炫耀自己的功德,所以长盛不衰;圣人从不炫耀自己的功德,故而声名昭彰。古代的圣人,将众人聚集一起组成家庭,将众多家庭聚集一起组成国家,将众多国家聚集一起组成天下,分封贤人让他们成为各国的诸侯,这叫作国家政治的大纲领。圣人宣传政治教化,顺应民风习俗,将众多不良习气改造成正直,移风易俗。各国习俗虽不相同,但各自都乐其所在,人人敬爱君上,这叫作国家政治的大安定。唉!圣人致力于清静无为,贤君致力于端正行为。昏君不能端正自己的行为,所以才与民众争利。国君劳碌不堪,刑律必然繁多;刑律一旦繁多,人民就会忧惧;人民一旦忧惧,就会流散逃亡。上下生活都不安定,长期动荡不安,这叫作国家政治的大失败。天下人心如同流水,阻塞它就会停止,开放它就会流动,让它保持安静就会清澈。唉,真神妙啊!圣人一旦看见事物的开端,就能了解它的结局。"

文王问道:"怎样使天下清净?"

太公答道:"上天有恒常不变的现象,民众有恒常不变的生活。与天下百姓共同遵循繁衍生息的准则,天下就会清净。最好的方法是顺应民心以统治人民,其次是通过政教手段以感化人民,民众受到教化就会服从政令,所以上天看起来似乎无所作为而万物自会生长,民众看起来并未获得施予而生活自能富足,这就是圣人的德行。"

文王说:"你的言论甚合我意,我一定每天早思晚念,永不忘怀,把它作为治理天下的准则。"

管理启示:

太公认为宇宙有其运行的规律,周而复始,从不改变。圣人发号施令只要遵循这些规律,便可以无为而治。太公又认为天下有恒常不变的生活,与天下百姓共同遵循繁衍生息的准则,天下就会清静。太公的这两点总结可以认为是圣人或君王要遵循的两个规律,即自然规律和社会规律。遵循规律是生存的法则。同样地,公司参与市场竞争也要遵循经济规律和市场规律。这也是公司生存的法则。这似乎是很简单的道理,无需强调,其实不然。现实中逆规律行事的公司行为屡见不鲜,例如某种产品的供应已经市场饱和,仍有公司抱着侥幸心理,只看重眼前利益而去盲目投资,不愿意通过创新去创造新的产品。这不是公司的错,是公司决策者的错。要么是决策者不掌握市场行情,要么是决策者认知能力有限,归根到底是在违反规律办事,失败也是必然的。所以按规律办事要成为决策者脑海里一盏永远点亮的灯。

思考题:

查阅资料,列举一些违反市场规律而失败的公司运营的案例,从中能受到什么启发?

第三节 龙 韬

一、龙韬第一篇

王翼第十八

【原文】

武王问太公曰:"王者帅师,必有股肱羽翼,以成威神[1],为之奈何?"

太公曰:"凡举兵帅师,以将为命[2]。命在通达[3],不守一术。因能受职,各取所长,随时变化,以为纲纪[4],故将有股肱羽翼七十二人[5],以应天道[6]。备数如法,审知命理[7],殊能异技,万事毕矣。"

武王曰:"请问其目。"

太公曰:"腹心一人,主潜谋应卒,揆天消变,总揽计谋,保全民命[8];谋士五人,主图安危,虑未萌,论行能,明赏罚,授官位,决嫌疑,定可否[9];天文三人,主司星历,候风气,推时日,考符验,校灾异,知天心去就之机[10];地利三人,主三军行止形势,利害消息,远近险易,水涸山阻,不失地利[11];兵法九人,主讲论异同,行事成败,简练兵器,刺举非法[12];通粮四人,主度饮食,备蓄积,通粮道,致五谷,令三军不困乏[13];奋威四人,主择材力,论兵革,风驰电击,不知所由[14];伏鼓旗三人,主伏鼓旗,明耳目,诡符节,谬号令,闇忽往来,出入若神[15];股肱四人,主任重持难,修沟堑,治壁垒,以备守御[16];通才三人,主拾遗补过,应偶宾客,论议谈语,消患解结[17];权士三人,主行奇谲,设殊异,非人所识,行无穷之变[18];耳目七人,主往来,听言视变,览四方之事,军中之情[19];爪牙五人,主扬威武,激励三军,使冒难攻锐,无所疑虑[20];羽翼四人,主扬名誉,震远方,摇动四境,以弱敌心[21];游士八人,主伺奸候变,开阖人情,观敌之意,以为间谍[22];术士二人,主为谲诈,依托鬼神,以惑众心[23];方士二人,主百药,以治金疮,以痊万病[24];法算二人,主计会三军营壁、粮食、财用出入[25]。"

【注释】

[1] "王者帅师"三句:意谓君王统帅军队,必有将官辅佐,以使君王具有不凡威势。股肱,比喻辅助君主的将官。股,大腿。肱,胳膊从肘到肩的部分。羽翼,意同"股肱",比喻辅助君主的将官。朱墉引王汉若曰:"'股肱羽翼',概指大将偏副说。'必有''以成'四字,正见王者威神,资人赞助意。"又引《大全》曰:"兵凶器,战危事,天子自将,以威不轨,以讨不庭,机务不能以独理,必有大将以总其兵之纲,必有副将以司其兵之目,而王者神武不杀之威赖以成矣。"孔德骐说:"这里所说的'股肱''羽翼',是指在主帅左右并协助主帅参与谋划的人。就是说,将帅左右要有一批通晓兵法、善于筹策的人。这说明,司令部组织是从实践中产生的。……分别管理作战、宣传、间谍、天文、通信、工程、医务、军需等方面的参谋业务。这种业务分工,直接地影响到后世军制的发展。"

[2] 凡举兵帅师,以将为命:命,司命,命运的主宰者。施子美曰:"盖将者,民

之司命，死生之所系也。故举兵帅师之际，必以将为命。"

[3] 通达：指具有掌握全局的本领。

[4] "因能受职"四句：意谓要做到因材授职，各取所长，随时变化调整，以此作为用人方面的制度。纲纪，制度，法规。施子美曰："至于用人之际，则不可或构其才，故因能受职，各取所长，使得以尽其能而任其事，才之大者则大用之，小则小用之，长于智者为谋主，长于骑者为骑将，长于步者为步将。凡此皆因能而授以职也。至于驱之以应敌，则又因宜而定其制。时可用汉则示之以汉，以为之制；时可用蕃则示之以蕃，以为之制。凡此又因时所宜，变化而应之，以为之制也。纪纲者，法度之谓也。"朱墉引汪氏曰："在朝之纪纲乃一定而不变者也，在军之纪纲乃变化而无定者也。变化无定之纪纲，固不可先时而为之，尤不可后时而为之也，惟贵乎随时以为之。大智者大用之，小智者小用之，莫不随时以为审量。大勇者大用之，小勇者小用之，莫不随时以为权衡。材者用之以材，技者用之以技，能者用之以能，术者用之以术，莫不随时以为任。使一军有一军之纪纲，奇正攻守殊其用；一事有一事之纪纲，刚柔强弱异其施；一日有一日之纪纲，阴阳饮食适其宜。"国英曰："王者以将相为股肱，将相以偏裨为羽翼。盖相能燮理阴阳，教民忠义，挈其纲而人乐为用。将能整率军旅，节制赏罚，事有纪而各尽其才。夫用人之道，贵量能授职，使贪使诈皆能得其所宜，其权在将相。平日应事治民，经纬不紊，教化克行，则文事武备均至矣。是为得其纲纪。"

[5] 故将有股肱羽翼七十二人：孔德骐说："《龙韬·王翼》所列举的'股肱羽翼七十二人'，内分不同的参谋业务，组成一个比较周密完备的指挥机构。……这实际上是我国最早的司令部组织，也是世界最早的类似参谋部性质的组织。在欧洲，公元1640年前后首先在普鲁士开始出现参谋勤务的萌芽，1653年进一步发展为类似参谋部的'后勤总监'，1786年死去的腓特列大王实际就是普鲁士军队的统帅兼参谋长。不久，法国的柏蒂埃·路易·亚历山大，被拿破仑委任为总参谋长，并使参谋部组织得到进一步的发展和完善（参见谢国良著《拿破仑战争》第34-35页，上海人民出版社，1985年出版）由此看来，参谋机构的创设，我国比欧洲早二千多年。"《中国历代军事思想》指出："《六韬》的军队建设思想，突出的发展是第一次论述了司令部的编成。……几乎包括了近代司令部的所有参谋业务。这是战争规模极为扩大、军事学术高度发展的反映。"

[6] 以应天道：天道，指自然界一年间的七十二候。古人将五天定为一候，一年共有七十二候，参谋人员的七十二之数由此而定。候，古代的计时单位。《素问·六气藏象论》："岐伯曰：'五日谓之候，三候谓之气，六气谓之时，四时谓之岁。'"施子美曰："官不徒设，必取之天数，而以为建官之制。天有七十二候，而将置股肱羽翼七十二人，所以应天道也。……盖建官之法，非有所私也，必有所取象也，其术如此。"朱墉引姚氏曰："天以一气运于上而岁功成，将以一心运于中而战功立。天之所以为天者，一气也，至于行四时、宣八风，则非止于一气。将之所以为将者，一心也，至于用群策、用群力，则非止于一心。天之于

物,雷之动也,风之散也,雨之润也,日之暄也,春之道生也,夏之道养也,秋之道成也,冬之道藏也,无非天以一气运行,而七十二候所由分,此天道也。知者效谋,勇者效力,犹天之以雷动,以风散,以雨润,以日暄也。贤者在位,能者在职,犹天之以春生,以夏养,以秋成,以冬藏也。"

[7] 审知命理:意即清楚为将者肩负的使命。施子美曰:"命理者,将理也,以将为命,故谓之命理。"

[8] "腹心一人"五句:意谓一人担任腹心,主要职责是密谋军务,应付突发事变,观测天象,消除变异,统揽全军谋划,保全民众生命。潜谋应卒,意即密谋军务,应付突发事变。潜,秘密地,偷偷地。卒(cù),同"猝",突然。揆天消变,意即观测天象,消除变异。揆,度量,观察,观测。施子美曰:"此则将之所赖以定大计者也。汉王之良、平,萧王之寇、邓,皆腹心之臣也。主潜画计谋以应仓促,揆度天心,消去时变,以其司大计之所定,故计谋在所总揽,而民命以之保全。"

[9] "谋士五人"八句:意谓五人担任谋士,主要职责是图谋安危,思虑尚未发生之事,议论人的德行才能,申明赏罚标准,授予各种官职,决断疑难问题,裁决事情可做与否。施子美曰:"谋士五人,此则谋主也,有智者皆可为之。此田忌之孙膑,韩信之左车,皆谋士也。主图安危,虑未萌,此则论成败之所在也。论行能,此则较人才之长短也。明赏罚,此则公驭人之权也。授官位,此则原用人之法也。决嫌疑,定可否,又所以为胜败之政而收其成功也。"

[10] "天文三人"七句:意谓三人负责天文,主要职责是掌管天文历法,观测风云天象,推究时辰和日子的吉凶,考察祥瑞是否与人事相符,核验灾异预兆,了解天意向背的苗头。星历,指天文历法。候风气,意即观测天象吉凶。候,观测。风气,指古代的一种占候之法。推时日,意即推究时日吉凶。古人迷信,以为时日有吉凶,常以卜筮决之。推求,推究。时日,时辰和日子。考符验,意即考察祥瑞是否与人事相符。校灾异,意即核验灾异预兆。知天心去就之机,意即把握天意向背的时机。天心,天意。去就,向背。机,苗头或预兆。施子美曰:"天文三人,此则观天象以察时变也。成周之际,有太史之官,大师报天时与大师同车,此则天文之职也。主司星历,则以观星辰之变动。候风气,则以察时风之逆顺。推时日,以观其数。考符验,以观其证。校灾异,以从其变。即是数者,则天心之去就可知矣。故以此知天心去就之机。天之所与,吾则取之,所以应天也。"

[11] "地利三人"六句:意谓三人负责地利,主要职责是了解大军行进与驻扎的地形状况,分析利弊消长。清楚空间距离的远近与地理形貌的险易,查明河水的充沛干涸与山地的艰难险阻,不能丧失地理环境的优势。消息,消长,消失与增长。息,增长,递增。施子美曰:"地利三人,则择地利以处军,如卫青之张骞,知地利者也。主行军营垒之事,故三军行止、形势、利害、消息,可与不可,皆听从之。远近险易之形,与夫水涸山阻不利之地,亦皆知之。惟知地利,故不失其利。"

[12] "兵法九人"五句:意谓九人负责兵法,主要职责是讨论研究各种战法的异同,

分析作战成败的原因，查验兵器是否熟练使用，侦查检举军中的不法行为。简练，这里是查验兵器是否熟练使用的意思。检，考察，查验。练，使熟练，训练。刺举，侦查检举。施子美曰："兵法九人，此则韬钤之士，晓兵法者也。彼惟能晓兵法，故可使讲论异同，行事成败，此则论胜负也。简练兵器，则欲便于用也。刺举非法，则刑罚不用命者也。凡此者，兵法之所次，故使之主之。"

[13] "通粮四人"六句：意谓四人担任通粮，主要职责是制订伙食标准，储备粮草物资，保证粮运通畅，征收五谷军粮，使军队的粮食供给不匮乏。度，制度，这里是制订标准的意思。施子美曰："通粮四人，此则运粮食之职也。故主度饮食、蓄积，通粮道，致五谷，以足其用，使三军不至于困乏，以其能足粮食也。"

[14] "奋威四人"五句：意谓四人担任奋威，主要职责是选拔勇士，研究军备，保证军队能风驰电掣般快速行动，让敌人不知我军从何而来。材力，勇力，勇士。兵革，指军备。施子美曰："奋威四人，此选锋之士也。故材力之士在所择，兵革之士在所论，其奔击之速，如风驰电掣，人不知其所出。"

[15] "伏鼓旗三人"七句：意谓三人担任伏鼓旗，主要职责是熟练掌握军鼓与军旗的使用，使军中士兵明白军鼓与军旗的号令含义，有意制造虚假的传令凭证，传递虚假的军中号令，让敌人感到我军往来突然，出入行动犹如神灵般变化莫测。伏鼓旗，意即熟练掌握军鼓与军旗的使用。伏，通"服"，复习，熟练地掌握。明耳目，意即使军中士兵明白军鼓与军旗的号令含义。诡符节，意即有意制造虚假的传令凭证。符节，指古代朝廷传达命令或征调兵将用的凭证，双方各执一半，以验真假。闇（yǎn）忽，突然。施子美曰："伏鼓旗三人，此则勇力之士也，故使之伏旗鼓。明耳目，盖旗鼓军之耳目也。惟伏旗鼓，故可以明耳目。诡符节，谬号令，所以惑敌也。惟能惑敌，故闇忽往来，出入若神，敌不得而制之。"

[16] "股肱四人"五句：意谓四人担任股肱，主要职责是保卫军事重地，守护要害工程，挖掘壕沟，修筑城墙，以完备军队的防御工事。任重持难，《武经七书注译》曰："规划保卫重地，守护要害工程。"施子美曰："股肱四人，此则代举复者也，必其能力于治事也。故主任重持难，言代将任重难之事。修沟堑，治壁垒，所以为守御之备。"

[17] "通才三人"五句：意谓三人担任通材，主要职责是指出将帅的疏漏，弥补他的过错，接待外国的使者宾客，与之讨论谈判，消除外交隐患，解决国际纠纷。应偶，应对，接待。施子美曰："通才三人此则智略之士也。故主拾遗补过以辅助之，应偶宾客，论议谈语，以代应对之职。消患解结，以除危难之事。"

[18] "权士三人"五句：意谓三人担任权士，主要职责是实行诡诈谋略，实施奇异绝技，不让敌人识破，使我军行动变化无穷。奇谲，诡诈。设殊异，实施奇异绝技。设，实施。施子美曰："权士三人，此则通变之士也。行奇谲，设殊异，则主为奇谋以误敌也。奇谋所出，人不可知，故非人所识，而独运之于无穷之中，故能行无穷之变。"

[19] "耳目七人"五句：意谓七人担任耳目，主要职责是往来刺探军情，观察各种

变化，纵览天下大事，掌握敌军情况。施子美曰："耳目七人，所以广闻见也，故主往来，听言视变，四方之事，军中之情，皆所当察，故在所览。"

[20] "爪牙五人"五句：意谓五人担任爪牙，主要职责是宣扬军威，激励士气，使我军冒着危险攻克强敌，没有任何疑问顾虑。施子美曰："爪牙五人，所以敌忾也，故主扬威武，以激励三军，使敢于进战，可以冒难攻锐。无所疑虑，言可使之必往战也。"朱墉引《大全》曰："'主扬威武'二句，用兵以激励士气为先，然主将不能自为激励，故必用爪牙五人，使之各司一军，临时主扬威武，所以激励三军，使之冒难攻锐，无所疑虑也。"

[21] "羽翼四人"五句：意谓四人担任羽翼，主要职责是宣扬将帅的威名，使之声震远方，动摇周边邻国的军心，以削弱敌人的斗志。施子美曰："羽翼四人，所以张声势也，故主扬名誉，震远方。摇动四境，以警摄之，故敌可弱。"朱墉引叶伯升曰："'主扬名誉'二句，盖名誉者，主将之先声也。先声最足以夺敌人之气，所以行军用人必得羽翼四人，播扬主将，立名誉，以流传于远方，使之闻名而震惊恐惧也。如'军中有一韩，西贼闻之心胆寒；军中有一范，西贼闻之惊破胆'是也。"

[22] "游士八人"五句：意谓八人担任游士，主要职责是窥察敌人奸细，侦察敌情变化，观察敌军意图，进行间谍活动。伺奸候变，意即窥察敌人奸细，侦察敌情变化。伺，窥察，探察。候，窥伺，侦察。开阖人情，意即掌握人心向背的情况。朱墉《直解》曰："开阖人情，或向或背也。"开阖，张与闭，这里指人心的向与背。施子美曰："游士八人，此说士也，故主伺奸候变，以开阖人情，是人心不疑。观敌之意，以为间谍，是又因敌之情而惑之也。"

[23] "术士二人"四句：意谓两人担任术士，主要职责是故意制造诡异，依托鬼神，以迷惑敌人的军心。施子美曰："术士二人，此巫卜之职也，欲假是以成其事，故主为谲诈，依托鬼神，以惑众心。"

[24] "方士二人"四句：意谓两人担任方士，主要职责是管理各种药品的使用，以医治创伤，治愈百病。施子美曰："方士二人，此医疗之职也，故主百药，以治金疮，痊万病。"金疮，指兵器造成的创伤。

[25] 法算二人，主计会三军营壁、粮食、财用出入：意谓两人担任法算，主要职责是计算军队营垒、粮食的总体开销以及钱财物资的出入情况。施子美曰："法算二人，此善会计者也，故主计会营壁，所以度地也。计会粮食、财用出入，所以理财也。"朱墉引《开宗》曰："此言王者欲得股肱羽翼以成威神，当法天道，随时变化，以为纪纲。不可徒守一术，因详其实也。"朱墉《全旨》曰："此章见王者用兵以任使人才为主，军中钜细之务，一人难以独理，而人才有短长，势又弗能以兼营，若不列科目则庶事有不备之虞，不分轻重则委托多乖违之失，故必别其等类而后纪纲不紊，定其数目而后职守无侵，斯足为军旅之司命也。股肱惟腹心最重，腹心有主，而后可以定谋，谋立而天时、地利、兵法备焉。兵备不可无粮，粮足而后威奋，威奋而将主旗鼓上备。股肱、通才、权士充其选，耳目、爪牙、羽翼呈其用，游士、术士间其外，方士、算士理其内，列目一十八，等计七十二人，则才全事举，而天人合德矣。"

【译文】

武王问太公道："君王统帅军队，必有将官辅佐，以使君王具有不凡威势，该怎么做呢？"

太公答道："君王发兵统帅军队，要把将帅当成主宰军队命运的人。身为命运主宰者的将领，要有掌握全局的本领，不能只专精某一技能。要做到因材授职，各取所长，随时变化调整，以此作为用人方面的制度，所以将帅需要有七十二个参谋辅助他，以顺应一年的七十二候。将领能效法天道配备参谋人数，清楚为将者肩负的使命，发挥各类人才的特殊才能，就能使各项任务圆满完成。"

武王说道："请允许我询问一下这方面的具体内容。"

太公说："一人担任腹心，主要职责是密谋军务，应付突发事变，观测天象，消除变异，统揽全军谋划，保全民众生命；五人担任谋士，主要职责是图谋安危，思虑尚未发生之事，议论人的德行才能，申明赏罚标准，授予各种官职，决断疑难问题，裁决事情可做与否；三人负责天文，主要职责是掌管天文历法，观测风云天象，推究时辰和日子的吉凶，考察祥瑞是否与人事相符，核验灾异预兆，了解天意向背的苗头；三人负责地利，主要职责是了解大军行进与驻扎的地形状况，分析利弊消长，清楚空间距离的远近与地理形貌的险易，查明河水的充沛干涸与山地的艰难险阻，不能丧失地理环境的优势。九人负责兵法，主要职责是讨论研究各种战法的异同，分析作战成败的原因，查验兵器是否熟练使用，侦查检举军中的不法行为；四人担任通粮，主要职责是制订伙食标准，储备粮草物资，保证粮运通畅，征收五谷军粮，使军队的粮食供给不匮乏；四人担任奋威，主要职责是选拔勇士，研究军备，保证军队能风驰电掣般快速行动，让敌人不知我军从何而来；三人担任伏鼓旗，主要职责是熟练掌握军鼓与军旗的使用，使军中士兵明白军鼓与军旗的号令含义，有意制造虚假的传令凭证，传递虚假的军中号令，让敌人感到我军往来突然，出入行动犹如神灵般变化莫测；四人担任股肱，主要职责是保卫军事重地，守护要害工程，挖掘壕沟，修筑城墙，以完备军队的防御工事；三人担任通才，主要职责是指出将帅的疏漏，弥补他的过错，接待外国的使者宾客，与之讨论谈判，消除外交隐患，解决国际纠纷；三人担任权士，主要职责是实行诡诈谋略，实施奇异绝技，不让敌人识破，使我军行动变化无穷；七人担任耳目，主要职责是往来刺探军情，观察各种变化，纵览天下大事，掌握敌军情况；五人担任爪牙，主要职责是宣扬军威，激励士气，使我军冒着危险攻克强敌，没有任何疑问顾虑；四人担任羽翼，主要职责是宣扬将帅的威名，使之声震远方，动摇周边邻国的军心，以削弱敌人的斗志；八人担任游士，主要职责是窥察敌人奸细，侦察敌情变化，观察敌军意图，进行间谍活动；两人担任术士，主要职责是故意制造诡异，依托鬼神，以迷惑敌人的军心，两人担任方士，主要职责是管理各种药品的使用，以医治创伤，治愈百病；两人担任法算，主要职责是计算军队营垒、粮食的总体开销以及钱财物资的出入情况。"

管理启示：

太公所讲的君王率军打仗，将官要辅佐君王、参谋要辅助将官，其实是一个团队合作问题。首先要对将官提出要求，要求他一专多能；其次对参谋进行分工，按分配的数量各司其职。如此，使复杂的管理变得非常有序。这种合理分工、团队协作的模式在现代公司管理中也是常用的。这要求公司一把手要具有全局观，其他各层级管理人员和员

261

工要有大局意识和团队合作精神，每人各有一技之长，并发挥各自特长，才有可能把工作做好。如果没有团队合作精神，甚至工作中相互掣肘，相互间设置障碍，那么即使是一个团队，其工作效能恐怕也比不了一个人。就像一支军队内部出现内乱，不攻自破，彻底失去战斗力。

思考题：

1. 太公认为率军打仗，将官需要多少个参谋？按照分工又将这些参谋分成了几个组？
2. 根据文中讲的道理，公司管理团队中，成员之间能力相同、技能相同好，还是相互之间有差异更好？

二、龙韬第二篇

论将第十九

【原文】

武王问太公曰："论将之道奈何？"

太公曰："将有五材十过[1]。"

武王曰："敢问其目？"

太公曰："所谓五材者：勇、智、仁、信、忠也[2]。勇则不可犯，智则不可乱[3]，仁则爱人[4]，信则不欺[5]，忠则无二心[6]。所谓十过者：有勇而轻死者，有急而心速者[7]，有贪而好利者，有仁而不忍人者[8]，有智而心怯者，有信而喜信人者，有廉洁而不爱人者，有智而心缓者[9]，有刚毅而自用者，有懦而喜任人者[10]。勇而轻死者，可暴也[11]；急而心速者，可久也[12]；贪而好利者，可遗也[13]；仁而不忍人者，可劳也[14]；智而心怯者，可窘也[15]；信而喜信人者，可诳也[16]；廉洁而不爱人者，可侮也[17]；智而心缓者，可袭也[18]；刚毅而自用者，可事也[19]；懦而喜任人者，可欺也[20]。故兵者，国之大事，存亡之道，命在于将[21]。将者，国之辅，先王之所重也。故置将不可不察也[22]。故曰：兵不两胜，亦不两败[23]。兵出逾境，期不十日，不有亡国，必有破军杀将[24]。"

武王曰："善哉[25]！"

【注释】

[1] 将有五材十过：意谓将领应具备五种才能，警惕十种缺点。材，才能。施子美曰："任官惟贤才为国之要也。官之所任，必欲得人，况将之为职，社稷安危之所系，万民死生之所托，讵可妄爱之耶？必得其人而后可以专其任。人不能皆贤，而有不肖者焉，此所以在所论也。其孙子之论将，有所谓智、信、仁、勇、严……即太公之五材也。又有所谓将有五危。孙子之五危，即太公之十过也。材则必胜，过则必败，可不论之乎？""必备是才而后可以居是职。五材既备，斯可以将矣。五者其与孙子之五者亦一律矣。而孙子易'忠'以'严'者，盖人谁不忠？而严者又治军之所先也。先之以智者，盖孙子言之始计，非智不可也。"朱墉引邓伯莹曰："总是用将要慎知其长，又要知其短。不可见其长，便忽其短。"又引彭孺熙曰："有材而不善用之，则过即伏于材之中；有材而善用之，而过即迁于善之内。""练其材，使之务全其德；惩其过，使之无一敢蹈。"又引黄氏曰："乐于见材之心，即易于致过之地。乌得以将之有材，而

遽邃信其无过？讳过之念，皆足以害材之端。安得以将之无过而即轻许其有材？""不以材忽其过，亦不以过掩其材。不以全材而贷其一过，亦不以一过而累其全材。"又引鲁氏曰："十项皆从好处见出病来，此亦不学之过。若加之以学问，裁之以适于中，则成其材而化其过矣。""过而知矫即获其用。过而自用，未有不为人所乘者矣。"

[2] 勇、智、仁、信、忠也：刘寅曰："太公论将，以勇为首；孙子论将，以智为先；太公终之以忠，孙子终之以严；何也？夫为将之道虽有五，而其要则在智勇二者而已。勇而无智，则轻死，是斗将也；智而无勇，则心怯，特谋将也。孙子论计，故以智为先，谋定而与人战，则勇有所施。太公论材，故以勇为首，勇决而谋于成，则智有所用。故勇必以智而后成，智必以勇而后行；然无仁，则失之残忍而士众之心离；无信，则失之欺蔽而上下之情隐；故智勇必以仁信辅之也。《中庸》论三达德：曰智、曰仁、曰勇，而行之以诚。诚者，信之极也。太公终之以忠，恐为将者不能尽乎己，而有二心也。二其心，则事不成矣。孙子终之以严，恐为将者失于姑息，而爱克厥威也。爱克厥威，则允罔功矣。太公、孙武之言，各有攸当，宜参互考之，不可执一论也。"国英曰："故由忠信智仁而发，则是大勇，刚柔缓急默运于中，是为不可犯。若心气浮躁，忿怒决裂，则是匹夫之勇，敌一人者也。但临敌用人，宜知权变，取其长，勿忽其短，可耳。"刘庆在《〈六韬〉与齐国兵学》一文中说："《六韬》论'五材'，以勇为首，与《孙子》书中'智信仁勇严'以智为首大相异趣。对此，《吴子·论将》斥之为'凡人论将，常观于勇。勇之于将，乃数分之一尔。夫勇必轻合，轻合而不知利，未可也。'其实以勇敢为军事首领美德源于军事民主制时期的英雄崇拜习俗。武王伐纣时，刚刚脱离原始社会不久，尚勇精神依然根深蒂固，这在《诗经》有关篇章中都有生动的反映。流传至今的《大武》乐章就是模拟武王伐纣时的战斗行为编成的。孔子曾对之评价说'夫乐者象成者也，揔干而山立，武王之事也；发扬蹈厉，太公之志也。'（《礼记·乐记》）周朝建立以后，奉行仁义、礼让的兵学原则，讲求堂堂之阵，正正之兵，作战时仅凭个人勇力犯难涉险，也就不会对将帅的智谋权变能力提出过高的要求。直到春秋，一向崇尚西周礼乐文明的孔子仍然强调'战阵有队矣，而勇为本'（《说苑·建本》），大概是由于对太公一脉相传下来的'发扬蹈厉'尚勇精神仍景慕不已的缘故吧。"

[3] 智则不可乱：吴如嵩等著的《中国军事通史》第三卷《战国军事史》说："所谓'智'，一是会指挥，认为'不知战攻之策，不可以语敌（《奇兵》）'。二是会训练，懂得'练士之道'。即从一人学战到十人、百人、千人、万人学战，教成之后，能'合之百万之众'，'成其大兵，立威于天下'（《教战》）。"

[4] 仁则爱人：吴如嵩等著的《中国军事通史》第三卷《战国军事史》说："所谓'仁'，就是要爱兵、爱民。爱兵，则将帅应与士卒同劳苦。对此，《励军》篇有精彩的论述，如说：'将，冬不服裘，夏不操扇，雨不张盖'，'军皆定次，将乃就舍。炊者皆熟，将乃就食。军不举火，将亦不举'。'仁'的另一种表现是爱民。如《略地》篇强调：'无燔人积聚，无坏人宫室，冢树社丛勿伐，降者勿杀，得而勿戮，示之以仁义，施之以厚德。'这种不烧杀抢掠，不杀俘、

不屠城的主张，无疑是值得肯定的。"

[5] 信则不欺：施子美曰："信则以诚相待，故不欺人。羊祜亦信矣，当时吴将且有'安有鸩人羊叔子'之言，则其不欺也可知。"

[6] 忠则无二心：施子美曰："忠者必一心事君，而无疑贰，故无二心。裴晋公讨贼，誓不与俱存，非无二心乎？"

[7] 心速：这里是匆忙决策的意思。

[8] 不忍：这里是心慈手软的意思。

[9] 心缓：这里是内心怯懦的意思。

[10] 有懦而喜任人者：意即有的怯懦胆小，喜欢依赖别人。任人，这里是依赖他人的意思。刘寅曰："古人多犯此病，如性急暗哑叱咤，项羽之类。贪而好利，如张鲁之类。性刚而自用其能，如袁绍之类懦弱而任人，如刘表之类。"

[11] 勇而轻死者，可暴也：意谓作战勇敢却愿轻易赴死的，可以突然攻击他。暴，突然，这里是突然攻击的意思。施子美曰："勇而轻死则必无持重之心，故可暴以激之。如楚子玉刚而无礼，是勇而轻死者也，故可暴。"

[12] 急而心速者，可久也：意谓秉性急躁而匆忙决策的，可以用长久的时间拖垮他。施子美曰："急而心速者，必不能持久，故可以久縻之。若赵括之出锐搏战，可谓急而心速者也，故可久。"朱埔引鲁氏曰："急而速者，其性躁，持久不战则锐挫，故可久。"

[13] 贪而好利者，可遗（wèi）也：意谓心地贪婪而喜好财货的，可以贿赂他。遗，给予，赠送，这里是贿赂的意思。施子美曰："贪而好利，此则好货者也。故可遗之以赂。若秦之崤关之将，可谓贪而好利都也，故可遗。"

[14] 仁而不忍人者，可劳也：意谓讲究仁爱却心慈手软的，可以劳碌烦扰他。施子美曰："仁而不忍人，则不欲劳其民，故可得而劳之。若夫忍于人，而如张巡之杀人而食，则不可劳矣。"

[15] 智而心怯者，可窘也：意谓聪明智慧却内心怯懦的，可以让他困窘不安。施子美曰："智而心怯，则必不能断，故可窘。孔明虽知天下大计，然谋多决少，亦可窘也。"朱埔引鲁氏曰："智而心怯者，迫之则促而不及用，故可窘。"

[16] 信而喜信人者，可诳也：意谓对人诚信却喜欢轻信别人的，可以用言语欺骗他。诳，用言语欺骗。施子美曰："信而喜任人，则内无所主而轻信人者也，故可诳。骑劫信齐人之言，喜信人者也。"朱埔引鲁氏曰："信而喜信人者，行反间以诳之则轻信，故可诳。"

[17] 廉洁而不爱人者，可侮也：意谓品行廉洁却不会尊重人的，可以侮辱他。施子美曰："廉洁而不爱人，则其心懦，故可侮。苟贪而爱人，若吴起，则不可侮矣。"朱埔引鲁氏曰："廉洁不爱人者，清而近刻，士卒不乐为用，故可侮。"

[18] 智而心缓者，可袭也：意谓聪明智慧却优柔寡断的，可以偷袭他。施子美曰："智而心缓，则必不能速战，故可袭。荀攸谓陈宫有智而迟，此智而心缓者也。"朱埔引鲁氏曰："智而心缓者，迟则识见已定，当急速其不意，故可袭也。"

[19] 刚毅而自用者，可事也：意谓坚强勇猛却刚愎自用的，可以奉承迷惑他。事，侍奉，这里是奉承的意思。施子美曰："刚毅而好自用，则必无谋，故可事之。

264

若项羽之剽悍，则刚毅而好自用者也。"朱墉引鲁氏曰："刚毅而自用者，故卑词屈己以事奉之，则轻而不设备，故可事。"

[20] 懦而喜任人者，可欺也：意谓怯懦胆小而喜欢依赖别人的，可以设计欺骗他。施子美曰："懦而喜任人，则必不明于事，故可欺。虽任人而不懦，如赵奢辈，则不可欺矣。"以上《六韬》对将领"十过"的论述，发展并深化了《孙子兵法》的"将有五危"说。《孙子兵法·九变》曰："故将有五危：必死，可杀也；必生，可虏也；忿速，可侮也；廉洁，可辱也；爱民，可烦也。凡此五者，将之过也，用兵之灾也。"陈亚如在《〈六韬〉论》一文（载《上海师范大学学报》1992年第2期）中说："'十过'中最常见的如勇而轻死、急而心速、刚毅自用等，为兵家之最大忌，军事史上因此而覆军杀将者可谓屡见不鲜。如晋、楚城濮之战的楚方主帅子玉，楚、汉成皋之战的楚方大司马曹咎，都因本身的这种重大缺陷导致兵败身死。其余数种也多为历史事实所证实。因此《六韬》'十过'之说，是具有重大的告诫意义的。它还有一层教科书的意义，那就是针对敌方将领品质上的某种缺陷，可能采取怎样的对应措施来击败他。散见于《通典》《御览》、后经清人辑录的《李卫公兵法》，其中'帅有十过'之说，即是袭用《六韬》这一节文字的，可见这些原则为论兵家所接受，竟至附会为名将的述作，它的普遍指导意义也就十分显然了。"

[21] "故兵者"四句：《六韬》这里对于将帅重要作用的论述，亦见于《奇兵》篇，即"故将者，人之司命，三军与之俱治，与之俱乱，得贤将者，兵强国昌，不得贤将者，兵弱国亡"，这是对《孙子兵法》"将帅论"思想的沿袭。《孙子兵法·作战》曰："故知兵之将，民之司命，国家安危之主也。"《孙子兵法·谋攻》曰："夫将者国之辅也，辅周则国必强，辅隙则国必弱。"施子美曰："将之为任，难乎其人也若是。是故太公复言所以置将之道不可轻。盖兵者，国之大事。兵之所为大事者，以其存亡之所系也。存亡之道，命在于将，实统是兵也。兵有成败，则国有存亡，故其命属之于将。"吴如嵩等著的《中国军事通史》第三卷《战国军事史》说："在军队建设上，《六韬》也如同其他兵书一样，是将帅中心论者。而且，它比其他兵书更加强调将帅的作用。它不仅有《论将》《选将》《立将》《将威》等专篇，而且在其他篇也一再提到这一主题。……但它过分夸大将帅的作用，无疑是不可取的。"

[22] 故置将不可不察也：施子美曰："其察之者，欲其得人也。其在孙子亦云'兵者，国之大事，存亡之道，不可不察也'。而太公亦云者，孙子之意，为举兵者言也，太公之意，为择将者设也。此太公所以置将不可不察为言。"

[23] 兵不两胜，亦不两败：意谓战争不会让双方都获胜，也不会让双方都失败。施子美曰："盖天下之势不两立也久矣，此盛则彼衰，彼强则此弱，不胜则败，二者必有一于此。不胜不败者，必若河曲之战，秦晋交绥而后可也。若泜水之役，阳处父退舍，子尚亦退舍，而后可也，不然必有胜败。"

[24] "兵出逾境"四句：施子美曰："有奇兵出逾境，无十日之期，必有胜负。此言一举之间成败系焉，奚待于久耶？十日之间，不能亡彼之国，则必破军杀将，盖以胜负成败可以一见决也。"朱墉《全旨》曰："此章论将极细。他处只言将

之才有可用，此独于才中指出一端之偏，恐用人者因爱才而有失也。材者美质也。有美质须加以学问，斯不至流于偏而成过。若不知裁抑之，而任一己之性情，则敌人窥其私，而思有以中之矣。故说出可暴可久一节，戒人当药其病。若敌将犯此病，则可败也。末节又反复叮咛，深加省察，用将当察其材，即察其材中之过，乌有自取败亡之事哉？"

[25] 善哉：钮先钟说："这一篇的主题非常明显，并且也有其特殊的见解，即所谓'五材十过'之说……所论与孙子的意见只小有出入，但似乎还更为精密。其最显著的差异为《六韬》把'忠'列为必要条件之一，这是《孙子》所不曾列入者。此种差异可以显示时代的不同。孙子是春秋末期的人，在那个时代为将者多为各国贵族，其效忠本国大致是毫无疑问的。但到了战国后期，各国都竞用客卿，所以'忠'当然也就成为一个必要的条件。"孔德骐说："《六韬》论将与《孙子兵法》论将，有同有不同。孙武说：'将者，智、信、仁、勇、严也。'（《孙子兵法·计篇》）相同的是，都有计、勇、信、仁。不同的是，孙武以智为首，以严为殿，《六韬》以勇为首，以忠为殿；孙武多了一个'严'字，《六韬》多了一个'忠'字。这是有其历史原因的。《孙子兵法》产生于春秋时期，当时的战争与以往相比，具有部队数量增多、武器装备改进、战场地域扩大、战争持续时间延长、作战方式复杂化等特点。所以，要使战争取胜，最重要的是智，以计取胜。《孙子兵法》十三篇，也是以'计篇'为第一，表现了孙子对指挥才能的重视。作为将领的主要职责，首先也应当是斗智。齐鲁长勺之战，鲁国取胜，是鲁、齐两军的指挥者斗智的结果。所以，古代军事家有孙武尚智的美称。同时，孙武强调'严'，即明法审令，严明军纪。历史上有关孙武吴宫教战，斩吴王美姬的故事，就是以'严'治军、以'法'治军的典范。"

【译文】

武王问太公道："评论将领的原则是怎样的呢？"

太公曰："将领应具备五种才能，警惕十种缺点。"

武王曰："我要冒昧地询问一下这方面的具体内容。"

太公曰："我所说的五种美德是：勇敢、智慧、仁慈、诚信、忠诚。勇敢就不会被侵犯，智慧就不会思虑惑乱，仁慈就懂得爱人，诚信就不会欺诈，忠诚就会对君主没有二心。我所说的十种缺点是：有的作战勇敢却愿轻易赴死；有的秉性急躁，匆忙决策；有的心地贪婪，喜好财货；有的讲究仁爱却心慈手软；有的聪明智慧却内心怯懦；有的对人诚信却喜欢轻信别人；有的廉洁守法却不能施慧于人；有的聪明智慧却优柔寡断；有的坚强勇猛却刚愎自用；有的怯懦胆小，喜欢依赖别人。作战勇敢却愿轻易赴死的，可以突然攻击他；秉性急躁而匆忙决策的，可以用长久的时间拖垮他；心地贪婪而喜好财货的，可以贿赂他；讲究仁爱却心慈手软的，可以用劳碌烦扰他；聪明智慧却内心怯懦的，可以让他困窘不安；对人诚信却喜欢轻信别人的，可以用言语欺骗他；品行廉洁却不会尊重人的，可以侮辱他；聪明智慧却优柔寡断的，可以偷袭他；坚强勇猛却刚愎自用的，可以奉承迷惑他；怯懦胆小而喜欢依赖别人的，可以设计欺骗他。战争是国家的大事，关乎国家的生死存亡，而军队的命运由将领掌握。将领是国家的辅佐，为先王所重视。任命使用将领不可不慎重考察。所以说：战争不会让双方都获胜，也不会让双方都失败。大军出发越过国境,为期不到十天,如果不是灭掉敌国,就必定是己方军队战败,将领被杀。"

武王说:"您讲得真好啊!"

管理启示:

太公在文中谈及了"将领应具备五种才能,警惕十种缺点"。其实人人都有两点,即优点和缺点。常言说"人无完人",说的就是这个道理。太公说:"将领是国家的辅佐,为先王所重视。任命使用将领不可不慎重考察。"现代公司管理应怎样取舍呢?高明的主管都是用人先识人,识人看优点,用人扬其长;并通过制度设计或思想教育,避免让人的缺点抵消优点所带来的工作成效。

思考题:

1. 作为主管,你认为了解下属的优点和缺点是否对管理者很重要,谈谈你的看法。
2. "面壁常思自己过,闲谈莫论他人非"。谈谈这句话对用人与工作合作的意义。

三、龙韬第三篇

选将第二十

【原文】

武王问太公曰:"王者举兵,欲简练英雄[1],知士之高下,为之奈何?"

太公曰:"夫士外貌不与中情相应者十五[2]:有贤而不肖者,有温良而为盗者,有貌恭敬而心慢者,有外廉谨而内无至诚者,有精精而无情者[3],有湛湛而无诚者[4],有好谋而不决者,有如果敢而不能者,有悾悾而不信者[5],有恍恍惚惚而反忠实者[6],有诡激而有功效者[7],有外勇而内怯者,有肃肃而反易人者[8],有嗃嗃而反静悫者[9],有势虚形劣而外出无所不至、无所不遂者[10]。天下所贱,圣人所贵,凡人莫知,非有大明,不见其际[11],此士之外貌不与中情相应者也。"

武王曰:"何以知之?"

太公曰:"知之有八征[12]:一曰问之以言,以观其辞[13];二曰穷之以辞,以观其变[14];三曰与之间谍,以观其诚[15];四曰明白显问,以观其德[16];五曰使之以财,以观其廉[17];六曰试之以色,以观其贞[18];七曰告之以难,以观其勇[19];八曰醉之以酒,以观其态[20]。八征皆备,则贤不肖别矣[21]。"

【注释】

[1] 王者举兵,欲简练英雄:意谓君王起兵征伐,要挑选并磨练出智勇双全的杰出人才。简,选择,精选。练,磨练,锤炼。英雄,指才能勇武过人的人。朱墉引《大全》曰:"简,选择也,从众人中而拔取之谓。练,磨练也,从其才之过与不及处而陶铸之谓。简其才智之超轶,而又练其才智以归于中庸之适于用,故能堪艰大而任助襄无难矣。"又引王汉若曰:"'英雄'二字要说得郑重,'王者'二字亦不得轻。盖非英雄则无所用其简练,而非王者正不能简练英雄也。"又引《醒宗》曰:"有其简之则真才不混于伪,有其练之则偏才可成于全。既谓之英雄,已是世间不多得者,而又从而简练之,非王者不能也。"又引谈敷公曰:"王者举征伐大事,自然要遴选人才,其小勇小智难当大任,必要简择

磨练英雄，乃克有济。"

[2] 夫士外貌不与中情相应者十五：意谓将领的外在表现与内在品质不相符合的有十五种情况。外貌，指外在表现。中情，内情，指内在品质。朱墉引《大全》曰："从来外貌易见而中情难测，非有大明不能相诸牝牡骊黄之外。"

[3] 有精精而无情者：意谓有的貌似精明干练，实则并无才干。精精，精明的样子。情，这里是才干、才情的意思。

[4] 有湛湛而无诚者：意谓有的貌似忠厚老实，实则不讲诚信。湛湛，忠厚老实的样子。

[5] 有倥倥（kōng）而不信者：意谓有的貌似诚恳本分。实则不守信用。倥倥，诚恳的样子。

[6] 有恍恍惚惚而反忠实者：意谓有的看起来糊里糊涂的，实则忠实可靠。恍恍惚惚，糊里糊涂的样子。

[7] 有诡激而有功效者：意谓有的言语奇异激烈，不合常情，办事却颇有成效。诡激，奇异激烈。

[8] 有肃肃而反易人者：意谓有的貌似严肃有礼，实则相反，爱轻蔑他人。肃肃，严肃有礼。

[9] 有嗃嗃（hè）而反静悫（què）者：意谓有的看似严酷苛刻，实则相反，沉静诚实。嗃嗃，严酷的样子。静悫，沉静诚实。

[10] 有势虚形劣而外出无所不至、无所不遂者：意谓有的看起来身体虚弱，相貌丑陋，但出使外国却能顺利到达各地，完成各项任务。势虚形劣，指身体虚弱，相貌丑陋。

[11] "天下所贱"五句：意谓天下都看不起的人，正是圣人要重视的，普通人没有哪一个能理解得了，如果不具备鉴别人才的高明见识，就无法看清他们的区别。际，交界，区分，区别。施子美曰："惟其人材之相去，内外或远，是以世之去取，所见亦异。天下之所贱者，疑若可贱也，而圣人之所贵者，乃天下之所贱者也。何者？天下之所见者外，圣人之所见者内也。所见既殊，故其去取亦异。天下之所见，惟不及于圣人，此凡人所以莫知，惟至明者乃知其极。苟非有大明见者，则亦何以见其涯际哉？"

[12] 知之有八征：八征，指八种考验人才的方法。施子美曰："人虽有难知之情，而有可知之理。……夫子有言：'视其所以，观其所由，察其所安，人焉廋哉？'此正知人之术也。此太公所以以征明之。"朱墉引《大全》曰："世惟以貌取人，故往往真材易失，八征剖析了了，即有伪貌，难掩真情。"又引《指归》曰："在我有一副鉴别英雄的法则，则士之可否立判。尤必谨慎以用之，则贤不肖无从欺隐矣。"又引《拟题镜》曰："天下贤愚不一，而人每色庄伪饰，盖以试之者寡，故人得以伪而掩其真，而惟八征具备焉，直从人所不得掩之处以窥其微焉，则人即善藏善饰，而衷情逼露，其间之贤不肖有不待分别而自无不别之者矣。八征只是不受人欺，有法则以识之之意。"

[13] 一曰问之以言，以观其辞：意谓一是问他一些问题，看他言辞是否周密。施子美曰："盖未知其所蕴，则求之于言。言，心声也。情动于中，而后形之于言。

268

问之以言，则彼必有所应之辞。吉人辞寡，躁人辞多，即是以观，则其中之所蕴者可知矣。昔高祖于韩信，设拜之际，则有所谓'将军何以教寡人'之言。此欲问以言而以观其辞也。"

[14] 二曰穷之以辞，以观其变：意谓二是用言辞诘问，对他穷究到底，看他是否具有应变能力。穷之以辞，意即用言辞诘问，对他穷究到底。穷，穷究到底。施子美曰："穷之以辞，以观其变，则究其所以尽是变者，而以知其所得也。辞而或穷，则变亦有所穷矣，故穷之以辞，可以观其变。昔孙武之见吴王，吴王既观其书，而复欲试以勒兵，此欲穷之以辞以观其变也。"

[15] 三曰与之间谍，以观其诚：意谓三是派间谍考察他，看他是否忠诚。施子美曰："此又观其所蕴之忠否。彼其果忠诚耶？虽间不入，此武涉、蒯通之说，所以不能变韩信之心也。或以为使为间谍，此食其、唐俭之徒，所以身死于敌而不变也。"

[16] 四曰明白显问，以观其德：意谓四是明白直接地询问隐情，从他是否不加隐瞒看其品德是否优良。明白显问，意即明白直接地询问隐情。施子美曰："此其究其所操守，而明白显问之，以观其内之所存者如何，此光武所以以何愿而问邓禹也。"

[17] 五曰使之以财，以观其廉：意谓五是让他处理钱物，看他是否廉洁。施子美曰："盖人惟无贪心，则货赂不可移。使之以财，彼既不贪则廉矣。以是求之，则有如张奂之廉洁者，必可得矣。"

[18] 六曰试之以色，以观其贞：意谓六是用美色试探他，看他是否坚贞。施子美曰："盖人惟所守者正，则必不为色所感，故以色试之，可以观其贞否。以是求之，则有如吴起之贪而好色者，必可得而知矣。"

[19] 七曰告之以难，以观其勇：意谓七是把难事告诉他，看他是否勇于担当。施子美曰："盖人惟敢于有为，则必不择事而安。告之以难而彼无所避，则其勇可知也。以是求之，则有如马援之矍烁者，可得而知矣。"

[20] 八曰醉之以酒，以观其态：意谓八是用酒灌醉他，看他是否不失常态。施子美曰："夫人内有所养者，则必不为酒所惑，故醉之以酒，可以观其态。彼不困于酒则贤矣。以是求之，则有如季布之使酒任气者，可得而知矣。"

[21] 八征皆备，则贤不肖别矣：意谓如果以上八种考验方法全都使用了，那么将领是贤还是不贤，就能区分出来了。朱墉引《大全》曰："'备'字有缺一不可之意，言人才真伪淆于竞进，使徒以一二事为征，未免还可装饰，难以别白其贤不肖也。今既八征备试，则表里悉呈，瑕瑜俱见，尚何有外貌之与众情不相应者乎？是我已有一段识英雄的法则，自不得为人欺嘴，贤不肖不待分别而自明矣。"又引谈敷公曰："'别'亦不是我与他分别，我从他掩不得的所在去征他，却自然别了。"朱墉《全旨》曰："此章大旨是选将。选者择其才以弃其不才也，故全才必举之，而偏才必练之。至于人之不易识者，内外不必相符，表里不必如一，苟不能知之而别之，则贤不肖混淆，而有误用之失矣。惟有征之之法在，人焉廋哉？征之法备而不疏，则贤奸之照塞而不漏，选将之道尽矣。"黄朴民说："本篇论述选拔将领的方法和应注意的问题。俗话说，知人知面不

知心，选拔将帅并非易事。以貌取人，失之子羽。如果仅仅依靠外貌、长相来选拔人才，往往是靠不住的。只有通过言谈举止各方面的综合分析来考察和识别人才，才是选拔将帅的正确方法。作者指出，不能以外表来取舍人才，因为人们并不总是表里如一、言行一致的。接着作者列举了外貌和内心不符的十五种情况，认为'非有大明，不见其际'。要判断一个人是否能够担当起领兵作战的重任，应通过言、辞、间谍、财、明白显问、色、难、酒等'八征'来考察他的辞、变、诚、德、廉、贞、勇、态。按照作者的观点，只要'八征皆备，则贤不肖矣'。"

【译文】

武王问太公道："君王起兵征伐，要挑选并磨练出智勇双全的杰出人才，了解将领水平的高低，该怎么做呢？"

太公答道："将领的外在表现与内在品质不相符合的情况有以下十五种：有的看似贤良，实则为非作歹，有的看似温和善良，实则实施偷窃；有的看似恭敬，实则内心傲慢无礼；有的外表廉洁恭谨，实则内心极不实诚；有的貌似精明干练，实则并无才干；有的貌似忠厚老实，实则不讲诚信；有的貌似喜好谋略，实则缺乏决断；有的看似果断，敢于决策，实则并非如此；有的貌似诚恳本分，实则不守信用；有的看起来糊里糊涂的，实则反而忠实可靠；有的言语奇异激烈，不合常情，办事却颇有成效，有的貌似勇敢，实则内心胆怯；有的貌似严肃有礼，实则相反，爱轻蔑他人；有的看似严酷苛刻，实则相反，沉静诚实；有的看起来身体虚弱，相貌丑陋，但出使外国却能顺利到达各地，完成各项任务。天下都看不起的人，正是圣人要重视的，普通人没有哪一个能理解得了，如果不具备鉴别人才的高明见识，就无法看清他们的区别，以上就是将领的外在表现与内在品质不相符合的各种情况。"

武王问道："您是用什么方法去了解他们的？"

太公答道："了解他们可通过以下八种考验方法：一是问他一些问题，看他言辞是否周密；二是用言辞诘问，对他穷究到底，看他是否具有应变能力；三是派间谍考察他，看他是否忠诚；四是明白直接地询问隐情，从他是否不加隐瞒看其品德是否优良；五是让他处理钱物，看他是否廉洁。六是用美色试探他，看他是否坚贞；七是把难事告诉他，看他是否勇于担当；八是用酒灌醉他，看他是否不失常态。如果以上八种考验方法全都使用了，那么将领是贤还是不贤，就能区分出来了。"

管理启示：

怎样去辨识、了解一个人呢？常言说："知人知面难知心。"有些人一辈子的朋友交情，因为一件事情而断绝往来，甚至事后感慨说自己交错了朋友认错了人，还自嘲道"一生认清一个人"。公司用人也要进行考察了解，怎样去做呢？太公给出的方法非常具有现实意义。太公认为可以从十五个方面观察一个将领水平的高低，最后讲了八种考验方法。太公讲的这些方法大多也能用到公司选人用人的考察中。

思考题：

1. 对于了解一个人，太公提出了几个观察角度？
2. 了解一个人的忠诚、品德，对钱色的态度，太公用了哪些方法？

四、龙韬第四篇

立将第二十一

【原文】

武王问太公曰:"立将之道奈何[1]?"

太公曰:"凡国有难,君避正殿[2],召将而诏之曰:'社稷安危,一在将军,今某国不臣,愿将军帅师应之。'将既受命,乃命太史卜,斋三日,之太庙[3],钻灵龟[4],卜吉日,以授斧钺[5]。君入庙门,西面而立;将入庙门,北面而立。君亲操钺持首,授将其柄,曰:'从此上至天者,将军制之。'复操斧持柄,授将其刃,曰:'从此下至渊者,将军制之[6]。见其虚则进,见其实则止[7]。勿以三军为众而轻敌,勿以受命为重而必死,勿以身贵而贱人,勿以独见而违众,勿以辩说为必然。士未坐勿坐,士未食勿食,寒暑必同。如此则士众必尽死力[8]。'

"将已受命,拜而报君曰:'臣闻国不可从外治,军不可从中御[9]。二心不可以事君,疑志不可以应敌[10]。臣既受命,专斧钺之威,臣不敢生还[11]。愿君亦垂一言之命于臣[12]。君不许臣,臣不敢将。'

"君许之,乃辞而行。军中之事,不闻君命,皆由将出[13]。临敌决战,无有二心[14]。若此则无天于上,无地于下,无敌于前,无君于后[15]。是故智者为之谋,勇者为之斗,气厉青云[16],疾若驰骛[17],兵不接刃,而敌降服[18]。战胜于外,功立于内,吏迁士赏,百姓欢悦,将无咎殃。是故风雨时节,五谷丰熟,社稷安宁[19]。"

武王曰:"善哉[20]!"

【注释】

[1] 立将之道:指任命大将的方式。施子美曰:"非礼无以得贤,非贤无以制难。……大抵不尽其礼,不足以示其诚。不推以诚,不足以感其心。太公之所以告武王立将之道,诚欲武王尽礼以感激之也。"朱墉引《醒宗》曰:"'立将'一'立'字,便见主之于臣,有安固不摇之意。"

[2] 凡国有难,君避正殿:正殿,宫殿或庙宇里位置在中间的主殿。施子美曰:"当国家多难之际,避正殿而召将,所以示其不自居其尊也。"

[3] 太庙:指君王的祖庙。

[4] 钻灵龟:指钻凿、灼烧龟甲的背面,根据裂纹以判定吉凶。

[5] 卜吉日,以授斧钺:斧钺,两种兵器,象征着国君将刑罚、杀戮的权力赋予大将。朱墉引吉氏曰:"择之以吉,以示不敢亵待之诚;复授之以权,以明无敢牵制之意。斧象从地而下,授之于将以见人主之威灵无幽弗烛也。钺象从天而上,授之于将以见大君之赫濯无远弗界也。授之之后,大将代天子而用之。是备不虞者,此斧钺,而威间外者,亦此斧钺也。防外患者,此斧钺,而靖疆圉者,亦此斧钺也。敢不鞠躬尽瘁保民而利主也哉?"

[6] 从此下至渊者,将军制之:意谓从此以后,即使军中事务下至深渊,也全由将军处理。朱墉引《指南》曰:"既曰军中之事,则非国事也。以军中之事付之军中之将,则上至天下至渊,已听之于将军,事安得不由将出?"

[7] 见其虚则进，见其实则止：意即避实击虚。《孙子兵法·虚实》作："兵之形，避实而击虚。"

[8] 如此则士众必尽死力：朱墉引汪氏曰："'士卒必尽死力'句跟上'士未坐'三句来，如此之将，正是'服礼''服力''服止欲'之将，岂有士卒不尽死力之事？"国英曰："王者立将，关天下之安危，非为一人计也，故授其权于将。将既受命，当与士卒同甘苦，励忠义，以保国家，使兵民知感方能得其死力。以守则固，以攻则取，天下安，斯庶民安。若将卒不和，一旦临敌应变，无异驱市人以战，而欲其各尽死力，不能也。立将者可勿慎欤？"

[9] 臣闻国不可从外治，军不可从中御：意谓臣听说国事不能让境外的人去治理，军队在外不能让朝中的人去指挥。《孙子兵法·谋攻篇》曰："将能而君不御者胜。"施子美曰："此所以别军国之异政也。古者立将之际，推毂之间，告之以自阃以外，将军主之。自阃以内，寡人治之。是则军国之治，未尝不分也。而将复尔云者，惧其掣肘也。"朱墉引《大全》曰："此大将受命后报国之辞也。盖军事与国事不同。国事不可从外治，军事不可从中御。中御则将权掣肘，机宜自然乖舛，非社稷之福、国家之幸也。"又引房氏曰："机务必禀于庙算，而举动辄请于朝廷，虽有秘密之谋，乌能不需迟而预泄乎？惟一听于便宜则无牵制之患，而免内顾之虞。""未立之先，则贵有鉴察之识；既立之后，则贵有委任之诚。"

[10] 二心不可以事君，疑志不可以应敌：意谓大臣若怀有二心，就不能忠心侍奉国君；若心存疑虑，就不能专心对付敌人。朱墉引《新宗》曰："'二心'不独作奸犯匿、反面事仇为二心，即营身家、饱妻子，亦是二心。既已受命，止知有君矣，安计身家哉？""志者乃人一身之主，若与之应敌便是应敌之主。此志一疑即无所不疑，故云不可以应敌。"又引《大全》曰："二心当重看。天下事，一则专，二则杂，不独为将然也。将既委身受命，自当撤脱私心，鞠躬尽瘁死而后已也。若夫一心而事君，又一心而爱身，岂忠臣之所宜耶？""此题重在应敌不可犹豫，要有决断意。""一说跟上文来。言为君者不可有所牵制，使之疑志内顾。"又引王汉若曰："疑志不可以应敌，此言将心要专一之意。将之心志乃应敌主宰，苟临敌决战之际少有狐疑，则中无主而计画疏，必致为敌所中矣。"又引《醒宗》曰，"应敌全要在自己专主行之。若人君御之，则心无专主，从此不是，从彼不是，曷克有功乎？故曰不可以应敌。"

[11] "臣既受命"三句：意谓臣已经接受任命，手持威严的斧钺，有指挥军队的专权，如果不完成使命就不敢活着返还。朱墉引《大全》曰："受命专斧钺，此亦是大将以身许国之言。言斧钺，国家重器，专此制者即当睹物思义，致死报国，岂敢复以生还乎？"

[12] 愿君亦垂一言之命于臣：意即希望君王您能下达授权的指令给臣。

[13] "军中之事"三句：自"军中之事"至"无君于后"，《尉缭子·武议》有相近表述，作："将者死官也，故不得已而用之。无天于上，无地于下，无主于后，无敌于前。"施子美曰："君既任之专，则将亦不可不专。故军中之命皆由将军，而君命有所不受，此细柳之营吏所以有'军中闻将军令，不闻天子诏'之言也。"

朱墉引王汉若曰："此是专将权意。将在军，事或进或退，或行或止，一自将操之，非但臣下不容旁参，即大君亦不得掣肘。"

[14] 临敌决战，无有二心：朱墉引彭孺熙曰："军事既由将出，则将之进退虚实无不审察明晰，至临敌决战之时，自然心坚意诚，毫无挂碍，毫无犹豫，自一心以应敌矣。"

[15] "若此则无天于上"四句：意谓如果能做到这些，那么就会上不受制于天，下不受制于地，前不受制于敌，后不受制于君王。刘寅曰："如此则无天于上，谓上不制于天也；无地于下，谓下不制于地也；无敌于前，无君于后，谓中不制于人也。"朱墉引《醒宗》曰："'无天于上'一段，形容将体君命之重何其激昂。"

[16] 气厉青云：意即全军士气高昂，直冲云霄。厉，剧烈，猛烈，这里是高昂的意思。朱墉引叶伯升曰："'气厉青云'要跟将权得以自由来。惟其将权得以自由，是以感激奋发而气厉于青云也，尚何敌之能顿挫吾气哉？"又引《大全》曰："言其气之发扬有似厉于青云九霄之上者。"

[17] 骛：乱跑，纵横奔驰。

[18] 兵不接刃，而敌降服：朱墉引《新宗》曰："兵不用接刃，而敌自稽首皈命，投诚恐后。"

[19] "是故风雨时节"三句：朱墉引谈敷公曰："'风雨时节'三句，世人只知君之重将，不知君惟重将，故国家得以安宁，乃知重将者，即所以福君乎？君人者奈何不重将也！"邵鸿、徐勇说："通过对命将授钺礼仪的刻画，《立将》把将帅统兵作战可不受君主牵制，要有独断专行之权的原则，上升到一个神圣而不可违背的地位。文中指出，只有这样，将领才能'临敌决战，无有二心'，了无牵碍，放手指挥，使将士用命，所向无敌，国家大幸。作者将文中的观点阐发得淋漓尽致，后世兵家从此难免会有'眼前有景道不得'之感，实际情形也确实如此。所以，虽然《六韬》此文很可能直接来自《司马法》，也深受《孙子》等古籍的影响，但《六韬》一出，便反复为人所引用称赏，以至《司马法》等书的有关论述反而不如本篇为人所熟悉。在这方面《六韬》的历史影响极为深远。"

[20] 善哉：朱墉《全旨》曰："此见人君欲国家常安，必以军事任之将，而将礼不可以不隆，将权不可以不重。若既委寄之矣，而复从而制御之，则有才而莫展，奚能立战胜之功而奠定社稷？是故君臣相与之际，贵释疑忌而惇诚信，托心膂而付威权。君有所勉于臣，臣亦有所赖于君，然后得尽其智勇，使气势常伸而不可遏御，则敌服而国以永宁矣。"黄朴民说："立将，指任命主将。本篇论述古代君主任命将帅的仪式和方法。全篇首先介绍命将的仪程，其次集中阐述'军不可从中御'的观点。作者在文中阐明了这样两个观点：一是将帅领兵作战，责任重天，'社稷安危，一在将军'。因此，身为将帅，应该做到'见其虚则进，见其实则止'，不轻敌，不冒险，不轻视部下，不违背众意，与士兵同甘共苦。二是作为君主，应该信任将帅，给将帅以机断处置、灵活指挥的权力，即'国不可以从外治，军不可以从中御'，'军中之事，不闻君命，皆由将出'。否则，

如果君主从中干预掣肘，对将帅采取不信任的态度，必然会干扰前方将帅的决心和计划，从而导致战争的失败。作者强调，只有做到上述两点，才能'无敌于前，无君于后''战胜于外，功立于内'。"

【译文】

武王问太公曰："君王任命大将的方式是怎样的呢？"

太公答道："凡是国家有危难，君王应避开正殿，在偏殿召见大将，向他发布诏令道：'国家命运的安危，全掌握在将军你的手上。如今某国不愿臣服我国，望将军领兵讨伐它。'大将已经接受了任命，君王就命令太史占卜，斋戒三天，前往太庙，用龟甲预测吉凶，通过卜卦选择了一个好日子，在这天将象征权力的斧钺授给大将。君王进入太庙大门，面朝西站立；大将进入太庙大门，面朝北站立。君王亲自手持钺的头部，把钺的手柄交给主将，对他说道：'从此以后，军中事务即使上至天界，也全由将军处理。'君王又手持斧柄，将斧的刃部交给主将，对他说道：'从此以后，军中事务即使下至深渊，也全由将军处理。发现敌人虚弱就进兵攻击，发现敌人强大就停止进攻。不要因为我军人数多就轻视敌人，不要认为使命重大就必须与敌拼死，不要认为自己身份尊贵就看不起别人，不要认为自己见解独到就违背众人的意见，不要认为自己擅长辩论申说，想法就一定正确。士兵没有坐下休息自己就不要先坐，士兵没有吃饭自己就不要先吃，与士兵一同忍受寒冷与酷热。如果能做到这些，士兵们一定能拼死杀敌。'

"大将已经接受任命，向国君行拜礼并回答道：'臣听说国事不能让境外的人去治理，军队在外不能让朝中的人去指挥。大臣若怀有二心，就不能忠心侍奉国君；若心存疑虑，就不能专心对付敌人。臣已经接受任命，手持威严的斧钺，有指挥军队的专权，如果不完成使命就不敢活着返还。希望君王您能下达授权的指令给臣。国君您不答应臣，臣就不敢担任大将。'

"国君答应了大将的要求，大将就向国君告辞，领兵出发。军队的事务，不听国君的指令，全部由大将直接发令。面对强敌决一死战，没有人有二心。如果能做到这些，那么就会上不受制于天，下不受制于地，前不受制于敌人，后不受制于君王。军中有智慧的人为大将谋划，勇敢的人为大将战斗，全军士气高昂，直冲云霄，如奔驰快跑一般行动迅速，还未与敌交锋，敌人就投降归顺。在国外战胜强敌，在国内建立功勋，军官升迁，士兵受赏，百姓欢乐，将帅没有获罪遭殃。国家因此风调雨顺，五谷丰登，安定太平。"

武王说："您讲得真好啊！"

管理启示：

太公关于"君王任命大将军的方式"而回答武王的话，体现了两点非常重要的思想：一是用人不疑，二是强烈的仪式感。占卜和斋戒后，选择合适的日子，君王在太庙里将象征权力的斧钺授给大将，又手持斧柄将斧的刃部交给大将。从此以后，军中事务上至天界、下至深渊，全由将军处理；也意味着君王将国家的命运全部交给了大将。君王还要对大将做出特别交代。之后，大将答应接受任命，表达忠心。君王对大将的高度信任和授权的仪式感，能使大将产生强烈的使命感、责任感和以死报国的决心。大将率兵士气更加高昂，能爆发出强大的战斗力。获胜之后，将官升迁，士兵受赏，将帅不因为受怀疑而获罪，从此国泰民安。古人这种以一定的隆重的仪式用人并授权的方式，包含着深刻的心理学智慧，传承至今仍在使用。比如国有单位任命干部，组织部门总会发出红头文件，并选择适当的时间在适当的场合进行任命宣布。文件宣读人会代表组织对新任干部提出相应的组织要求；随后新任干部当众表态，"今后一定努力工作，不辜负组织和群众的期望"。这种仪式是对新任干部的一种信任和期待；同时有了这种仪式，新任干部也就可以名正言顺地开展工作，履行自己的岗位职责。

思考题：

出征前，君王以一定的仪式对大将授权，这种仪式有什么意义？

五、龙韬第五篇

将威第二十二

【原文】

武王问太公曰："将何以为威？何以为明？何以为禁止而令行？"

太公曰："将以诛大为威，以赏小为明[1]，以罚审为禁止而令行[2]。故杀一人而三军震者，杀之；赏一人而万人悦者，赏之[3]。杀贵大，赏贵小[4]。杀其当路贵重之臣，是刑上极也[5]；赏及牛竖、马洗厩养之徒，是赏下通也[6]。刑上极，赏下通，是将威之所行也[7]。"

【注释】

[1] 将以诛大为威，以赏小为明：意谓大将用诛杀权贵的方式来树立自己的权威，以奖励卑贱者的方式来显示自己的英明。大，指地位高的权贵。小，指地位低的卑贱者。施子美曰："诛之所以为威者，非在数诛也。能诛大则可以为威。赏之所以为明者，非在数赏也，能赏小则可以为明。盖人莫不惮尊贵而忽微贱，故于尊贵刑有所不加，而于微贱者赏有所不及，非所以为威明也。惟不惮权贵，而大者有罪则必诛，乃所以为威也；不遗微贱，而小者有功则必赏，乃可以为明也。是皆权极其所用，故人服其威与明也。"朱墉引《大全》曰："将能立威，但诛罚有威，人皆见之，至赏中亦有威，则人不识也。假令刑贷于大，赏遗于小，法网混淆，皆锢弊也，岂可以行威哉？昔张裔称孔明曰赏不遗远，罚不阿近，爵不可以无功取，刑不可以贵势免，此孔明所以能令贤愚佥忘其身也。"又引杜氏曰："用法而多所沮挠，不可以为将也。苟有罪者以贵而幸免，有功者以贱而吝施，则士众复奚从懔畏乎？刑当其罪，虽君之宠弟弗顾也，虽国之权要弗赦也。因其罪而加之，固不知其爵位也。赏当其功，虽军之樵汲不弃也，虽师之牧圉不置也。因其功而录之，固不计其贱役也。人或知将之当有威，而不知威之当行，即知威之行，而不知因以刑赏之公而行。"

[2] 罚审：慎重地实施刑罚。审，慎重。

[3] "故杀一人而三军震者"四句：意谓如果杀死某人能使全军震动，就杀死他；奖赏某人能使万人高兴，就奖赏他。施子美曰："杀一人而三军震者，杀之。此言刑之当而可以使人惩，故杀一人而三军震栗。其所诛者寡而所惩者众也，乌得不杀？赏一人而万人悦者，赏之。此言赏之当而可以使人劝，故赏一人而三军喜悦。其所赏者寡而所劝者众也，乌得不赏？李光弼北城之战，所以能使

三军争奋、死生以之者，以其杀之足以震三军，而赏足以悦万人也。刺贼者立赐之绢，不刺者立置之斩。兹其为权，岂不足以震三军而悦万人乎？"

[4] 杀贵大，赏贵小：意谓杀人，贵于敢杀权贵；奖赏，贵于能奖卑贱者。《尉缭子·武议第八》曰："凡诛者，所以明武也。杀一人而三军震者，杀之；赏一人而万人喜者，赏之。杀之贵大，赏之贵小。当杀而虽贵重，必杀之，是刑上究也；赏及牛童马圉者，是赏下流也。夫能刑上究、赏下流，此将之武也。故人主重将。"施子美曰："杀则贵大，以其诛大则可以为威也。赏则贵小，以其及小则可以为明也。"《中国历代军事思想》指出："在赏罚问题上，《六韬》接受了《尉缭子》的思想，……这是法家学派'一赏、一刑'观点的发展和深化。"

[5] 杀其当路贵重之臣，是刑上极也：意谓杀掉权豪近要之臣，这说明社会最高层人士能受到惩罚。当路，指身居要职。

[6] 赏及牛竖、马洗厩养之徒，是赏下通也：意谓能赏赐牧牛养马的奴仆，这说明卑贱阶层能得到赏赐。竖，童仆。马洗厩养之徒，指养马的奴仆。

[7] "刑上极"三句：意谓社会最高层人士能受到惩罚，卑贱阶层能得到赏赐，这样将领就能行使他的威权了。朱墉《全旨》曰："一章重在刑罚之公明，则将不期其有威而威自行。夫威之所以不行者，阻于权贵也，更阻于卑贱也。刑上极而赏下通，则三军惧而万人悦，乌有不行者哉？"王联斌在《〈六韬〉的军事伦理思想》一文中说："如此将威之道，确有精警独到之处。'刑上极'方可以立威，'赏下通'方可以明信。其实立威明信并非仅此一'道'，可行之道甚多。不过就司马穰苴'君令有所不受'斩庄贾，孙武吴宫教练斩贵妃来看，'刑上极'确是立威之要道。至于吴起北门徙辕，商鞅徙木立赏，是'赏下通'之为，确也为其明信立威起到了良好效果。但是'刑上'与'赏下'都不是绝对的。当赏即赏，当刑即刑，'赏罚至公'是首要的前提。在此前提下行'刑上极、赏下通'之道才有积极的道德意义。"黄朴民说："本篇论述将帅树立威信的原则和方法。作者主张以法治军、厉行诛赏，指出身为一军主帅，要树立自己的权威，使全军令行禁止，离不开严明的军纪。而严明的军纪又必须依靠赏与罚这两种手段。其原则是公正严明，罚不避亲，赏不避仇。即'将以诛大为威，以赏小为明'。认为只要'刑上极，赏下通'，就能树立起主将的权威，做到令行而禁止。"

【译文】

武王问太公道："大将怎样才能树立自己的权威？怎样做才能算是英明？怎样做才能有禁必止、有令必行？"

太公答道："大将用诛杀权贵的方式来树立自己的权威，以奖励卑贱者的方式来显示自己的英明，以慎重地实施刑罚来做到有禁必止、有令必行。因此，如果杀死某人能使全军震动，就杀死他；奖赏某人能使万人高兴，就奖赏他。杀人，贵于敢杀权贵；奖赏，贵于能奖卑贱者。杀掉权豪近要之臣，这说明社会最高层人士能受到惩罚；赏赐牧牛养马的奴仆，这说明卑贱阶层能得到赏赐。社会最高层人士能受到惩罚，卑贱阶层能得到赏赐，这样将领就能行使他的威权了。"

管理启示：

管理者如果没有树立起权威，其发布的命令就难以得到执行，分管的工作任务要么难以按时完成，要么自己去替下属去完成，管理就失去了意义，管理目标也难以实现。太公所举荐的方法，虽然诛杀在管理中不可能用，但是可以用奖罚（前提是有奖罚权）来显示自己的公正和英明，在当今的公司管理中也是十分适用的。所以各个单位制定有相应的奖罚制度，十分必要。有了奖罚，将军就能树立起威望，也能激发出战斗力；有了奖罚，管理者也能树立起权威，团队或下手就能认真的服从命令，从而提高工作效率。

思考题：

1．如果没有奖罚，管理者靠仁慈能树立起权威吗？

2．你的好友或同学成了管理者，也是你的上司，在奖惩适度的运用方面对你和员工一视同仁。你能理解他的做法吗？说出理由来。

六、龙韬第六篇

励军第二十三

【原文】

武王问太公曰："吾欲令三军之众，攻城争先登，野战争先赴，闻金声而怒[1]，闻鼓声而喜，为之奈何？"

太公曰："将有三胜。"

武王曰："敢问其目。"

太公曰："将，冬不服裘，夏不操扇，雨不张盖，名曰礼将[2]；将不身服礼[3]，无以知士卒之寒暑。出隘塞，犯泥涂，将必先下步，名曰力将[4]；将不身服力[5]，无以知士卒之劳苦。军皆定次，将乃就舍，炊者皆熟，将乃就食，军不举火，将亦不举，名曰止欲将[6]；将不身服止欲[7]，无以知士卒之饥饱。将与士卒共寒暑、劳苦、饥饱，故三军之众闻鼓声则喜，闻金声则怒。高城深池，矢石繁下，士争先登。白刃始合，士争先赴。士非好死而乐伤也，为其将知寒暑、饥饱之审，而见劳苦之明也[8]。"

【注释】

[1] 金声：即钲声。钲，古乐器，形似钟而狭长，战争中击鼓进军，鸣钲收兵。

[2] "将，冬不服裘"五句：服，穿。盖，指遮雨挡阳的覆盖物。"将，冬不服裘"至"名曰止欲将"，《尉缭子·战威》有相近表述，作："夫勤劳之师，将必先己。暑不张盖，寒不重衣，险必下步，军井成而后饮，军食熟而后饭，军垒成而后舍，劳佚必以身同之。"施子美曰："将，冬不服裘，非无裘也，思士卒之有号寒者也。夏不操扇，非无扇也，思士卒之有冒暑者也。雨不张盖，非无盖也，思士卒之有暴露者也。若是之将，名曰礼将。"

[3] 将不身服礼：意即大将不以身作则，不习惯于遵循礼法。服，习惯于。

[4] "出隘塞"四句：意谓越过隘口关塞，走在泥泞的道路上，大将必须下马步行，能做到这种的可称为力将。下步，下马步行。施子美曰："若出隘塞之地，冒犯涂泥，将不惮其艰难，而必先下步，所以示其不自安而与之同劳苦也，若是者谓之力将。"

[5] 将不身服力：意即大将不以身作则，不习惯于耗费体力。

[6] "军皆定次"七句：意谓大军都安顿宿营了，大将才进营房休息。军中饭菜全都做熟了，大将才能吃饭。军中没有生火做饭，大将就不能生火做饭，能做到这些的可称为止欲将。次，临时驻扎和住宿舍，休息。施子美曰："军次定而后就舍，以人皆得所息也。炊皆熟，而后将就食，以人皆得其食也。军举火，而后将举火，以人皆得其明也。凡此皆所以同其欲，故谓之止欲将。止欲者，言不自肆其欲，而能止之以与众同也。不能自止其欲，则何以知人饥饱之所欲？"朱墉引《指南》曰："此是自胜之旨。将为礼将、力将、止欲将，则三军之胜皆我先自胜之也。"又引宋氏曰："贵贱之位不一，而寒暑之心则一，惟将有以共之，而贵贱咸忘矣。尊卑之势不同，而寒暑之心则同，惟将有以共之，而尊卑悉泯矣。忧乐好恶之情不均，而寒暑之心则均，惟将有以共之，而忧乐好恶胥化矣。"又引《醒宗》曰："与士卒同寒暑而不自恃尊大，故曰礼。与士卒共劳苦而不自居骄佚，故曰力。与士卒共饥饱而不自享肥甘，故曰止欲。将有此三者，三军自然如父如子，生则同生，死则同死，焉有战不胜之理？"王联斌在《〈六韬〉的军事伦理思想》一文中说："'礼将''力将''止欲将'，实为'三同将'，即能与士卒同寒暑、同劳苦、同饥饱之'将兵'者。在《六韬》看来，'三同'之道是励军的最理想之道；只要为将者能做到'三同'，就可以使三军之众，闻鼓声则喜，闻金声则怒，争先恐后出战，不怕流血牺牲。'三同'之所以能产生这么大的激励作用，就在于它能充分折射出将帅的高尚道德人格形象。而实践证明，这种人格形象（即榜样）的力量确是无穷的。"

[7] 将不身服止欲：意谓大将不以身作则，不习惯于遏制私欲。

[8] "士非好死而乐伤也"三句：意谓士卒并非喜好死亡而乐于受伤，是因为他们的将领在清楚了解士卒冷暖、饥饱的同时，还能清楚了解士卒的劳苦。审，清楚。明，明确，清楚。朱墉引《开宗》曰："此言激励三军在通士卒甘苦之情。冒矢石、赴锋刃，岂人之情？然如此则喜，不如此则怒者，有与共之者也。甚矣！先之率之，感人深也。"朱墉《全旨》曰："通章见激励军士，惟在以身倡率。夫好生恶死者，人之情也。苟将爱惜其身，孰肯先登先赴？惟寒暑劳苦饥饱与共，则忘尔我尊卑之形，未有不感激自奋者。岂非胜从自己做出？"黄朴民说："励军，就是鼓舞激励军心士气。作者从三个方面论述了将帅鼓舞士气的方法：一是'礼'，善于约束自己，做到'冬不服裘，夏不操扇，雨不张盖'，与士兵同寒暑；二是'力'，善于身体力行，'出隘塞，犯泥涂，将必先下步'，与士兵同劳苦；三是'止欲'，即克服私欲，与士兵同饥饱。榜样的力量是无穷的。将帅只要能够以身作则，身体力行，与士兵同饥饱，同劳苦，同安危，就能够激发起高昂的士气。'三军之众'就会'闻鼓声则喜，闻金声则怒'，同心协力，前赴后继，奋勇作战，去夺取胜利。"

【译文】

武王问太公道："我想让全体官兵，攻城时争先恐后地攀登城墙，野战时争先恐后地上阵杀敌，听到退兵的钲声就愤怒，听到进攻的鼓声就喜悦，应该怎么做呢？"

太公答道："大将有三种方法。"

武王问道："我冒昧地询问一下这方面的具体内容。"

太公答道："当大将的，冬天不穿皮衣，夏天不拿扇子，下雨不撑开伞盖，能做到这些的可称为礼将；大将如果不以身作则，不习惯于遵循礼法，就无法了解士卒的冷暖。越过隘口关塞，走在泥泞的道路上，大将必须先下马步行，能做到这种的可称为力将；大将如果不以身作则，不习惯于耗费体力，就无法了解士卒的劳苦。大军都安顿宿营了，大将才进营房休息，军中饭菜全都做熟了，大将才能吃饭，军中没有生火做饭，大将就不能生火做饭，能做到这些的可称为止欲将；如果不以身作则，不习惯于遏制私欲，就无法了解士卒的饥饱。因为大将能与士卒一起体验冷暖、劳苦、饥饱，所以全体官兵就会听到进攻的鼓声就喜悦，听到退兵的钲声就愤怒。士卒即使面对高大的城墙，深深的护城河，看到敌箭频繁地射来，石块频繁地投来，也会争先恐后地攀登。即使在刚与敌人短兵相接的时候，士卒也会争先恐后地上阵杀敌。士卒并非喜好死亡而乐于受伤，是因为他们的将领在清楚了解士卒冷暖、饥饱的同时，还能清楚了解士卒的劳苦。"

管理启示：

太公所说的三胜法宝，可以概括为：以身作则、身先士卒、吃苦在前，享乐在后。现实的公司管理中类似的这种情况非常常见。例如建设工程项目野外施工，遇到恶劣天气，项目经理就要带头视察施工现场，掌握人员、物资、在建工程的安全状况等；有些公司工作地距离市区较远，交通不便，公司要加夜班，有关领导要关心加班人员的用餐安排、下班交通安排等。当权的管理者在工作中能起到带头模范作用，并且关心下属，员工自然能最大限度地发挥工作潜能。这就是太公所说的励军。

思考题：

1. 太公所说的"将有三胜"，指的是哪些方面？

2. 在公司，如果你是一个部门负责人，工作中怎样做到以身作则、身先士卒，请结合现实举例说明。

七、龙韬第七篇

阴符第二十四

【原文】

武王问太公曰："引兵深入诸侯之地，三军卒有缓急[1]，或利或害。吾将以近通远，从中应外，以给三军之用，为之奈何？"

太公曰："主与将有阴符，凡八等[2]：有大胜克敌之符，长一尺；破军擒将之符，长九寸；降城得邑之符，长八寸；却敌报远之符，长七寸；警众坚守之符，长六寸；请粮益兵之符，长五寸；败军亡将之符，长四寸；失利亡士之符，长三寸。诸奉使行符，稽留者[3]，若符事泄，闻者告者皆诛之。八符者，主、将秘闻[4]，所以阴通、言语不泄、中外相知之术。敌虽圣智，莫之能识[5]。"

武王曰："善哉[6]！"

【注释】

[1] 三军卒（cù）有缓急：意即大军突然遭遇紧急情况。卒，同"猝"，突然。缓急，指紧急情况。

[2] 主与将有阴符，凡八等：意谓君主与大将之间有秘密的通信工具，称之为阴符，一共有八种类型。施子美曰："天下所恃以为至信者，莫如符节。符与节皆可以示信，而太公论缓急利害之所用独以符言者，盖符以合验，尤其至密故也。门关用符节，盖以门关之禁为严，故其合验也必以符。阴符之说，亦取其可以合验也。主与将通而用之。其为制也，凡八等。其最长者一尺，其最短者三寸，长短之所以若是者，必有以也。其胜捷之符则长，以其长于算也。不利之符则短，以其短于算也。"朱墉引《大全》曰："阴符，惟人主与大将得以知之，其余皆不得知之。符而曰阴，已有不可与闻于人之意。"又引王汉若曰："八符之制不用文字，而惟以尺寸之差别为征验，是既使其相通，又不至于泄漏，惟主与将自知之耳。"孔德骐说："阴符、阴书，在古代战争中经常使用。实践证明，这是一种有效而秘密的传递信息的方法。""古代兵符，直到清代中后期，由于电报、电话、无线电等现代通信工具的采用，才逐步被代替。"

[3] 稽留：滞留。

[4] 八符者，主、将秘闻：意谓以上八种阴符，只有君主与大将了解内在秘密。朱墉引《大全》曰："'秘闻'只要不泄露之意。所以用符者以示不用言语文字，恐泄之中外。又用符有八等者，正使人测度不得，更见密处。"又引《新宗》曰："军中胜负之机。谨藏于长短之中。敌虽圣贤，莫能测度也。"

[5] 敌虽圣智，莫之能识：施子美曰："昔者魏公子无忌欲帅兵救韩，魏侯不许，乃夺晋鄙兵符而以发其兵。符之所用不可不谨如此，况阴符之用，其可不密乎？"

[6] 善哉：朱墉引《开宗》曰："此言通中外缓急利害之情者当密。阴符之用，令中外相知，敌国莫测。"朱墉《全旨》曰："通章'秘闻'二字尽之。兵事尚神秘，机事不密则害成，况兵行千里，主与将相隔，者甚远，讵可以言语相传？惟以尺寸之间报吉凶，使人无从臆测。贵阴而不贵阳，用意诚深远矣。尺寸之论不过借一端言之耳。若拘于尺寸，则得符即。知，又非不泄之意。"

【译文】

武王问太公道："率领军队深入敌国国境，大军突然遭遇紧急情况，要么对我方有利，要么对我方有害。我要从近处联络远方，从国内策应境外，来满足军队作战的需要，该怎么做呢？"

太公答道："君主与大将之间有秘密的通信工具，称之为阴符，一共有八种类型：有大胜敌人的阴符，长度为一尺；有击破敌军、擒获敌将的阴符，长度为九寸；有敌城投降、获得城邑的阴符，长度为八寸；有击退敌人、报告远方的阴符，长度为七寸；有警告民众必须坚守的阴符，长度为六寸；有请求增粮加兵的阴符，长度为五寸；有军队战败、将领死亡的阴符，长度为四寸；有战事失利、士卒死亡的阳符，长度为三寸。那些奉命出使传递阴符的人如果滞留拖延，泄露军机，无论是听到的人还是说的人一律诛杀。以上八种阴符，只有君主与大将了解内在秘密，它们是保证君主与大将能够暗中联系、信息能不泄密、朝中与军中互相了解的手段。敌人即使非常智慧，也不能识破其中的秘密。"

武王说："您讲得真好啊！"

阴书第二十五

【原文】

武王问太公曰:"引兵深入诸侯之地,主、将欲合兵[1],行无穷之变,图不测之利,其事烦多,符不能明,相去辽远,言语不通,为之奈何?"

太公曰:"诸有阴事大虑,当用书不用符[2]。主以书遗将,将以书问主,皆'一合而再离,三发而一知'。'再离'者,分书为三部;'三发而一知'者,言三人,人操一分,相参而不相知情也[3],此谓阴书。敌虽圣智,莫之能识。"

武王曰:"善哉[4]!"

【注释】

[1] 合兵:指不同部队配合作战。

[2] 诸有阴事大虑,当用书不用符:意谓君主与将领若密谋大事,应当用书信而不用阴符。朱墉引《新宗》曰:"言阴秘之事、远大之虑,有非阴符所能详尽,势不得不用书以为往来。但此书与寻常之书不同,其名亦为阴书焉。"

[3] 相参而不相知情也:意谓内容相互掺杂,即使送信的人也不了解实情。朱墉引《合参》曰:"兵乃阴事,最忌泄漏。阴书以一书分而为三,以三书合而成一,人皆不知,惟得书者知之,密之又密矣。不重在不知,只重在不使人知上。"又引丁氏曰:"一书而为三分,令一人持一分,则全书之策,未尽乎一分之内。三分授三人,则一书之奥,各属于三分之中,发之参差而不齐,虽泄其先,未泄其次,即泄其次,未泄其后,而其书之情,不第敌人不知,即我之左右亦不知。不第左右不知,即持书之人,亦不得而知,而要惟得书者合三分而共览之,则书联而词亦联,词联而意亦联,意联而谋亦无不联,虽千里亦若面谈矣。"

[4] 善哉:朱墉引《开宗》曰:"此言君将又有阴书以通阴符所不能尽。"朱墉《全旨》曰:"此章阴书更密于阴符。阴符以长短相通,犹有一定之示。至于阴书,全阅则无遗,单词则未竟,虽持者亦不知情,何等微密?然亦在所用之人何如耳!"

【译文】

武王问太公道:"率领军队深入敌国国境,君主与将领想使不同部队配合作战,运用变化多端的攻敌手段,谋求出其不意的胜利,作战过程中事务烦杂多样,阴符不能说清状况,部队之间相隔遥远,信息不便传递,该怎么做?"

太公答道:"他们若密谋大事,应当用书信而不用阴符。君主把书信派人送给大将,大将用书信询问君主,这些书信的特点都是'一合而再离,三发而一知'。所谓'再离'是将一封信成三部分而成为三封信;所谓'三发而一知',是说三封信由三人传递,每人只拿其中一份,内容相互掺杂,即使送信的人也不了解实情。这种通信工具叫作阴书。敌人即使非常智慧,也不能识破其中的秘密。"

武王说:"您讲得真好啊!"

管理启示:

太公所讲的八种类型的阴符和密谋大事的书信,说明古人早就有了自己独特的信息传递方式。且对信息传递准确性、及时性、安全性、保密性的要求极高,古人用他们的智慧在战争中都做到了。现代公司管理也有内部信息传递，而且信息更加庞大复杂，要求应该更高。但是一些公司的信息管理（采集、加工、传输、储存）却未必如古人所做的那样完美。很多公司甚至包括一些中型的国有公司，都没有统一的公司数据信息平台。公司内部的各个部门各自为政，在工作中分别使用不同的个人社交平台在内部传递信息，而且信息也没有进行集中存储保管，保密性、安全性极差。一旦部门人员调动或者轮换，他所掌握的历史信息也会全部归零；新人要开展工作，必须重新收集整理与工作有关的信息。这种工作模式造成了信息资源的极大浪费，大大降低了工作效率。造成这种状况的原因很多，更主要的还是高层的认识不到位，或者认为构建公司信息系统成本太高，舍不得花钱；或者习惯于官僚主义的作风，看到公司各个部门采用传统的、落后的笨办法表面上也能开展工作，而不愿意去深入了解基层的信息管理多么混乱。这里介绍几种办公信息化系统供公司参考使用，希望现代公司信息管理能超越古人，真正呈现出现代性。

第一种办公 OA，作为企业内部官网能提供三种功能：一是作为一个门户发布公司官文、公司重大新闻事件、公司政策等内容；二是公司内部流程审批，如员工请假、入职离职、培训、采购申请发起，产品销售前立项和销售合同签订，信息发布的安全性审查，第三方人员管理流程；三是公司应用系统集成门户，把公司内部其他系统如 IT 部门网页、人力资源部门网页等链接到 OA 上。

第二种是 IM 即时通信平台，例如企业微信、skype、飞书（由字接跳动开发并推广）、钉钉（由阿里巴巴公司开发并推广）。

第三种是 ERP，即企业资源计划，这个系统在企业的应用历史比较早。

其次，公司还可以委托第三方开发属于自己的数据信息平台，以满足内部数据信息管理的需要。随着人工智能、5G 技术和云服务技术的不断推广应用，能为企业提供信息管理服务的技术越来越先进，希望各个公司能够及时赶上不落后于时代。

思考题：
你是否认为企业办公信息化建设和应用很有必要，谈谈你的认识。

八、龙韬第八篇

军势第二十六

【原文】

武王问太公曰："攻伐之道奈何？"

太公曰："势因于敌家之动，变生于两阵之间，奇正发于无穷之源[1]。故至事不语，用兵不言[2]。且事之至者，其言不足听也；兵之用者，其状不足见也[3]。倏而往[4]，忽而来，能独专而不制者，兵也。夫兵，闻则议，见则图，知则困，辩则危[5]。故善战者，不待张军；善除患者，理于未生[6]；善胜敌者，胜于无形[7]；上战，无与战[8]。故争胜于白刃之前者，非良将也[9]；设备于已失之后者，非上圣也[10]。智与众同，非国师也；技与众同，非国工也[11]。事莫大于必克，用莫大于玄默，动莫神于不意，谋莫善于不识[12]。夫先胜者，先见弱于敌而后战者也，故事半而功倍焉[13]。

"圣人征于天地之动，孰知其纪[14]？循阴阳之道而从其候[15]，当天地盈缩，因以为常[16]。物有死生，因天地之形[17]。故曰，未见形而战，虽众必败。

"善战者，居之不扰[18]，见胜则起，不胜则止。

"故曰，无恐惧，无犹豫。用兵之害，犹豫最大。三军之灾，莫过狐疑[19]。善战者见利不失，遇时不疑[20]。失利后时，反受其殃[21]。故智者从之而不释，巧者一决而不犹豫[22]。是以疾雷不及掩耳，迅电不及瞑目。赴之若惊，用之若狂，当之者破，近之者亡，孰能御之？

"夫将，有所不言而守者，神也；有所不见而视者，明也[23]。故知神明之道者，野无衡敌，对无立国[24]。"

武王曰："善哉[25]！"

【注释】

[1] "势因于敌家之动"三句：意谓战争的态势是随着敌情的变动而变动的，变动产生于两军对阵之时，特殊战术与常规战术的使用来自于将领无穷无尽的思想源泉。奇正，原指阵法中的奇兵与正兵，后引申为特殊战术与常规战术，以及机动灵活、出奇制胜的作战方法。郭化若说："奇正一般包含以下意思：①在军队部署上担任警戒、守备的部队为正，集中机动的主力为奇；担任箝制的为正，担任突击的为奇。②在作战方式上，正面攻击为正，迂回侧击为奇；明攻为正，暗袭为奇。③按一般原则作战为正，根据具体情况采取特殊的作战方法为奇。"朱墉引《合参》曰："'源'字正指心说。心无穷则奇正自与为无穷。为将者当溶其源，使之益深；清其源，使之不滑；养其源，使之不竭，乃可以制奇正之无穷。"孔德骐说："'军势'被看作运动着的物质，是在军事实力的基础上，由于实行正确的作战指挥，从而在战场上所表现出来的实际作战能力。它反映了军事实力发展变化的趋势，同时又依存于敌对双方情况的变化，因此，具有朴素唯物论的性质。它同孙子所讲的'势'的含义是一致的。基于这种认识，作者认为，战争是有规律可循的，人们只能根据敌对双方形势的变化，采取正确的作战指导，谓之乘势握机。所谓'势因敌之动，变生于两阵之间，奇正发于无穷之源'，就是说要善于因敌、因情用兵，顺应战争本身发展的规律去指导战争，主观能动作用是永远也发挥不完的。善于掌握和运用战争规律和战争指导规律的将帅，才能取得战争的主动权，可以独来独往，在战争舞台上导演出威武雄壮的活剧。公元前684年的齐鲁长勺之战，公元前494年的越吴姑苏之战，都是正确认识和熟练运用'军势'指导战争的典型战例。"

[2] 故至事不语，用兵不言：意谓军中的机密事先不说，用兵的谋划事先不讲。至事，指军中机密之事。施子美曰："盖事欲豫定，兵欲神妙。事至而后语，是不能豫谋也。兵用而必言，是不能密机也。故语之则在于未事之前，事至则不语矣。用兵则必断于方寸之间，岂复多言耶？昔韩信之告汉王，以北击燕赵，东击齐，南绝楚之粮道，而西会于荥阳，是皆于未事之前而语之也。及事至则不语矣。木罂之渡，岂言夏阳之不守？背水之阵，岂言死地之是置？此用兵之不言也。"刘寅曰："故至事不先语，用兵不预言。"

[3] "且事之至者"四句：意谓况且军中的机密大事，仅凭言语描述是不足听信的；

用兵的手段，仅凭对一时状况的观察是不能完全掌握的。刘寅曰："且事之至者，其言不足听信也。兵之用者，其形状不定见也。"

[4] 倏：迅速，极快。

[5] "闻则议"四句：意谓敌人了解了我军的部署就会探讨如何应对；敌人发现了我军的行动就会考虑如何取胜；敌人掌握了我军的意图，我们就会陷入困境；敌人摸清了我军的规律，我们就十分危险。刘寅曰："使人得闻我之情，则必议我之动静；使人得见我之形，则必谋我之虚实；我之动静彼得知之，则必为所困；我之虚实彼得辩之，则必为所危。"

[6] "故善战者"四句：意谓擅长指挥作战的将领，早在战场上摆出阵势之前就已经谋划好了克敌方略；擅长除害的人，在祸患尚未生芽之时就已经着手治理了。张军，展开军队，在战场上摆好阵势。理，治理。刘寅曰："故善战者，不待张吾之军，而与之战；谓潜谋密运，而取胜也。善除患者，理于患未生之初也。"朱墉引《大全》曰："'善战'二字当重。发言命将出师，虚张声势以制敌者，止战事也，而非所论于善战者也。惟善战者，潜谋秘计不自张军，而胜已握矣。""'理'字即有消弭之意。天下事只患其不能理。能理，无论其已生未生，皆可防杜也。今云'理于未生'者，更见理之容易。若已生亦未始不可理，但不如未生，理之为不费力。所以为善除患也，总是防微杜渐，即如慎在于畏小之意。"又引《醒宗》曰："不待张军，全在料敌制胜于无形上见。""天下祸患之生，皆有其端故善除者不图维于已生之后，而消弭于未生之先此思患预防也，此有备无患也，此《易》衣之意也，此《诗》绸缪之意也。"又引《指归》曰："事患之来未有萌兆，所谓机之将动者也。苟能见微察隐，密计潜消，以谋伐谋，则有事化为无事矣。"又引薛氏曰："惟见及于常情之所图，尤能及于常情之所不能图。及于常情之所不能图，而天下遂复无萌之可图。患至而始思除之，则已生者固可除矣，其生而复生者庸可除乎？即复生者或可除，其不见其生而隐然以生者庸可除乎？"

[7] 善胜敌者，胜于无形：意谓善于战胜敌人的人，是在敌人看不出任何形迹的情况下取胜的。《孙子兵法·虚实篇》曰："微乎微乎，至于无形。"施子美曰："善胜敌者，胜于无形，此言应敌制胜于其易胜之际，必其得算多而用机密者也。故虽无形而可以胜之。"刘寅曰："胜敌者，见微察隐，而取胜于无形也。上战无与人战，而自能取胜于彼也。"朱墉引《合参》曰："祸患之机常伏于无形，惟赖明哲之人理之于未生之时，灼然知其孰为患之所伏，孰为患之由起，才可以随方消弭。若待既生而后议除，则难为功矣。祸患未生，无患可见，为常情所易忽。善除患者必见微知著，不待既萌之后与将动之时，而惟致谨于未生之始。"

[8] 上战，无与战：意谓最高级的作战，是不与敌人作战便已取胜。《孙子兵法·谋攻篇》曰："是故百战百胜，非善之善者也。不战而屈人之兵，善之善者也。故上兵伐谋，其次伐交，其次伐兵，其次攻城。""故善用兵者，屈人之兵而非战也。"

[9] 故争胜于白刃之前者，非良将也：意谓凭借着在战场上与敌人格斗拼杀而取得

胜利的，不是好的将领。白刃，指在战场上与敌人格斗拼杀。施子美曰："此言无谋而欲以力争也。上兵伐谋，其次伐兵，战以求胜，岂良将哉？"朱墉引《新宗》曰："较智角力而争胜于白刃者，此有形之胜也。惟谋定于先，图于预，不露其形，而制敌于莫测者，此胜于无形，乃善于兵者也。"

[10] 设备于已失之后者，非上圣也：意谓在战败之后才去设防的，不是智慧最高的人。设备，设防。上圣，指智慧最高的人。施子美曰："此言失机而后为备也。焦头烂额之功，不如曲突徙薪之谋。失而后修，岂上圣耶？"自"故善战者"至"非上圣也"，《六韬》在这里对"全胜"思想的描述，可看成对《孙子兵法》"不战而屈人之兵"的延续。如嵩等著的《中国军事通史》第三卷《战国军事史》中认为，《六韬》继承和发展了《孙子》"不战而屈人之兵"的全胜思想，提出不交战而全胜，无杀伤而完师的战略主张，"这一战略思想立足于国富兵强，也就是以强大的经济实力和军事实力为基础。但在基础上，还必须采取各种措施能动地争取实现'兵不接刃，而敌降服'（《立将》）。《六韬》还十分重视采取各种非军事手段，即所谓'文伐'，去削弱和瓦解敌方……但'文伐'是以非军事手段削弱和瓦解敌方，它也为不战而胜创造条件。当'伐谋''伐交'不能实现政治目的时，就要采取'伐兵'的方式。这就告诉战争指导者，在考虑和制定战略时不要只寄希望于'兵不接刃，而敌降服'还要立足于战场上的胜负。"

[11] "智与众同"四句：意谓智慧与众人相等的，不能称为一国师表；技艺与众人相同的，不能说是一国之中技艺特别高超的人。国师，一国的师表。国工，一国之中技艺特别高超的人。施子美曰："此言谋虑材能必欲出众也。古有国士，有国手，有国轩。国士者言名擅于一国也，国手者言艺擅于一国也，国者言器擅于一国。谓之国师，必其智之出于一国；今智与众同，乌得谓之国师？谓之国工，必其能之出于一国；今能与众同，乌得谓之国工？太公此言盖谓善制胜者不与众知也。孙子曰：'战胜不过众人之所知，非善之善者也。'胜出于人所共知，亦岂足以为大将哉？"

[12] "事莫大于必克"四句：意谓军中事务没有哪件事比克敌制胜更重要的了，用兵原则没有哪一条比暗中谋划更重要的了，军事行动没有哪一种比出其不意更神妙的了，将领谋略没有哪一种比未被敌人识破更好的了。《孙子兵法·作战篇》曰："故兵贵胜。"《计篇》曰："兵者，诡道也。……攻其无备，出其不意。"《虚实篇》曰："神乎神乎，至于无声，故能为敌之司命。"施子美曰："事莫大于必克者，盖攻不必取不足以言攻，故以必克为大，谓之莫大者，以无大于此也。此言用兵欲其决取也。韩信战必胜，攻必取，得诸此也。用莫大于玄默者，盖奇正发于无穷之源，守出于不言，视出于不见，玄默之所以为莫大也。此言用兵出于无形也。张良运筹帷幄，决胜千里，得诸此也。动莫神于不意者，盖出不意，兵家之妙用也。其进也速，故人不及虑，则其动也岂不为神耶？司马懿八日而至孟达城下，此以不意为神也。谋莫善于不识者，盖阴其谋，密其机，岂欲使人之知也。其机既巧，人不可得而知其谋也，岂不为善耶？"刘寅曰："事无有大于必克，必克者，必胜于人也。用无有大于玄默，玄默者，玄

妙而秘默也。动无有大于不意，不意者，出敌人之不意也。谋无有大于不识，不识者，谋之深而使敌人不能知也。"朱墉引王汉若曰："未事之先潜虑密谋，当事之时张胆明目，一意求其必克，则功成绩树，而兵事诚莫有大于此者矣。不始锐终惰，不先决后疑，自然必克。"又引《指南》曰："兵之事关系非浅，既在无形上取胜，恐以未见其形，做事不力，易得始锐终惰，反为敌胜矣。所以说一'必'字，正是于无形中教人断然要胜之意。"又引方伯阁曰："玄者，精微而深远之谓。默者，寂静而无声之谓。用是行军运筹之作用也。言行兵之用，莫大于使窥伺乎我者不能测我之微妙也。"又引《新宗》曰："'玄默'，秘密不露也，言用兵之法宜深谋秘密而不可使人窥测，然后为用。独往独来，无与为敌，此用之所以言'莫大'也。"又引叶伯升曰："'不意'指敌人言。'动'，我之动兵也。凡兵家有所运动，必出于敌人意料之所不及，斯能动获有功。"

[13] "夫先胜者"四句：意谓还未交战便稳操胜券的将领，在战前先向敌人示弱，然后再作战，这样做有事半功倍之效。施子美曰："先胜者，先见弱于敌而后战者，盖将以怠敌，必有以误敌。先见弱者，非本弱也，示以弱也。彼以吾为弱则必轻进，所以可胜也。斗伯比请嬴师以张随，孙膑减军灶以致庞涓，此皆先见以弱也。惟其有以误而待之，故用力寡而收功多，所以事半而功倍。"

[14] 圣人征于天地之动，孰知其纪：意谓圣人从天地的运动变化中验证自己的决策，谁能像他那样了解其中蕴含的行为准则呢？征，应验，验证。纪，法度，准则。施子美曰："此言国之盛衰，天地必有变动，惟圣人乃能知之，故征其变，孰能知其纪极耶？"朱墉引《新宗》曰："言圣人之用兵不敢自私，必敬乎天地之时宜，以为伐暴救乱之举，是可见兵之动，亦圣人之不得已也。惟征于天地，而后乃动耳。"又引《醒宗》曰："圣人仰观俯察，即征验也。不知'动'字尤为紧要，'征'即圣人之动处。天地有杀机而后动，圣人因天地之动以为动，所以起兵端而行兵事。若天地不动，圣人不敢强动。"又引鲍氏曰："举大事者必不违于天地之理，斯不拂乎臣民之心。成大功者必克协乎天地之心，斯克奏乎古今之烈也。"

[15] 循阴阳之道而从其候：意谓圣人遵循万事万物演变发展的规律，顺应自然征兆来处理国事。阴阳之道，指万事万物演变发展的规律。阴阳，古代思想家把万事万物概括为"阴"与"阳"两个对立面（如火、天、暑是阳，水、地、寒是阴）。候，征候，征兆。施子美曰："此言事必有数，循阴阳之道推之，则可以从其候而为之。"

[16] 当天地盈缩，因以为常：意谓根据月亮盈亏等自然现象安排适当行动，并以此作为办事的常规。天地盈缩，指月亮或盈或亏、日夜或长或短等天地之间的自然现象。朱墉引《新宗》曰："天地有盈缩，圣人有动静以因之，是可见圣人无事不因天地以行也。当其盈也，因以为动之常，当其缩也，因以为静之常。""天地有中和之节，而圣人则因之以设礼乐焉。天地有肃杀之气，而圣人则因之以制兵刑焉。天地一定之则，即圣人一定之则也。圣人不变之规，即天地不变之规也。"

[17] 物有死生，因天地之形：意谓万物有死有生，要依照天地的变化而变化。形，形迹，这里指天地变化的征兆。施子美曰："天地之所形，以春夏而舒，以秋冬而惨，物因是而有死生。气一舒而物生，一惨而物死，此因形也，兵之进止亦犹是也，必见敌之形而后可战。"朱墉引《大全》曰："天地春夏主生，秋冬主死，此万物生死之形也。圣人因天地之形。则用仁以育万民，用义以正万民。无非因天地之形以处心也。"又引《指南》曰："只讲春生秋杀如何醒现题旨？前说胜敌要在无形，此又恐人于无形中妄杀妄动，又说出个'形'字，见得必天地有形而后可行无形之事。重一'形'字，正是慎战之旨。"

[18] 善战者，居之不扰：意谓善于征战的人，能坚持主见，不被敌人扰乱。施子美曰："此又言将能定其心而不为敌所惑也。惟不为敌所惑，故其见胜负也明。"朱墉引《大全》曰："兵行诡道，最易为所挠乱，故必为将者心中确有定见，权衡在我，主宰独握，任他纷纭变幻，总不能危疑得我、摇撼得我矣。"又引《新宗》曰："不挠者，总是自己心里有主宰，不二三其见的意思。"又引《指归》曰："天下无主之衷不特敌可以挠我，即自心先为之挠矣。惟善战者学术既深，识见又广，使在敌之情形毕露，而在我之接应自如，尚何有足挠我者哉？"

[19] "用兵之害"四句：意谓用兵打仗最大的危害就是犹豫不决，军队战败的灾难没有哪一种能超过狐疑多虑。《吴子·治兵》作："用兵之害，犹豫最大；三军之灾，生于狐疑。"朱墉引《醒宗》曰："兵乃机事，机则不可失。兵又时宜，时则难再得。倘一有顾前顾后之心，敌反有以乘我矣。所以说'犹豫最大'。犹豫，等待也。此戒警之词。"

[20] 善战者见利不失，遇时不疑：意谓善于打仗的人，发现有利战机就不要让它丧失，遇到良机时不要有疑虑。朱墉引《新宗》曰："智者心中洞彻自然，有利不失，遇时不疑，谨持奉从，心中卓有定见也。"

[21] 失利后时，反受其殃：意谓如果丧失有利时机之后再采取行动，反而会遭受灾祸。施子美曰："失利后时，则无以制人，而反为人所制，故受其殃。昔吴之伐越，惟不能取之，乃使越王得以图吴，至于吴王自毙，非失利后时而反受其殃乎？"

[22] 故智者从之而不释，巧者一决而不犹豫：意谓智慧的将领能够顺应有利形势，绝不会放弃良机；灵巧的将领能够坚定不移地作出决断，绝不会犹豫。释，放弃。施子美曰："盖天下唯智者为能知之，惟巧者为能应之。能知之，故从之而不释。能应之故一决而不犹豫。昔范蠡之相越图吴，可谓智巧两尽者矣。自吴王会黄池之后，凡再举兵以伐之，是能从之也。及姑苏之役，吴王遣使求效，范蠡以为不可。及鼓进兵，非能决之乎？"刘寅曰："故有智者，顺其时而不失其利；巧者一决，而无犹豫之心。"

[23] "夫将，有所不言而守者"四句：意谓将领对一般人说不出的玄理加以坚守，可称为神；一般人发现不了的规律他发现了，可称为明。施子美曰："'夫将，有所不言而守者，神也'，言将能守之以心，故嘿然而静，虽不言所守，而所守自固。'有所不见而视者，明也'，此言将能视之以心，故眇乎有得，虽不见所视，而视自尔遍。昔者曹之拒袁，令解鞍纵马，勿复白绍兵之至。其勿白者，

将守之以不言也。后世称曹公之用兵，谓其若神。非不言而守，乃所以为神乎？李卫公之伐萧铣，于其始集，知其无备必败，是未有所见而能视也。后世称李靖以为料敌明。非不见而视，乃所以为明乎？"朱墉引《大全》曰："不言而守者神，不见而视者明，合言之则为神明。夫惟心神且明，则朗然内照，灼然外观。譬止水烛形，而妍媸莫遁；譬夜光照物，而秋毫不爽。故以此神明应事，则事至而辄通，以此神明运谋，则谋诚而辄效；以此神明待敌，悬敌命于掌中；以此神明建功，收隆勋于帷内。"又引胡君常曰："不言而守，守于无形；不见而视，视于未萌。此道昭然于心而不昧。为将者诚能知之，则谋谟不测而见彻燃犀，夫谁与之为敌者哉？"

[24] "故知神明之道者"三句：意谓懂得了神明道理的人，就能所向披靡，不会在战场上遭遇强敌；就能攻无不克，敌国被灭而无法建立。衡敌，强敌。衡，同"横"，强横。对，敌手，敌国。朱墉《纂序》曰："故能知神明之道者，守于未形，视于未萌，则战有必胜，野无暴横之敌矣；攻有必破，对无建立之国矣。"

[25] 善哉：朱墉引《开宗》曰："此言为将者，当妙神明之用，以为破敌之势。"朱墉《全旨》曰："通章前后只是一意。先言发于无穷之源，后言知神明之道者无敌，总归重将心上。先言事莫大于必克，后言一决而不犹豫，总重在将心之果断。人只知军势在外，从变动而成势，不知兵势不外奇正。而善用奇正则本于将心之秘密，如何可以言语传授？'闻则议'四句，见兵以不测为威。一泄于外，不但我军多一番议论，且人得以图之困之危之矣。'善战者'以下，见争胜设备都在先一着，要自己决断。曰玄默，曰不意，曰不识，直将必克一事藏于秘密之极，方可胜于无形。然所谓无形者，又不是恃己私妄动，当因天地形见，有征而后顺天心而动也。萌兆而见，即不得狐疑迟滞，须乘时以成莫御之势。究之势立而人莫能当者，总归于将心之神明。将心凝定不摇，何俟人言而守？精微毕晰，自超众见瞩知明守固，乌有不能成迅疾之势而无敌于天下者哉？"钮先钟说："这一篇论战胜之道，而强调先胜观念，与孙子之言可以互相发明。篇中的要语为：'夫善战者不待张军，善除患者理于未生，胜敌者胜于无形。上战无与战，故争胜于白刃之前者非良将也，设备于已失之后者非上圣也。智与众同非国师也，技与众同非国工也。'就思想而言，与孙子大致相同，但值得注意的是最后一句。这可能是我国古代兵书首次提到'技术'，而且还有所谓'国工'之称。接着又提出'先胜'的观念：夫先胜者，先见弱于敌而后战者也，故事半而功倍焉……故曰：未见形而战，虽众必败。善战者居之不挠，见胜则起，不胜则止。故曰：无恐惧，无犹豫，用兵之害，犹豫最大，三军之灾，莫过狐疑。'非常有趣味。"黄朴民说："军势，意谓用兵之势。作者在篇中论述了作战指挥的一般原则，阐明了以下几个观点：一是要因敌因情用兵，灵活机动，不拘一格，奇正相生，即'势因于敌家之动，变生于两阵之间，奇正发于无穷之源'，这样才能争取和掌握战争的主动权。二是未战先胜，不战而屈人之兵，即'善战者，不待张军'，'善胜敌者，胜于无形；上战，无与战'，胜敌于无形。三是主将要专断而行，把握作战指挥中事、用、动、谋这四个环节。'事莫大于必克，用莫大于玄默，动莫神于不意，谋莫善于不识'。

四是要通过侦查判断弄清敌情，否则，'未见形而战，虽众必败'。五是指出临战要遇时不疑，强调'用兵之害，犹豫最大；三军之灾，莫过狐疑'。认为指挥作战如果优柔寡断，当断不断，必然坐失良机。六是兵贵神速，'疾雷不及掩耳，迅电不及瞑目'，这样就能'当之者破，近之者亡'。作者最后指出，指挥作战只要掌握了上述原则，那么就可以做到'野无衡敌，对无立国'。"

【译文】

武王问太公道："攻伐敌人的原则该怎样贯彻呢？"

太公答道："战争的态势是随着敌情的变动而变动的，变动产生于两军对阵之时，特殊战术与常规战术的使用来自于将领无穷无尽的思想源泉。所以，军中的机密事先不说，用兵的谋划事先不讲。况且军中的机密大事，仅凭言语描述是不足听信的；用兵的手段，仅凭对一时状况的观察是不能完全掌握的。快速而去，突然而来，将领能够独自决断而不受他人控制，这是用兵的一条原则。敌人了解了我军的部署就会探讨如何应对；敌人发现了我军的行动就会考虑如何取胜；敌人掌握了我军的意图，我们就会陷入困境；敌人摸清了我军的规律，我们就会十分危险。所以擅长指挥作战的将领，早在战场上摆出阵势之前就已经谋划好了克敌方略；擅长除害的人，在祸患尚未生芽之时就已经着手治理了；善于战胜敌人的人，是在敌人看不出任何形迹的情况下取胜的；最高级的作战，是不与敌人作战便已取胜。所以凭借着在战场上与敌人格斗拼杀而取得胜利的，不是好的将领；在战败之后才去设防的，不是智慧最高的人；智慧与众人相等的，不能称为一国师表；技艺与众人相同的，不能说是一国之中技艺特别高超的人。军中事务没有哪件事比克敌制胜更重要的了，用兵原则没有哪一条比暗中谋划更重要的了，军事行动没有哪一项比出其不意更神妙的了，将领谋略没有哪一种比未被敌人识破更好的了。还未交战便已稳操胜券的将领，在战前先向敌人示弱，然后再作战，这样做有事半功倍之效。

"圣人从天地的运动变化中验证自己的决策，谁能像他那样了解其中蕴含的行为准则呢？遵循万事万物演变发展的规律，顺应自然征兆来处理国事，根据月亮盈亏等自然现象安排适当行动，并以此作为办事的常规。万物有死有生，依照天地的变化而变化。所以说，没有见到天地变化的征兆就贸然开战，即使人数众多也必然失败。

"善于征战的人，能坚持主见，不被敌人扰乱，一旦发现可胜之机就采取行动，可胜之机丧失就停止行动。

"所以说，与敌作战不要恐惧害怕，不要犹豫不决。用兵的祸害，最大的就是犹豫不决。军队的灾难，没有哪一种能超过狐疑不定。善于打仗的人，发现有利战机就不要让它丧失，遇到良机时不要有疑虑。如果丧失有利时机之后再采取行动，反而会遭受灾祸。所以智慧的将领能够顺应有利形势，绝不会放弃良机；灵巧的将领能够坚定不移地作出决断，绝不会犹豫。因此对敌进攻要像雷声一样忽然，使人来不及掩住耳朵；要像闪电一样迅速，使人来不及闭上眼睛。军队奔赴前线时就像受了惊吓一样狂奔；在战场作战时就像发疯了一样拼命；阻挡它的会被击破，靠近它的会被消灭，谁能抵御这样的军队呢？

"将领对一般人说不出的玄理加以坚守，可称为神；一般人发现不了的规律他发现了，可称为明。所以懂得了神明道理的人，就能所向披靡，不会在战场上遭遇强敌；就能攻无不克，敌国被灭而无法建立。"

武王说:"您讲得真好啊!"

管理启示:

这篇文章包含着古老的权变思想。太公认为,战争的态势是随着敌情的变动而变动的,将领应充分发挥自己的才智,根据敌情的变化而采取不同的战术。这是有文字记载以来权变思想在中国古代军事领域中的最早应用。现代权变管理理论与中国这一古老军事思想是一脉相承的。美国学者杰伊·W.洛希和保罗·R.劳伦斯于1967年合写了《组织和环境》一书,论述了外部环境和组织结构之间的关系,他们被称为现代权变理论的创始者。权变理论认为,在组织管理中要根据组织所处的环境和内部条件的发展随机应变,没有一成不变的普遍适用的最好的管理方法。常言说,商场如战场,现代市场竞争异常激烈多变,公司应充分重视权变理论的应用,随着外部环境的变化及时调整决策方案。反应迟缓或者墨守成规,都难以在市场竞争中生存下来。

思考题:

《孙子兵法》中"不战而屈人之兵善之,善者也"在军势第二十六原文中对应的话是什么?怎样用权变思想解释这句话?

九、龙韬第九篇

奇兵第二十七

【原文】

武王问太公曰:"凡用兵之道,大要如何?"

太公曰:"古之善战者,非能战于天上,非能战于地下,其成与败,皆由神势[1]。得之者昌,失之者亡。夫两阵之间,出甲陈兵,纵卒乱行者,所以为变也[2];深草蓊翳者,所以逃遁也[3];谿谷险阻者,所以止车御骑也[4];隘塞山林者,所以少击众也[5];坳泽窈冥者,所以匿其形也[6];清明无隐者,所以战勇力也[7];疾如流矢、击如发机者,所以破精微也[8];诡伏设奇,远张诳诱者,所以破军擒将也[9];四分五裂者,所以击员破方也[10];因其惊骇者,所以一击十也[11];因其劳倦暮舍者,所以十击百也[12];奇技者,所以越深水,渡江河也[13];强弩长兵者,所以逾水战也[14];长关远候,暴疾谬遁者,所以降城服邑也[15];鼓行喧嚣者,所以行奇谋也[16];大风甚雨者,所以搏前擒后也[17];伪称敌使者,所以绝粮道也[18];谬号令与敌同服者,所以备走北也[19];战必以义者,所以励众胜敌也[20];尊爵重赏者,所以劝用命也[21];严刑罚者,所以进罢怠也[22];一喜一怒,一与一夺,一文一武,一徐一疾者,所以调和三军,制一臣下也[23];处高敞者,所以警守也[24];保险阻者,所以为固也[25];山林茂秽者,所以默往来也[26];深沟高垒,积粮多者,所以持久也[27]。

"故曰,不知战攻之策,不可以语敌;不能分移,不可以语奇[28];不通治乱,不可以语变[29]。故曰,将不仁,则三军不亲[30];将不勇,则三军不锐[31];将不智,则三军大疑;将不明,则三军大倾[32];将不精微,则三军失其机[33];将不常戒,则三军失其备[34];将不强力,则三军失其职[35]。故将者,人之司命,三军与之俱治,与之俱乱[36]。得贤将者,兵强国昌,不得贤将者,兵弱国亡[37]。"

武王曰:"善哉[38]!"

【注释】

[1] 其成与败，皆由神势：神势，指神秘莫测的战争态势。施子美曰："神势者，妙用也。古之人或以减灶而胜魏，或以增灶而胜羌，或以下马解鞍而疑虏，或以开门却洒而退敌。白衣摇橹而可以困关羽，瓠火渡淮而可以戮康祚，与夫火牛燧象铁当灰囊，皆昔人之用以为神势者也。"朱墉引《大全》曰："云'神势'者，势原是随人转动的，我得势而不能神，则势终是一定，而神者乃用势之至也。"又引《合参》曰："'神势'二字相连。神以妙其势，势以合于神，乃是指其变变化化之用、无方无体之机言之。"又引熊氏曰："兵法之要，非势无以尽战之善，而非神亦无以见兵之奇。"孔德骐说："《奇兵》一篇指出，战争的成败，不靠天，不靠地，'皆由神势'而定。它的概念是对客观情况了解透彻，'有所不言而守者，神也。有所不见而视者，明也'（《龙韬·军势》）。在这里，用奇起着重要作用。因为它可以在己方处于弱者、劣势、不利的条件下，通过用奇，即通过人的能动作用，改变弱、劣、不利的地位。本章所列举的二十六种战术行动，就是通过用奇制造神势的方法。这同孙子'造势'的思想是一致的。孙子主张通过'势险''节短'造势，也就是通过调动敌人，达到造势的目的。本章所列二十六种方法，多数是通过'示形'欺骗和调动敌人，以制造神势的。为将者，如果不懂得这些，就不能正确地指导战争。"

[2] "夫两阵之间"四句：意谓敌我两军对阵的时候，故意将盔甲兵器随意放置，放纵士卒扰乱队伍行列，这是为了实施诡术。阵，对阵。行，行列。变，指欺骗敌人的诈术。施子美曰："两阵之间，出甲陈兵，纵卒乱行者，此所以诱敌也，故可以为变。法有所谓半进者诱也，纵卒乱行，是乃示之无统而以诱之也。越以刑人三千讲退以诱吴，非所以为变乎？"

[3] 深草蓊翳（wěngyì）者，所以逃遁也：蓊翳，草木茂盛的样子。施子美曰："深草蓊翳，此言盛草可以遮蔽，故可以遁逃。法有所谓众草多障者疑也。惟可以疑人，故可得而遁逃。宇文宪伐柏为庵以示齐人，齐人翼日乃知其退，非以遁逃乎？"

[4] 谿谷险阻者，所以止车御骑也：意谓让部队占据溪水山谷这样的险要地形，是为了阻止敌人的战车、抵御敌人的骑兵。施子美曰："溪谷险阻，此深涧隙陷之地也，不利于车骑，故可以止车御骑。井陉之地，车不得方轨，骑不得成列，此韩信之所以不敢进也。"刘寅曰："据溪水山谷之险阻者，所以止敌之车、御敌之骑也。"

[5] 隘塞山林者，所以少击众也：意谓让部队据守险隘、关塞、山坡、林地，是为了以少量兵力击败人数众多的敌人。施子美曰："隘塞山林，则其形之险可以据守，故虽少可以击众，此光弼之所以傅山阵而击思明之数十万也。"刘寅曰："险隘、关塞、山阪、林木，所以少能击人之众也。"

[6] 坳（ào）泽窈冥者，所以匿其形也：坳泽窈冥，指低洼昏暗的水泽地带。窈冥，晦暗不明的样子。施子美曰："坳泽窈冥，此兼葭翳荟晦冥而不可见之地，故可以匿形而伏。宋武帝至覆舟山，言此山下必有伏兵，令刘钟模之，果得伏兵数万，此则其地之窈冥必可以伏也。"

[7] 清明无隐者，所以战勇力也：清明无隐，指一览无余、无所隐蔽的平地。施子美曰："清明无隐者，此言平原旷野之战，非设伏之所，故清明可见而无或隐匿，若是则必以勇力而相角，故以战勇力为言。三晋之兵，素号骁勇。盖以三晋之地古号战场，清明无隐之地也，故其民惟知力战而以骁勇为尚。"

[8] 疾如流矢、击如发机者，所以破精微也：意谓行动像利箭飞驰一样快速，出击像弩机扣动一样猛烈，这是为了破坏敌人的精妙布局。精微，指敌人的精妙布局。施子美曰："疾如流矢，此言兵之为势，必欲其速，天下之至速者莫如流矢，故其疾也有取于流矢。击如发机，此言兵之制胜，必欲其中。天下之必中者，惟发机为然，故其击也，有取于发机。流矢发机之用，所以破精微也。精微者，言用兵之妙也。彼虽妙于用兵，而吾有以胜之，故精微为所破。孙子论善战者，其势险，其节短，势如矿弩，节如发机者，亦此也。"刘寅曰："疾如箭镞之急流、击如弩牙之发动者，所以破人之精微也。精微，言其谋之精详、微妙，非疾战不能破之也。"

[9] "诡伏设奇"三句：诡伏设奇，远张诳诱，《武经七书注译》曰："巧妙埋伏，设置奇兵，虚张声势，诱骗敌人。"施子美曰："诡伏设奇，远张诳诱，此无形之兵也，所以误敌也。有以误之，则敌必堕其术中，故可以破军擒将。田单令老弱乘城约降，所以设奇诳诱也，燕师安得不为所破？"朱墉引《指归》曰："'诡伏'二句，见得将不易擒。苟非诡伏设奇，出其不意，纵能恃众不败，不能破军擒将也。故欲收擒将之功者，必须临阵设奇，诡伏以掩袭之，然后可以擒敌人之将，奏克胜之勋。"

[10] 四分五裂者，所以击员破方也：意谓使部队看起来分割破碎，毫无章法，这是为了击破敌人的各种阵势。方、员，指敌人布置的各种阵势。员，同"圆"。施子美曰："四分五裂者，分兵以击之也。可以击圆破方，言无阵不破也。郑公子突为三覆以御戎，前后衷之尽殪，非可以击破之乎？"刘寅曰："使吾军四分五裂、若无统纪者，所以击人之圆、破人之方也。方、圆，皆以陈言。"

[11] 因其惊骇者，所以一击十也：施子美曰："惊骇则无斗心，故因其惊骇而击之则易，故虽一可以击十。苻坚之军，八千之所破。"

[12] 因其劳倦暮舍者，所以十击百也：舍，宿营休息。施子美曰："劳倦，暮至马陵，其劳倦可知也。故以全魏之师，反败于孙膑之万弩，其易取可知也。"

[13] "奇技者"三句：奇技，指各种奇妙的渡河手段如制造船只、架设桥梁等。施子美曰："奇技所以越深水渡江河者，此在军用有所谓飞桥、飞江、天浮之制，可以渡沟堑大水。而太公于武王拒险之问亦言以天潢济三军，此则奇技之作也。"

[14] 强弩长兵者，所以逾水战也：施子美曰："强弩长兵可以及远，故可以逾水战。法曰长兵以御，又曰弓矢御，此则强弩长兵之用也。"

[15] "长关远候"三句：意谓在边远地区设置关卡与哨所，行动迅速，假装退兵，是为了降服敌人的城邑。长关远候，指在边远地区设置关卡与哨所。候，哨所。暴疾谬遁，指行动迅速，假装退兵。施子美曰："长关远候者，谨斥候也。暴疾谬遁者，疾至而急退也。若是则可以谨守，可以攻敌，故降城服邑者以之。

充国尝以远斥候待羌，韩信尝以佯北克齐，此其效也。"

[16] 鼓行喧嚣者，所以行奇谋也：施子美曰："鼓行喧器，则鼓噪以夺敌也。其夺之也必有奇谋。田单令城中鼓噪，老弱击铜器为声，乃所以助火牛之奇谋也。"

[17] 大风甚雨者，所以搏前擒后也：意谓在刮大风下大雨的时候袭击敌人，这是为了便于攻敌于前擒敌于后。施子美曰："大风甚雨，则天地晦冥之际，敌人必不能相及，故可以搏前而擒后。魏太武因风雨以征赫连，太宗因天雨甚以克突厥，此因风雨以伐人也。"刘寅曰："因其大风甚雨者，所以击人之前、擒人之后也。"

[18] 伪称敌使者，所以绝粮道也：施子美曰："此盖示之以不疑，而后可以绝之也。李孚着平冠，持问事杖，自称曹公都督，巡历关垒，所过呵责，径入其营，是岂不足以绝其粮道乎？"

[19] 谬号令与敌同服者，所以备走北也：北，打了败仗往回跑。施子美曰："此盖欲以杂之而备其走北也。冯异变服，与赤眉同服，而终以克之，得之此也。"刘寅曰："诈谬号令与敌同其衣服者，所以防备彼军之走北也。"此处"走北"者解释成我军而不是敌军，文意更妥。

[20] 战必以义者，所以励众胜敌也：施子美曰："战必以义者，所以励众胜敌也。盖师出有名，事乃可成，故直者为壮，曲者为老。战必以义，则其名之正，其师之直，宜其众有所持，而可以励之以胜敌也。高祖之众，本不项敌也，及缟素一举，而项王无死所矣。此义可以励人也。"朱墉引周氏曰："'战必以义者'二句，出一旅必曰救人之患，恤人之灾，否则不敢以简卒蒐乘也；治一兵必曰禁人之暴，除人之残，否则不敢以称干比戈也。或清君侧之恶，或靖家国之难。煌煌义问，钟鼓于焉大振，已足壮我先声；侃侃义词，旌旗于焉轻扬，更能驱我先路。诚以义之在人心，有是而无非，斯全得而鲜失；有可而无否，斯少败而多成也。"又引《大全》曰："生死存亡，人情之理。故非临冲之日，鼓之以亲上死长之义，勉之以奋勇捐躯之义，则众心何由而励？众心既不知励，而欲期其胜敌也难矣。"

[21] 尊爵重赏者，所以劝用命也：劝，鼓励。施子美曰："尊爵重禄以劝用命者，盖人必有所慕，而后有所勉。爵尊禄重，以是而诱之，则人必勉于用命矣。"朱墉引《新宗》曰："大君行师，不惜爵之尊、赏之重以优隆士众者，非以慕名誉、市恩惠也，所以励将士之用命，以收戮力疆场之效也。""战必以义者"至此，《孙膑兵法•威王问》有相近表述，作："夫赏者，所以喜众，令士忘死也。罚者，所以正乱，令民畏上也。"

[22] 严刑罚者，所以进罢（pí）怠也：进罢怠，意即使疲惫怠惰的士卒有所进步。罢，疲劳。施子美曰："严刑罚以进罢怠者，盖人有所畏而后有所奋。刑罚既严，则彼必畏而思奋矣。汤之誓师，则予其大赉汝，予则孥戮汝。武之誓师，则以功多有厚赏，不迪有显戮为言，皆所以劝用命而进罢怠也。"

[23] "一喜一怒"六句：意谓该高兴时高兴，该发怒时发怒，奖赏有功者，攘夺有罪者，文教与刑罚并举，宽松与严厉兼备，做到这些是为了协调三军行动，控制臣下，使其步调一致。文，指礼乐教化的手段。武，指纪律、刑罚的手段。

制一，控制臣下，使其步调一致。施子美曰："一喜一怒，一与一夺者，惟喜故予，惟怒故夺，驭下之术，主将之所同。公其情之好恶而用之，则下必归所驭矣。一文一武，一徐一疾者，文，德也，武，威也。以德服人者深，然必驯致而后可。以威服人者暂，可得而立见之。惟以驯致，故其效迟而徐。惟可立见，故其效速而疾。威德之用得其宜，则臣下必归所驭矣，故可以是而调和三军，制一臣下，使之咸听于上也。"刘寅曰："一喜一怒，以情言也。喜则人说，怒则人畏；因其可喜者喜之，因其可怒者怒之，不妄喜亦不妄怒也。一与一夺，以爵言也。有功者与之，有罪者夺之；不妄与亦不妄夺也。一文一武以政言也。文以附之，武以威之，驰张宽猛之相济也。一徐一疾，以令言也。徐则人力舒，徐久则怠矣；疾则人力诎，疾久则害矣。徐以纵之，疾以收之；禁舍开塞之得宜也。凡此四者，皆所以调和三军而使之心同，制一臣下而使之力齐也。"

[24] 处高敞者，所以警守也：施子美曰："此据得其地，则可以坚守。兵法言凡兵好高而恶下，贵阳而贱阴，养生处军无百疾，是则处高敞者，可以警其所守也。"

[25] 保阻险者，所以为固也：施子美曰："此守得其地，故可保之以为固。《尉缭子》谓守者不失险也。是则保险阻者，必可以为固。"

[26] 山林茂秽者，所以默往来也：秽，杂草多。施子美曰："此言草木茂盛，则可以藏形，故可以默往来。《孙子》言林木蓊秽，为伏奸之所，以默其往来也可知矣。"

[27] "深沟高垒"三句：施子美曰："深沟高垒，则城池之固也。粮积多，则粮食之足也。若是则可以久处，故可以持久。尉子言攻之不能取者，城高池深，财谷多积也，此则可以持久也明矣。"朱墉引《开宗》曰："此揭二十六事以明神势之所在。"朱墉《全旨》曰："通章言用兵贵得势，而势之至神则在于用奇，故详言二十六事。静之则莫测，而动之则莫御；守之则莫犯，而攻之则莫遏。立之则坚定而莫摇，变之则幻化而莫定，总之皆将心之出奇无穷也。"

[28] 不能分移，不可以语奇：分移，指灵活机动地分散与整合兵力。施子美曰："夫人必明于势，而后可以用其术。苟一于合聚，而不知分移，是当分不分，反为縻军，何奇之有？此苻坚百万之师，所以一麾而莫止者，以其不能分移也，何足与语奇？宜其败于淮肥也。"

[29] 不通治乱，不可以语变：施子美曰："盖人惟明于数，而后可以尽权变之道。苟一于正，而不知以治为乱，则亦何足与言权变之道？"

[30] 将不仁，则三军不亲：施子美曰："自此以下言将任之至重而其材之难尽也。法曰：'仁见亲。'不仁则无以感人之心。其何以使之亲乎？"

[31] 将不勇，则三军不锐：施子美曰："法曰：'勇见方。'不勇则人无所视效，故军不锐。"

[32] 将不明，则三军大倾：大倾，大败。倾，倒塌，倾覆，这里是失败的意思。施子美曰："法曰：'有所不见而视者明也。'则可以见于未然。将而不明，则昧于事机，所以三军倾危也。"

[33] 将不精微，则三军失其机：精微，这里是洞察微妙的意思。施子美曰："法曰：'密其机。'欲密其机，不可不极其妙。将不能极乎精微之理，则何以能密其机？"

[34] 将不常戒，则三军失其备：意谓将领如果不能经常保持戒备，那么全体官兵就会丧失防备意识。施子美曰："法曰：'先戒为宝。'能戒则知谨所备。将不常戒，则三军必无备，故失其备。"

[35] 将不强力，则三军失其职：意谓将领如果没有坚强果断的治兵能力，那么全体官兵就会玩忽职守。力，指坚强果断的治兵能力。施子美曰："法曰：'勤劳之师，将必先己。'将能强力则能以身先人，而三军亦各尽其职。苟不强力，则人必怠矣，得无失职乎？"

[36] "故将者"四句：意谓将领是掌握人们命运的人，全体官兵要么与他共同进入整齐有序的状态，要么与他一起陷入混乱不堪的境地。施子美曰："谓之司命者，以人之死生系于将也。将之用兵而当则民生，不当则民死，故为人之司命。惟为司命，故三军之治乱亦与之俱。盖统军者将也。得人则治，非人则乱，岂不与之俱乎？"朱墉引《大全》曰："司命是生死存亡俱司之将。"又引《醒宗》曰："将膺斧钺统士卒，以角胜于锋刃，死生存亡悬于旦夕。将能制胜则人皆生而国存，将不能胜则人皆死而国亡，故曰'人之司命'，以见用将不可不重，而为将不可不慎之意。"

[37] "得贤将者"四句：施子美曰："贤与不贤在于将而安危强弱及于军国。将而贤则可以昌其国、强其兵，苟为不贤则兵弱国亡矣。吴起守西河，秦兵不敢东向。李牧守雁门，匈奴不敢近边。此得贤将则兵强国昌也。赵括用而赵军坑，骑劫用而燕师败，此不贤则兵弱国亡也。大抵兵不可以无将，将莫先于得人。法曰：'得士者昌。'又曰：'辅周则国必强。'亦此意也。"朱墉引《新宗》曰："兵强国昌，识在得贤将上，可见贤将不可不得也。得之则足以强兵昌国，不得则兵弱国危可知矣。"又引《指归》曰："人君果能得贤将以治兵，则选练得其道，节制得其宜，兼以爱卒如左右手，则兵不期强而自强矣。兵士既强，则军威丕振，开疆拓土，自此始矣。"

[38] 善哉：朱墉《全旨》曰："此一节结言用兵神势之道，在于得将之贤，庶战功奇变之势无不可知。盖三军非亲谁与为死？非锐谁与克敌？非不疑谁与必往？非不倾谁与决胜？非知机谁与达变？非有备谁与应猝？非尽职谁与摧锋？而皆自将之仁勇、智明、精微、戒谨、强力司之，则将者诚三军之司命，朝廷之干城也，而神势在握矣。"

【译文】

武王问太公道："领兵打仗的法则，要点有哪些呢？"

太公说："古代善于指挥作战的将领，并不能飞到天上作战，也不能遁入地下作战，他们的成功与失败，完全是由神秘莫测的战争态势所决定的。能掌握这种战争态势就会成功，失掉这种战争态势就会败亡。敌我两军对阵的时候，故意将盔甲兵器随意放置，放纵士卒扰乱队伍行列，这是为了实施诡术；将部队安置在茂密的深草丛中，这是为了便于撤退逃跑；让部队占据溪水山谷这样的险要地形，是为了阻止敌人的战车、抵御敌人的骑兵；让部队据守险隘、关塞、山坡、林地，是为了以少量兵力击败人数众多的敌人；将部队安置在低洼昏暗的水泽地带，是为了隐胜部队的行踪；将部队安置在一览无余、无所隐蔽的平地，是为了与敌人斗勇拼力；行动像利箭飞驰一样快速，出击像弩机扣动一样猛烈，是为了破坏敌人的精妙布局；巧妙埋伏，设置奇兵，虚张声势，诱骗敌人，这是为了击破敌军，擒获敌将；使部队看起来分割破碎，毫无章法，是为了击破敌人的各种阵势；趁着敌人惊慌失措发动进攻，是为了实现以一击十的功效；趁着敌人困倦夜宿实施突袭，是为了实现以十击百的功效；运用各种奇妙的渡河手段，是为了涉过深水、渡过江河；使用强力弓弩与长柄兵器，是为了便于过河与敌水战；在边远地区设置关卡与哨所，行动迅速，假装退兵，是为了降服敌人的城邑；让士卒击鼓前行，大声喧哗，是为了实施奇谋诡计；在刮大风下大雨的时候袭击敌人，是为了便于攻敌于前、擒敌于后；假称敌人的使者去侦察敌情，是为了断绝敌人的运粮通道；故意弄错号令，与敌人穿同样军服，是为了防备后患便于逃走；必定根据正义之道发动战争，是为了激励众人战胜强敌；对有功将士给予高爵重赏，是为了鼓励士卒效命疆场；对有罪人员给予严刑重罚，是为了使那些疲惫怠惰的士卒有所进步；该高兴时高兴，该发怒时发怒，奖赏有功者，攘夺有罪者，文教与刑罚并举，宽松与严厉兼备，做到这些是为了协调三军行动，控制臣下，使其步调一致；让部队占据空旷高地，是为了便于警戒守卫；让部队守护艰险要塞，是为了便于固守；让部队隐藏于茂密的山林草丛之中，是为了便于暗中往来，秘密调动；深挖壕沟，高筑城墙，多积粮食，是为了便于持久作战。

所以说，将领若不了解战斗攻伐的基本策略，就不足以与他谈论如何战胜敌人；将领若不能灵活机动地分散与整合兵力，就不足以与他谈论奇谋诡道；将领若不懂得给乱兴衰之造，就不足以与他谈论部队的变革。所以说，将领如果没有仁爱之心，那么全体官兵就不会关系亲密；将领如果不够勇敢，那么全体官兵就会没有锐气；将领如果没有智慧，那么全体官兵就会深陷疑惑；将领如果不能明察秋毫，那么全体官兵就会遭遇大败；将领如果不能洞察微妙，那么全体官兵就会丧失克敌良机；将领如果不能经常保持戒备，那么全体官兵就会丧失防备意识；将领如果没有坚强果断的治兵能力，那么全体官兵就会玩忽职守。因此，将领是掌握人们命运的人，全体官兵要么与他共同进入整齐有序的状态，要么与他一起陷入混乱不堪的境地。君王若得到贤明的将领就能兵力强大，国家昌盛；君王若得不到贤明的将领，就会兵力衰弱，国家灭亡。"

武王说："您讲得真好啊！"

管理启示：

公司管理者的角色很多，有基层管理者、部门中层管理者、高层管理者乃至公司一把手等。太公与武王"领兵打仗法则"的对话表明，贤明的将领对国家、对君王多么重要；类似地，公司各层级管理者对公司来说，如同军队中的将领对国家、对君王一样重要。战争的态势神妙莫测，谁掌握了战争的态势，谁就能够获得胜利。太公把需要掌握的战争态势分为二十六种，这就是对贤明将领的至高要求。公司基层管理者面对的是一线人员和事务部门，中层管理者面对的是部门员工和部门分工的事务，公司高层管理者面对的是分管业务的态势，最高层一把手面对的是公司全局态势。各层级管理者都能在各自的岗位上理顺各自面对的上下内外的人和事，把握好各自工作的态势，就如同贤明的将领一样，一定是一个合格的管理者。

思考题：

1. 太公论述的战争态势的二十六种情况，哪些涉及人员布置、哪些涉及后勤保障？
2. 试讨论一下公司不同层级的管理者面对的工作态势有何不同。

十、龙韬第十篇

五音第二十八

【原文】

武王问太公曰："律音之声，可以知三军之消息，胜负之决乎[1]？"

太公曰："深哉！王之问也。夫律管十二[2]，其要有五音：宫、商、角、徵、羽，此其正声也，万代不易[3]。五行之神，道之常也，可以知敌[4]。金、木、水、火、土，各以其胜攻之[5]。"

"古者三皇之世，虚无之情，以制刚强[6]。无有文字，皆由五行。五行之道，天地自然。六甲之分[7]，微妙之神。其法：以天清净，无阴云风雨，夜半，遣轻骑往至敌人之垒，去九百步外，遍持律管当耳，大呼惊之，有声应管，其来甚微。角声应管，当以白虎[8]；徵声应管，当以玄武；商声应管，当以朱雀；羽声应管，当以勾陈；五管声尽不应者宫也，当以青龙[9]。此五行之符，佐胜之征[10]，成败之机。"

武王曰："善哉！"

太公曰："微妙之音，皆有外候[11]。"

武王曰："何以知之？"

太公曰："敌人惊动则听之。闻枹鼓之音者，角也；见火光者，徵也；闻金铁矛戟之音者，商也；闻人啸呼之音者，羽也；寂寞无闻者，宫也。此五者，声色之符也[12]。"

【注释】

[1] "律音之声"三句：意谓从十二律、五音的乐声，可以了解军队的盛衰、预测敌我的胜负吗？律音指十二律、五音。十二律是古人定出的十二个标准音。《汉书·律历志》曰："律十有二，阳六为律，阴六有吕。"五音，指的是宫、商、角、徵、羽五个音阶。消息，减少与增长，这里指强弱、盛衰等。决，决定，这里是测出、预测的意思。施子美曰："按《周礼》大师之职，大师执律以听军声；大司马之职，若师有功则左执律右秉钺，以先凯乐献于社。是则律音之用，古人之所先也。晋伐楚，师旷以一歌之间，而知其胜负所在。观其言曰：'吾骤歌南风，又歌北风。南风不竞，多死声。'是则律管之用，必有其效也。三军之胜负，律音之声，必可以知之，宜武王以是为问也。"

[2] 律管十二：指十二个正音乐器，用竹、玉或铜制成。各管按音阶高低依次为黄钟、大吕、太簇、夹钟、姑洗、仲吕、蕤宾、林钟、夷则、南吕、无射、应钟。

[3] 此其正声也，万代不易：意谓这五音是纯正的声音，世世代代不会改变。施子美曰："言时世虽变，而此音常存，故万代不易。"朱墉引《大全》曰："声音之道关于兵事甚微，苟不察正声之所在，则胜负之兆有应之于声音者，我不得而知之矣。"正声，指符合音律的标准正声。

[4] "五行之神"三句：意谓五行思想极为神妙，体现的是宇宙间的普遍规律，由此可以预知敌情。五行，指金、木、水、火、土。我国古代称构成各种物质的五种元素，古人常以此说明宇宙万物的起源与变化。五行之间相生相克。相生，说的是一物对另一物起促进作用，其顺序是：木生火、火生土、土生金、金生

水、水生木。相克，说的是一物对另一物起抑制作用。其顺序是：水克火、火克金、金克木、木克土、土克水。施子美曰："金、木、水、火、土，此五行之神也，而五音实配焉。角音木，商音金，羽音水，徵音火，宫音土，即是五行则可以知敌。何以知之？即管声之应而知之也。既知之，必有以制之。其制之道，亦不外是也。"

[5] 金、木、水、火、土，各以其胜攻之：意谓金、木、水、火、土各自以其相生相克的优势击败对手。施子美曰："金、木、水、火、土，必有相克之义，而吾之制敌，则因所以胜之者而用之。金克木，木克土，土克水，水克火，火克金。此五行之相胜也，而吾之制敌，亦以是用之。"朱墉引《开宗》曰："此言欲知三军消息者，当以十二律之五音分属五行，即其相克者以为胜负之决。"

[6] "古者三皇之世"三句：意谓上古三皇时代，处于清虚无为的状态，以清虚制服人的刚强。三皇，传说中的上古三位帝王。说法不一，一般认为是伏羲、神农和黄帝。另有一些说法，如伏羲、神农、女娲；伏羲、神农、燧人；伏羲、神农、祝融；天皇、地皇、泰皇；天皇、地皇、人皇。虚无之情，指宁静无为的状态。虚无，《武经七书注译》曰："原意是清虚无为，此处作有而若无，实而若虚的无为而治解。"

[7] 六甲之分：《武经七书注译》曰："甲乙丙丁戊己庚辛壬癸是十天干，子丑寅卯辰巳午未申酉戌亥是十二地支，古人以干支计时，以天干与地支逐次配合，从甲子至癸亥的最小公倍数为 60，这一循环叫一周期。在每一周期中有甲子、甲戌、甲申、甲午、甲辰、甲寅六个以甲为首的干支叫六甲。而把天干、地支、时日、律历问题统称'六甲之分'。"

[8] 角声应管，当以白虎：意谓如果从律管传来的是角声，就应当攻打西方的敌人。刘寅曰："角声应管，当用白虎胜之；角声属木，白虎属金，金能克木故也；徵声应管，当以玄武胜之；徵声属火，玄武属水，水能克火故也。商声应管，当以朱雀胜之；商声属金，朱雀属火，火能克金故也。羽声应管，当以勾陈胜之；羽声属水，勾陈属土，土能克水故也。五管声尽不应者，宫也，当以青龙胜之；宫属土，土性重静，故声不应。青龙属木，木克土，故能胜宫。"《武经七书注译》曰："白虎、玄武、朱雀、勾陈、青龙，古代阴阳五行家以白虎为西方庚申金星神，以玄武为北方壬癸水星神，以朱雀为南方丙丁火星神，以勾陈为中央戊己土星神，以青龙为东方甲乙木星神。此处指各该星神当令的时日方位而言。"此处的"白虎"与下文的"玄武""朱雀""勾陈""青龙"，分别指代西方、北方、南方、中央与东方。

[9] 五管声尽不应者宫也，当以青龙：意谓如果所有律管没有回音的是宫声，就应当从东方攻打敌人。朱墉《纂序》曰："五管声尽不应者宫也，当以青龙方位时日胜之，木能克土也。"

[10] 佐胜之征：意谓五行相生相克是辅助制胜的征兆。朱墉引《文诀》曰："兵不能出五行而实不专恃五行，故但曰'佐'。"又引《醒宗》曰："用兵之道原贵人事，不单恃生克五行。生克之理不过佐我胜之征验。用兵如此，则自不昧于其机，而因之以为克敌之助矣。"又引《拟题镜》曰："'佐'之云者，谓必有

制胜之本，但假五行之神为生克之理以辅佐之耳。"
- [11] 外候：指外在的征兆。候，征候，征兆。
- [12] 此五者，声色之符也：意谓这五种情形，说明五音之声与五行之色是相符的。色，指五行（金、木、水、火、土）的外在形态。符，符合。朱墉引《文诀》曰："声属五音，色属五行，'符'谓声与色相符，合五行自然之理。原自然与五行相符，但须审其音以察其情，灼然得知消息之故，生克之机，才可以决胜负。"朱墉《全旨》曰："通章见五行之理，乃天地阴阳之分治，生克一定之恒性，万事不易之根本也。况兵事之兆验尤其微渺而可凭者乎？惟于敌人之动静外候其声音而察之，听其管中之声，并知其声中之色，五色之符于五声，五声又符于五色，因以审其理而克制之。虽不足以为胜敌之本。而亦可以辅佐于外矣。"

【译文】

武王问太公道："从十二律、五音的乐声，可以了解军队的盛衰，预测敌我的胜负吗？"

太公答道："君王您问的这个问题真是深奥啊！十二个正音乐器，定出的音阶主要有五个，即宫、商、角、徵、羽，这五音是纯正的声音，世世代代不会改变。五行思想极为神妙，体现的是宇宙间的普遍规律，由此可以预知敌情。金、木、水、火、土，各自以其相生相克的优势击败对手。

"上古三皇时代，处于清虚无为的状态，以清虚制服人的刚强。当时没有文字，万事万物皆遵循五行的相生相克规律。五行的演变规律，体现的是天地自然之理。六甲干支的区分，也蕴藏着微妙的神机。用五音五行测探敌情的方法是：在天空晴空明净、没有阴云风雨的夜半时分，派遣一队轻骑前往敌人的营垒，在距离敌营九百步开外的地方，都手持律管对着耳朵，大声呼喊以惊扰敌人，这时会有敌人的声音从律管传来，传来的声音十分微弱；如果从律管传来的是角声，就应当攻打西方的敌人；如果从律管传来的是徵声，就应当攻打北方的敌人；如果从律管传来的是商声，就应当攻打南方的敌人；如果从律管传来的是羽声，就应当攻打中部的敌人；如果所有律管没有回音（宫声），就应当攻打东方的敌人。以上这些均是五行相生相克的符验，是辅助制胜的征兆，更是用兵胜败的关键。

武王说："您讲得真好啊！"

太公说："微妙的五种音阶，都一一预示了相对应的外在敌情征兆。"

武王问道："怎样才能了解敌情征兆？"

太公答道："当敌人惊动时就聆听观察其动静。听到击鼓的声音，就是角声的反应；见到火光，就是徵声的反应；听到金铁矛戟等各种兵器撞击的声音，就是商声的反应；听到士卒呼喊叫嚣的声音，就是羽声的反应；静默无声，什么也没听到，就是宫声的反应。以上五种情形，说明五音之声与五行之色是相符的。"

管理启示：

太公用十二律五音判断敌情，用五行相生相克决定打仗进攻的方向。对此，我们无法知道古人打仗是否采用这种方法取得过胜利，但是这些话体现出的朴素的辩证唯物主义思想，对当今现代公司管理仍有启发。

太公将五行及其运行规律推广至五音乐声中，体现了古代先人对辩证法规律普遍性特征的认识；再进一步推广到现代公司管理中，启示我们，管理本身也有规律可循，管理既是一门科学，也是一门哲学。管理者在现代公司管理中应不断探索、总结管理规律，从科学管理到管理科学等一系列管理理论的诞生，正是管理规律的体现；而一些现代公司管理的成功案例正是管理规律应用的艺术化展示。

另外，太公所说的根据九百步外来自律管声音判断敌情，决定进攻方向，对现代公司而言，就是根据外界动态变化的信息，公司对自己的决策、计划等及时作出调整。这样才能在千变万化竞争激烈的商战中占有一席之地。

思考题：

1．中国古人对五行及其相生相克的认识体现了怎样的思想？

2．将五行及其相生相克思想推广应用到用十二律五音判断敌情，并决定用兵策略，体现了辩证法规律的什么特征？

3．根据律管五音判断敌情，从而决定用兵策略，对现代公司管理有何启示？

十一、龙韬第十一篇

兵征第二十九

【原文】

武王问太公曰："吾欲未战先知敌人之强弱，豫见胜负之征，为之奈何？"

太公曰："胜负之征，精神先见[1]。明将察之，其效在人。谨候敌人出入进退，察其动静，言语妖祥，士卒所告[2]。凡三军悦怿，士卒畏法，敬其将命，相喜以破敌，相陈以勇猛，相贤以威武，此强征也[3]；三军数惊，士卒不齐，相恐以敌强，相语以不利，耳目相属，妖言不止，众口相惑，不畏法令，不重其将，此弱征也[4]；三军齐整，阵势已固，深沟高垒，又有大风甚雨之利，三军无故，旌旗前指，金铎之声扬以清，鼙鼓之声宛以鸣，此得神明之助，大胜之征也[5]；行阵不固，旌旗乱而相绕，逆大风甚雨之利，士卒恐惧，气绝而不属，戎马惊奔，兵车折轴，金铎之声下以浊，鼙鼓之声湿如沐，此大败之征也[6]。

"凡攻城围邑：城之气色如死灰[7]，城可屠；城之气出而北，城可克；城之气出而西，城必降；城之气出而南，城不可拔；城之气出而东，城不可攻；城之气出而复入，城主逃北；城之气出而覆我军之上，军必病[8]；城之气出高而无所止，用兵长久。凡攻城围邑，过旬不雷不雨，必亟去之，城必有大辅。此所以知可攻而攻，不可攻而止。"

武王曰："善哉[9]！"

【注释】

[1] 胜负之征，精神先见：意谓敌我胜负的征兆，首先表现在两军官兵的精神状态上。精神，指人的心神、神志。朱墉引《大全》曰："凡人一生功名事业，俱是精神为之。精神旺则人之竖立旺，精神衰则人之竖立衰。故人之休咎吉凶无一不兆见于精神，特人昏昧不能先见之耳。且一人有一人之精神，一家有一家之精神，一国有一国之精神，这精神乃所以主持人家国者。其机甚微，其理甚细，只在人按验之。故胜与负系一身之生死、社稷之存亡，岂无先见处？若能

先见，则便可以趋避，而不至于临事束手矣。"又引邓伯莹曰："精神者，根柢也。如人平日心和气平，言词谦厚，自是多吉祥善事；平日暴戾恣睢，遇事亢厉，自是多灾祸恶缘。行兵亦言及精神，盖欲为将者慎其平日所积之旨。"又引《拟题境》曰："成败利钝无一不兆见于精神，而况胜负乎？征胜负，当无于胜负，求征可也。"又引《文诀》曰："事之成败，人之精神为之。兵家之或胜或负，亦必先见一段精神发露于气象之故间，形见于动静之际，要在智将之能察而知之耳。"

[2] "谨候敌人出入进退"四句：意谓应该严密侦察敌人的出入进退，观察它的动静，了解言语中所预示的吉凶，分析士卒之间传播的消息。妖祥，指凶兆与吉兆。施子美曰："《吴子》尝论：'有不卜而与之战，有不占而避之者。'是则敌之强弱，胜负之证，不可不知。然何以知之？夫胜负之征，精神先见。此其证也。明将能因是而察之，则可以知其胜负矣。夫证候求之于人而可知。曷为效之在人？自'谨候敌人出入'以下皆其候也。……察敌人之出入进退动静、言语妖祥与士卒之所告，则其强弱胜负可以知矣。"

[3] "凡三军悦怿"七句：意谓全军上下心情愉快，士卒畏惧军法，尊重将军命令，相互之间都以打败敌人为乐事，以作风勇猛为荣耀，以气势威武为美誉。这些都是军队强大的征兆。怿，快乐。施子美曰："三军悦怿则其气舒，士卒畏法则其令严，敬其将命则其权重。相喜以破敌则有必战之心，相陈以勇猛则有敢战之心，相贤以威武则有不伐之心。夫如是则势不可敌，故知其为强证。"刘寅曰："大凡三军之众，心志喜悦怡怿，士卒皆畏惧法令，敬其将命；相喜以破敌之期，相陈以勇猛之事，相贤以威武之势；此盛强之征兆也。"

[4] "三军数惊"十句：意谓三军经常容易受惊，士卒军容不整，相互都为敌人的强大而感到恐惧，彼此说出的都是对自己军队不利的信息，私下传播小道消息，谣言不止，众口乱说，相互蛊惑，不惧怕法令，不尊重将军，这些都是军队衰弱的征兆。耳目相属（zhǔ），意即士兵口耳相接，私下传播小道消息。口耳，一说指的是打探消息的人。属，连接。惑，迷惑，蛊惑。施子美曰："若夫三军数惊，则人心不足。士卒不齐，则人不从令。相恐以敌强，相语以不利，则人有畏心矣。耳目相属，妖言不止，众口相惑，则人心不一矣。不畏法令，不重其将，则人无所统矣。若是者非弱而何？"

[5] "三军齐整"十句：意谓全军军容严整，阵势稳固，深挖壕沟，高筑壁垒，又有在大风大雨中处于顺风的有利地势，全军平静安定，旗帜向着前敌方向飘扬，金铎的声音高扬清亮，鼙鼓的声音合鸣婉转，这些都是得到了神明帮助、即将取得大胜的征兆。金铎，大铃，其舌为金属，古代宣布政教法令或有战事时使用。朱墉《直解》曰："金铎，以止军者。"鼙鼓，朱墉《直解》曰："鼙鼓，以进军者。"鼙，一种军用小鼓。施子美曰："三军齐整，阵势之固，此则人和也。深沟高垒，此则地利也。又有大风甚雨之利，此则天时也。加以三军无故而旌旗前指，则有必胜之兆。金鼓之音清扬宛鸣，则有整治之象。若是者非人力所至，必得神明之助，是为大胜之证。"

[6] "行阵不固"十句：意谓行列不整齐，阵势不稳固，旗帜杂乱，相互缠绕，在

大风大雨中处于逆风的不利地势，士卒心中恐惧，士气衰竭，精神涣散，战马受惊奔跑，兵车车轴折断，金铎的声音低沉浑浊，鼙鼓的声音沉闷不响，这些都是军队即将大败的征兆。旌旗乱而相绕，意即旗帜杂乱，相互缠绕。气绝而不属（zhǔ），意即士气衰竭，精神涣散。不属，这里是涣散的意思。朱墉《直解》曰："不属，不联属也。"金铎之声下以浊，意即金铎的声音低沉浑浊。鼙鼓之声湿以沐，意即鼙鼓的声音沉闷不响。朱墉《直解》曰："湿以沐，击之不鸣也。"施子美曰："若夫行阵不固，旌旗绕乱，逆风雨之利，惑士卒之心，气绝而不属，此则失天人之助也。戎马惊奔，兵车折轴，此则兵器失其利也。金铎之声下以浊，鼙鼓之声湿以沐，则其气不振也，故知其为大败之证。"

- [7] 城之气：指城邑上空的云气。
- [8] 军必病：意即我军必定会陷入困境。病，病情加重，这里指陷入困境。
- [9] 善哉：朱墉《全旨》曰："通章是天人合一之旨。首节以人事决之，次节以天道决之，三节因气色而征其人事，见天人原相符合，为将者当知其可不可之故，以为趋避之宜，则无往不得其胜矣。"

【译文】

武王问太公道："我想在战前就预先了解敌人的强弱，预见敌我胜负的征兆，该怎么做呢？"

太公答道："敌我胜负的征兆，首先表现在两军官兵的精神状态上。明智的将军会认真观察，胜负的效验是由人体现出来的。应该严密侦察敌人的出入进退，观察它的动静，了解言语中所预示的吉凶，分析士卒之间传播的消息。大致说来，全军上下心情愉快，士卒畏惧军法，尊重将军命令，相互之间都以打败敌人为乐事，以作风勇猛为荣耀，以气势威武为美誉，这些都是军队强大的征兆；三军经常容易受惊，士卒军容不整，相互都为敌人的强大而感到恐惧，彼此说出的都是对自己军队不利的信息，私下传播小道消息，谣言不止，众口乱说，相互蛊惑，不惧怕法令，不尊重将军，这些都是军队衰弱的征兆；全军军容严整，阵势稳固，深挖壕沟，高筑壁垒，又有在大风大雨中处于顺风的有利地势，全军平静安定，旗帜向着前敌方向飘扬，金铎的声音高扬清亮，鼙鼓的声音合鸣婉转，这些都是得到了神明帮助、即将取得大胜的征兆；行列不整齐，阵势不稳固，旗帜杂乱，相互缠绕，在大风大雨中处于逆风的不利地势，士卒心中恐惧，士气衰竭，精神涣散，战马受惊奔跑，兵车车轴折断，金铎的声音低沉浑浊，鼙鼓的声音沉闷不响，这些都是军队即将大败的征兆。

"大凡围攻敌人城邑的征兆要则是：城上的云气颜色如同死灰，表明这座城会被屠灭；城上的云气飘出城外并向北移动，表明这座城可被攻克；城上的云气飘出城外并向西移动，表明城中敌人必定投降；城上的云气飘出城外并向南移动，表明这座城不会被攻下；城上的云气飘出城外并向东移动，表明不能攻击此城；城上的云气飘出城外再飘入城内，表明守城的主将会逃跑；城上的云气飘出城外并覆盖在我军上空，表明我军必定会陷入困境；城上云气飘出城外，高高上升而不停止，表明这场战争会旷日持久凡是围攻城邑，如果十几天过去了仍不打雷下雨，就必须赶快离开，因为这表明城中敌人必有高明人士辅助。这些都是用来帮助主将清楚该进攻的时候就进攻、不该进攻就停止的道理所在。"

武王说："您讲得真好啊！"

管理启示：

文中太公谈到了军队精神面貌的重要性。精神面貌并非仅仅是表面现象，透过这种表象人们看到的是"将帅治军严明、士兵斗志昂扬、上下团结一致、军令之行如山"的内在本质。公司管理中全体员工的精神面貌同样重要。公司窗口岗位上的员工着装整齐，面带笑容，言语和气，举止得体等表象，反映的都是规范管理的内在本质，这种本质在军队中能够产生战斗力，在公司能提高效率，获得客户认同。

至于文中太公所说，根据城上云气颜色和动向，决定围攻城邑的策略方案，并没有科学依据，更多的则是寓意着团队精神所带来的征兆，强调的仍然是军队精神面貌的重要性。

思考题：

1．军队精神面貌的本质是什么？能产生什么效果？
2．公司员工精神面貌的本质是什么？能产生什么效果？
3．城上云气颜色和动向能作为军队将领发号施令的依据吗？文中此论的寓意是什么？

十二、龙韬第十二篇

农器第三十

【原文】

武王问太公曰："天下安定，国家无事，战攻之具可无修乎[1]？守御之备可无设乎[2]？"

太公曰："战攻守御之具尽在于人事[3]。耒耜者[4]，其行马、蒺藜也[5]；马牛车舆者，其营垒、蔽橹也[6]；锄、耰之具[7]，其矛戟也；蓑薜、簦、笠者[8]，其甲胄干盾也；镢、锸、斧、锯、杵、臼[9]，其攻城器也；牛马所以转输粮用也；鸡犬其伺候也[10]；妇人织纴[11]，其旌旗也；丈夫平壤[12]，其攻城也；春铍草棘[13]，其战车骑也；夏耨田畴[14]，其战步兵也；秋刈禾薪，其粮食储备也；冬实仓廪，其坚守也；田里相伍[15]，其约束符信也[16]；里有吏[17]，官有长，其将帅也；里有周垣[18]，不得相过，其队分也[19]；输粟收刍[20]，其廪库也；春秋治城郭，修沟渠，其堑垒也。故用兵之具，尽在于人事也[21]。善为国者，取于人事[22]。故必使遂其六畜，辟其田野，安其处所，丈夫治田有亩数，妇人织纴有尺度。是富国强兵之道也[23]。"

武王曰："善哉[24]！"

【注释】

[1] 战攻：分别指野战与攻城。具：器具，这里指军事器械装备。修：整治。

[2] 守御之备可无设乎：意谓防守的器械可以不配备吗？朱墉引《大全》曰："战有战备，攻有攻备，守有守备，御有御备。其备甚烦，而又不能不备。是既费具，又劳民也，不可无修设。"

[3] 战攻守御之具尽在于人事：意谓野战、攻城、防守的器械都存在于百姓的农耕生活之中。施子美曰："国虽大，好战必亡。天下虽安，忘战必危。……兵不可废，又不可好，然则如之何而可？有于此，不好不忘，而可以寓其事者，取之人事足矣。古者井田法行，兵农一致，当其无事而居也，则以五家为比，

五比为闾，五闾为族，五族为党，五党为州，五州为乡。及其有用而战也，则以五人为伍，五伍为两，五两为率，五率为师，五师为军。其编之卒伍军旅者，即此闾、族、党之民也。其在遂也，则为邻里酇鄙县遂之民。故遂人则简其兵器，教之稼穑，遂师则登其车辇，巡其稼穑，遂大夫则稽其功事，移其执事，此则寓兵于农之法也。井田之制，太公实营之，故以战功守御之具，取必于人事。"朱墉引《文诀》曰："'尽'字谓自营垒、甲胄、粮刍、旗帜、车马、服驾，以及步骑、吏长、队分、廪库，无一不备之于农也。"又引《醒宗》曰："兵不外乎农，制兵不外乎制农。兵农分而为二，则兵之事取于农之事而常不足；兵农合而为一，则兵之事取于农之事而恒有余。"

[4] 耒耜：古代耕地翻土的农具。耜是其铲，耒是其柄。

[5] 行马：行马即拒马，一种障碍物，用以阻塞道路、防止敌军车骑通过的装有剑刃的车辆。蒺（jí）藜：一种草本植物，果实多刺。这里指一种用铁制成的三角障碍物，有尖刺像蒺藜。

[6] 蔽橹：遮蔽防身的大盾牌。

[7] 櫌（yōu）：古代碎土平田的一种农具。

[8] 蓑薜：即蓑衣。簦：有柄的斗笠，即今之雨伞。笠：斗笠。

[9] 钁（jué）：古代用来掘地的大锄。锸（chā）：古代一种挖土的农具。

[10] 伺候：报时或警戒。

[11] 织纴：纺织。

[12] 平壤：平整土地。

[13] 钹（bó）：古代一种锄草的农具，这里作动词讲，锄草。

[14] 耨（nòu）：古代锄一类的锄草农具。

[15] 伍：古代的一种居民组织，以五家为一伍。

[16] 符信：凭证。

[17] 里：古代一种居民组织，先秦以二十五家为里。

[18] 周垣：四周的墙垣。

[19] 队分：指区分部队驻地。

[20] 刍：牲口吃的草。

[21] 故用兵之具，尽在于人事也：意谓用兵打仗的器械与方法，都存在于百姓的农耕生活之中。《管子·禁藏》曰："夫为国之本，得天之时而为经，得人之心而为纪，法令为维纲，吏为网罟，什伍以为行列。赏诛为文武，缮农具当器械，耕农当攻战，推引铫耨以当剑戟，被蓑以当铠襦，菹笠以当盾橹。故耕器具则战器备，农事习则攻战巧矣。"朱墉引《大全》曰："言兵民合一，无事为民，有事为兵，是以平居训练于荷锄负耒之具者，正所以演习夫坐作进退之法也。"

[22] 善为国者，取于人事：意谓野战、攻城、防守的器械都存在于百姓的农耕生活之中。朱墉引《合参》曰："为国者取非其取，其取必穷。惟人事乃民之自有者，而还与共之，则民不困于取。"又引郝氏曰："不务人事以富国，则必取民财以实内帑，而究之其民日贫，而国亦不得独富。不务人事以强兵，则必竭民力以养士卒，而究之其民日弱，而兵亦不得独强。人事之务本以利民也，而利

民实以富国。人事之务原以畜民，而畜民实所以强兵。"

[23] 是富国强兵之道也：朱墉引《指归》曰："民务耕织，则民得其治富之道矣。以是道而行之永久，则不求富而自无不富者。惟其民富，则民无内顾之忧，则不期强而未有不强者，守家即以守国也。"又引《开宗》曰："此言以富国为强兵之道，即古者寓兵于农之意。无事则吾兵即吾农，有事则吾农即吾兵，不待别设备具，而国家长享太平之乐。"

[24] 善哉：朱墉《全旨》曰："自地中有水《师》。君子以容民畜众。藏水于地即藏兵于民，况周家以农事开基（《豳风·七月》），凡所以为民谋者，无不熟悉而周详，则所以为兵谋者，亦无不豫图而先备。云蓑雨笠之人，即披坚执锐之人，不必外是人而别为战守之人。出作入息之事即折冲御侮之事，不必外是事而别为攻取之事。但使人日用而不知，有为之之利而无其迹，有取之之逸而无其劳，男勤于耕耘，女勤于织纫，衣食充裕，家给人足而民富矣。民富则国自富，人自为守家，自为卫国，富则兵自强，道莫大于此，亦莫全于此矣。若舍民以言兵而民病，兵不可得而用也。舍民事以言兵事而兵亦病，兵又安可得而用乎？"孔德骐说："《农器》一篇阐述了兵农合一的思想。主要包括四个方面：一是'战攻守御之具，尽在于人事'，即战时所用的攻守器具，可用平时人们从事农业生产活动中的生产工具和生活器具来充当。……二是'丈夫平壤，其攻城也'，即农民平时的生产技术，到战时可以成为战斗技术。三是'田里相五，其约束符信也'，即平时农民按丁、伍、邻、里的编组方法，可以成为战斗编组，因此它可作为战时动员的基础。四是平时的农业设施，如'里有周垣''城郭''沟渠'，打起仗来都可以用于战斗。总之，战时用的器具、武器，以及兵员，都可以于平时的生产生活中进行筹划、准备。兵农合一的思想，又称'耕战''农战'，早在春秋末就已产生，特别是到战国中后期，更得以广泛流行。……《六韬》关于农战的思想，是与其他兵家息息相通的。"钮先钟说："这一篇含有非常现代化的观念，简直可以说是超乎想象之外。其所提出者即为现代战略中的总动员观念：……这也就是说在平时有合理的安排，则可以利用民间的生产设施和器材，来保持高度的战备。换言之，透过有效的动员制度，可以迅速地把民间资源转换成为军事装备。那个时代的国民经济生活是以农业为主，所以此篇主张利用现成的农业装备，以及农村组织来作为动员基础。其所言不免有点夸张，但的确是一种高明的理想。……此种富国强兵的观念，似乎要比先秦其他学者都更为深入。"黄朴民说："农器，即农业生产用具。本篇阐释耕战合一的思想，强调富国强兵。……由于中国古代表现出以农立国、以兵卫国的特点，因此富国强兵实际上就是寓兵于农，兵农合一，强调农战。作者在篇中首先揭示了安不忘危、和不忘战的重要命题，即'天下安宁，国家无事'之时，必须修'战攻之具'，设'守御之备'，接着进一步论证了要做到安不忘危、和不忘战，必须平战结合，寓兵于农，兵农合一，即'战攻守御之具，尽在于人事'。理由是平时的生产和生活器具，战时可转化为战备装备；平时的地方的行政组织，战时可以转化为军事组织；平时的生产技术，战时可转化为战斗技术；平时的各种农业设施，战时可转化为军事工程。'故用兵之具，

尽在于人事也。'最后指出：'善为国者，取于人事。'从而实现真正的富国强兵之道。"

【译文】

武王问太公道："天下安全稳定，国家没有战争，在这种情况下，野战、攻城的器械可以不制作吗？防守的器械可以不配备吗？"

太公答道："野战、攻城、防守的器械都存在于百姓的农耕生活之中。耒耜，战时可以当作阻拦敌军通行的行马与蒺藜；马车、牛车，战时可以用作营垒和蔽身的盾牌；锄与耰，战时可以用作矛戟；蓑衣、雨伞、斗笠，战时可以用作甲胄和盾牌；镢、锸、斧、锯、杵、臼，战时可以用作攻城器械；牛和马，可以用来运送粮食；鸡与犬，战时分别可用来报时或警戒；妇女纺织缝纫的手艺，战时可运用于旗帜制作；男子平整土地的技艺，战时可运用于攻城技术；春季割草除棘的方法，可运用于战车、骑兵的作战；夏季农田除草的方法，可运用于战车、步兵的作战；秋季收割庄稼与打柴的方法，可运用于军粮储备工作；冬季充实粮仓的方法，可用于战时长期坚守的参考；田里工作的农民，以五家为一伍，这种户籍制度可用作军队组织编制的依据；每个里设有吏，吏的上面还设有官长，这可作为军官制度建设的参考；里的四周有矮墙，不得随便越过，这可用作军队营区建设的参考；运送粮食、收割饲草，这可用作充实仓库的参考；春秋时节修筑城郭、整治沟渠的技术，可运用于挖壕沟、修营垒等军事工程之中。所以说用兵打仗的器械与方法，都存在于百姓的农耕生活之中。善于治理国家的人，无不善于从百姓的农耕生活中汲取智慧。因此一定要让百姓繁殖六畜，开垦土地，住处安定，男子耕田应要求他们完成一定的亩数，女子织布应要求她们完成一定的尺度。这些都是富国强兵的方法。"

武王说："您讲得真好啊！"

管理启示：

太公所说"野战、攻城、防守的器械存在于百姓的农耕生活之中"，在今天叫军民融合。常言说，"兵马未动，粮草先行"；又常说"打仗是打后勤的"；古代军用物资与民用生产、生活物资具有一定的通用性，所以军民融合是巧妙地利用资源的好方法，体现了系统管理思想。现代公司生产也需要大量消耗人、财、物，一些公司集团建立财务公司，实施仓库联动管理、人员统一调配等，都是资源统筹管理的体现，目的是在资源、资金紧张的条件下，确保公司生产供应的稳定性。相反的情况是，有些集团公司无法做到资源的统一调配，下属公司因为物资供应短缺造成停工停产，或者资金链断裂造成公司破产，这样的案例不胜枚举。同时也能看到，许多公司又存在大量物资浪费和资金浪费的现象；物资和资金统筹协调、调配使用的思想难以深入到相关管理人员的脑海，各自为政、本位主义是中下层公司管理者的通病，而公司高层又不了解中下层的资源浪费情况，给公司造成极大损失，甚至潜藏着生存危机。所以现代公司管理，一定要通过制度建设来落实资源资金统筹管理、合理使用问题，以最大限度减少浪费，节约成本。

思考题：

1. 根据太公所述，列举一些兵器存在于百姓农耕生活之中的例子。
2. 公司对资源的统一调配使用有什么好处？能防止哪些风险的发生？

第四节 虎 韬

军用第三十一

【原文】

武王问太公曰："王者举兵，三军器用，攻守之具[1]，科品众寡[2]，岂有法乎？"

太公曰："大哉！王之问也。夫攻守之具，各有科品，此兵之大威也[3]。"

武王曰："愿闻之。"

太公曰："凡用兵之大数，将甲士万人，法用武冲大扶胥三十六乘[4]，材士强弩矛戟为翼[5]，一车二十四人推之。以八尺车轮，车上立旗鼓。兵法谓之震骇[6]，陷坚阵，败强敌。

"武翼大橹矛戟扶胥七十二具[7]，材士强弩矛戟为翼。以五尺车轮，绞车连弩自副[8]。陷坚阵，败强敌。

"提翼小橹扶胥一百四十四具[9]，绞车连弩自副，以鹿车轮[10]。陷坚阵，败强敌。

"大黄参连弩大扶胥三十六乘[11]，材士强弩矛戟为翼。飞凫、电影自副[12]。飞凫赤茎白羽[13]，以铜为首；电影青茎赤羽，以铁为首。昼则以绛缟[14]，长六尺，广六寸，为光耀；夜则以白缟[15]，长六尺，广六寸，为流星。陷坚阵，败步骑。

"大扶胥冲车三十六乘，螳螂武士共载[16]，可以击纵横，可以败敌。

"辎车骑寇[17]，一名电车[18]，兵法谓之电击[19]。陷坚阵，败步骑寇夜来前。

"矛戟扶胥轻车一百六十乘[20]，螳螂武士三人共载，兵法谓之霆击[21]。陷坚阵，败步骑。

"方首铁棓维昐[22]，重十二斤，柄长五尺以上千二百枚，一名天棓。大柯斧[23]，刃长八寸，重八斤，柄长五尺以上，千二百枚，一名天钺。方首铁锤[24]，重八斤，柄长五尺以上，千二百枚，一名天槌。败步骑群寇。

"飞钩长八寸[25]，钩芒长四寸[26]，柄长六尺以上千二百枚，以投其众。

"三军拒守，木螳螂剑刃扶胥[27]，广二丈百二十具，一名行马。平易地，以步兵败车骑。

"木蒺藜[28]，去地二尺五寸，百二十具。败步骑，要穷寇[29]，遮走北。

"轴旋短冲矛戟扶胥百二十具[30]，黄帝所以败蚩尤氏[31]。败步骑，要穷寇，遮走北。

"狭路微径，张铁蒺藜，芒高四寸，广八寸，长六尺以上，千二百具，败步骑。

"突暝来前促战[32]，白刃接，张地罗[33]，铺两镞蒺藜[34]，参连织女[35]，芒间相去二寸，万二千具。旷野草中，方胸铤矛[36]，千二百具，张铤矛法，高一尺五寸。败步骑，要穷寇，遮走北。

"狭路微径地陷[37]，铁械锁参连[38]，百二十具。败步骑，要穷寇，遮走北。

"垒门拒守[39]，矛戟小橹十二具，绞车连弩自副。三军拒守，天罗虎落锁连[40]，一部广一丈五尺，高八尺，五百二十具。虎落剑刃扶胥[41]，广一丈五尺，高八尺，五百二十具。

"渡沟堑飞桥[42]，一间广一丈五尺，长二丈以上，着转关辘轳[43]，八具，以环利通索张之[44]。渡大水飞江，广一丈五尺[45]，长二丈以上，八具，以环利通索张之。天浮铁螳螂[46]，矩内圆外，径四尺以上，环络自副，三十二具。以天浮张飞江，济大海，谓之天潢[47]，一名天舡[48]。

"山林野居，结虎落柴营[49]，环利铁锁[50]，长二丈以上，千二百枚。环利大通索大四寸[51]，长四丈以上，六百枚。环利中通索大二寸，长四丈以上，三百枚。环利小徽缧长二丈以上[52]，万二千枚。

"天雨盖重车上板，结枲钼铻[53]，广四尺，长四丈以上，车一具，以铁杙张之[54]。

"伐木大斧，重八斤，柄长三尺以上，三百枚。棨钁[55]，刃广六寸，柄长五尺以上，三百枚。铜筑固为垂[56]，长五尺以上，三百枚。鹰爪方胸铁耙[57]，柄长七尺以上，三百枚。方胸铁叉，柄长七尺以上，三百枚。方胸两枝铁叉[58]，柄长七尺以上，三百枚。

"芟草木大镰[59]，柄长七尺以上，三百枚。大橹刃[60]，重八斤，柄长六尺，三百枚。委环铁杙[61]，长三尺以上，三百枚。椓杙大椎[62]，重五斤，柄长二尺以上，百二十具。

"甲士万人，强弩六千，戟橹二千，矛盾二千。修治攻具、砥砺兵器巧手三百人[63]。此举兵军用之大数也[64]。"

武王曰："允哉[65]！"

【注释】

[1] 攻守之具：指军队攻守器械。

[2] 科品：种类。

[3] "夫攻守之具"三句：意谓部队使用的攻守器械，各有不同的种类，这是军队能否产生巨大威力的关键。威，指军队的威力。国英曰："《虎韬》皆论攻守之具与飞江济海之器，今多废置，然为将不可不知。遇敌当用我之长攻彼之短，尤须防敌乘我之短用彼之长。"

[4] 武冲大扶胥：一种大型战车。朱墉《直解》曰："扶胥，车别名，乃战车之大者。古者军中有储胥以为藩篱，疑即此类。"

[5] 材士：指军中有技能而又作战勇敢的兵士。朱墉《直解》曰："材士，材勇之士，持强弩矛戟为羽翼也。"

[6] 兵法谓之震骇：震骇，震恐惊骇。朱墉引《大全》曰："震骇者，言以此陷坚阵败强敌，而人靡不震恐惊骇也。"又引《新宗》曰："车乃军中大战具，而大扶胥尤为众车之最大者，所以兵法名为震骇也。"

[7] 武翼大橹矛戟扶胥：一种装备有大盾牌和矛戟的战车。朱墉《直解》曰："武翼与武卫同。武卫，即兵卫也。大橹，车上之蔽也。置矛戟于车上，备击刺也。扶胥差小，故其数倍之。"

[8] 绞车连弩：《武经七书注译》曰："就是用绞车张弓，一种连发数箭，而且射程较远的弩。"

[9] 提翼小橹扶胥：一种装备有小盾牌的小型战车。刘寅曰："提翼小橹，亦车上之蔽，但比大橹差小耳。"

[10] 鹿车轮：一种独轮小车。朱墉《直解》曰："即今小车独轮也。"

[11] 大黄参连弩大扶胥：一种装备有大黄参连弩的大战车。大黄，弩名。参连弩，每次能发三矢的弩。

[12] 飞凫：旗帜的名称，或曰箭名。朱墉《直解》曰："飞凫、电影，矢之迅疾者。

一云旗名。"又引凌氏曰:"凫之为物也,于百成群,方浮沉于水上,忽纷起于空中,何其无定也。而旗取象于此,自敌视之,但谓为水鸟之纷飞而已。军之为状也,倏忽为光,甫晃耀于东西,又辉映于南北,何其无常也。而旗又取象于此,自敌视之,但谓如神光之迅掣而已。"电影:旗帜的名称。

[13] 茎:旗杆。

[14] 绛缟:大红色的绢。

[15] 大扶胥冲车:《武经七书注译》曰:"例如《戎政典》第二百九十三卷《攻守诸器部》的临冲吕公车。"冲车,朱墉《直解》曰:"从旁冲击者。"

[16] 螳螂武士:奋击力斗的武士。刘寅曰:"螳螂,虫名,有奋击之势,故取以为名。"

[17] 辐车骑寇:指轻快的车骑部队。刘寅曰:"辐车骑寇,疑有误字。"《武经七书注译》曰:"'辐'字疑是'轻'字之误。"朱墉《直解》曰:"骑寇,乘骑偷劫营寨者。"

[18] 电车:一作"电光。"刘寅曰:"言其忽往忽来,如电之疾也。"

[19] 电击:形容攻击态势的猛烈。朱墉引《大全》曰:"电击忽隐忽见,不可测度也。霆击势猛烈,不可防御也。"

[20] 矛戟扶胥轻车:一种装备有矛和戟的轻型战车。

[21] 霆击:形容攻击态势的迅疾。刘寅曰:"言其轻疾往来,如雷霆之击也。"

[22] 方首铁棓(bàng)维朌(fēn):一种大方头的铁棒。棓,通"棒"。朌,同"颁",头大貌。

[23] 大柯斧:即长柄斧。柯,斧柄。

[24] 椎:同"椎"。

[25] 飞钩:《武经七书注译》曰:"古兵器,似剑而曲,一名铁鸱脚,有四个钩,连接铁索,再接以麻绳,用以投入人群,钩取敌人。"

[26] 钩芒:即钩尖。

[27] 木螳螂剑刃扶胥:一种木制战车,装备有状如螳螂前臂的剑刃。

[28] 木蒺藜:用坚硬木料做成的状如蒺藜的有刺障碍物。《武经总要》卷十二曰:"木蒺藜,以三角重木为之。"

[29] 要:阻拦,阻击。

[30] 轴旋短冲矛戟扶胥:大概是一种装备有矛戟便于旋转的战车。

[31] 黄帝:传说是中原各族的共同祖先。少典之子,姓公孙,居轩辕之丘,故号轩辕氏。又居姬水,因改姓姬。国于有熊,亦称有熊氏。以土德王,土色黄,故曰黄帝。蚩尤氏:传说中的古代九黎族首领。以金作兵器,与黄帝战于涿鹿,失败被杀。

[32] 暝:指天色昏暗。

[33] 地罗:地网,一种障碍器具。

[34] 两镞蒺藜:指有两个尖刺的铁蒺藜。

[35] 参连织女:指将众多铁蒺藜连缀在一起的障碍物。朱墉《直解》曰:"织女,亦蒺藜之类。"

[36] 方胸铤矛:《武经七书注译》曰:"齐胸高的小矛,可斜插在山林草丛中作为障碍物。"

[37] 地陷：指低洼的地形。

[38] 铁械锁参连：即铁锁链。

[39] 垒门：即营门。

[40] 天罗：一种网状障碍物。虎落：竹篱，障碍物的一种。

[41] 虎落剑刃扶胥：一种装备有遮障、剑刃的战车。

[42] 飞桥：《武经七书注译》曰："类似于《武经总要》卷十所载的壕桥和折叠桥。"

[43] 转关辘轳：一种起重装置，可以把飞桥吊起或转移方向。

[44] 环利通索：指带有铁环的绳索。

[45] 飞江：一种浮桥。

[46] 天浮：一种浮游器材。铁螳螂：《武经七书注译》曰："铁制的像螳螂双臂似的东西，可理解为铁锚之类的器材，用以锚定天浮。"

[47] 天潢：原为星名，这里是渡河工具名。

[48] 天舡：原为星名，这里是渡河工具名。

[49] 虎落柴营：指用木材结成的栅塞营地。

[50] 环利铁锁：连环铁索。朱墉《直解》曰："环利铁索，通索、徽缧，即今之连环铁索也，但有大小长短之异耳。"

[51] 环利大通索：指带有铁环的大号粗绳子。

[52] 小徽缧（léi）：细绳子。

[53] 结枲（xǐ）钼铻：《武经七书注译》曰："结，编织。枲，麻。钼铻，是'不可入'的意思。这里根据上下文意，结枲钼铻似应理解为用麻编织的盖车篷布，用以防止漏雨。"

[54] 铁杙（yì）：朱墉《直解》曰："杙，橛也。以铁为橛，用以张木，使不散也。"《武经七书注译》曰："杙，小木桩。铁杙，可能是小铁桩或钉子之类的东西。"

[55] 棨钁（qǐjué）：朱墉《直解》曰："大锄也。"

[56] 铜筑固为垂：朱墉《直解》曰："亦伐木之器也。"《武经七书注译》曰："按字义可能是铜杵或大锤。"

[57] 鹰爪方胸铁耙：形似鹰爪、齐胸高的铁钯。

[58] 方胸两枝铁叉：齐胸高且有两个枝杈的铁叉。

[59] 芟（shān）：除草，割草。

[60] 大橹刃：割草用的形状像船橹的刀。

[61] 委环铁杙：朱墉《直解》曰："委环铁杙者，以铁为橛上连以环也。"《武经七书注译》曰："即是带有铁环的铁橛子。"

[62] 椓杙大槌：即铁榔头。椓，击。

[63] 砥砺：磨刀石。这里作动词讲，磨砺，磨快。

[64] 此举兵军用之大数也：意即这是发兵作战时需要的军用器材与人员的大致数目。朱墉《全旨》曰："古者战阵以车为主，故预备攻守器具，亦以车为先，由武卫大扶胥以及武翼、提翼，有大小之不同。又有冲车、辒车、轻车，电击霆击之或异，总之陷坚败强之所必需也。但大车少，小车多，少者止于三十六，多者至一百六十，则非可以概施也。器用有天棓、天钺、天槌，以败步骑之寇

也。飞钩、行马，以败车骑之寇也。木铁蒺藜，张地罗，织女参连，以为要截走北之敌也。若据守之器则有虎落、大通索、小徽缥，何虑于屯营乎？结枲、鉏铻以盖车，何虞天雨乎？济水之器则有飞桥、飞江、天潢、天船，何患于水阻乎？下及大斧、铁叉、大镰、大槌，无一之弗备，而又以巧手工匠营造之，奚忧其缺略乎？举其大数，亦既详且悉，此武事之所以成功也。"

[65] 允哉：黄朴民说："军用，即军队的各种武器装备。武器装备是战争力量诸要素中的重要因素之一。它是军队战斗力的物质基础，不仅影响军队的士气，还对战争的进程甚至结局发挥重大影响。本篇具体讨论了军队的武器装备问题，作者首先指出武器装备的重要作用，即'王者举兵，三军器用，攻守之具'，'各有科品，此兵之大威也'。接着，作者以出兵万人为例，详细罗列了攻陷坚阵、击败强敌所需要的兵器之种类、数量、编配和运用；陷坚阵、败步骑所需要的兵器的种类、数量、编配和运用；败步骑、追穷寇、遮北走所需要的兵器的种类、数量、编配和运用；军队拒守、越堑、渡河、结营等所需器材的种类、数量、编配和运用。最后指出，除以上配备的器材外，还需配备整治维修各种器材的工匠，以随时修补毁坏的器材。兵技巧家的基本特征是：'习手足，便器械，积机关，以立攻守之胜者也。'（《汉书·艺文志·兵书略》）本篇可谓是'兵技巧家'的具体例证。"

【译文】

武王问太公道："君王发兵攻伐，三军使用的武器装备与攻守器械，其种类数量的多少，是不是有一定的标准呢？"

太公答道："君王您问的是一个大问题啊！部队使用的攻守器械，各有不同的种类，这是军队能否产生巨大威力的关键。"

武王说："愿意听您指教。"

太公说："凡是出兵打仗，武器装备的配置是有一个大概标准的，如果率领甲士一万人，标准是：武冲大扶胥战车三十六辆，有技能而又作战勇敢的兵士使用强弩、矛、戟，在战车两旁护卫，每辆战车用二十四人推行。车轮高八尺，车上设置旗鼓。在兵法上将这种战车称之为'震骇'，用这种战车能攻破坚固的阵地，打败强大的敌人。

"武翼大橹矛戟扶胥战车七十二辆，有技能而又作战勇敢的士兵使用强弩、矛、戟，在战车两旁护卫。车轮高五尺，车上配有绞车连弩。用这种战车能攻破坚固的阵地，打败强大的敌人。

"提翼小橹扶胥战车一百四十四辆，车上配有绞车连弩，车轮与鹿车大小相近。用这种战车能攻破坚固的阵地，打败强大的敌人。

"大黄参连弩大扶胥战车三十六辆，有技能而又作战勇敢的兵士使用强弩、矛、戟，在战车两旁护卫。车上插有'飞凫''电影'两种旗帜。'飞凫'的旗杆是红色的，旗子上装饰有白色的羽毛，用铜做旗杆的头；'电影'的旗杆是青色的，旗子上装饰有红色的羽毛，用铁做旗杆的头。白天车上用的旗面是红绢，长六尺，宽六寸，称为'光耀'；夜晚车上用的旗面是白绢，长六尺，宽六寸，称为'流星'。用这种战车可以攻破坚固的阵地，打败敌人的步兵和骑兵。

"大扶胥冲车三十六辆，车上载有奋勇杀敌的螳螂武士，用这种战车可以纵横冲击，击败敌人。

"辎车骑寇，这种战车又名'电车'，在兵法称之为'电击'。用这种战车可以攻破坚固的阵地，打败在夜晚前来偷袭的敌方步兵和骑兵。

"矛戟扶胥轻车一百六十辆。车上载有三名奋勇杀敌的螳螂武士，在兵法上称之为'霆击'。用这种战车可以攻破坚固的阵地，打败敌人的步兵和骑兵。

"方头大铁棒，重十二斤，柄的长度五尺以上，共一千二百把，这种铁棒又名'天棓'。长柄斧，刃的长度为八寸，重八斤，柄的长度五尺以上，共一千二百把，这种长斧又名'天钺'。方头铁槌，重八斤，柄的长度五尺以上，一共一千二百把，这种铁槌又名'天槌'。用这些兵器可以打败敌人成群的步兵和骑兵。

"飞钩的长度为八寸，钩尖的长度为四寸，柄的长度六尺以上，共一千二百把，用它投掷钩取敌人。

"军队防守时，可使用木螳螂剑刃扶胥战车，这种战车宽度为两丈，共一百二十辆，它又名'行马'。在平坦的地形上，步兵可以用它来打败敌人战车和骑兵的攻击。

"木蒺藜，设置这种障碍物时要让它高于地面二尺五寸，共一百二十具。可以用它来打败敌人的步兵和骑兵，拦截穷途末路的敌寇，阻击战败逃跑的敌人。

"轴旋短冲矛戟扶胥战车共一百二十辆，黄帝当年打败蚩尤氏用的就是这种战车。可以用它击败敌人的步兵、骑兵，拦截穷途末路的敌寇，阻击战败逃跑的敌人。

"在狭窄的小路上，可以设置铁蒺藜这种障碍物，它的刺长为四寸，宽度为八寸，长度六尺以上，共一千二百具，可以用来打败敌人的步兵、骑兵。

"天色昏暗时敌人突然来袭，双方短兵相接，这种情况下可以设置地罗，铺设两镞蒺藜和参连织女，它们的刺尖相距为两寸，共一万两千具。在空旷的长满野草的地区，可配备方胸铤矛，共一千两百把。设置铤矛的方法，是让它高出地面一尺五寸。可以用它击败敌人的步兵、骑兵，拦截穷途末路的敌寇，阻击战败逃跑的敌人。

"在狭窄的小路和地势低洼之处，可设置铁械锁参连，共一百二十具。可以用它击败敌人的步兵、骑兵，拦截穷途末路的敌寇，阻击战败逃跑的敌人。

"守卫营门，可配备矛戟小橹十二具，附带配置绞车连弩。军队驻守时，可配备天罗虎落锁连，每部宽度为一丈五尺，高度为八尺，共一百二十具。还可配置虎落剑刃扶胥，宽度为一丈五尺，高度为八尺，共五百二十具。

"跨越沟堑时应配备飞桥，每座飞桥的宽度为一丈五尺，长度两丈以上，装有转关辘轳，共八具，用连环铁锁架设。渡大江大河时应配备的飞江浮桥，它的宽度为一丈五尺，长度两丈以上，共八具，用连环铁锁链架设。天浮与铁螳螂，内方外圆，直径四尺以上，附带配置铁环绳索，共三十二具。把飞江浮桥架设在天浮上，可以渡过大江，这就叫天潢，又名天舡。

"军队在山林野外宿营时，应构筑营垒虎落柴营，届时需要配备连环铁锁链，其长度为两丈以上，共一千两百条。还应配备环利大通索，这种连环铁锁链的宽度为四寸，长度四丈以上，共六百条。还应配备环利中通索，这种连环铁锁链的宽度为两寸，长度四丈以上，共三百条。还应配备环利小徽缥，这种连环铁锁链的长度为两丈以上，共一万两千条。

"天雨盖，下雨时将它盖在辎重车的车顶，它是用麻绳编织而成的防雨车篷，宽度为四尺，长度四丈以上，每车一付，用小铁桩固定在车顶上。

"砍伐树木时用的大斧，每把重八斤，柄的长度三尺以上，共三百枚。棨镢是一种大锄，刃的广度为六寸，柄的长度五尺以上，共三百把。铜筑固为垂是一种大锤，长度五尺以上，共三百把。鹰爪方胸铁耙，这种铁耙的柄长七尺以上，共三百把。方胸铁叉，这种铁叉的柄长七尺以上，共三百把。方胸两枝铁叉，这种铁叉的柄长七尺以上，共三百把。

"割除草木的大镰，柄长七尺以上，共三百把。大橹刀，重八斤，柄长六尺，共三百把。带环的铁橛子，长度三尺以上，共三百把。钉铁橛子的大锤，重五斤，柄长二尺以上，共一百二十把。

"一万人的军队，应配备强弩六千张，戟和盾两千套，矛和盾两千套。还需要修理攻城器械和磨快兵器的能工巧匠三百人。这是发兵作战时需要的军用器材与人员的大致数目。"

武王曰："您说得真对啊！"

管理启示：

太公关于出征前对兵器种类及数量的准备，用今天的话说叫"不打无把握、无准备之仗"；从哲学的角度来看，叫系统论思想在战争中的应用。其实，系统论在政治、经济、社会、文化、教育、科学等方面都有广泛用途，只不过当今有些人们未必能像古人那样认识深刻、运用恰当而已。例如一个工程项目要上马，需要从资金、土地、政策、法律、城市规划、资源、能源、技术、社会效益、市场前景、环境影响等多方面进行系统评估，最后形成可行性研究报告，得出可行或者不可行的研究结论，供决策参考。但是，决策者如果一心只想出政绩，只重视表面工程，那么其他影响要素便不再重要了，系统论的思想可能成了他的绊脚石而被一脚踢开。全国各地一些地方政府的这种做派并不少见，最终给国家和人民造成大量损失。所以，管理首先是科学管理，要树立科学的思想，采用科学的决策方法，系统论的思想应贯穿始终。

思考题：

列举一些缺乏系统考虑而投资失败的案例，谈谈你对它的认识。

第五节 豹 韬

敌强第四十五

【原文】

武王问太公曰："引兵深入诸侯之地，与敌人冲军相当[1]，敌众我寡，敌强我弱。敌人夜来，或攻吾左，或攻吾右，三军震动。吾欲以战则胜，以守则固。为之奈何？"

太公曰："如此者，谓之震寇[2]。利以出战，不可以守。选吾材士强弩，车骑为之左右，疾击其前，急攻其后，或击其表，或击其里，其卒必乱，其将必骇[3]。"

武王曰："敌人远遮我前，急攻我后，断我锐兵，绝我材士，吾内外不得相闻，三军扰乱，皆散而走，士卒无斗志，将吏无守心，为之奈何？"

太公曰："明哉！王之问也。当明号审令，出我勇锐冒将之士，人操炬火，二人同鼓，必知敌人所在，或击其表，或击其里。微号相知，令之灭火，鼓音皆止[4]，中外相应，期约皆当，三军疾战，敌必败亡[5]。"

武王曰："善哉[6]！"

【注释】

[1] 冲军：指敌方突击进攻的部队。

[2] 如此者，谓之震寇：意谓像这种情形的敌军，可以称为使我军震惊恐惧的敌兵。朱墉《直解》曰："震寇，使我震惊恐惧也。"

[3] 其卒必乱，其将必骇：意谓敌人的士卒一定会陷入混乱，他们的主将一定会惊慌失措。朱墉引《大全》曰："震寇者，其势不可当，为我所震动之寇也。制御之法，利在战不利在守，在选吾材士锐兵，以疾击急攻为主。"又引方氏曰："三军既震动矣，如何犹利在出战乎？是驱震动之夫以往也，安有不败？然所畏者三军，若材士锐兵，安得有此？故须乘锋一战，勿为披靡。"又引王氏曰："此等震惧境界，在先筹之，庶几临危不惧。"

[4] "微号相知"三句：意谓大家互相记住联络暗号。主将命令一下，就同时熄灭火炬，中止鼓声。微号，暗号。朱墉引《大全》曰："举火之意不过要联其声势以探察敌人屯兵处耳。今声势既联，敌处已知，所以必暗相期约，悉令灭火止鼓，庶足以奏克胜之功。"

[5] 三军疾战，敌必败亡：朱墉引《开宗》曰："此言夜战设火息火之法。"

[6] 善哉：朱墉《全旨》曰："此章论寡胜众、弱胜强，惟在速战，不可持守，故用材勇强弩疾击急攻，稍迟缓则彼势愈盛矣。若敌人攻我前后，则令我勇锐多其火鼓，以张其声势。若敌人断绝吾军，则又灭火止鼓，暗号期约，奋击应援，何有扰乱之足虑哉？"孔德骐说："《敌强》阐述关于对付敌人夜间强袭的作战方法。夜间强袭，即所谓'震寇'。它是在敌我双方野战军处于相持状态和敌众我寡、敌强我弱的情况下，敌人乘夜间突然对我发起攻击的作战行动。由于夜视困难，对于敌人这种进攻样式，只能采取以攻对攻的战法，切忌以守对攻，消极防御。要选用最精锐的材士、强弩、轻骑为左右翼，'疾击其前，急攻其后；或击其表，或击其里'。这样，是没有不打胜仗的。如果已被敌人分割包围，断绝外援，切断各部之间的联系，处于即将败溃的紧急时刻，首先应集中兵力打破敌人的包围，变被动为主动。其次，要派出勇锐将士，'人操炬火，二人同鼓'，大造声势，以弱示强。再次，要在察清敌情的基础上，部署自己的部队。充分做好以上准备之后，就要熄灭火炬，停止击鼓，麻痹敌人，接着就要按照预定计划，向敌人展开猛攻，使'中外相应，期约皆当'，即可破敌。公元前301年，齐楚垂丘（今河南泌阳北）之战，秦联合齐、魏、韩各国之军攻楚，楚怀王派唐眛率军迎击，两军隔沘水（今清水河，源出河南泌阳，东流入唐河）对峙。齐将匡章侦知楚军在沘水设防情况，以精锐士卒夜渡沘水袭击楚军，楚军措手不及，全军被歼，死亡两万余人，唐眛被杀，联军遂占领垂丘。这是夜战取胜的一例。"

【译文】

武王问太公道："率领军队深入敌国作战，与担任突击任务的敌军相遇对峙，敌人兵力多而我军兵力少，敌人力量强而我军力量弱。敌人夜晚来袭，有的攻击我军左方，有的攻击我军右方，使我全军上下震惊恐惧。在这种情况下我想做到采取守势就能坚不可摧，与敌作战就能取胜，该怎么做呢？"

太公答道："像这种情形的敌军，可以称为使我军震惊恐惧的敌兵。在这种情况下我军利于出战，不宜于防守。应从全军选出有作战本领的士卒，给他们配备强弩，再把战车、骑兵布置在他们的左右两翼，然后迅猛攻击敌军的前部与后部，有的攻击敌军的外层，有的攻击敌军的里层，敌人的士卒一定会陷入混乱，他们的主将一定会惊慌失措。"

武王又问："敌人在远处拦击我军前部，急速攻击我军后部，阻断我派出的精兵强士，使其无法救援，最终导致我军内外失去联系，三军惊扰混乱，四散逃走，士卒没有斗志，将吏无心坚守，在这种情况下该怎么办？"

太公答道："大王您问的这个问题真高明啊！这时应向全军申明号令，选出军中那些英勇善战、敢于冒险不怕死的战士，让他们每人手持火炬，两人同击一鼓，务必探知敌人的确切方位，然后命令部队有的攻击敌军外层，有的攻击敌军里层。大家互相记住联络暗号，主将命令一下，就同时熄灭火炬，中止鼓声。我军里应外合，都能按照事先约定的信号展开行动，全军快速投入战斗，敌人必定败亡。"

武王说："您讲得真好啊！"

管理启示：

文中提出了"敌强我弱、敌众我寡"这种不利情形下的御敌策略。类似这样的被动局面，对参与市场竞争的很多公司而言，也是会常常遇到的。受此启发，公司的应对办法应当是扬长避短，做好自己的市场定位（即根据市场上竞争对手的同类产品竞争状况，针对顾客对该类产品某些特征或属性的重视程度，为本公司产品塑造强有力的、与众不同的鲜明个性，并形象地传递给顾客）。公司管理者需要通过制定一套完整的方案和指标体系，对本公司和竞争对手的各种条件进行比较，确定一个有利于发挥本公司现有人、财、物优势的产品方案，选择最适合本公司优势的项目，去和对手竞争，力争最大限度地赢得市场份额。如此才能不至于在激烈的市场竞争中自乱阵脚、慌不择路，被淘汰出局。

思考题：

什么叫目标市场定位？公司在竞争实力相对不足的条件下，如何进行目标市场定位？

第六节　犬　韬

练士第五十三

【原文】

武王问太公曰："练士之道奈何[1]？"

太公曰："军中有大勇、敢死、乐伤者，聚为一卒[2]，名曰冒刃之士[3]；有锐气壮勇强暴者，聚为一卒，名曰陷阵之士[4]；有奇表长剑、接武齐列者[5]，聚为一卒，名曰勇锐之士；有拔距伸钩、强梁多力、溃破金鼓、绝灭旌旗者[6]，聚为一卒，名曰勇力之士；有逾高绝远、轻足善走者，聚为一卒，名曰寇兵之士[7]；有王臣失势，欲复见功者，聚为一卒，名曰死斗之士[8]；有死将之人子弟，欲为其将报仇者，聚为一卒，名曰死愤之士；有贫穷忿怒，欲快其志者，聚为一卒，名曰必死之士；有赘婿人虏[9]，欲掩迹扬名者[10]，聚为一卒，名曰励钝之士[11]；有胥靡免罪之人[12]，欲逃其耻者[13]，聚为一卒，名曰幸用之士[14]；有材技兼人，能负重致远者，聚为一卒，名曰待命之士。此军之练士，不可不察也[15]。"

【注释】

[1] 练士之道奈何：意谓从军中挑选出各种类型的士兵，有什么办法吗？练士之道，指挑选士卒的方法。练，通"拣"，选择，挑选。施子美曰："霍去病所以每战皆克者，以其所将常选也。余公理所以不能成功者，以其所驱市人也。惟练而用之，则所战无不克矣，此武王所以问也。"朱墉引《大全》曰："练士而言道，便有分别区处，因至情而用微权之意在其中。"又引《新宗》曰："练士者，因其士之自锐处而用之，故谓之练士。不可不察者，要晓得某士则为某用，若以此能为彼用，则不得其力矣。要之不过因材器使之意。"

[2] 卒：古代军队编制，一百人为一卒。

[3] 冒刃之士：指不畏强敌、勇于冒险的士卒。刘寅曰："冒刃者，冒敌之刃而不畏也。"

[4] 陷阵之士：刘寅曰："陷阵者，陷敌之阵而不惧也。"

[5] 奇表长剑：外表奇异，手持长剑，以示心怀与众不同的志向。屈原在《九章·涉江》中写道："带长铗之陆离兮，冠切云之崔嵬。"以示自己怀有远大的理想。接武齐列：意即步伐稳健，队列整齐。接武，原指后列踏着前列的足迹，这里是步伐稳健的意思。武，足迹。

[6] 有拔距伸钩、强梁多力、溃破金鼓、绝灭旌旗者：意即军中有臂力过人、强横凶悍、捣破敌人金鼓、拔下敌人旌旗的士卒。刘寅曰："拔距，即超距，谓跳跃也。……或曰：'拔'字，乃'投'字之误也。伸钩，能伸铁钩也。以其强梁而多力，故能溃破敌之金鼓，绝灭敌之旌旗。"拔距，亦作"拔拒"，比腕力，一说跳跃，古代的一种练武活动。《汉书·甘延寿传》曰："少以良家子善骑射为羽林，投石拔距绝于等伦，尝超逾羽林亭楼，由是迁为郎。"颜师古注："应劭曰：'投石，以石投人也。拔距，即下超逾羽林亭楼是也。'……师古曰：'拔距者，有人连坐相把据地，距以为坚而能拔取之，皆言其有手擘之力。超逾亭楼，又言其矫捷耳，非拔距也。今人犹有拔爪之戏，盖拔距之遗法。'"伸钩，力气很大，能把弯钩拉直。强梁，强横，凶悍。溃破金鼓，指攻下敌军的指挥中心，捣破敌人的金鼓。绝灭旌旗，指攻下敌军指挥中心，拔下敌人的战旗。

[7] 冠兵之士：指最早投入战斗的士卒。冠兵，刘寅作"寇兵"，注曰："寇，暴，疾也。"

[8] 死斗之士：刘寅曰："死斗者，恨其失势，欲死斗立功也。"死斗，拼死战斗。

[9] 赘婿：指就婚、定居于女家的男子。秦汉时赘婿地位等同于奴婢，后世有所改变。《史记·秦始皇本纪》曰："发诸尝逋亡人、赘婿、贾人略取陆梁地，为桂林、象郡、南海，以適遣戍。"

[10] 掩迹：掩盖劣迹。

[11] 励钝之士：指消沉的意志得到激励的士卒。钝，指因受挫而意志消沉。

[12] 胥靡：刑徒，囚犯。

[13] 逃：弃置，丢掉。

[14] 幸用之士：指侥幸得到任用的士卒。

[15] 此军之练士，不可不察也：施子美曰："夫含生之类，皆有所欲，人固有以材而欲见用者，亦有以志而欲见用者。吾因其材而用之，则天下之材无或遗。因其志而用之，则天下之志有所伸。……有材者以材擢，有志者以志奋，练士之法，无出于此，不可不察也。察之既审，则人皆可用之人矣。其在《吴子》，亦有所谓练锐之说，谓强国之君，必料其民，自有胆勇气力者聚为一卒，以至于弃城去守、欲除其丑者聚为一卒。凡五者皆军之练锐。其与太公所言，殆表里矣。"朱墉引《合参》曰："一'察'字要重看。十一等，俱军之练士，但须为将者一一深晓某等人以某法用之，否则必致失宜矣。"又引《指南》曰："此与《吴子》练锐不同，此重在有一等人，便有一等用，不可混淆。"又引曹氏曰："流品既分而各见其长，心力复瘁而相动以义，则英能之自效有期，而朝廷之御侮有资矣。"国英曰："练士须察时势所趋，风俗所尚，不可拘一定之法。人才有所长即有所短，用人宜取其长弃其短，全在有知人之明。桀傲者则羁縻之，反覆者则驾驭之，然后可皆为我用。"

【译文】

武王问太公道："从军中挑选出各种类型的士兵，有什么办法吗？"

太公答道："军中有勇气很大、敢于赴死、不怕受伤的士卒，可把他们编成一队，称之为勇于冒险的士卒；军中有锐意进取、壮硕勇敢、强横凶暴的士卒，可把他们编成一队，称之为冲锋陷阵的士卒；军中有外表奇异、手持长剑、步伐稳健、能保持行列整齐的士卒，可把他们编成一队，称之为勇敢精锐的士卒；军中有臂力过人、强横凶悍、捣破敌人金鼓、夺下敌人旌旗的，可把他们编成一队，称之为勇猛多力的士卒；军中有善爬高城、能走远路、四肢轻便、擅长奔跑的士卒，可把他们编成一队，称之为最早投入战斗的士卒；军中有失势丧权的王公大臣，想要重建功勋，可把他们编成一队，称之为拼死战斗的士卒；军中有阵亡将帅的子弟，想为他们的父兄报仇，可把他们编成一队，称之为不怕死的士卒；军中有因贫穷而愤怒，想要扬眉吐气、改变处境的人，可把他们编成一队，称之为一心赴死的士卒；军中有上门女婿与做过奴仆的人，想要掩盖劣迹、显扬名声的，可把他们编成一队，称之为以受挫来激励自己的士卒；军中有犯了罪而免于惩处的人，想要洗雪自己的耻辱，可把他们编成一队，称之为侥幸得到任用的士卒；军中有技艺过人，能背负重物长途跋涉的，可把他们编成一队，称之为等待命令的士卒。以上是军中挑选士卒的方法，不能不清楚了解。"

管理启示：

太公回答武王关于挑选战士及编组的方法，体现了古人打仗对士兵选择的严格标准和要求，这是完成作战任务所必需的。类似地，现代公司人力资源管理，也有严格的用人标准。一般地，公司各个部门和岗位人员选聘都应做到三个匹配，即人员技能与岗位职责相匹配；人员个性与岗位特点相匹配；人员价值与组织价值相匹配。只有人员的三个匹配都符合组织要求，所选聘的人员才能适应组织的工作，如同正确地选用了士兵才能打胜仗一样。两者的同理之处就是，人员自身符合需求和要求，人尽其才，才能更好地完成组织任务。

思考题：

公司各部门和岗位人员选聘的三个匹配是什么？

第六章 成语中的管理思想

成语是一种形式稳定而整齐、意义完整而凝练的固定词语，具有结构定型、形式完整、含义丰富的特点。通过对传统文化中的成语研究发现，这些成语所包含和表达的含义与现代管理理论中所说的专业术语都有不同程度的契合点，甚至是相同意义的表达。掌握其要义，便于在今后的管理实践中准确使用这些成语进行工作沟通，提升管理者的表达能力，丰富管理工作中的交流语言。

第一节 成语中的决策思想

现代管理学理论对决策的一个较为广泛接受和认可的定义是：决策是指为实现一定的目标，在多个备选方案中选择一个方案的分析判断过程。它包含了决策的条件、目的、决策功能和任务、影响决策的因素、决策方法的运用等。现代管理理论也对决策进行了多种分类。与决策有关的成语有运筹帷幄、高瞻远瞩、深谋远虑、当机立断、政出多门等。下面分述这些成语的出处、含义及其管理思想。

一、运筹帷幄

（一）出处

司马迁《史记·太史公自序》："运筹帷幄之中，制胜于无形，子房计谋其事，无知名，无勇功，图难于易，为大于细。"

筹：计谋、谋划；**帷幄**：古代军中帐幕。

译文：张良每次谋划战略于军帐之中，却能无形中战胜敌人，（为什么会这样？）靠的不是名声和勇武，而是他处理容易的事情就像对待难题一样认真，事无巨细，一概认真对待，追求细节。

后世据此典故引申出成语"运筹帷幄"。运筹帷幄指拟定作战策略，引申为筹划、指挥。

（二）管理思想解读

仅从字面表达的意义来看，所谓的运筹帷幄可能会被仅仅理解为"在思考、在拟定方案"，甚至可能被揶揄成"脱离现实的纸上谈兵"。但是结合其出处和背景，这一成语所表达的就是包含着前提条件和明确结论的确定型决策。这一确定型决策包括决策信息的全面获取、详细分析、正确运用，以及决策者聪明智慧的充分展示等内容，缺少了任何一个要素都不能代表该成语的完整意义。日常生活中人们往往只用"运筹帷幄"四个字来进行简化表达，其真正的意义是包含"决胜千里"的全部内容的。

（三）案例资料与思考题

为了适应我国经济高质量发展这一宏观环境的变化，某企业打算通过开发新产品A来实现本公司产品的升级换代。新产品开发可以采用多种技术路线，每一种技术路线都有成功的可能和失败的风险，而且研发成本投入极高；另外，即使研发成功，由于存在与其他公司同样升级换代的市场竞争，未来的市场份额也不确定。基于这样的背景，公司决策层多次派人外出调研，并多次组织召开会议进行研判，最终认为：如果不开发新产品，公司原有产品将极有可能被市场淘汰；如果上马新产品研发项目，又会面临失败的风险和损失的可能。慎重考虑之后，公司一把手决定放手一搏，最终选择新产品A研究项目上马的方案。

思考题：从该公司的决策过程和决策结果来看，能用运筹帷幄来描述吗？

二、高瞻远瞩

（一）出处

夏敬渠《野叟曝言》第二回："遂把这粉白黛绿，莺声燕语，都付之不见不闻，一路高瞻远瞩，要领略湖山真景。"

译文：对于这些打扮的女子，以及她们说笑的声音，都是看不见、听不到的，一路上看得高远，是要欣赏湖山真正的美景。

（二）管理思想解读

高瞻远瞩的现代意义已经不是出处的原意了。企业为了长远发展，在充分分析宏观环境的基础上而做出的决策可称为高瞻远瞩。

企业的生产经营活动都是在一定的环境中进行的，企业的发展方向选择及生产经营活动的开展应与其所在的宏观环境相适应，否则企业将很快陷入困境。因此企业必须开展详细调查、剔除虚假表象信息，对宏观环境的现状及未来的发展趋势慎重思考，作出准确研判。由此作出有利于企业长远发展的战略决策，这便是高瞻远瞩。

（三）案例资料与思考题

就家用轿车而言，燃油车的优势是动力足、航程远、维修网点多、加油方便，其不足之处是尾气排放污染空气。电动汽车的优势是噪声小，无空气污染；不足之处是充电设施还不完善，航程也较近，维修网点还不普及。

思考题：一家汽车生产企业拟建设新的生产线以扩大产能，在对国家宏观政策分析之后，决定上马新能源汽车。该公司的决策与国家哪些政策有关？

三、深谋远虑

（一）出处

贾谊《过秦论》："深谋远虑，行军用兵之道，非及曩时之士也。"

译文：（至于）深思熟虑，行军用兵的策略，（陈涉）也比不上先前九国的武将谋臣。

（二）管理思想解读

从该成语的出处看，描述的是行军打仗之前的计划周密性，考虑得很长远。现代公司管理中，计划作为落实决策方案的前期工作，是重要的管理手段之一，与行军打仗一样，都是行动之前应该周详安排的方案。

怎样计划才是周详的？这涉及系统论思想，也就是全要素全方位全周期的考虑问题，出现以下几种情况，难以做到计划的周密性：

（1）计划的前提条件是错误的，执行过程中发现了方向性错误，造成前期投入的损失。

（2）计划过于刚性，随着时间的推移，外部环境发生变化，却仍保持不变地执行计划，没有灵活调整预案。

（3）为了完成年度业绩任务，计划人员制订和执行计划只注重眼前的市场竞争，忽视公司明天的生存。

（4）某些部门由于本位主义作祟，只考虑本部门的计划和执行，不愿意配合其他部门的计划执行，使公司整体利益受损。

一个深谋远虑的计划，应避免以上4种情况的发生。

（三）思考题

企业怎样才能制订出周详的计划？

四、当机立断

（一）出处

陈琳《答东阿王笺》："秉青萍干将之器，拂钟无声，应机立断。"

译文：这人的军事作风行事果断，且懂得变通。

（二）管理思想解读

当机立断的意思是在紧要时刻立即做出决断。当机立断属于非程序化的危机型问题决策或者机会型问题决策，也叫紧急决策。危机型问题是指公司遇到了重大危险，需要紧急采取行动的问题；机会型问题是指公司突然遇到了商机，需要调配资源以抓住获利的机会。这两类问题决策都叫当机立断。

在一个制度比较健全的企业里，生产与运作循环往复的条件下，无需做出新的决策，各部门岗位人员等各司其职地从事本职工作，整个系统处于无为而治的状态，如订货、原材料购进、库存管理、投入产生、销售产品等，都是企业常规的程序化工作。一旦外部市场环境发生变化，造成产品滞销，就要分析这是暂时现象还是会持久发生；企业是否需要继续购进原材料、是否需要转产或退出市场等，否则企业将造成重大损失或失去新的市场机会。这就需要企业决策层当机立断地给出新的思路和方案，这样的决策就是非程序化的决策，而且只有企业高层甚至一把手领导才有权这样做。这是高层非常规业务下的例外管理，无经验可循。

（三）案例资料与思考题

A公司是B公司的长期供应商，双方合同约定，每次B先向A预付一半的货款，货到验收合格后第3天再付该批次的余款。现有一批价值80万元的货，即将于4月30日下午5点送达B公司指定的地点，但是4月30日中午双方联络员在一起用餐时，

B公司联络员无意中透露，B公司将于5月2日启动破产清算程序，由于是小道消息，B公司联络员也不确定。A公司联络员马上把这一消息反馈给A公司。A公司领导根据平时对B公司的了解，当机立断决定去告诉B公司，4月30日的货推迟到5月2日下午5点才能送达，并给出了高速封路的理由，以免因为破产清算是假消息给对方以延迟送货引起索赔的理由。

思考题：你是否认同公司领导这一当机立断的决策？为什么？

五、政出多门

（一）出处

《左传·成公十六年》："鲁之有季孟，犹晋之有栾范也，政令於是乎成。今其谋曰：'晋政多门，不可从也。'"

译文：鲁国有季氏、孟氏，就像晋国有栾氏、范氏，政令多来源于此。现在他们商量说："晋国的政令是出自于几个卿大夫的门下，是不可以遵从的。"

（二）管理思想解读

政出多门是指政令出自多个部门。从治国理政角度看，政出多门常常用来形容中央政府或某一级的领导软弱无力，权力分散不能集中。从企业管理角度看，政处多门可以用来表示企业多个权力部门对同一管理对象的同一任务、同一事项发出各自的指令，这些指令的执行时间、执行地点、操作方法有可能相互冲突，造成下属无所适从。

当企业内部职能部门之间职责不清时，或者某些部门、某些领导越权发出指令时，容易产生政出多门的情况；在制度比较规范的企业，这种情况不常发生。但是不同的政府部门对企业的日常监管则常常发生这样的现象。

（三）案例资料与思考题

食品生产企业在办理生产资质过程中，常常会遇到消防部门和市场监管部门相互冲突的不同要求。比如消防部门从人员安全生产角度出发，要求生产车间内必须有安全通道，遇到危险时可以快速撤除。但从食品生产卫生角度考虑，市场监管部门会要求车间内的人流通道和物流通道必须隔断，人和物不得交叉，且人员进出车间应通过更衣间，以防止污染生产线，可是这样做又不利于消防畅通。

思考题：对于这种政出多门又各自十分合理的要求，你认为该如何解决呢？

第二节　成语中的组织思想

组织有名词和动词两种含义。从名词角度看，组织是指某一实体本身，如企业、学校、各级政府等；从动词角度看，组织是管理的一项职能，是人与人或人与物之间资源配置的活动过程。动词意义上的组织管理职能的实施与实现，要以名词意义上的组织框架的设计安排为物质基础。企业作为一种经济实体，其组织框架设计是指在纵向和横向分工的基础上形成的部门化的机构体系，这个部门化的机构体系又进一步把各部门内部细分出若干相近或相关功能的岗位，并设置相应的岗位职责和岗位人员。企业需要根据自身所处的外部环境、战略定位、规模大小、技术状况、发展阶段以及人力资源状况等，按照目标一致、合理分工、利于协作、有效管理、权责对等、刚柔有度等原则，对组织的横向职能分工和纵向层级进行合理设计。企业组织机构设计的优劣与否，直接影响其工作效率和未来发展。国学中的一些经典成语所表达的意义，可以对此进行精辟描述。与企业组织设计有关的成语有精兵简政、强干弱枝、盘根错节、尾大不掉等。

一、精兵简政

（一）出处

郭沫若《洪波曲》第十四章："只要肯认真抗战，这种精兵简政，分头并进，倒也似乎更要合理些了。"

（二）管理思想解读

精兵简政的含义是作战时要精简人员，缩减机构。精兵简政同样可以用于描述企业组织机构设计。"精兵"在企业组织机构设计中，主要是人员安排要合理，"精"除了指组织内不要产生人员冗余，从而增加不必要的人力资源成本外，还包括人员思想的一致性以及较高的内在素质，即组织成员能做到心往一处想，劲往一处使，而且每个个体都很"精"干。如果组织内工作思想不统一，即使人员从数量上真的减少到与任务匹配的水平，仍然不能算作精兵。因此企业应通过企业文化建设，构建统一的价值理念和工作行为标准，并对非正式组织的成员进行正确引导，以利于提高组织工作效率。

"简政"在企业组织机构设计中，主要是指合理的部门划分和层级设置。部门划分过细、设置过多，容易增加职务成本与协商成本，降低工作效率；层级设置过多则同样增加职务成本，降低上下级信息传递速度，增加信息传递误差，也同样会降低工作效率。

为了应对动态变化的外部环境，企业组织机构设置也会随之进行适应性调整。因此，对企业组织机构来说，精兵简政这样的理想状态也是一个持续不断的动态过程，没有一劳永逸的可能。

（三）案例资料与思考题

某IT企业下设信息部，信息部下设两个一级部门，分别是信息采集部和供应链部，两个一级部门分设一级部门长各一个，负责各自部门的业务工作。在一级部门长下，设有二级部门长岗位。公司为了精简机构，决定把这两个一级部门降格为两个二级部门，并新设一个一级部门"集团运行管理部"对两个二级部门进行管理。对应地，原来的两个一级部门长降格为二级部门长，部门内原来的二级部门长降格为三级部门长。同时为了工作需要，信息采集部与供应链部的两个二级部门长（改革前均为一级部门长）进行了岗位对调，其间信息采集部的二级部门长要求将其手下的张姓三级部门长一起调走，而这位三级部门长也要求将手下的团队成员集体调走，这引起了信息采集部新的二级部门长（原供应链部的二级部门长）的不满，表示团队成员集体被调走，会影响今后部门工作，于是坚决不同意。"官司"打到集团运营部王姓部长那里，王部长为了显示"公平"，采取了一个折中的办法，新设置一个二级部门，将这位三级部门长直接提拔为二级部门长，并且直接供自己调遣使用。信息采集部和供应链部的两位二级部门长均"空手而归"。而这位被提拔的张姓二级部门长既无动用资源的权力，又无自己的团队成员，与原来的岗位相比，工作效率大大降低；仅仅是自己的待遇得到了增加。

思考题：试从精兵简政的角度，对该信息部的机构改革和人事调动安排进行分析。

二、强干弱枝

（一）出处

《史记·汉兴以来诸侯王年表序》:"而汉郡八九十,形错诸侯间,犬牙相临,秉其厄塞地利,强本干弱枝叶之势,尊卑明而万事各得其所矣。"

译文:而汉王朝直辖的郡有八九十个。交错在诸侯王国之间,犬牙相临,控制着要塞的地利,形成了本干强大、枝叶弱小的形势,使尊卑分明而万事各得其所。

（二）管理思想解读

强干弱枝的表面意思是加强树干,削弱枝叶。强干弱枝常常用来比喻加强中央的权力,削弱地方势力。在企业组织机构的纵向权力分工中也存在着这种情况。

在高度集权的企业组织中,组织的最高管理者拥有更多决策权,便于调动资源和协调关系。这种高度集权的企业组织形式一般都是直线制的,即企业最高领导直接对中层人员和业务单位进行管理,而不是通过设置职能科室进行间接管理。这种组织形式一般发生在企业组建初期、生产规模较小的时候,组织形式简单、清晰,权责关系也很明确。

随着企业的发展,规模越来越大,强干弱枝式的直线制组织形式将难以适应企业管理的新情况。企业通过组织机构改革,逐步放权之后,上下级之间的权力分配随之调整,被强弱均衡的组织形式取代。但是一旦企业外部环境发生变化,企业战略由发展型调整为收缩型,强干弱枝的情形将再次回头。

因此,强干弱枝描述的是企业初创期和战略收缩期两种情形下的企业组织形式和权力分配。

（三）思考题

试论企业强干弱枝组织架构的适用情况及其权力分配特征。

三、盘根错节

（一）出处

范晔《后汉书·虞诩传》:"志不求易,事不避难,臣之职也;不遇盘根错节,何以别利器乎?"

译文:立志不追求容易实现的目标,做事不回避艰难的事情,这是做臣子的本分,不碰上盘曲的树根、交错的枝节,又怎么能分辨得出什么是真正的快刀呢?

（二）管理思想解读

盘根错节的意思是树木根杆盘曲,枝节交错。盘根错节常常用来比喻事情纷难复杂。当企业内部存在复杂的人际关系,并形成若干亚文化群体,这个群体某种程度上影响企业改革、创新、发展,甚至影响日常工作时,可以用盘根错节来形容这种现象。这种亚文化群体一般是自发形成的非正式群体,可以称为亚群体。

亚群体是企业内部的一种非正式组织,亚群体文化虽然不是企业内部主流文化,但却是这个亚群体内的主流文化。由于亚群体中的亚文化与企业主流价值观念不一定一致,所以对企业管理而言,亚群体及其拥有的亚文化往往会成为企业内部与正式组织之间、与其他亚群体或个体成员之间的沟通障碍,这种亚群体产生的原因主要是员工招聘或者干部提拔中任人唯亲,这个"亲"包括亲戚关系、同学关系、朋友关系、老乡关系等。长期任人唯亲的结果形成了人际关系盘根错节的历史积淀,每当企业改革触及这些人的利益时,他们便起来集体反对,使改革夭折,最终将束缚企业的创新发展。企业应通过制度创新和文化创新逐步破解这种盘根错节的人际关系和亚文化的不良现象。

(三)思考题

试论如何破解企业中盘根错节的人际关系这一难?

四、尾大不掉

(一)出处

楚子城陈、蔡、不羹。使弃疾为蔡公。王向于申无宇曰:"弃疾在蔡何如?"对曰:"择子莫如父,择臣莫如君。郑庄公城栎而宾子元焉,使昭公不立。齐桓公城谷面真管仲焉,至于今赖之。臣闻五大不在边,五细不在庭;亲不在外,羁不在内。今弃疾在外,郑丹在内,君其少戒。"王曰:"国有大城,何如?"对曰:"郑京、栎实杀曼伯,宋萧、毫实杀子游,齐渠丘实杀无知,卫蒲、戚实出献公。若由是观之,则害于国。末大必折,尾大不掉,君所知也。"(左丘明《左传·昭公十一年》)

译文:楚灵王在陈地、蔡地、不羹筑城。派弃疾做蔡公。楚灵王向申无宇询问说:"弃疾在蔡地怎么样?"申无宇回答说:"选择儿子没有像父亲那样合适的,选择臣子没有像国君那样合适的。郑庄公在栎地筑城而安置子元,让昭公不能立为国君。齐桓公在穀地筑城而安置管仲,到现在齐国还得到利益。臣听说五种大人物不在边境,五种小人物不在朝廷。亲近的人不在外边,寄居的人不在里边。现在弃疾在外边,郑丹在朝廷,君王恐怕要稍加戒备!"楚灵王说:"国都有高大的城墙,怎么样?"申无宇回答说:"在郑国的京地、栎地杀死了曼伯,在宋国的萧地、毫地杀死了子游,在齐国的渠丘杀死了公孙无知,在卫国的蒲地,戚地驱逐了献公。如果从这些看来就有害于国都。树枝大了一定折断,尾巴大了就不能摇摆,这是君王所知道的。"

(二)管理思想解读

尾大不掉的意思是尾巴太大,不易摆动。尾大不掉可以用来比喻部下势力太大,不宜指挥调动,或因事物轻重关系倒置,形成难以驾驭的局面;也可以比喻机构太庞大,指挥不灵。这种现象在政府部门和企业组织中都会出现,但解决办法有所不同。

政府机构的设置应当与其履行社会管理职能的需要相匹配,当机构设置过多过细,机构臃肿,造成机构部门之间出现职能交叉、重复或职能不清的情况时,部门之间就会出现脸难看、办事难,推诿扯皮现象,上级的政策或命令对于这些部门来说,就如同"箭末之势不能穿鲁缟也"。针对这种尾大不掉的现象,唯一的办法就是通过改革进行机构裁撤、合并,这也是我国政府机构改革的常见做法,效果非常明显。

对于企业尾大不掉的庞大机构,改革的办法只能是放权,这与其机构产生的规律和存在的必要性有关。企业从初创到成长,随着规模的不断扩大,其组织机构形式也经历了由直线制、职能制、直线职能制和事业部制的不断演变,规模极大化之后的事业部制就是企业解决尾大不掉的庞大机构的最好办法,而事业部制的一个明显特征之一就是放权。20世纪20年代,美国通用汽车公司的规模迅速扩大,同时也导致整体管理效率的降低,即出现了尾大不掉现象。1923年斯隆就任通用汽车总裁,以放权和分权为目的,对组织机构进行大胆改组,创造了事业部制这一独特的企业组织形式。从此,事业部制成为大多数多元化经营企业解决因为公司规模扩大而产生的尾大不掉现象的有效办法。

（三）思考题

对政府机构和企业组织机构现象的解决办法有何不同？

第三节　成语中的领导思想

领导是管理职能之一。领导在中文里有两种含义：一种含义是名词，是指从事领导工作的个人，简称领导者或领导，在英文中叫 leader；另一种含义是动词，是指领导者从事领导工作的行为，在英文中叫 lead。与领导有关的成语很多，如描述领导者个人风格的成语有指挥若定；描述领导者领导行为的成语有无为而治；描述领导情景的成语有按图索骥等。

一、指挥若定

（一）出处

杜甫《咏怀古迹》诗之五："伯仲之间见伊吕，指挥若定失萧曹。"

译文：才华超绝与伊尹吕尚难分高下，指挥千军万马非萧何曹参能比。

（二）管理思想解读

指挥若定形容作战时指挥极有把握，稳操胜算。企业管理中的指挥若定表示的是一种领导状态。能达到这种领导状态，表明：第一，领导者具有一定的特质，而且这种特质往往是先天的；第二，有适宜的领导团队，即所谓人心齐，泰山移；第三，具备适宜的领导情景。指挥若定的领导状态，有利于稳定人们的不安情绪，保持企业管理的有序性。所以，企业选拔领导干部或者进行领导工作分工，应该考虑竞选者和现任领导的这种个人特质。企业进行团队建设应注重员工之间和谐关系的构建。企业还应该注重构建便于领导的情景。

需要特别指出，在保罗·赫塞和肯尼斯·布兰查德共同开发的情景模型中，则是用下属的成熟度来表示团队成员之间能否做到步调一致。这种成熟度被定义为承担责任的愿望和能力，包括心理成熟度和工作成熟度。实际上只有这两点还远远不够，团队成员之间的人际关系、个人感情、共同的理想和目标能更直接地影响领导者的领导状态是否具有指挥若定的效果。

（三）思考题

为了在企业管理中达到指挥若定的状态，领导者除了应具备自信的特质外，还应该从哪些方面着手去打造齐心协力、行动一致的工作团队？

二、无为而治

（一）出处

《论语·卫灵公》："无为而治者，其舜也与？"

无为：无所作为；治：治理。

译文：能够无所作为而治理天下的人，大概只有舜吧？

至于无须提高意志就清高了，无须推行仁义就修身了，无须追求功名就可以达到治理的效果，无须隐居江海就闲适了，无须导通气脉就长寿了，就无所忘怀，无所拥有了。心淡定至极，所有美好的东西都随之而来。

（二）管理思想解读

无为而治作为中国古代的一种治国理念，则是由春秋末期的老子提出的，是道家的基本思想，也是其修行的基本方法。

庄子对无为也有自己的表述："无刻意而高，无仁义而修，无功名而治，无江海而闲，无导引而寿。"

无为而治的"无为"，现实实践并非是强调管理者什么都不做，而是指不需要做。从国家治理层面来说，它是指以社会整体架构的合理性和自我运行的有序性为前提，尊重社会本身的自我调试功能，在领导者无需为的情况下，社会通过自律而实现自治的状态。从企业管理角度看，特泰勒提出了"例外管理"，在"例外"之外的"例内部分"，如现场管理，实行职能工长制即可，领导者或领导层对此应无为而治；再比如，上级领导除了对重要事项保留决策权和监督权之外，对日常事务自己可以不为，而是授权给下级管理人员去处理。另外，费德勒在权变领导理论中提出的高度结构化的任务情景及工作任务和工作流程方法十分明确的情况下，领导者采取的也是无为的方式，这部分内容在"按图索骥"中将有所论述。

（三）案例资料与思考题

1978年，安徽省凤阳县小岗村率先实行耕地包干到户，从此拉开了中国农村家庭联产承包责任制改革的序幕，中国的农业生产终于摆脱计划经济的束缚，真正实现了农民当家作主。到1979年，小岗村粮食总产量达66吨，相当于1966年到1970年五年粮食产量的总和，中国农民逐步走上了温饱富裕的道路，更创下了世界瞩目的成绩——用世界7%的耕地养活了世界22%的人口。

思考题：请用无为而治的思想对此进行评论。

三、按图索骥

（一）出处

东汉·班固《汉书·梅福传》：今不循伯者之道，乃欲以三代选举之法取当时之士，犹察伯乐之图，求骐骥于市，而不可得，亦已明矣。

译文：现在你不按照称霸者（应该实行）的方法，竟然想用尧舜禹时候选材举能的方法来录取（或选取）现在的读书人，这就像是看着伯乐的相马图到市场上寻找良马，却不可能寻得，变化已经非常明显了。

（二）管理思想解读

按图索骥的原意是按照图像去找好马，比喻办事机械死板，不知变通，后来则用来比喻按照一定的线索去寻找事物。管理活动涉及管理者（包括领导者）、管理过程、管理对象、管理方法和手段、管理环境（情景）等很多因素，按图索骥描述了特殊的管理环境（情景）下，管理对象按部就班地完成一项结构化任务，而领导者无需作为的一种领导情境。

费德勒的权变领导理论认为，组织效率的高低，从领导角度看取决于领导风格和情景的有利性。情景的有利性可以从三方面去观察：领导者与成员之间的关系，任务结构，职位权力。如果工作任务是高度结构化、程序化、目标明确的一个事项，则工作小组无需别人指点便可以按部就班地顺利完成。例如导游按提前约定的旅游路线带团旅游，没有意外情况发生，旅行社领导一般无需过问；再比如，饭店服务员按预先的要求去摆放餐桌上的餐具，饭店经理或者老板也无需过问。因此，按图索骥表达的是在领导工作中，领导者所面对的一种情景下的任务结构形式，这种形式下的领导工作是最为轻松的，员工的工作都是按图索骥的机械式行为。

（三）案例资料与思考题

为了推销新产品公司拟举办一场新产品展销会，从工作任务的结构化方面谈谈，小张作为筹办这次展销会的负责人，面对的是什么样的工作情景，他的团队成员的工作是否是程序化的，从而能做到按图索骥？

第四节　成语中的控制思想

企业的生产与运作活动都是按计划进行的，其间如果员工的工作行为或结果与计划的标准相比较出现偏差，就需要通过管理人员的控制活动进行纠正，这便是企业管理的控制职能。描述控制职能的成语很多，如防患于未然、无规矩不成方圆、开源节流、明察秋毫、一丝不苟、亡羊补牢等。

一、防患于未然

（一）出处

《易·既济》："君子以思患而豫防之。"

译文：君子总是想着可能发生的祸害，预先作出防范。

（二）管理思想解读

防患于未然是指防止事故或祸害于尚未发生之前。企业的生产作业计划都是围绕销售合同进行安排的，销售合同中客户对产品的数量、质量、品种、规格、交货时间、交货地点等都会有明确要求。合同履行中的违约方还将承担相应的风险。为了圆满履行合同，取信于客户，企业必然会做出一系列周密的计划安排；为了防止不可预测因素影响生产进程和交货，企业还会对各种风险因素进行分析，并提前布局或准备预案。比如，为了防止原材料供不应求，可以提前备货；如果是生产新产品或者应用新工艺，还要对工人进行岗前技术培训；为了保证安全生产，还要对工人进行安全教育并采取必要的安全保护措施；如果产品是大型构件，交货运输有难度，还要提前进行运输方式或货运路线的考察等，这一切准备都可称为是控制工作的事前控制，目的是防患于未然。

当然了，防患于未然也是要付出成本的。比如，就企业提前备货而言，必然要求掌握准确及时的信息，对原材料供应的可靠性进行预测，这必然会发生调研支出。如果预防的风险事件没有发生，企业实际相当于以现实成本换取或有损失。所以企业应该对这些现实成本与或有损失进行比较，以使防患于未然的措施物有所值、科学合理。另外，要想完全做到防患于未然，管理人员还要详细列出全部的风险因素清单。但现实中有时难以完全做到，百密一疏的事也常发生。

(三)思考题

企业为了防患于未然而采取的一系列事前控制措施,也会存在一些缺点,这些缺点表现在哪些方面?

二、无规矩不成方圆

(一)出处

孟轲《孟子·离娄上》:"离娄之明,公输子之巧,不以规矩,不能成方圆。"

译文:"不以规矩,不能成方圆"是离娄眼神好,公输班技巧高,但如果不使用圆规曲尺,也不能画出方圆。

(二)管理思想解读

无规矩不成方圆形容没有规矩,就不会有规整的方圆。这是孟子要求当政者实施仁政的呐喊,应具体落实到两个方面:一是法先王,二是选贤才。企业管理的好不好,预先立规矩非常重要。这个规矩在企业里就是一系列制度,包括公司章程、生产制度、日常管理制度、劳动纪律、考勤制度、门卫制度、人事制度、奖惩制度等。这些制度是约束全体企业员工行为、指引办事流程和工作程序的总规矩。但是,有了这些规矩就能保证全体员工自觉遵守执行,行为一定不会出现偏差吗?肯定不行的,还需要一系列保障性制度措施,这就是企业内控制度。所以无规矩不能成方圆,对企业管理来说,这个规矩包括了常规管理和内控两个方面的制度。为了指导企业内控制度的制定和内控工作的执行,财政部门还专门制定了《内部控制应用指引》,要求上市公司必须执行;2017年财政部又出台了《中小企业内部控制应用指引》。所有这些,都是为了指导企业在管理方面立规矩。

(三)思考题

上网查阅资料,了解《内部控制应用指引》和《中小企业内部控制应用指引》的内容。

三、开源节流

(一)出处

荀况《荀子·国富篇第十》:"故田野县鄙者,财之本也;垣窌仓廪者,财之末也。百姓时和,事业得叙者,货之源也;等赋府库者,货之流也。故明主必谨养其和,节其流,开其源,而时斟酌焉。潢然使天下必有余,而上不忧不足。如是,则上下俱富,交无所藏之。是知国计之极也。"

"节其流,开其源"这句话后被引申出"开源节流"这个成语,意思是既要广开财源,又要节省支出。

译文:郊外的田野乡村,是财物的根本;粮囤地窖谷仓米仓,是财物的末梢。百姓不失农时和谐安定、生产有条不紊,这是钱财的源头;按照等级征收的赋税和国库,是钱财的支流。所以,英明的君主必定谨慎地保养那和谐安定的政治局面,开源节流,而对钱财的收支时常加以调节,使天下的财富一定像大水涌来一样绰绰有余,而君主也就不再担忧财物不够了。像这样,那么君主和民众都富足,双方都没有地方来储藏财物,这是懂得国计民生达到了顶点。

（二）管理思想解读

开源节流的意思是增加收入、节约开支。开源节流也是企业管理中的日常用语，常见于领导讲话、宣传标语和企业的制度文件中，但要真正落到实处，还需要很多具体的方法措施。

开源，也就是增加收入，首先是要增加主营业务收入，其思路或措施包括老产品投放到新市场、原有市场投放新产品、新产品投放到新市场等。这些措施的背后都有大量工作要做，都是为了增加收入。

节流，在企业管理实践中主要是预算控制。预算控制是指根据预算规定的支出限额来约束各部门的生产经营活动支出，在保证达成既定目标的前提下，使成本费用支出受实现最大限度节约。预算控制是企业生产经营的常用管理手段。

开源与节流是并行的措施，又有一定的矛盾性；不讲科学、一刀切式的节流，必然影响开源的投资支出，最后必然影响开源效果；开源本身必然要增加投入，为了开源而不计投入成本，甚至入不敷出，这是本末倒置的措施。所以开源措施和节流措施的并行实施，既要讲究科学方法，又是一门实践艺术。实践中应该对开源项目进行科学的投入产出分析，对落后产能或即将淘汰的产品或者冗余部门要大胆实施节流，并且对因节流而产生的剩余人员和设备物资要做好最大限度的安置和重新利用，既不能产生人员矛盾和成本，也不造成设备物资浪费。把由此节约出来的资金投入到对于未来能大量增加收入的新项目、新产品上。这才是开源节流的科学方法。

（三）思考题

企业应如何辨证看待和并行采取开源与节流管理措施？

四、明察秋毫与一丝不苟

（一）出处

孟子曰："有复于王者，曰'吾力足以举百钧'，而不足以举一羽；'明足以察秋毫之末'，而不见舆薪。则王许之乎？"（齐宣王）曰："否。"（《孟子·梁惠王上》）

后人将"明足以察秋毫之末"概括为成语"明察秋毫"。

译文：孟子说："（假如）有人报告大王说'我的力气足以举起三千斤'，却不能够举起一根羽毛；'（我的）眼力足以看清鸟兽秋天新生细毛的末梢'，却看不到整车的柴草。那么，大王您相信吗？"

吴敬梓《儒林外史》第四回："上司访知，见世叔一丝不苟，升迁就在指日。"

译文：如果上司知道世叔办案一丝不苟，那么升官发财指日可待。

（二）管理思想解读

明察秋毫的表面意思是能看清秋天鸟兽的毫毛。一丝不苟是连最细微的地方也不马虎，形容办事认真细致，一点儿不马虎。明察秋毫说明眼光很敏锐，用到管理工作中，一是指能力，二是指工作中能力的运用。这个成语可用于描述产品质量检验方面的管理工作。

很多企业喊出的口号是"质量就是企业的生命"。可见在激烈的市场竞争中，企业为了赢得客户的信任，对产品质量是何等重视。产品生产出来之后必须进行严格的质量检验，质量检验合格才能出厂交付客户。质量检验的方法有技术的方法、经验的方法，前者靠精密仪器设备，后者靠人的经验感觉。例如用显微镜观察机械零部件的裂纹；有经验的质检人员可以凭借视觉、听觉、嗅觉、手感等觉察出产品质量是否存在问题。凭仪器设备发现的细微的质量隐患我们称作明察秋毫，靠人的经验去细心观察而发现细微质量问题的工作精神称为一丝不苟。

（三）案例资料与思考题

在机械加工行业，常常用一些精密仪器设备对产品零部件的质量进行观测，以达到对其质量的明察秋毫。比如，通过显微镜观察零件的金相组织、断面、微裂纹等，来判断零件的材料性质以及加工工艺；通过显微镜观察焊接的焊缝深度、宽度、焊点轨迹等，来判断零件焊接强度；通过测力仪（压力、拉力等）来判断零件的应力强度；通过高精度水平仪来检测校正传感器的精度和参数等；通过三坐标测量仪，将零件的尺寸信息完全投映到3D数模中，来判断生产制造精度，并进行问题分析；通过示波器检测电路信号，来判断车辆信号传输及电器功能是否正常。这些措施尽管对最终出厂产品而言是事前控制，但对零部件而言仍然属于事后控制，因此事前控制工作仍然需要前移。然而这一控制工作无论前移到哪一步，也无论所用的观测仪器设备多么先进，对观测对象而言都属于事后控制，一旦发现质量问题，所造成的损失都是既成事实，这其中免不了有人为因素。因此对员工一丝不苟的敬业精神和质量意识的培养，必须贯穿于整个企业文化建设之中。

思考题：如何培养员工一丝不苟的精神，谈谈你的看法。

五、亡羊补牢

（一）出处

《战国策·楚策四》：见兔而顾犬，未为晚也；亡羊而补牢，未为迟也。

译文：看见兔子才想起猎犬，这还不晚；羊跑掉了才补羊圈，也还不迟。

（二）管理思想解读

亡羊补牢讲的是一个楚国人因为羊圈破损，丢失羊之后补缺羊圈的故事。后来人们用来比喻受到损失之后，想办法及时弥补，免得以后再发生损失。在企业管理中，这叫事后控制。例如，企业发生产品质量问题，根据产品编码信息倒序追查，找到造成产品质量的根源，并及时采取补救措施。这种事后反馈控制措施，就叫亡羊补牢。事后反馈控制是把控制的注意力放到了工作或生产结果上，有别于"防患于未然"的事前控制。

（三）案例资料与思考题

日本花王集团正期待着一场来自中国的逆袭——希望在与上海家化的结盟下，"在消费品领域，做到以中国为首的增长"。

2015年底，花王计划将中国消费品的销售额，从现在的150亿日元提升至500亿日元，海外市场销售比例达30%，全球销售额突破历史最高纪录达到1.4兆日元。

"我们要在中国市场寻找存在感，要有利润的增长。"名列全球前五大日化企业的花王集团社长泽田道隆对《经济观察报》表示，"在不做的风险和做的风险中，我们选择做的风险。"自去年履新后，泽田道隆首度拜访海外市场，他选择了中国。

日本花王集团在中国市场的表现可谓是"起大早赶晚集"。这家有着120年历史的老字号企业，进入中国的20年里，从未实现过盈利。以至于有人评论，"花王在中国正在沉睡"。

一位日化领域的分析人士向经济观察报表示,已经很久不关注花王了,"这个品牌和公司在市场上几乎没有声响"。

2012年,花王在中国区销售额是300亿日元,这在其全球1.2兆日元的总销售额里显得微乎其微。

"花王在中国的事业是和宝洁、联合利华比较相近的时间点开始的,但是花王没有做大。"泽田道隆没有表现出履新的跃跃欲试。"当时,花王主要布局中国东南沿海的三四线市场,花王的销售全部是由自己来做,销售的地区也比较有限。"

花王在中国市场只有过很短暂的辉煌。1993年,花王初入中国。次年,便引进诗芬洗护发产品,第三年,又推出肌肤护理品牌碧柔,继而乐而雅卫生巾、洁霸洗衣粉也先后面世。

彼时,在较大的市场空白下,花王与宝洁、联合利华等外资消费类品牌迅速占领市场。很快,随着竞争的加剧,花王在中国的问题逐渐显现。"渠道投入不足,几乎没有推广活动,同一产品的包装延续多年,经销商控制乏力,市场定位低端,品牌传播却曲高和寡。"上述日化领域的分析人士指出,尤其是经销商机制,令花王非常不适应。在日本,花王是通过自己的销售公司铺开渠道,直接面对终端消费者。

再加上花王在中国的部门负责人都是日本籍,并不能迅速捕捉和理解市场的反馈和商业规则。在宝洁、联合利华以及本土品牌推广活动不断的时候,花王的表现并不积极。其间,花王也考虑过借助中国本土渠道浙江传化进行品牌推广,但并不顺利。

2005年,花王在中国调整策略,不再只关注低端市场,向中国推出第一个高端保养化妆品牌苏菲娜(Sofina),再相继推出高端洗护产品亚羡姿、护发定型品牌莉婕以及敏感肌肤护理品牌珂润。

"花王公司一直不缺好产品,但在中国销售力量很薄弱,要知道在中国可是渠道为王。"一家日化公司品牌负责人表示。正是由于渠道拓展的乏力,花王进入中国以来,仅自行开发了90个城市。

为此,2011年11月,在决定与上海家化合作时,日本花王对外宣布,三至五年内在中国要扩展至650个城市。

即便定下了目标,但对于上海家化,花王一开始仍抱着谨慎的态度。"去年是合作的第一年,在产品上,我们仅是代理花王(上海)产品服务公司的产品,渠道上,也仅是接过花王渠道,在原有区域范围内进行开拓。"上海家化直接负责花王项目的第一事业部部长叶伟敏告诉《经济观察报》,去年,在花王的产品线中,上海家化主推洗衣类、纸尿裤和卫生巾三个品类。

上海家化股份公司董事长葛文耀也坦承,双方的合作是上海家化主动的。直至去年年底,在花王公司和上海家化的销售主管庆祝年度指标达成的晚宴上,花王公司在表达感谢时称"其在华销售实现大幅增长,盈亏状况也大幅改善"。

目前,花王在中国销售点迅速增加,覆盖的城市已经达到150个,有上海家化"六神"品牌的地方,几乎就有花王的产品。《经济观察报》获悉,代理花王也给上海家化带来了约3.6亿元的营业收入。

上海家化董事长葛文耀回忆说:"日本经济二十多年不景气,有些企业高管囿于市场环境，没士气了。企业的斗志在困难时期显得特别重要。"几年前，他曾去日本拜访有合作关系的日化公司，在日本名列前几位的日化公司社长都出面接待，但当他向日本方提出了一些"很有利于对方扩大中国业务的方案"时，几家日本公司表示要研究一下，此后两年也没答复。

后来，上海家化才选择了有意愿加强中国市场的日本花王集团，据悉，双方的谈判不到一年就达成了协议。葛文耀说："第一年做好了，此后的合作推进就更容易了。"与花王的合作，抢的是其他跨国公司的市场。而在此前，有些大公司则是想"吃掉"上海家化。

也有市场人士指出，从另一方面来说，花王的产品确实不错，如果没有过硬的产品，即使家化有好的销售渠道，花王一样难以成功。叶伟敏告诉《经济观察报》："在上海家化对消费者的调研结果显示，花王产品的口碑是优于同类竞争对手的。"

"和上海家化合作以后，我们未来的目标就是面向中国，开始战略的转变。"泽田道隆说。

具体动作是在消费品领域要做到以中国为首的增长，全方位发展消费的人群。首先，是要在清洁领域提高"花王在中国的存在感"。花王投资150亿日元，并且仅用了两年时间就在中国建立了三个工厂。

波士顿咨询公司调查报告预测，中国作为日用消费品的生产大国和消费大国，近几年来一直保持着强劲的增长势头，在2015年成为全球第二大消费市场。

为此，花王集团制定中期三年计划"K15"——2015年底，花王在中国将消费用品的销售额从现在的150亿日元提升至500亿日元，海外市场销售比例达30%，全球销售额突破历史最高纪录达到1.4兆日元。

泽田道隆介绍，花王集团的业务分为美容护理、个人健康护理、衣物洗涤和家居护理、工业用化学品四个领域。他指出："在消费品业务领域里一些市场销售规模大的板块中，要充分发挥花王独有的技术。另外，要迎合卫生和健康意识提高的趋势，努力开辟衣物洗涤、家居护理和美容健康护理等产品的份额，开辟特色产品。"

除了消费品之外，花王集团还有工业化学用品业务。泽田道隆表示："工业化学用品业务的意义重大，看起来和消费品是独立的两块，但在研究开发和生产领域，却能互相发挥很大的协同作用"。据他介绍，花王集团工业化学用品年销售额大约是2500亿日元，海外销售占比超过了60%。

据悉，花王的合肥工厂是花王集团最大的一笔投资项目，之后花王合肥工厂又导入了新的生产线，备战未来结合上海家化向中国内陆市场的扩张，明年还将继续投资增设生产线。

除了和上海家化的合作以外，花王仍在中国做自己的直销业务，未来的占比将在六成，上海家化的代理业务则是四成，这比例将随着向内陆地区的扩展，而增高上海家化的部分。在产品上，花王的策略是，首先致力于重点产品品牌的强化和推进。"以往，我们都是将在日本开发的技术，首先运用于日本，之后再推广到海外，未来会根据中国消费者的要求开发产品，并考虑将新技术率先投入中国以开发适应中国市场的产品，并由中国向全世界推广。"泽田道隆说。

"中国事业是一个非常大的机会，花王必须要有重大的觉悟。"泽田道隆说。而这是日本花王集团进入中国20年里悟到的。

思考题：日本花王在中国市场"亡羊补牢"的"补"表现在哪些方面？

第五节　成语中的创新思想

创新是企业为了适应外部环境的变化，而不断打破原有的投入产出模式，建立新的生产函数的过程，包括思想创新、方法与手段创新、活动过程创新和结果创新等。描述创新的成语也很多，如推陈出新、独树一帜等。

一、推陈出新

（一）出处

《梁溪漫志·张文潜粥记》引东坡帖："吴子野劝食白粥，云能推陈致新，利膈养胃。"

译文：吴子野曾劝苏东坡饮食白粥，说这样能促进新陈代谢，而且还利膈养胃。

（二）管理思想解读

推陈出新原意是指扬弃陈旧的，产生新的。后来指对旧的文化进行批判的继承，剔除其糟粕，汲取其精华，创造出新的文化。所以推陈出新描述的是守旧与创新的辩证关系，即创新不是无本之木，无源之水，它源于旧，但又不同于旧。

企业创新也是一个推陈出新的辩证过程，是在维持原有管理活动的基础上而产生出新的管理思想、管理方法、管理手段、管理行为和管理成果。维持是基础，创新为在更高层次上的维持提供路径。企业管理实践遵循的是维持—创新—再维持—再创新的螺旋上升的、不断推陈出新的规律。

（三）案例资料与思考题

老字号品牌的优势是品牌创立多年，产品质量有保证、口碑好，已经有了牢固的群众基础。但是，随着时代的变迁，市场需求瞬息万变，品牌方都在不断进行更新换代。不难发现，一些耳熟能详的老字号真的慢慢变"老"了，市场占有率逐渐下降，淡出了年轻人的视线。

思考题：老字号如何在发挥优势的同时，通过一些新的营销手段不断推陈出新？

二、独树一帜

（一）出处

袁枚《随园诗话》卷三："元、白在唐朝所以能独树一帜者，正为其不袭盛唐窠臼也。"

译文：元稹、白居易在唐朝之所以能够独成一家，与众不同，正是因为他们不继承盛唐时期一成不变的规格。

（二）管理思想解读

独树一帜，树即树立，帜即旗帜。单独竖起一面旗帜，比喻创造出独特的风格、主张，自成一家。企业创新有很多分类，从创新所属的管理职能看，有战略创新、组织创新和领导创新。企业各个时期的具体经营目标要实时地根据市场环境和消费需求的特点及变化趋势，不断加以调整和变革，每一次调整和变革都是一次创新，组织创新是对旧的组织管理进行改革，创造一种新的组织管理形式。领导创新是领导工作的创新和对创新工作有效领导内容的总和。从对三种职能创新的分析看，能称得上独树一帜的是企业战略创新。因为企业战略创新是一场革命性创新，它打破了旧的行业规则，确立了新的行业规则。加里·哈莫提出："战略就是革命，其他的一切都是战术。"换句话来说，战略是企业的一面旗帜，战略创新就是独树一帜。

（三）案例资料与思考题

人们平时爬楼梯都是一步一个台阶。但是，有个新入职的年轻人，上班时或者在公司部门之间传送纸质文件或者接受公司外派任务时，每次爬楼梯都是一步两个台阶。有人问他为啥？他回答说：除了锻炼身体，还能让人始终打起精神，让心态更积极，提高工作效率。由此，他也获得了领导的赏识。

思考题：试想一下，工作中还有哪些独树一帜的方法能提高工作效率？

第六节　成语中的重贤思想

一、千金市骨

（一）出处

古之君人，有以千金求千里马者，三年不得。涓人言于君曰："请求之。"君遣之，三月得千里马。马已死，买其首五百金，反以报君。君大怒曰："所求者生马，安事死马而捐五百金！"涓人对曰："马死且市之五百金，况生马乎？天下必以王为能市马。马今至矣！"

于是不能期年，千里马至者三。（刘向《战国策·燕策》）

译文：古代的君主，有个国君想用千金征求千里马，过了三年仍找不到。国君的侍臣说："请让我来找它吧！"国君送走了他。三个月后找到了一匹千里马，可是马已经死了，他花费500金买下死马的尸骨，回来报告国君。国君非常生气地说："我要的是活马，你白费500金买这死马回来有什么用？"侍臣回答道："一匹死马您都愿意用500金买下，天下人一定会认为大王肯出重金买千里马的。很快就会有人献马！"

于是不出一年，国君得到了多匹别人献来的千里马。

（二）管理思想解读

千金市骨的真实性无从考证，但是受此启发，燕昭王重金求贤，借用贤人志士的智慧重振国威，向齐国报仇的悲壮历史却是真实的。

公元前316年，燕国第三十八任国君姬哙考虑到齐赵两国已变法图强，燕国也需要能人执政，再加上大夫鹿毛寿教唆，决定把王权禅让给相帮子之，但遭到公子姬平等人的反对。于是，公子姬平联合将军市被和贵族们开始对抗子之。公元前314年，姬平被杀。齐国以平乱为名出兵燕国，烧杀抢掠，甚至毁坏燕国的宗庙。公元前311年，燕哙庶出的儿子姬职继位，即燕昭王。燕昭王即位后，卑身厚币，招贤纳士，师事郭隗，士人争相趋燕。外用苏秦，内用乐毅，经过长期休养生息，国家殷富，士卒效命。他与苏秦长期合谋，于公元前284年遣乐毅帅军联合三晋及秦楚之师，攻打齐国，大破齐军，齐湣王死，燕国进入鼎盛时期。

人民群众是历史的创造者，燕昭王重视人才、依靠人才并最终实现宏图大愿的历史说明，特殊时期、特殊条件下人才能决定历史的走向，只要真心诚意重视人才，一定能实现战略目标。人才是管理者手中永不过时的战略性资源。

（三）案例资料与思考题

现在国家有许多人才工程，很多地方也制定了本地的人才计划并对高层次人才进行了分类，例如某地一类高层次人才包括省（市）政府认定的顶尖人才（A类人才）、领军人才（B类人才）、拔尖人才（C类人才）和为地方做出突出贡献的人才（D类人才）；二级教授等。二类人才是其他正高级职称人员。

思考题：查阅资料，了解苏秦对燕国的贡献。对照以上人才计划标准，根据苏秦的贡献，能排到人才的哪一类？

二、三顾茅庐

（一）出处

诸葛亮《出师表》："先帝不以臣卑鄙，猥自枉屈，三顾臣于草庐之中。"

顾：拜访；草庐：草屋。

（二）管理思想解读

刘备三顾茅庐说明刘备是个有远大政治图谋的执着的人，是个求贤若渴不轻易放弃的人，是个重视人才能礼贤下士的人，是个敢于尝试的人，是个极富忍耐性的人，是个懂得尊重别人的人，是个谦虚的人。现代的人们常常用三顾茅庐比喻重视礼贤下士、重视人才。

（三）思考题

重视人才除了要像刘备那样礼贤下士之外，还需要从哪些方面采取措施？

参 考 文 献

[1] 陈寿. 晏子春秋[M]. 北京：中华书局，2016.
[2] 方杰. 韩非子[M]. 呼和浩特：内蒙古人民出版社，2010.
[3] 安小兰. 荀子[M]. 北京：中华书局，2016.
[4] 李小龙. 墨子[M]. 北京：中华书局，2016.
[5] 陈曦. 六韬[M]. 北京：中华书局，2016.
[6] 陈传明. 管理学[M]. 北京：高等教育出版社，2019.
[7] 高良谋. 管理学[M]. 大连：东北财经大学出版社，2014.